UTB **2804**

Eine Arbeitsgemeinschaft der Verlage

Beltz Verlag Weinheim · Basel
Böhlau Verlag Köln · Weimar · Wien
Wilhelm Fink Verlag München
A. Francke Verlag Tübingen und Basel
Haupt Verlag Bern · Stuttgart · Wien
Lucius & Lucius Verlagsgesellschaft Stuttgart
Mohr Siebeck Tübingen
C. F. Müller Verlag Heidelberg
Ernst Reinhardt Verlag München und Basel
Ferdinand Schöningh Verlag Paderborn · München · Wien · Zürich
Eugen Ulmer Verlag Stuttgart
UVK Verlagsgesellschaft Konstanz
Vandenhoeck & Ruprecht Göttingen
vdf Hochschulverlag AG an der ETH Zürich
Verlag Barbara Budrich Opladen · Farmington Hills
Verlag Recht und Wirtschaft Frankfurt am Main
WUV Facultas Wien

Grundkurs Politikwissenschaft

herausgegeben von
Hans-Joachim Lauth und Ruth Zimmerling

Josef Schmid / Daniel Buhr / Christian Roth / Christian Steffen

Wirtschaftspolitik für Politologen

FERDINAND SCHÖNINGH

PADERBORN · MÜNCHEN · WIEN · ZÜRICH

Die Autoren:

SCHMID, JOSEF, Prof. Dr., Inhaber des Lehrstuhls für Politische Wirtschaftslehre und Vergleichende Politikfeldanalyse am Institut für Politikwissenschaft der Eberhard-Karls-Universität Tübingen. Forschungsschwerpunkte: Wohlfahrtsstaatvergleiche, Wirtschafts-, Arbeits- und Sozialpolitik, Parteien und Verbände, Organisationsforschung.

BUHR, DANIEL, M.A., Wissenschaftlicher Mitarbeiter am Lehrstuhl für Politische Wirtschaftslehre und Vergleichende Politikfeldanalyse am Institut für Politikwissenschaft der Eberhard-Karls-Universität Tübingen. Forschungsschwerpunkte: Wirtschafts- und Innovationspolitik, Politisches Marketing und Kommunikation.

ROTH, CHRISTIAN, M.A., Wissenschaftlicher Mitarbeiter am Lehrstuhl für Politische Wirtschaftslehre und Vergleichende Politikfeldanalyse am Institut für Politikwissenschaft der Eberhard-Karls-Universität Tübingen. Forschungsschwerpunkte: Wirtschafts-, Arbeitsmarkt- und Beschäftigungspolitik, Politikfeldanalyse und Politische Steuerung.

STEFFEN, CHRISTIAN, M.A., Wissenschaftlicher Mitarbeiter bei der Otto Brenner Stiftung in Frankfurt a.M. Forschungsschwerpunkte: Wirtschafts-, Arbeits- und Sozialpolitik, Industrielle Beziehungen.

Bibliografische Information Der Deutschen Nationalbibliothek

Die Deutsche Nationalbibliothek verzeichnet diese Publikation in der Deutschen Nationalbibliografie; detaillierte bibliografische Daten sind im Internet über http: //dnb.d-nb.de abrufbar.

Gedruckt auf umweltfreundlichem, chlorfrei gebleichtem Papier.

© 2006 Verlag Ferdinand Schöningh, Paderborn
(Verlag Ferdinand Schöningh GmbH, Jühenplatz 1, D-33098 Paderborn)
ISBN 3-506-75719-9

Internet: www.schoeningh.de

Printed in Germany.
Herstellung: Ferdinand Schöningh, Paderborn
Einbandgestaltung: Atelier Reichert, Stuttgart

UTB-Bestellnummer: ISBN 3-8252-2804-5

Inhaltsverzeichnis

Vorwort der Herausgeber zur Reihe ‚Grundkurs Politikwissenschaft'

Mit der Reihe ‚Grundkurs Politikwissenschaft' bieten wir eine Lehrbuchsammlung an, die alle Teilbereiche des Grund- bzw. BA-Studiums in den Fächern Politikwissenschaft und Sozialkunde abdeckt. Die einzelnen Bände sind so konzipiert, dass sie das Basiswissen, das zum erfolgreichen Abschluss dieser Studiengänge verlangt wird, für den jeweiligen Teilbereich umfassend vermitteln. Wir haben uns in der Auswahl von den Standards deutscher Universitäten leiten lassen.

Herausgeber und Autoren der Reihe verfolgen einen doppelten Anspruch: Unser Ziel ist es, Studierenden der Politikwissenschaft/ Sozialkunde Bücher zur Verfügung zu stellen, die sowohl *inhaltlich anspruchsvoll* als auch *didaktisch aufbereitet* sind, um die Bewältigung des Stoffs zu erleichtern. Die Bände sind deswegen auch je nach den thematischen Bedürfnissen im Layout variationsreich gestaltet. Außerdem ist jeder Band von zwei bis drei Autoren verfasst; die breite Expertise soll gewährleisten, dass verschiedene Themen innerhalb eines Teilbereichs auf durchgehend hohem Niveau behandelt werden. Die Autorenteams bestehen aus Dozentinnen und Dozenten mit langjähriger Lehrerfahrung zum betreffenden Teilbereich.

Die vollständige Reihe wird sieben Bände umfassen, entsprechend den Teilbereichen

- *Politisches System der Bundesrepublik Deutschland,*
- *Politische Philosophie,*
- *Politische Theorie,*
- *Analyse und Vergleich politischer Systeme,*
- *Internationale Beziehungen und Außenpolitik,*
- *Wirtschaft, Gesellschaft und Politik* sowie
- *Statistik und Methoden der empirischen Politikforschung.*

Sie deckt somit die gesamte Breite des politikwissenschaftlichen und sozialkundlichen Grundstudiums ab und bietet bezüglich des inhaltlichen und methodischen Kerns des Faches eine Orientierungshilfe, die gerade in Zeiten des universitären Umbruchs notwendig erscheint. Zwei thematische Besonderheiten unserer Reihe erleichtern diese umfassende Orientierung:

Erstens werden die Beziehungen zwischen Politik und Wirtschaft in einem eigenen Band behandelt, obwohl bisher noch nicht in allen politikwissenschaftlichen Studiengängen gesonderte Lehrveranstaltungen dazu obligatorisch sind. In den neuen BA-Studiengängen – insbesondere auch im Fach Sozialkunde – wird jedoch sozio-ökonomischen und wirtschaftspolitischen Zusammenhängen meistens eine größere Rolle eingeräumt. Dem wollen wir mit unserer Reihe heute schon Rechnung tragen.

Zweitens wird in dieser Reihe die politische Philosophie getrennt von der politischen Theorie behandelt. Diese Trennung, die in den meisten Studienordnungen nicht ausdrücklich vollzogen wird, ist inhaltlich notwendig. Fragestellungen der politischen Philosophie erfordern eine eigenständige umfassende Darstellung und Diskussion. Der Band zur politischen Theorie dagegen wird dem allgemeinen theoretischen Rüstzeug gewidmet sein, das angehende Politologen und Sozialkundelehrer brauchen.

Bisher erschienen ist außer dem vorliegenden Werk:

Karl Rudolf Korte / Manuel Fröhlich:
Politik und Regieren in Deutschland (UTB 2436)

Joachim Behnke / Nina Baur / Nathalie Behnke:
Empirische Methoden der Politikwissenschaft (UTB 2695)

Michael Becker / Johannes Schmidt / Reinhard Zintl:
Politische Philosophie (UTB 2816)

Weitere Bände sind in Vorbereitung.

Danksagung

Wie bei allen Büchern hat auch dieses seine Vorgeschichte und verdankt seine Entstehung der hilfreichen Unterstützung vieler. Inhalt und Konzept dieses Bandes basieren auf langjährigen Lehrerfahrungen mit einem Pflichtseminar „Politische Wirtschaftslehre" am Institut für Politikwissenschaft an der Universität Tübingen. Dabei ist das Seminar neben den Autoren auch von Susanne Blancke und Werner Lang durchgeführt worden. Beim Schreiben des Bandes haben uns Maria Junger und Johannes Kruse tatkräftig unterstützt; so konnten wir Autoren uns auf das „Kerngeschäft" – eine Wirtschaftspolitik für Politologen zu konzipieren und zu verfassen – konzentrieren. Wir möchten uns auch bei den Herausgebern der Reihe, Hans-Joachim Lauth und Ruth Zimmerling, bedanken, die uns die Möglichkeit geboten haben, dieses Buch für ihre Reihe zu schreiben. Auch Diethard Sawicki, dem Lektor dieses Bandes, sei für die gute Zusammenarbeit herzlich gedankt.

Tübingen, Mai 2006

Josef Schmid
Daniel Buhr
Christian Roth
Christian Steffen

1 Einleitung: Zur Konzeption des Bandes

1.1 Annäherung an ein weites Begriffsfeld

Warum ist Wirtschaft für uns so wichtig?
Wie kann man sie analysieren?
Welche Konzepte und Theorien sind dabei hilfreich?
Was bedeutet politische Ökonomie bzw. die Interdependenz zwischen Politik und Wirtschaft?
Was ist das Besondere beim Zugriff auf das Thema in diesem Buch?
Wie ist es aufgebaut?
Welche Lernziele werden verfolgt?

Bei der Suche nach Disziplinen, die sich mit dem Thema Wirtschaft und Politik beschäftigen, stößt man auf eine Reihe von „Zuständigkeiten", was sich in einer Vielfalt an Begriffen, Theorien und Paradigmen widerspiegelt.

Paradigmen sind Weltbilder, die „Brillen" zur Verfügung stellen, um die Wirklichkeit zu ordnen und unser Denken zu strukturieren. So folgt ein Teil der mit dem Thema Wirtschaft beschäftigten Disziplinen und Ansätze einem methodologischen Individualismus, während andere von institutionellen Strukturen, sozialen Klassen etc. ausgehen.
Theorien sind modellhafte Entwürfe der Realität, um diese zu erklären und zu verstehen. Sie bilden ein System aufeinander bezogener Aussagen, machen Angaben über die Voraussetzungen und Randbedingungen, unter denen diese Aussagen gelten sollen, und leiten Hypothesen über künftige Ereignisse ab.

Das klassische Stichwort in diesem Zusammenhang ist die Politische Ökonomie, wie es etwa bei Adam Smith und anderen seit dem 17. Jahrhundert Verwendung gefunden hat. Es ist allerdings vor allem in Deutschland wenig im Gebrauch, denn spätestens seit den 30er Jahren des vergangenen Jahrhunderts ist diese Bezeichnung im marxistischen bzw. realsozialistischen Sinne wahrgenommen und politisch diskreditiert worden. Stattdessen hat sich – vor allem im

Politische Ökonomie

Rahmen der Lehrerausbildung – der Begriff der politischen Wirtschaftslehre eingebürgert (Himmelmann 1985). Gleichzeitig hat sich die Volkswirtschaftslehre als akademische Disziplin auf die Analyse von Marktprozessen spezialisiert und sich (nur noch) als „economics" verstanden. Politik ist so nicht selten zur bloßen Randbedingung des Wirtschaftskreislaufs geworden, die unter die „ceteris paribus Klausel"[1] fällt. Und wenn Politik eine Rolle spielt, dann vor allem als Wirtschaftspolitik des Staates. Darunter fallen alle Aktivitäten, die darauf ausgerichtet sind, bestimmte Ziele – in Deutschland sind dies vor allem Geldwertstabilität, Vollbeschäftigung, Wachstum und außenwirtschaftliches Gleichgewicht – zu erreichen. Schwerpunkt bilden dabei ordnungspolitische Maßnahmen.

Die Rolle von Institutionen
Dabei sind freilich nicht nur staatliche Einrichtungen wie Parlamente, Regierungen und Notenbanken am Werk, sondern ebenfalls die Gewerkschaften, Arbeitgeber-/Wirtschaftsverbände und die Kammern von Industrie und Handwerk. In der Bundesrepublik sind ferner der föderale Aufbau und die Zugehörigkeit zur Europäischen Union in Rechnung zu stellen (Sturm 2005). Sowohl die Vielzahl an Zielen als auch an Akteuren macht es nicht einfach, Ziele in eine konsistente Präferenzordnung zu überführen und adäquate Instrumente einzusetzen. Daher ist Wirtschaftspolitik immer auch ein Feld großer politischer Konflikte und Interessenunterschiede zwischen den handelnden Akteuren. Die Politikwissenschaft mit ihrer Teildisziplin der Politikfeldanalyse legt auf den Einfluss solcher politischen Aspekte auf die Wirtschaftsprozesse großen Wert, wie umgekehrt die Wirtschaft wichtige Ressourcen und Probleme für die Politik zur Bearbeitung bereithält. Wirtschaftspolitik erhält hier tendenziell den Charakter einer permanenten Intervention. Zugleich geraten Institutionen als regulierende Instanzen in den Blick: Wirtschaft basiert demnach auf politischen Ordnungsleistungen – etwa dem Schutz von Eigentum, der Sicherheit von Transaktionen, der funktionierenden, korruptionsfreien Verwaltung etc. Gerade in Transformations- und Entwicklungsländern zeigt sich die Bedeutung solcher institutioneller Grundlagen für die Wirtschaftsentwicklung.[2]

Interdependenz versus Autonomie
Der Blick auf die Institutionen generell – aber auch Institutionen in der Wirtschaft wie etwa Unternehmensnetzwerke oder Verbände – verlängert den zeitlichen Blickwinkel, da vieles an diesem Gefüge historisch gewachsen ist und häufig eine bemerkenswerte Stabilität

---

[1] Das bedeutet, dass zur Vereinfachung angenommen wird, es herrschten ansonsten gleiche Bedingungen – sprich: alle übrigen Variablen blieben konstant.

[2] Im internationalen Bereich werden solche regulierenden Instanzen als Regime bezeichnet.

aufweist. Das relativiert zugleich die Vorstellung der „Machbarkeit" einer guten Wirtschaftpolitik erheblich und lenkt die Aufmerksamkeit auf Unterschiede zwischen Ländern. Wirtschaftssysteme unterscheiden sich demnach nicht nur nach ihren zentralen Koordinierungsmechanismen als Markt- und Planwirtschaften, sondern lassen sich auch nach nationalen Konfigurationen – also liberalen und koordinierten Kapitalismen der Gegenwart – vergleichen. Zugleich werden intensive Wechselwirkungen bzw. Interdependenzen zwischen Politik und Wirtschaft in den Vordergrund gerückt und wirtschaftliches Handeln erscheint als „sozial eingebettet" (Granovetter 2000). Demgegenüber betonen Systemtheoretiker die Autonomie des Wirtschaftssystems als ein gesellschaftliches Subsystem, das durch funktionale Differenzierung entstanden ist und für die Produktion und den Austausch von Gütern und Dienstleistungen zuständig ist (Berger 1998).

Trotz der Unterschiede in der Begrifflichkeit und den entsprechenden theoretischen Ansätzen bewegen wir uns bei der Analyse auf der Makroebene der gesamten Wirtschaft und betrachten empirische Aspekte wie

Makroebene als Analyseebene

- die mehr oder weniger regelmäßigen Schwankungen des Wirtschaftsverlaufs und deren Muster (Konjunktur);
- die längerfristige Zunahme und deren Voraussetzungen und Bestimmungsgründe (Wirtschaftswachstum);
- die Auswirkungen von Konjunktur und Wachstum auf den Arbeitskräfteeinsatz (Beschäftigung);
- die kurz- und längerfristigen Bewegungen des Preisniveaus (Inflation/Deflation);
- die Bedeutung des Staates als Produzent öffentlicher/kollektiver Güter, seine Ausgaben und Einnahmen sowie die ihm zur Verfügung stehenden Instrumente (Steuern, Wirtschafts- und Sozialpolitik);
- die Entwicklung und die Bestimmungsgründe für den Export und Import (Außenhandel, Globalisierung).

> *Öffentliche bzw. kollektive Güter* sind durch zwei Eigenschaften gekennzeichnet: a) dass niemand von ihrem Konsum ausgeschlossen werden kann und b) dass sie zur gleichen Zeit von verschiedenen Individuen konsumiert werden können (Nichtrivalität). Öffentliche Güter sind beispielsweise Luft, Frieden etc.; sie können im Laufe der Zeit – wie im Falle von Wasser – ihren Charakter auch ändern und zu einem Privatgut werden.

Nicht behandelt werden die Formen und Bestimmungsgründe des wirtschaftlichen Handelns in Betrieben bzw. Unternehmen. Dies ist

Gegenstand der Betriebswirtschaftslehre – allerdings ist auch das durchaus in Teilen ein (mikro-)politisches Phänomen (Bogumil/ Schmid 2001). Ferner bleibt das Verhalten der privaten Haushalte und die bei ihnen verrechenbaren Anteile des im Produktionsprozess entstehenden Einkommens in Form von Löhnen, Gewinnen und Zinsen – also die Verteilungsdimension und die darauf basierende soziale Ungleichheit – außen vor.

1.2 Die Kernfrage: das Verhältnis von Wirtschaft und Staat

Neben der (weitgehenden) Übereinstimmung darüber, was denn der empirische Gegenstandsbereich der Wirtschaftspolitik und der Politischen Wirtschaftslehre ist, bildet die Frage nach dem Verhältnis von Staat und Wirtschaft die Kernfrage – deren Beantwortung freilich unterschiedlich ausfällt. Dabei kann man zwei Dimensionen unterscheiden: Einerseits die Frage nach dem Primat von Wirtschaft über/ oder Politik und andererseits die Spannung zwischen Freiheit und Gleichheit (Blancke 2006, O'Neil 2004).

Primat der Ökonomie

In einem ersten Zugriff kann man von einem Primat der Ökonomie über Politik und Gesellschaft ausgehen: Wirtschaft erscheint – je nach Bewertung – als „Hoffnung", „Sachzwang" und als „Schicksal", dem sich die anderen Belange der Gesellschaft unterordnen müssen. Positiver formuliert funktioniert hier der Markt im Prinzip gut, er ist ein stabiler und effizienter Mechanismus, der Wohlstand produziert. Er bildet zugleich ein Element von Freiheit, einen Wert, der vor Gleichheit rangiert. Neoklassische Ansätze, die Neue Politische Ökonomie, aber auch der Marxismus – in kritischer Absicht – analysieren ausgehend von diesen Grundannahmen die ökonomischen Funktionsmechanismen und ihre Wirkung auf Gesellschaft, Staat und Politik. Dennoch unterscheiden sie sich in ihren Erklärungen und Bewertungen fundamental:

- Für neoklassische Volkswirte sind Staatseingriffe meist disfunktional und schaden mehr als sie nützen;
- Stärker in Richtung einer Autonomie und Eigendynamik der Wirtschaft – bzw. umgekehrt einer mangelnden Steuerungsfähigkeit des Staates auf diesem Gebiet – argumentieren systemtheoretische Autoren;
- Ökonomische Rationalitätskalküle und die Idee des methodologischen Individualismus lassen sich auch auf Demokratie und Politik übertragen; Wähler sind dann Konsumenten und Politiker produzieren das Angebot.

Spiegelbildlich dazu verhalten sich diejenigen Arbeiten, die vom Primat der Politik über die Ökonomie ausgehen und bei denen das Ziel der Gleichheit einen hohen Stellenwert gegenüber der Freiheit erhält. Alle Varianten von Planwirtschaft lassen sich darunter subsumieren. Gelegentlich wecken politikwissenschaftliche Studien zur Staatstätigkeit bzw. dem Umfang an öffentlichen Gütern und deren (macht-)politischen, sozioökonomischen oder institutionellen Determinanten einen ähnlichen Eindruck. Zumindest nimmt deren Analyse den Ausgang beim (Wohlfahrts-)Staat und der Implementation von Programmen. Auch die Keynesianer weisen dem Staat eine erhebliche Funktion zu, nämlich die Sicherung der gesamtwirtschaftlichen Nachfrage, weil der Markt zu Instabilitäten und Ungleichgewichten tendiere und sich nicht alleine aus Krisen herausführen könne.

Zwischen den beiden Extremen stehen Ansätze, die die gesellschaftliche Einbettung der Ökonomie in den Vordergrund ihrer Untersuchungen stellen und von einer Interdependenz – also einer wechselseitigen Beeinflussung – von Wirtschaft und Politik ausgehen. Eine leistungsfähige Wirtschaft wird daher als Zusammenwirken spezifischer institutioneller Arrangements in Politik und Ökonomie betrachtet, wobei hier durchaus beachtliche Divergenzen zwischen kapitalistisch-marktwirtschaftlichen Demokratien bestehen. Auch bezogen auf die Realisierung der Ziele Freiheit und Gleichheit wird eine Mischung angestrebt.

> Als *Kapitalismus* wird ein Wirtschaftssystem verstanden, das sich durch Privateigentum an Produktionsmitteln sowie Produktion für einen den Preis bestimmenden Markt auszeichnet. Ferner wird damit eine Gesellschaft bezeichnet, bei der eine über den Markt geregelte Arbeitsteilung dominiert und sich entsprechende Klassenstrukturen (bei Marx Arbeit vs. Kapital) ergeben. Produktionsweisen, die auf Sklaverei oder Feudalismus basieren, werden daher nicht als kapitalistisch bezeichnet.

Was bedeutet das nun konkret? Das Phänomen der Interdependenz erscheint im Alltagsverständnis einerseits als Abhängigkeit der Politik von der Wirtschaft in dem Sinne, dass die Popularität und damit die Wahl- bzw. Wiederwahlwahrscheinlichkeit von Regierungen und Parteien von der Wirtschaftslage – indiziert durch die Wachstumsrate des Sozialprodukts, der Höhe der Arbeitslosigkeit etc. – maßgeblich beeinflusst wird. Andererseits wird das Handeln wirtschaftlicher Akteure stark durch die allokativen, stabilisierenden und distributiven Funktionen des Staates bestimmt.

Randnotizen:

Primat der Politik

Interdependenz von Wirtschaft und Politik

Darüber hinaus existiert eine Interdependenz der gesellschaftlichen Ordnungssysteme: demokratisch-pluralistische Systeme „passen" nicht zu zentral gelenkten Planwirtschaften, sondern besser zu marktförmigen Systemen. Umgekehrt bildet der moderne Kapitalismus eine wesentliche Voraussetzung für die Entwicklung der Demokratie, weil auf diese Weise staatsfreie Räume und soziale Strukturen (v.a. ein Bürgertum) entstehen, die wiederum einen günstigen Einfluss auf das politische System ausüben.

1.3 Die besondere Konzeption dieses Bandes: „Mixed Economy" und Interdisziplinarität

Mixed Economy

Aus der Problematisierung des Verhältnisses von Wirtschaft und Staat lässt sich korrespondierend zur Interdependenzperspektive die Mixed Economy als Konzept der Ökonomie ableiten. Diese umfasst verschiedene, teilweise widersprüchliche Elemente, die in ihrer Totalität zu begreifen sind und nur zu analytischen Zwecken separat behandelt werden. So beinhaltet die Mixed Economy:

- reine Marktelemente, die sich selber regeln;
- Institutionen und „Hierarchien" (Williamson), weil nur so das Eigentumsrecht garantiert und effizient produziert werden kann;
- temporäre staatliche Eingriffe, weil der Markt Instabilitäten und Ungleichgewichte aufweist. Dabei lassen sich zwei Varianten unterscheiden: Einerseits der Monetarismus, der Wachstum und Vollbeschäftigung durch eine Politik der stabilen Währung und staatlichen Zurückhaltung erreichen will; andererseits der Keynesianismus, der vor allem Vollbeschäftigung anstrebt und dazu antizyklisches Nachfragemanagement betreibt;
- kontinuierliche staatliche Steuerung und Regulierung, da alle Leistungen des Wirtschaftssystems bzw. dessen Defizite als politisches Problem definiert werden und durch entsprechende staatliche Maßnahmen die Performanz verbessert werden soll. Dabei dominiert die Logik des Politischen, d.h. das Streben nach Macht, Wiederwahlinteressen, Mehrheitsentscheidungen etc. Neben die Steuerung von Angebot und Nachfrage im Aggregat treten hier selektivere Struktur-, Industrie-, Forschungs- und Entwicklungspolitiken sowie eine umfassende Sozial- und Arbeitsmarktpolitik bzw. mit anderem politischen Vorzeichen: Privatisierungs- und Deregulierungspolitiken.

Aus diesem integrativen Blick auf das Phänomen Wirtschaft ergibt sich auch ein interdisziplinäres wissenschaftliches Vorgehen. Die Wirtschaftspolitik bzw. die Politische Wirtschaftslehre ist kein klar definiertes, einheitlich strukturiertes Teilgebiet der Sozialwissenschaft. Sie liegt vielmehr zwischen der Politikwissenschaft und der Volkswirtschaftslehre und weist unterschiedliche theoretische Zugänge und Kontexte auf. Das Charakteristische am Tübinger Konzept ist der Versuch, die Pluralität und Breite der Ansätze aufzunehmen und sich eben nicht für einen einzigen zu entscheiden.

Disziplinärer Kontext der Politischen Wirtschaftslehre

Abb. 1: Disziplinärer Kontext der Politischen Wirtschaftslehre

Makroökonomie/ Wirtschaftspolitik (VWL)		Policy-Analyse, staatliche Steuerung, Neoinstitutionalismus
	Politische Wirtschaftslehre	
Politische Ökonomie (klassische und marxistische)		Neue Politische Ökonomie und Institutionenökonomik

Interdisziplinarität bedeutet, ein Problem gleichzeitig mit der Brille unterschiedlicher Disziplinen, theoretischer Ansätze und Paradigmen zu untersuchen, um auf diese Weise einen schärferen Blick auf das Problem zu gewinnen. Interdisziplinäres Arbeiten erfolgt in gemischten Teams, damit verschiedene Sichtweisen in die kollektive Arbeit eingehen können. Dabei bedarf es der Übersetzung, um die Anliegen der einen Disziplin für die anderen verständlich zu machen. Ein wichtiges Problem interdisziplinären Arbeitens – Forschens, Lehrens und Lernens – liegt genau in dieser Übersetzungsleistung, denn es gibt keine Sprache, die alle Theorien und Disziplinen abbilden kann. Erst im Dialog, in der Kommunikation und der Kenntnis der verschiedenen Disziplinen wird klar, welche spezifische Bedeutung bestimmte Begriffe oder welches Gewicht Argumente im jeweiligen Zusammenhang haben. Das erfordert auch eine kritische Relativierung der eigenen Positionen.

Am Beispiel der Politikfeldanalyse und der dort verwendeten Trias von Politics, Polity und Policy[3] aber auch in der Unterscheidung von Zielen, Ordnungs- und Prozessdimensionen der Wirtschaftspo-

---

[3]   Dabei bezieht sich Polity auf institutionelle Ordnung, Politics auf den politischen Wettbewerb und Policy auf die Inhalte und sachlichen Problemlösungen.

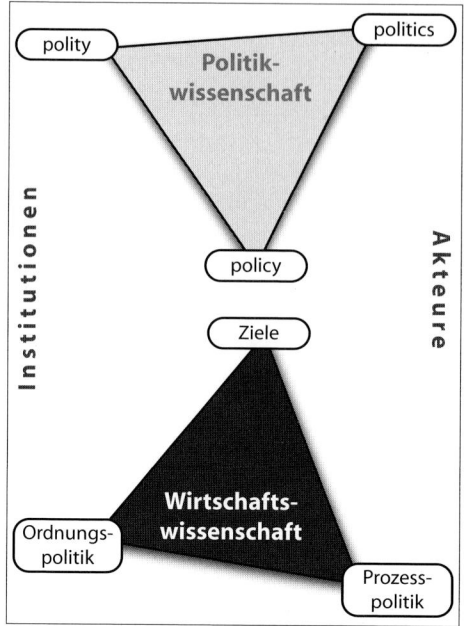

Aufbau des Bandes

Abb. 2: Politik und Wirtschaft

litik, wie sie in der Volkswirtschaftslehre im Gebrauch ist, lässt sich der interdisziplinäre Blick auf das Ganze vertiefen.

Diesem Anliegen folgt der Aufbau des Bandes: Er führt in die (konventionelle) wirtschaftspolitische Denkweise ein, indem basale Grundbegriffe, Kreislaufzusammenhänge, Darstellungs- und Berechnungsweisen der Volkswirtschaftslehre aufgearbeitet werden. Zur Vertiefung und Erweiterung des Blickwinkels wird eine Reihe von theoretischen Ansätzen behandelt, die neben ökonomischen auch politikwissenschaftliche und soziologische Aspekte behandeln und die Grundlage für das interdisziplinäre Arbeiten abgeben. Schließlich werden die Soziale Marktwirtschaft bzw. die Mixed Economy der Bundesrepublik und einige Handlungsfelder (Arbeit und Soziales, Globalisierung etc.) dargestellt, wobei das Augenmerk besonders den Institutionen einerseits und den Instrumenten staatlicher Steuerung andererseits gilt.

Literatur:

Berger, Johannes 1998: Wirtschaftssystem, in: Schäfers, Bernhard/Zapf, Wolfgang (Hrsg.): Handwörterbuch zur Gesellschaft Deutschland, Opladen.

Himmelmann, Gerhard 1985: Politische Wirtschaftslehre, in: Nohlen, Dieter/Schultze, Rainer-Olaf (Hrsg.): Politikwissenschaft. Theorien – Methoden – Begriffe, Pipers Wörterbuch zur Politik, München.

Kosta, Jiri 1987: Politische Ökonomie, in: Nohlen, Dieter/Schultze, Rainer-Olaf (Hrsg.): Politikwissenschaft. Theorien – Methoden – Begriffe, Pipers Wörterbuch zur Politik, München.

Sturm, Roland 2005: Wirtschaftpolitik, in: Schubert, Klaus (Hrsg.): Handwörterbuch des ökonomischen Systems der Bundesrepublik Deutschland, Wiesbanden.

2 Begriffliche Grundlagen der Makroökonomie

Leitfragen

Warum wirtschaften wir?
Wer und was treibt uns dabei?
Was sind Güter, wie unterscheiden sie sich voneinander?
Wie bestimmen wir Wohlfahrt und Produktivität?
Was sind Märkte – und wie funktionieren sie?
Wie gelangt Geld in die Volkswirtschaft?

Eine Volkswirtschaft besteht aus Wirtschaftseinheiten, aus Märkten, aber vor allem: aus Menschen. Millionen von Menschen, die sich ökonomisch engagieren; entscheiden und handeln – kaufen, verkaufen, arbeiten, produzieren und vieles mehr. Aber: Warum tun sie das eigentlich?

> Während sich die *Mikroökonomie* (griech.: mikrós = klein und oikonómos = Haushaltsverwalter) bei der Untersuchung der arbeitsteiligen wirtschaftlichen Vorgänge an den Gütern und an den Wirtschaftssubjekten orientiert, befasst sich die *Makroökonomie* (griech.: makrós = groß) mit den gesamtwirtschaftlichen Zusammenhängen.

2.1 Gründe für das Wirtschaften

Bedürfnisse sind der *Grund* jeglichen Wirtschaftens. Ein Bedürfnis ist die Empfindung von Mangel mit dem gleichzeitigen Verlangen, diesen Mangel auch zu beseitigen. So ist die Bedürfnisbefriedigung letztlich das *Ziel* des Wirtschaftens, während die *Ursache* des Wirtschaftens in der Tatsache begründet liegt, dass einer unbegrenzten Menge an Bedürfnissen nur eine begrenzte Menge an Mitteln, an Ressourcen gegenübersteht. Das heißt, gemessen an den geradezu unbegrenzten Bedürfnissen sind die Güter knapp. Durch Wirtschaften soll das Verhältnis zwischen begrenzten Ressourcen und unbegrenzten Bedürfnissen so gut wie möglich ausbalanciert werden.

So heißt Wirtschaften auch, auf die Befriedigung eines Bedürfnisses zu verzichten – zugunsten eines anderen. Es entgeht ein Nutzen. Die Größe dieses entgangenen Nutzens bezeichnen wir als

Bedürfnisse

Opportunitätskosten

Opportunitätskosten. Die Opportunitätskosten eines Gutes A sind der in Mengeneinheiten eines anderen Gutes B ausgedrückte Verzicht, der sich aus der Wahlentscheidung für Gut A ergibt. Kurz: Die Opportunitätskosten einer Gütereinheit bestehen in dem, was man aufgibt, um die Einheit zu erlangen.

Auf der Stufe absoluter Autarkie und Selbstversorgung erfolgt die Wahlhandlung unmittelbar. Nehmen wir die Gütereinheit „Zeit". Und denken daran, wie wir dieses wertvolle Gut, diese wertvolle Ressource verteilen müssen. Wir könnten all unsere Zeit für das Studium der Politikwissenschaft aufwenden. Man könnte aber auch alles für sein Nebenfach, das Studium der Germanistik einsetzen. Oder sie auf beide Fächer verteilen. Allerdings: in jeder Stunde, in der wir ein Fach studieren, verlieren wir eine Stunde, in der man das andere Fach hätte studieren können. Und mit jeder Studierstunde verzichten wir auf eine Stunde, in der wir schlafen, lesen, fernsehen oder Geld verdienen können.

> *Opportunitätskosten* (auch Alternativkosten)
> Kosten für einen entgangenen Nutzen oder Ertrag, der sich bei einem anderen Einsatz eines Gutes oder eines Produktionsfaktors als der tatsächlich gewählten Verwendung ergeben hätte. Ein Unternehmer steht beispielsweise vor der Wahl, private Geldbeträge für neue Maschinen und Ausstattung in seinen Betrieb zu investieren oder diese Beträge am Kapitalmarkt anzulegen und dafür Zinsen zu erhalten. Entscheidet er sich für die betriebliche Investition und gegen die Anlage am Kapitalmarkt, entstehen ihm Opportunitätskosten (Alternativkosten) in Höhe der Zinserträge für die nicht gewählte, alternative Kapitalanlage.

Auf der Stufe des Naturalientausches werden diese Prozesse bereits über den Markt vermittelt. Wahlhandlungen und Selbstbeschränkung sind auch hier erforderlich. In der modernen Wirtschaft dient das Geld als vermittelndes Tauschobjekt. Das wirtschaftlich beschränkte Mittel ist das monatliche Einkommen. Die Menschen entscheiden mit dem Einsatz ihrer begrenzten Mittel, z.B. ihres Bafögs, über den Verzicht auf die Befriedigung eines Bedürfnisses zugunsten eines anderen, gehen vielleicht lieber dreimal ins Kino anstatt einmal in ein feines Restaurant.

Bedarf   Den Teil eines Bedürfnisses, für dessen Befriedigung sich das Individuum entscheidet, nennen wir Bedarf. Bedürfnisse lassen sich nach Dringlichkeit einteilen. Denn jedes Bedürfnis vereinigt in sich dringliche und weniger dringliche Komponenten. Jedes Bedürfnis kann zugleich Existenzbedürfnis, zum Beispiel Grundnahrungsmittel, oder Luxusbedürfnis – vielleicht ein teures Parfum – sein.

Güter sind Mittel der Bedürfnisbefriedigung und lassen sich in Konsumgüter und Produktionsgüter aufteilen. Konsumgüter dienen der unmittelbaren Bedürfnisbefriedigung, während Produktionsgüter in einem erneuten Produktionsprozess weiterverwendet werden. Den Wert eines Gutes bestimmt die Höhe seines Nutzens und die Menge, in der es vorhanden ist. Dieser Wert wird in modernen Gesellschaften durch Geld objektiviert.

Güter

Nutzen, Grenznutzen und Sättigung

Bedürfnisbefriedigung, die der Konsum eines Gutes oder einer Dienstleistung beim Konsumenten auslöst. Als Nutzen werden sowohl der subjektiv empfundene Grad der Bedürfnisbefriedigung angesehen als auch die Eigenschaften des Gutes selbst. In der Wirtschaftstheorie wird davon ausgegangen, dass private Haushalte nach dem größtmöglichen Nutzen streben. Der erzielte Nutzen lässt sich auch grafisch als Nutzenfunktion darstellen. Mit jeder zusätzlichen Einheit steigt der Gesamtnutzen – aber der Nutzenzuwachs mit jeder weiteren Einheit wird immer kleiner. Das heißt: der *Grenznutzen* nimmt ab. Nehmen wir einen vegetarischen Studenten der Politikwissenschaft, der das interessante Jobangebot erhalten hat, in den Semesterferien bei Nord-Süd-Fleisch im Akkord Schweinemägen auszuspülen. Je mehr er dort arbeitet, desto mehr kann er sich leisten. Andererseits muss er jedoch Freizeit opfern. Gehen wir davon aus, dass der Herr Student acht Stunden Schlaf braucht – und daher sechzehn Stunden Zeit verbleiben, die zwischen Arbeit und Freizeit aufgeteilt werden können. Hier kann – bei einem Grenznutzen von null – ein Sättigungspunkt erreicht werden, an dem eine weitere Einheit des Gutes keinen Nutzen mehr stiftet. Der Sättigungspunkt für den Nutzen von Arbeit könnte etwa sein, dass man schlichtweg keine Zeit mehr hat, dass viele Geld, das man bei Nord-Süd-Fleisch verdient hat, auszugeben. Nach dem Sättigungsgesetz (nach Gossen) nimmt der Nutzen, den ein Gut dem Verbraucher stiftet, mit jeder zusätzlichen Einheit, die von diesem Gut konsumiert wird, ständig ab – bis Sättigung eintritt. Verlegen wir ein Beispiel für den Grenznutzen in Ihre Lieblingskneipe: trinken Sie den ganzen Abend Malzbier, nimmt durch die fortwährende Sättigung der Nutzen jedes weiteren Glases Malzbier ab, bis Sie am Ende kein Malzbier mehr mögen [Anm. der Redaktion: zugegeben, dass kann recht schnell passieren], weil Ihnen inzwischen schlecht geworden ist. Und Sie – noch schlimmer – daher vielleicht am nächsten Morgen nicht bei Nord-Süd-Fleisch zur Arbeit erscheinen können ... Damit lässt sich eine Verhaltensregel ableiten: Man sollte so viele Stunden arbeiten, dass sich der Gesamtnutzen aus Arbeit und Freizeit maximiert. Das Maximum des Gesamtnutzens liegt im Schnittpunkt der Grenznutzenfunktion für Arbeit und Freizeit.

Güter, die im Produktionsprozess eingesetzt und kombiniert werden, heißen Produktionsfaktoren (auch Inputs). Aus volkswirtschaftlicher Sicht sind traditionell drei Produktionsfaktoren zu unterscheiden: Arbeit, Boden und Kapital.

Produktionsfaktoren

Arbeit:
- Jede menschliche Tätigkeit, die zur Befriedigung der Bedürfnisse anderer verrichtet wird und darauf abzielt, Einkommen zu erwirtschaften;

- Ausnahme: Hausarbeit, Schwarzarbeit, Nachbarschaftshilfe.

Boden:
- alle kostenlosen Hilfsquellen für die Produktion;
- Standort für die Produktion.

Kapital:
- Real- oder Sachkapital ohne Geldkapital;
- zum Kapital gehören alle produzierten und noch nicht in den Bereich der privaten Haushalte übergegangenen Güter;
- entsteht nur durch Konsumverzicht (Sparen);
- Sparen ermöglicht neue Investitionen und damit Kapitalzuwachs.

Traditionell in der (Klassik) zählen zu den *Produktionsfaktoren* Arbeit, Boden und Kapital. Viele Volkswirte zählen aber auch das Humankapital, die Umwelt oder die unternehmerische Tätigkeit („Entrepreneurship") hinzu. Andere definieren allein Arbeit als Produktionsfaktor – Boden/Umwelt und Kapital hingegen seien Produktionsmittel (bzw. abgeleitete Produktionsfaktoren).

Produktion   Produktion ist die Transformation von Gütern in andere Güter. Zwischen dem eingesetzten Input und den am Ende des Produktionsprozesses stehenden Outputs besteht eine Verknüpfung, die sich als *Produktionsfunktion* folgendermaßen darstellen lässt:

Abb. 3: Produktionsfunktion

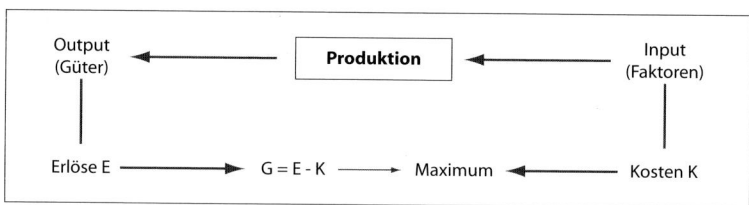

O (Outputs) = f (Produktionsfaktoren oder Input) [Arbeit, Kapital, Boden]

Nehmen wir diese Produktionsfunktion als Grundlage, dividieren wir die Outputs, also die Menge der produzierten Güter, durch die Menge der dafür eingesetzten Produktionsfaktoren, erhalten wir eine Aussage über die Produktivität.

Produktivität ist ein Maß, mit dem wirtschaftliche Leistungskraft gemessen wird, es ist das Verhältnis von Produktionseinsatz (Input) zu Produktionsergebnis (Output). Unterscheiden lassen sich die Kapital- und Arbeitsproduktivität. Die Arbeitsproduktivität gibt an, welcher Wert an Gütern und Dienstleistungen in einer Arbeitsstunde im Schnitt produziert wird. Die Betriebe ermitteln sie meist, indem sie den Umsatz durch die Arbeitsstunden teilen. Für die volkswirtschaftliche Betrachtung gilt diese Formel:

> Bruttosozialprodukt/BIP (Wert der neu geschaffenen Güter und Dienstleistungen) geteilt durch die Summe der geleisteten Arbeitsstunden.

Manchmal wird die Produktionsleistung auch durch die Zahl der Erwerbstätigen bzw. Beschäftigten geteilt, das ist jedoch ungenauer, weil unterschiedliche Arbeitszeiten ausgeblendet werden. Produktivitätssteigerungen werden durch verbesserte Fertigungsabläufe (zum Beispiel neue Maschinen, Hard- und Software, rationellere Arbeitsabläufe) oder mehr Leistung der Beschäftigten erreicht (etwa durch knappere Zeitvorgaben, neue Leistungsbewertungssysteme oder mehr Motivation).

Steigende Arbeitsproduktivität heißt: Immer mehr Güter können mit immer weniger Zeitaufwand und Menschen produziert werden. Je höher die Arbeitsproduktivität, desto mehr Güter und Dienstleistungen (also materiellen Wohlstand) kann eine Wirtschaft erzeugen. Höhere Arbeitsproduktivität führt zu niedrigeren Lohnkostenbelastungen der Unternehmen, sie werden damit wettbewerbsfähiger. Steigt die Arbeitsproduktivität allerdings an, ohne dass die ständig mehr produzierten Waren auch abgesetzt werden können, reagieren Unternehmer normalerweise mit Personalabbau: Rasante Produktivitätssteigerungen sind damit auch eine Ursache für hohe Arbeitslosigkeit (vgl. Baßeler u.a. 2002; Wienert 2001).

Allgemein lässt sich Produktivität für den Produktionsvorgang in einer Fabrik, für ein Unternehmen, einen Wirtschaftszweig oder auch eine gesamte Volkswirtschaft berechnen.

Produktivität = O/A,B,K

Sowohl in der Produktion als auch allgemein beim Wirtschaften lassen sich zwei Prinzipien unterscheiden: das *Maximierungsprinzip* und das *Minimierungsprinzip*

Produktivität

Maximierungs- und Minimierungsprinzip

Abb. 4: Maximierungs- und Minimierungsprinzip

Zusammengefasst: In jeder Wirtschaftsgesellschaft haben die Menschen eine Fülle von Wünschen und Bedürfnissen. Die Mittel, die zur Befriedigung dieser Bedürfnisse dienen, nennt man Güter. Diese müssen in der Regel produziert werden – mit der Hilfe von Produktionsmitteln. Die Produktionsmittel einer Volkswirtschaft sind jedoch begrenzt und damit auch die Güter, die maximal produziert werden können. Ein Dilemma, denn einer beschränkten Anzahl Güter steht eine unbeschränkte Menge von Bedürfnissen gegenüber. Es herrscht Knappheit. Diese kann nur überwunden werden, wenn man entweder die Bedürfnisse einschränkt oder die Produktionsmöglichkeiten erhöht, etwa durch Arbeitsteilung oder technischen Fortschritt.

2.2 Das Kreislaufdiagramm

Wirtschaftskreislauf

Die Ökonomie untersucht, wie eine Volkswirtschaft funktioniert. Und bedient sich dabei verschiedener Erklärungsmodelle. Eines davon, wohl das Grundsätzlichste, ist das Kreislaufdiagramm. Die Kreislaufidee geht auf den französischen Arzt Francois Quesnay (1694-1774) zurück. In Analogie zum Blutkreislauf entspricht im ökonomischen Kreislaufgleichgewicht die Nachfrage der Produktion und dem Einkommen. Das Kreislaufbild veranschaulicht, dass Produktion und Nachfrage wechselseitig voneinander abhängen.

Das Kreislaufdiagramm ist eine schematische, vereinfachte Gliederung der Volkswirtschaft, die real so nicht existiert. Denn das Modell beschränkt sich auf zwei Akteursgruppen – Haushalte und Unternehmungen – und verzichtet damit auf einen nicht nur für Politikwissenschaftler entscheidenden Akteur wie den Staat. Es ist eine Abstraktion, die das Wirtschaften als solches jedoch sehr anschaulich macht. Das Modell bildet wirtschaftliche Transaktionen ab. Denn eine Volkswirtschaft ist die Summe aller Transaktionen. Nicht alle davon, aber zumindest die basalen, stellt das Flussdiagramm nach:

Güter- und Faktormärkte

Unternehmungen erzeugen Güter (Waren und Dienstleistungen). Dabei verwenden sie verschiedene Inputs (Produktionsfaktoren),

Abb. 5: Flussdiagramm einer Volkswirtschaft

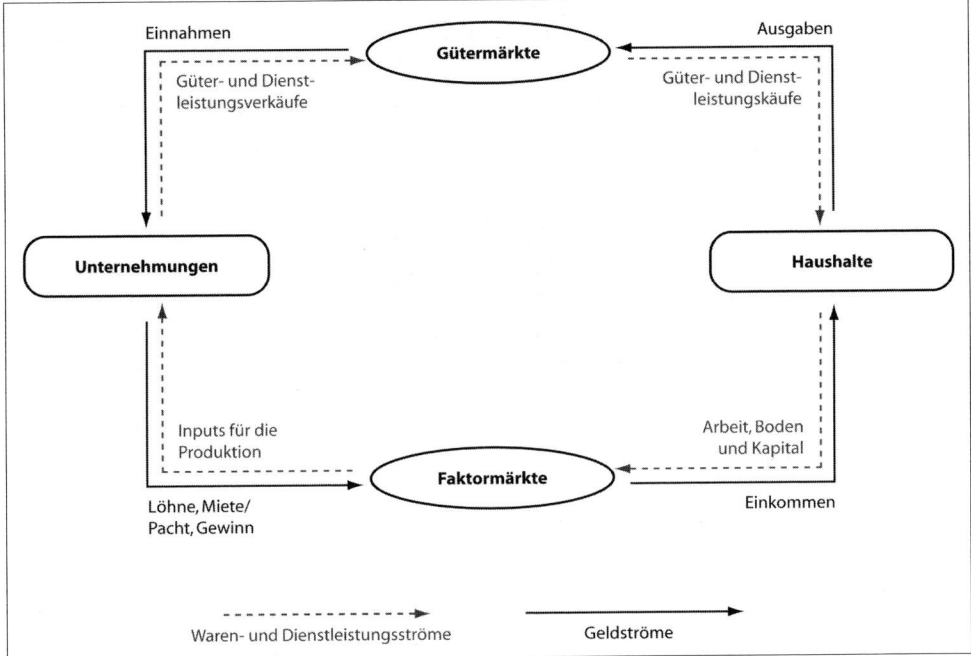

beispielsweise Arbeit, Boden und Kapital. Die Haushalte sind Eigentümer dieser Produktionsfaktoren, und sie verbrauchen alle von den Unternehmungen hergestellten Güter. Damit wirtschaften Haushalte und Unternehmungen auf zweierlei Märkten miteinander, sind jeweils sowohl Anbieter als auch Konsument. Auf den Gütermärkten sind die Haushalte Käufer und die Unternehmungen Verkäufer ihrer produzierten Güter, während sich auf den Faktormärkten diese Beziehung ins Gegenteil wandelt. Hier stellen die Haushalte den Unternehmungen zur Güter-Produktion die notwendigen Produktionsfaktoren (Inputs) bereit.

> *Private Güter*
> Damit in einer Marktwirtschaft ein Marktteilnehmer von einem anderen eine Ware erwerben („tauschen") kann, müssen zwei Voraussetzungen erfüllt sein: (1) Der Käufer zahlt dem Anbieter als Gegenleistung für das erworbene Gut einen Preis. (2) Der Anbieter erkennt daraufhin das ausschließliche Eigentum des Käufers an der bezahlten Ware an („Ausschlussprinzip"). Für den Käufer bedeutet der Erwerb zugleich, dass er alle anderen Marktteilnehmer am Gebrauch seines gerade erworbenen Gutes hindern kann („Rivalität im Konsum").

> *Öffentliche Güter*
> Neben oben erwähnten privaten Gütern, die auf freien Gütermärkten gehandelt werden, existieren so genannte öffentliche Güter. Öffentliche Güter werden nicht gemäß Präferenzen der Konsumenten produziert. Ein Gut ist dann öffentlich, wenn es ohne Rivalität von allen Nachfragern konsumiert werden kann und wenn ein Ausschluss vom Konsum nicht möglich ist. Öffentliche Güter sind demnach die Güter Sicherheit, saubere Umwelt oder der öffentliche Rundfunk.

Güterströme

Das Kreislaufdiagramm stellt – sehr einfach aber aussagekräftig – dar, wie die Akteursgruppen miteinander wirtschaften, wie die Euro-Transaktionen zwischen Haushalten und Unternehmungen fließen. Die innere Schleife skizziert die Güterströme zwischen Haushalten und Unternehmungen. Die Haushalte „verkaufen" auf den Faktormärkten den Gebrauch ihrer Arbeitskraft, ihrer Grundstücke und Gebäude sowie ihres Realkapitals an die Unternehmungen. Diese verwenden die Produktionsfaktoren bei der Herstellung von Gütern, die auf den Gütermärkten wiederum an die Haushalte verkauft werden. So fließen die Produktionsfaktoren von den Haushalten zu den Unternehmungen und die Güter von den Unternehmungen zu den Haushalten.

Geldströme

Die äußere, linksherum verlaufende Schleife bildet die Geldströme ab. Geld, das die Haushalte für den Kauf von Waren und Dienstleistungen ausgeben – und damit an die Unternehmungen transferieren. Diese verwenden die Einnahmen aus den Güterverkäufen teilweise dazu, um die Produktionsfaktoren zu bezahlen (z.B. Löhne und Gehälter für ihre Arbeitskräfte). Was übrig bleibt, ist der Gewinn des Unternehmers, der selbst auch zum Haushaltssektor gehört. Somit fließen Ausgaben für Güter von den Haushalten zu den Unternehmungen und Einkommen in Form von Löhnen, Mieten und Pacht sowie Gewinn von den Unternehmungen zu den Haushalten (vgl. etwa Baßeler u.a. 2002).

2.3 Wie Märkte funktionieren

Angebot und Nachfrage

Vom US-amerikanischen Volkswirt Gregory Mankiw stammt der Satz, dass sogar ein Papagei zum Ökonom werden könne, „*wenn er lernt ‚Angebot und Nachfrage' zu sagen.*" (Mankiw 1999, S. 120) Das mag vielleicht nicht ganz richtig sein, was aber dennoch stimmt: Angebot und Nachfrage sind die Triebkräfte für das Funktionieren einer Marktwirtschaft. Sie bestimmen die produzierte Menge eines jeden

Gutes und dessen Preis. Wenn man die Auswirkung wirtschaftspolitischer Entscheidungen untersuchen möchte, muss man zuerst ein grundlegendes Verständnis dafür entwickeln, wovon Angebot und Nachfrage beeinflusst werden – und wie Märkte überhaupt funktionieren.

Ein Markt besteht aus einer Gruppe potenzieller Käufer und Verkäufer eines Gutes. Die Gruppe der potenziellen Käufer bestimmt die Nachfrage nach dem Gut, die Gruppe der Verkäufer bestimmt das Güterangebot. Märkte können hochgradig organisiert sein (zum Beispiel Wertpapierbörsen) oder gar nicht. Obwohl nicht organisiert, bilden die Gruppen von Nachfragern und Anbietern trotzdem einen Markt. Jeder Konsument weiß, dass es mehr Anbieter gibt, von denen man kaufen könnte, und jeder Anbieter weiß um seine Konkurrenz: weitere Anbieter mit ähnlichen Produkten. In diesen Konkurrenzmärkten hat der einzelne Akteur wenig Einfluss. Er bestimmt daher auch nicht allein den Marktpreis; vielmehr ergibt sich der Marktpreis durch alle Marktteilnehmer und ihr Zusammenwirken im Markt.

In der reinen Lehre vollständiger Konkurrenzmärkte (keine Mono- und Oligopole) ergeben sich damit zwei grundsätzliche „Gesetze": das Gesetz der Nachfrage und das des Angebots. Erstes besagt, dass bei sonst unveränderten Randbedingungen die nachgefragte Menge eines Gutes bei steigendem Preis des Gutes sinkt. Und das Gesetz des Angebots: Bei sonst unveränderten Randbedingungen steigt die angebotene Menge eines Gutes bei steigendem Preis des Gutes. Ökonomen stellen diese Gesetze gerne in Kurven dar. Schneiden sich Angebots- und Nachfragekurve, so herrscht an diesem Punkt ein Marktgleichgewicht. Angebotene Güter und die Nachfrage nach ihnen halten sich die Waage, was sich sowohl auf Preis wie Menge niederschlägt. Denn auch hier herrscht folglich Gleichgewicht. Jeder Marktteilnehmer ist zufrieden: Nachfrager haben ihre Kaufabsichten verwirklicht, Anbieter haben ihre Verkaufspläne erfüllt.

Gesetz von Angebot und Nachfrage

Marktgleichgewicht

Aber wie funktioniert das? Wie wird Marktgleichgewicht hergestellt? Im Modell, relativ simpel. Nehmen wir an, dass der Preis eines Gutes, beispielsweise eines Glases (al-

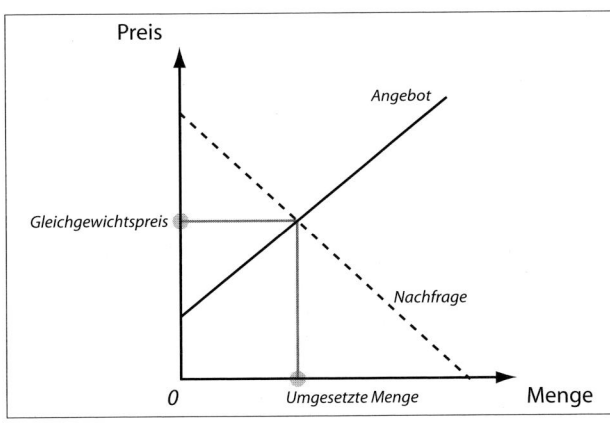

Abb. 6: Marktgleichgewicht

koholfreies?) Bier, über dem Gleichgewichtspreis liegt. Es besteht ein Mengenüberschuss, genauer: ein Angebotsüberschuss. Die Anbieter sind bei diesem Preis nicht in der Lage, die Menge abzusetzen, die sie verkaufen möchten. Wenn ein Angebotsüberschuss auf dem Bier-Markt besteht, müssen die Bierbrauer und Getränkehändler bemerken, dass sich ihre Bestände immer weiter erhöhen – und diese Bestände im schlimmsten Fall verderben und damit unverkäuflich werden. Sie reagieren und senken den Preis. Und das so lange, bis das Gleichgewicht wieder erreicht ist.

Auch bei einem Marktpreis unter dem Gleichgewichtspreis tut sich etwas. Übersteigt die Nachfragemenge die Angebotsmenge, herrscht Knappheit. Die Nachfrager können zum herrschenden Preis nicht die Menge erwerben, die sie kaufen möchten. Käufer stehen Schlange – und manche gehen leer aus. In dieser Situation können die Anbieter die Preise erhöhen, ohne Absatz zu verlieren. So lange, bis der Konsument reagiert und dem Angebot fern bleibt. Der Preisanstieg bewegt so den Markt wieder in Richtung Marktgleichgewicht.

Einflussgrößen auf Angebot und Nachfrage

Wie schnell das Marktgleichgewicht erreicht wird, ist von Markt zu Markt verschieden. Auf den meisten freien Märkten sind Angebots- und Nachfrageüberschüsse nur temporär gegeben. Das Phänomen der Preisanpassung ist in der Praxis so dominierend, dass klassische Ökonomen auch hier von einem Gesetz sprechen: Der Preis eines beliebigen Gutes passt sich in der Weise an, wie dadurch Angebots- und Nachfragemengen zur Übereinstimmung gelangen.

Welche Faktoren bestimmen die Nachfrage?
- Der Preis des Guts
- Der Preis anderer/verwandter Güter (Substitute, komplementäre Güter etc.)
- Das Einkommen des Nachfragers
- Der Nutzen, den man sich verspricht
- Die Erwartungen für die zukünftige Preis- und Einkommensentwicklung

Neben dem Preis gibt es noch weitere Einflussgrößen der Nachfrage: die Einkommen, Bedürfnisse und Vorlieben sowie die Erwartungen der potenziellen Käufer. Auch das Angebot wird durch zusätzliche Faktoren beeinflusst: Input- und Einkaufspreis, Technologie und Erwartungen. Grundsätzlich lässt sich jedoch sagen: In einer Marktwirtschaft bilden meist die Preise die Signale für alle Entscheidungen sowie die Zuteilung knapper Ressourcen. Bei jeder Güterart der Volkswirtschaft gewährleistet so der bewegliche Marktpreis, dass Angebot und Nachfrage zur Übereinstimmung kommen. Der Gleichgewichtspreis bestimmt einerseits produzierte und angebotene Gütermenge der Unternehmer und andererseits nachgefragte und konsumierte Gütermenge der Haushalte.

> Während auf der Nachfrageseite die Grenznutzentheorie Hinweise zur Erklärung der tatsächlich nachgefragten Menge gibt, liefert das *Ertragsgesetz* Erklärungen für das Verhalten von Anbietern: Wird der Einsatz eines Produktionsfaktors bei gleich bleibender Menge der übrigen Faktoren erhöht, so nimmt der Ertrag (Output) zunächst mit steigenden, später mit fallenden Grenzerträgen zu, bis schließlich der Gesamtertrag (Output) sinkt.

Ökonomische Interdependenzen zwischen den Märkten

Für viele Ökonomen ist damit der Konsument der Souverän dieses einfachen Wirtschaftskreislaufs, schließlich entscheidet ja er durch seine Nachfrage, was in der Volkswirtschaft in welcher Menge produziert wird und setzt so auch die entscheidenden Signale, in welcher Konstellation die knappen Produktionsfaktoren einer Volkswirtschaft verwendet werden. Auf diesen so genannten Faktormärkten entscheiden sich die Preise und die gehandelten Mengen der Produktivleistungen, beispielsweise die „Preise für Arbeitskraft" auf dem Arbeitsmarkt, der Preis für Kapital (Zins) auf dem Kapitalmarkt und so weiter. Wichtig dabei: Faktormärkte und Gütermärkte beeinflussen sich gegenseitig. Wenn beispielsweise der Preis eines Konsumgutes steigt und daraufhin die Produktion ausgeweitet wird, nimmt in der Volkswirtschaft – als Ableitung – auch die Nachfrage nach Arbeitskräften für diese Branche zu. In der Folge steigen die Löhne und damit verändern sich auch die Kosten der Güterproduktion. Und das kann schwerwiegende Auswirkungen auf die Produktionsentscheidungen haben. Lohnt es sich in jener Branche den Faktor Arbeit durch den Faktor Kapital zu ersetzen? Wie wirken sich die gestiegenen Löhne auf die Produktion und wie auf den Konsum aus? Kurzum, zwischen den Märkten einer Volkswirtschaft ergeben sich zwangsläufig ökonomische Interdependenzen.

> *Das Say'sche Theorem*
> Vom französischen Nationalökonom Jean Baptiste Say stammt die These, wonach jedes volkswirtschaftliche Angebot seine eigene Nachfrage selbst schafft, weil mit der Herstellung von Gütern gleichzeitig das Geld verdient wird, um diese Güter auch zu kaufen. Gesamtwirtschaftliches Angebot und Nachfrage haben danach die Tendenz zu einem Gleichgewichtszustand, bei dem Vollbeschäftigung herrscht.
> Say unterstellt, dass durch die Güterproduktion Einkünfte erwirtschaftet werden, die in ihrer Höhe dem Preis der produzierten Güter entsprechen. Daraus folgt, dass automatisch die gesamte Menge der erstellten Güter und Leistungen abgesetzt wird – da das Einkommen

entsprechend der sayschen Annahmen entweder zum Gütererwerb oder zum Sparen benutzt werden kann. Folglich steigt beim Gütererwerb die Nachfrage in der Volkswirtschaft. Aber auch das gesparte Geld fließt dem Wirtschaftskreislauf den Annahmen zufolge komplett wieder zu, da die Sparer ihr Geld anlegen, um dafür Zinsen zu erhalten. Mehr Ersparnisse bedeuten eine Zunahme des Geldangebots in der Volkswirtschaft, was wiederum zu sinkenden Zinsen führen muss. Bei niedrigeren Zinsen fragen die Unternehmen verstärkt Gelder in Form von Krediten zur Finanzierung von Investitionen, für Fabrikhallen, Maschinen und Anlagen nach. Die gesamte Nachfrage nach Konsum- und Investitionsgütern in der Volkswirtschaft nähert sich somit Schritt für Schritt automatisch dem gesamten Angebot dieser Güter an und es entsteht ein volkswirtschaftliches Gleichgewicht bei Vollbeschäftigung.

Das Say'sche Theorem ist nicht unumstritten – vor allem John Maynard Keynes lehnte die These ab. Keynes ging stattdessen davon aus, dass nicht die gesamten Ersparnisse über den Finanzmarkt dem Wirtschaftskreislauf zufließen und deshalb der Kreislauf zwischen Sparen und Investition unterbrochen wird – die Nachfrage ist schwächer als das Angebot. Die Folge ist Arbeitslosigkeit.

2.4 Ständiges Geben und Nehmen: Der Markt

Gesetzmäßigkeiten des Marktes

Wirtschaftliche Fragen werden in den meisten demokratischen Staaten überwiegend über den Markt gelöst. Folglich nennt man diese Wirtschaftssysteme auch Marktwirtschaften. Eine (freie) Marktwirtschaft ist eine Wirtschaft, in der die Wirtschaftssubjekte (Haushalte und private Unternehmen) alle Entscheidungen über Produktion und Konsum selbst treffen können, in einem Gesetzesrahmen, über den in breiten Teilen der Bevölkerung Konsens herrscht. In solch einer Konstellation bestimmen Preise, Märkte, Gewinne, Verluste, Anreize und Belohnungen, was, wie, womit und für wen produziert wird. Denn Unternehmen produzieren genau solche Güter, die den höchsten Profit versprechen und greifen dabei auf die kostengünstigsten Produktionsmethoden zurück. Den Konsum bestimmen die privaten Haushalte – mit ihren Entscheidungen, wie sie ihr Einkommen aus Arbeit und Vermögen ausgeben möchten. Als lenkende Hand (Adam Smith: „unbekannte Hand") koordiniert der Preis das freie Spiel von Angebot und Nachfrage.

Der Markt hat seine eigenen Gesetze: den Wettbewerb. Wettbewerb um Preise, neue Waren, neue Technik, neue Versorgungsquellen und neue Organisationstypen. Konkurrenz, die über einen Kosten- oder Qualitätsvorteil, über Gewinner und Verlierer entscheidet. Vom Arbeitsmarkt, über den Gütermarkt bis zum Finanzmarkt. Für die Analyse dieser Märkte haben sich in der Ökonomie vor allem zwei Paradigmen durchgesetzt: die klassische Makroökonomik (inklusive Monetarismus) und die keynesianische Makroökonomik. Das klassische System fußt auf der Vorstellung einer schier grenzenlosen Flexibilität von Zinsen, Preisen und Löhnen – und einer sehr raschen Anpassungsfähigkeit der Wirtschaftssubjekte an veränderte Bedingungen.

Transaktionskosten
Rationale (ökonomische) Entscheidungen basieren auf Wissen. So erfordert jeder Kaufakt, jede marktliche Interaktion Informationen. Sie sollen helfen, ein Geschäft richtig einschätzen zu können, um das Risiko einer „falschen" Entscheidung zu verringern. Die Beschaffung dieser Informationen bedeutet Aufwand – und damit Kosten, die man als „Transaktionskosten" bezeichnet.
In der „reinen Lehre" wird der Markt als der ökonomische Ort für das Zusammentreffen von Angebot und Nachfrage und für die Preisbildung angesehen. Eine sehr vereinfachte Sichtweise, die sämtliche institutionellen Vorrichtungen (z.B. Gesetze, Entscheidungs- und Regelsysteme, aber auch Organisationen) ausblendet und daher zu kurz greift. Schließlich entstehen dem Konsumenten beim Kauf eines Produkts vielfältige (Transaktions-)Kosten:
(1) Such- und Informationskosten
(2) Verhandlungs- und Entscheidungskosten
(3) Vertragsdurchsetzungs-, Kontroll- und Anpassungskosten

Fiskalpolitik
Um die im Stabilitätsgesetz festgelegten Ziele zu erreichen, muss der Staat den Konjunkturschwankungen entgegenwirken. In Phasen der Rezession und der Depression wird der Staat versuchen, die Konjunktur zu beleben. In Phasen der Hochkonjunktur wird er dagegen versuchen, die Konjunktur zu bremsen, um eine Inflation zu vermeiden. Da auf diese Weise dem Konjunkturzyklus entgegengewirkt wird, spricht man von einer *antizyklischen Fiskalpolitik*.
In Zeiten des Abschwungs sinken die Staatseinnahmen. Trotzdem muss der Staat die Ausgaben erhöhen, um die gesamtwirtschaftliche Nachfrage zu steigern. Die staatlichen Maßnahmen werden entweder aus der Konjunkturausgleichsrücklage oder durch Staatsverschuldung finanziert („deficit spending"). In Zeiten der Hochkonjunktur steigen die Staatseinnahmen wieder und der Staat drosselt seine staatlichen Maßnahmen. Aus diesem Grund gilt die vorübergehende Haushaltsdefizit-Finanzierung als relativ unproblematisch, weil die Tilgung automatisch mit der konjunkturellen Erholung erfolgt.
Expansive (Nachfrage steigernde) fiskalpolitische Instrumente sind zum Beispiel:
– Senkung von Steuersätzen
– Gewährung von Sonderabschreibungsmöglichkeiten
– Investitionszulagen und Subventionen
– Vergabe von öffentlichen Aufträgen
– Ausbau von Sozialleistungen
– Förderung von Beschäftigungsprogrammen
Restriktive (Nachfrage senkende) fiskalpolitische Instrumente sind zum Beispiel:
– Erhöhung von Steuersätzen

– Abbau von Abschreibungsmöglichkeiten
– Subventionsabbau
– Verringerung öffentlicher Aufträge
– Abbau von Sozialleistungen

Effekte der Fiskalpolitik

Die Effekte bewirken, dass kleine Veränderungen bei den Staatsausgaben große Veränderungen in der Konjunktur bewirken können. Es wird zwischen dem *Multiplikatoreffekt* und dem *Akzeleratoreffekt* unterschieden.

Multiplikatoreffekt: Durch Staatsausgaben erhöht sich das Volkseinkommen. Die Zahlungen des Staates gehen entweder direkt an die privaten Haushalte (z.B. Kindergeld, Arbeitnehmersparzulage) oder indirekt über die Unternehmen. Dadurch wird eine zusätzliche Nachfrage ausgelöst, die um ein vielfaches höher ist, als die eigentlichen zusätzlichen Staatsausgaben.

Akzeleratoreffekt: Durch den gerade beschriebenen Multiplikatoreffekt wird das Volkseinkommen erhöht. Die sich daraus ergebende erhöhte Nachfrage führt zu Kapazitätsauslastungen in den Unternehmen. Um Engpässe zu beseitigen, investieren die Unternehmen. Dieser Effekt vom erhöhten Volkseinkommen zu den erhöhten Investitionen wird als Akzeleratoreffekt bezeichnet.

2.4.1 Der Finanzmarkt

Kapital- und
Geldmarkt

Der Begriff „Finanzmarkt" wird gewöhnlich als Oberbegriff für Kapital- und Geldmarkt benutzt. Während am Kapitalmarkt vor allem langfristig angelegte private und öffentliche Investitionen finanziert werden (z.B. über Kredite, Anleihen, Wertpapiere), dient der Geldmarkt hauptsächlich zur kurzfristigen Liquiditätssicherung zwischen Banken. Der Oberbegriff der Finanzmärkte ist noch recht jung. Er weicht die traditionelle scharfe Trennung zwischen Kapital- und Geldmarkt auf und ist damit Ausdruck eines gewandelten Marktverhaltens. Denn in einer Welt liberalisierter Finanzmärkte mit digitalen und damit global fließenden Kapitalströmen haben sich manche Marktmechanismen grundlegend verändert. Inzwischen nehmen kurzfristige Finanzierungen von langfristigen Investitionen zu, und der Geldmarkt steht mittlerweile auch Nichtbanken zur Verfügung. Zum anderen entwickeln Finanzunternehmen permanent neue Finanzinstrumente, -innovationen und Finanzprodukte, die keinem der beiden klassischen Märkte zugeordnet werden können, beispielsweise Derivate und vieles mehr. Die am stärksten verbreiteten Derivate sind die Futures und Optionen. Beides sind Termingeschäfte, das heißt Lieferung und Bezahlung der „Ware" erfolgen erst zu einem späteren Termin, dann jedoch zum Kurs des Tages, an dem der Vertrag abgeschlossen wurde. Ihr Unterschied besteht darin, dass ein Future rechtsverbindlich und damit in jedem Fall zu erfüllen ist, während eine Option – gegen eine zu entrichtende Optionsgebühr – nur das Recht, nicht aber die Verpflichtung für ein Termingeschäft, beinhaltet.

Als *Derivate* werden im Allgemeinen solche Finanzinstrumente bezeichnet, deren eigener Wert aus dem Marktpreis bzw. einem Index von einem oder mehreren originären Basisinstrumenten (Aktienkurse etc.) abgeleitet ist. Sie gründen sich erstens auf *Termingeschäfte*, beziehen sich also auf Ereignisse in der Zukunft. *Termingeschäfte* werden – zweitens – dann zu Derivaten, wenn die Ansprüche und Verpflichtungen aus diesen Geschäften selbst in *Wertpapierform* gebracht und gehandelt werden. Käufer von Derivaten schließen keinen Vertrag über ein Geschäft in der Zukunft, sondern sie kaufen einen Anspruch für die Zukunft, der vor Fälligkeit auch weiter veräußert werden kann. Der Zweck solcher Geschäfte liegt drittens darin, entweder bestimmte *Erwartungen an Einkommen abzusichern* (Hedging) oder von der *Unsicherheit über die Zukunft zu profitieren* (Spekulation).

Um die Strukturen und Funktionsprinzipien der modernen Finanzmärkte zu verstehen, müssen wir zunächst die *beiden Grundfunktionen* des Finanzsektors vorstellen:

Strukturen- und Funktionsprinzipien

(1) handelt es sich um Einrichtungen, bei denen Unternehmen, Regierungen und Privatpersonen *Geld leihen* können, um damit ihre Ausgaben zu finanzieren.
(2) ermöglicht der Finanzsektor das *Anlegen* von flüssigen Mitteln, also Geld, für das derzeit keine konsumtive oder investive Verwendung besteht.

Die wichtigsten Akteure des Finanzsektors – neben den „Anlegern" und „Kreditnehmern" – sind somit die Depot- und Kreditbanken. Doch gerade in der jüngeren Vergangenheit sind neue zentrale Akteure aufgetaucht.

So untergliedert sich der Finanzmarkt heute in *fünf Teilmärkte*:
1. Kreditmarkt:
Banken vergeben an Unternehmen, Regierungen oder Privatpersonen Kredite, die damit ihre Geschäftstätigkeit (vor-)finanzieren.
2. Primärmarkt für Wertpapierfinanzierung:
Unternehmen und Regierungen finanzieren sich durch die Ausgabe von Aktien oder die Auflage von Anleihen über die Börse, Finanzunternehmen treten als Vermittler/Agenten auf.
3. Sekundärmarkt für Wertpapierhandel:
Handel mit Aktien und Anleihen sowie Papieren mit kurzer Laufzeit (beispielsweise Notes oder Geldmarktpapiere) zwischen Anlegern, die ihr Finanzkapital kurzfristig und günstig verwerten möchten.

4. Währungsmarkt:
Handel mit Währungen zur Abwicklung des internationalen Handels und von Direktinvestitionen (zum Beispiel Kauf von Fremdwährung zur Finanzierung von Importen), aber auch zunehmend Spekulationsmarkt (Nutzung kurzfristiger Wechselkursschwankungen).
5. Markt für abgeleitete Finanzinstrumente (Derivate):
Er dient zum einen zur Sicherung gegen künftige Preisänderungen, zum anderen zur Finanzspekulation mit hohen Gewinnaussichten.

Hedge-Fonds sind Kapitalsammelstellen, die kaum einer Regulierung unterliegen und ihren Sitz oft in Offshorezentren haben. Hedge-Fonds setzen meist sehr hohe, oft kreditfinanzierte, Geldsummen für eine kurzfristige Finanzspekulation ein.

Geldpolitik
Alle wirtschaftspolitischen Maßnahmen, die eine Zentralbank ergreift, um ihre Ziele zu verwirklichen. In der EWWU (Europäische Wirtschafts- und Währungsunion) wird die Geldpolitik von der Europäischen Zentralbank wahrgenommen – ihr Ziel ist dauerhafte Preisstabilität. In der Praxis beeinflussen Zentralbanken die Geldschöpfung im Bankensystem. Dafür stehen ihnen drei Instrumente zur Verfügung:
(1) Sie können von Geschäftsbanken verlangen, einen Teil ihrer Einlagen bei der Zentralbank zu hinterlegen (Mindestreserve). Geld, das bei der Notenbank hinterlegt ist, kann nicht mehr für eine Kreditvergabe verwendet werden.
(2) Sie beeinflussen die Refinanzierungsmöglichkeiten der Banken, verändern also die Konditionen, zu denen sich Banken bei der Zentralbank Geld leihen können, das sie als Kredite an ihre Kunden weiter verleihen.
(3) Sie bieten Banken mehr oder weniger lukrative Möglichkeiten an, Geld bei der Notenbank Zins bringend anzulegen (Offenmarktpolitik). Bei der Notenbank angelegtes Geld kann nicht als Kredit vergeben werden.

Die Tobin-Steuer – Kleine Steuer mit großer Wirkung?
Die *Tobin-Steuer* ist die Idee einer Steuer auf internationale Devisengeschäfte, genauer die Besteuerung kurzfristiger Spekulationen mit ausländischen Währungen zum Beispiel im Interbankenhandel. Sie wurde in den 1970er Jahren vom US-amerikanischen Wirtschaftswissenschaftler und Nobelpreisträger James Tobin (1918-2002) vorgeschlagen. Auf diese Weise sollten Finanzspekulationen gedämmt und dadurch vor allem kleinere Wirtschaftssysteme mit „schwachen" Währungen geschützt werden. Der von Tobin erdachte Steuersatz dafür ist sehr niedrig (zwischen 0,05 und ein Prozent), sollte aber auf alle grenzüberschreitenden Geldtransfers entfallen. Trotz ihrer vermeintlich geringen Höhe, hätte die Tobin-Steuer dennoch weit reichende Folgen. Schließlich ist für Devisenhändler noch die vierte Stelle hinter dem Komma (genannt Pip) relevant. Weil es sich beim spekulativen Devisenhandel oft um das so genannte „minute trading" handelt, wirkt sich eine Besteuerung auf die Geschäfte eines solchen Traders recht stark aus.
Die frühere Forderung Tobins nach einer Umverteilung von Kapital mittels der Besteuerung des Devisenhandels wurde in jüngster Zeit besonders von Globalisierungskritikern (speziell ATTAC) aufgegriffen. ATTAC (*„Association pour une Taxation des Transactions financières pour*

l'Aide aux Citoyens", auf Deutsch „Verein für eine Besteuerung von Finanztransaktionen zum Wohle der Bürger") schlägt die Einrichtung einer übernationalen Organisation (alternativ: die Weltbank, möglich wären aber auch nationale Steuerbehörden) vor, die mit den Einnahmen Umweltprojekte in den Entwicklungsländern fördern soll. Schon bei einer Besteuerung der Devisengeschäfte mit 0,1 % und einem erwarteten Rückgang der Umsätze um 50 % kämen jährlich Einnahmen von rund 250 Milliarden US-Dollar zusammen. Zur Bekämpfung der größten Armut und Umweltzerstörung wären laut United Nations jährlich rund 225 Milliarden US-Dollar nötig. Tobin selbst hat sich noch kurz vor seinem Tod von der Tobin-Steuer distanziert, unter anderem weil er seinen Namen von den globalisierungskritischen Bewegungen vereinnahmt sah und weil die Diskussion in wesentlichen Punkten und Zielsetzungen von seinem ursprünglichen Konzept abweicht, das die Steuerung von Devisenströmen im Blick hat und nicht die Finanzierung von Entwicklungshilfe.

2.4.2 Der Geldmarkt

Letztlich gehört auch der Geldmarkt zu den Finanzmärkten. Auf dem Geldmarkt treffen Geldnachfrage – also der Bedarf an Geld (beispielsweise Darlehen oder kurzfristige Kredite) – und Geldangebot zusammen.

Geld ist ein Bündel von Aktiva, welches die Menschen in einer Volkswirtschaft regelmäßig dazu benutzen, um Waren und Dienstleistungen von anderen Menschen zu erwerben.

Geld ist Tauschmittel, Wertaufbewahrungsmittel und Recheneinheit. Und in jeder dieser drei Funktionen erleichtert es die Lösung wichtiger volkswirtschaftlicher Probleme. In Geld können die Preise aller anderen Güter ausgedrückt werden. Dadurch senkt es die so genannten Transaktionskosten des Tauschverkehrs. Da sich der Tauschverkehr aus der produktiven Arbeitsteilung ergibt, fördert demnach das Geld eine effektive Arbeitsteilung der Volkswirtschaft.

Funktionen des Geldes

Tausch-/Zahlungsmittel
Etwas, das Käufer an Verkäufer geben, wenn sie Waren und Dienstleistungen erwerben wollen.

Wertaufbewahrungsmittel
Etwas, das die Menschen verwenden können, um Kaufkraft von der Gegenwart in die Zukunft zu transferieren. Neben Geld können das auch Grund und Boden, Aktien und Anleihen, Kunst oder Briefmarken sein.

Recheneinheit
Der Maßstab, den die Wirtschaftssubjekte zur Preissetzung und Schuldenangabe verwenden.

Arten und Formen des Geldes

Weit vielfältiger als seine Funktionen sind die Arten und Formen des Geldes. Wir kennen die (*intrinsische*[4]) Zigarettenwährung aus Kriegszeiten oder Gefängnisdokumentationen. Wir kennen (*nicht intrinsische*) Muschel- oder Knopfwährungen aus Kindheitstagen – und wir kennen natürlich die gegenwärtigen Geldarten entwickelter Marktwirtschaften. Ihre Form wird im Wesentlichen zwischen Zentralbankgeld und Buch-/Giralgeld unterschieden. Das Zentralbankgeld umfasst das Bargeld, also Banknoten und Münzen, sowie das bei der Zentralbank gehaltene Guthaben. Das Buch- oder Giralgeld hingegen besteht aus bestimmten Verbindlichkeiten der Geschäftsbanken gegenüber Nichtbanken, also aus bestimmten Guthaben der Nichtbanken bei Geschäftsbanken.

Um zu beschreiben, wie schnell ein Aktivum in das in der betreffenden Volkswirtschaft gängige Tauschmittel umgewandelt werden kann, verwenden wir den Begriff „*Liquidität*". Geld als weltweit typischstes Tauschmittel ist demnach das liquideste verfügbare Aktivum – ein Haus oder Grundstück hingegen ist wesentlich schwieriger zu „verflüssigen". Ihr Tausch ist meist mit mehr Zeit und mehr Aufwand verbunden. So liquide Geld auch sein mag, so ungünstig ist es als Wertaufbewahrungsmittel. Denn wenn die Preise steigen, sinkt der Wert des Geldes automatisch.

Geldnachfrage

Geld ist ein Vermögensgegenstand – und damit einer von vielen. Daher steht auch die Frage, welchen Teil ihres Vermögens die Wirtschaftssubjekte in Form von Geld halten möchten, in einem gesamtwirtschaftlichen Kontext.

Geld wird vorrangig als Tauschmittel und damit für Transaktionszwecke nachgefragt. Zudem wird Geld zur Risikovermeidung – aus Sorge vor Illiquidität – sowie als Vermögensanlage gehalten. Will man die Geldnachfrage erklären, führt an zwei prominenten Erklärungsbeispielen kein Weg vorbei: dem lagerungstheoretischen und dem vermögenstheoretischen Ansatz.

---

[4] „Intrinsischer Wert" bedeutet, dass der entsprechende Gegenstand auch von Wert wäre, wenn er nicht als Geld verwendet würde – zum Beispiel Zigaretten, Gold oder Kamele.
Dem gegenüber stehen nicht-intrinsische Tauschmittel wie das Rechengeld. Geld, das von staatlicher Seite per Erlass als Geld/Tauschmittel bestimmt wird: gesetzliche Zahlungsmittel.

Die *Lagerhaltungstheorie* der Geldnachfrage basiert auf einem Modell von William Baumol und James Tobin. Ihr Ansatz sieht Geld hauptsächlich in der Verwendung zum Kauf von Gütern und Dienstleistungen. Die Wirtschaftssubjekte halten demzufolge Geld, um nicht für jede Zahlung den Weg zur Bank, also einen Aufwand an Zeit und Mühe, auf sich nehmen zu müssen und um Kosten der Liquidierung von Vermögensgegenständen (Maklergebühren, Börsenumsatzsteuer, Strafzinsen etc.) zu vermeiden. Diese erwartete Ersparnis von Transaktionskosten der Geldbeschaffung ist Grund und Nutzen der Geldhaltung (aber auch die Geldhaltung verursacht Kosten: den entgangenen Zinsertrag).

Milton Friedman hat neben das Baumol-Tobin-Modell einen *vermögenstheoretischen Ansatz* gestellt, um die wesentlichen Zusammenhänge der Geldnachfrage zu erklären. In seiner Theorie wird Geld als eine von vielen anderen Vermögensarten analysiert. Die Nachfrage nach Geld hängt in seinem Konzept von drei hauptsächlichen Einflussfaktoren ab: (1) von dem in verschiedenen Formen zu haltenden Gesamtvermögen – analog zur Budgetbeschränkung –, (2) von den Preisen und dem Ertrag dieser und anderer Vermögensformen sowie (3) von den Neigungen und Präferenzen der Vermögen haltenden Wirtschaftseinheiten.

Wir haben erläutert, wie und warum Geld nachgefragt wird, aber wie kommt das Geld eigentlich in die Wirtschaft und was bestimmt die Höhe der Geldmenge? Das geschieht sehr unterschiedlich, je nachdem, ob das Geld von der Zentralbank kommt, oder als Buch- bzw. Giralgeld gehalten wird.

Geldangebot

Grundsätzlich hat eine Zentralbank vier Möglichkeiten, ihr Geld in die Wirtschaft zu bringen:

1. als *Zentralbankkredite an Monetäre Finanzinstitute* (MFIs) und Einlagen an MFIs: Bis zum Beginn der Europäischen Währungsunion waren das Kredite durch Ankauf von Wechseln (Diskontkredite) oder auf Grund einer Verpfändung von Wertpapieren (Lombardkredite). Im heutigen System der Europäischen Zentralbanken übernimmt diese Funktion das Kreditinstrument der Ständigen Fazilitäten. Zum einen handelt es sich hier um die Spitzenfinanzierungsfazilität, aus der Kredite zu einem vorgebenen Zinssatz für einen Geschäftstag gewährt werden (sie ersetzt sozusagen den früheren Lombardkredit). Zum anderen gibt es die Einlagefazilität. Hierbei können die Geschäftspartner überschüssige Habenssalden bei der Bundesbank jeweils über Nacht bis zum Beginn des nächsten Geschäftstages als Einlagen zu einem vorgegebenen Zinssatz anlegen.

> Das Konzept der Monetären Finanzinstitute (MFIs) wurde vom Europä-
> ischen Währungsinstitut (EWI) in Zusammenarbeit mit den nationalen
> Zentralbanken im Zuge der Vereinheitlichung der europäischen Geldpo-
> litik entwickelt. MFIs umfassen drei Hauptgruppen von Instituten: (1)
> Zentralbanken, (2) Kreditinstitute, (3) Geldmarktfonds.

2. als *Offenmarktpolitik* (An- und Verkauf von Wertpapieren)
   Diese An- und Verkäufe sind meist als Wertpapierpensionsge-
   schäft ausgelegt. Das heißt, der jeweilige Ankauf ist mit einer
   Rückkaufverpflichtung des Verkäufers verbunden, beziehungsweise der Verkauf mit einer Rückverkaufsverpflichtung des Käu-
   fers. Unter die Sparte Offenmarktpolitik fallen vor allem die so
   genannten wöchentlichen Hauptrefinanzierungsgeschäfte mit
   zweiwöchiger Laufzeit, sowie längerfristige Refinanzierungsgeschäfte im monatlichen Rhythmus und dreimonatiger Laufzeit.
3. in Form von *Devisenankäufen* der Zentralbank, um Wechselkursschwankungen gegenüber anderen Währungen zu verhindern.
4. als *Zentralbankkredite an den Staat* – was in den Staaten der
   Europäischen Währungsunion nicht zulässig, in anderen Ländern
   aber durchaus noch weit verbreitet ist.

Buch- oder Giralgeld entsteht hingegen durch Buchgeldschöpfung
des Bankensystems. Bei diesem Vorgang [Ausgangssituation: Ein MFI
möchte dem Wunsch eines Kunden entsprechen und ihm einen
Kredit in Form von Zentralbankgeld ausleihen] verkauft das MFI
genannte Unternehmen der Zentralbank ein Wertpapier, wofür es
den Gegenwert auf seinem Zentralbankkonto gutgeschrieben bekommt. In der Bilanz des MFIs würde sich dieser Vorgang als Aktiv-
tausch niederschlagen. Der Wertpapierbestand sinkt und das Guthaben bei der Zentralbank steigt. Den Guthabenbetrag bei der
Zentralbank bezeichnen wir als Überschussreserve (ÜR). Das MFI
stellt seinem Kreditnehmer einen Kredit in Höhe der Überschussreserve zur Verfügung. Aus der Forderung gegen die Zentralbank wird
eine gegen den Kreditnehmer. Vereinfachend sei angenommen, dass
MFI zahle Bargeld aus, mit dem der Kreditnehmer einen Einkauf
tätigt. Ein fester Teil des ausgeliehenen Betrages verbleibt als Bargeld
in den Händen der Nicht-MFIs, der Rest kommt nach Erledigung der
Einkäufe durch den Kreditnehmer als Sichteinlage eines Nicht-MFIs
zu einem MFI zurück. Von der hereingenommenen Einlage muss das
MFI eine so genannte Mindestreserve bei der Zentralbank unterhal-
ten. Der Rest steht für eine erneute Ausleihung zur Verfügung.

Liquidität
Einerseits Bezeichnung für die Zahlungsfähigkeit von Unternehmen, Privatpersonen oder Regierungen, andererseits Bezeichnung für Kapital, das zur Investition zur Verfügung steht. Ein liquider Markt bedeutet, dass viele Akteure als Käufer und Verkäufer auftreten, der Umsatz hoch ist und dadurch das Zustandekommen von Markttransaktionen (Kauf-Verkauf-Vorgänge) erleichtert wird.

Die Geldmenge einer Volkswirtschaft hat großen Einfluss auf viele ökonomische Variablen. Sie ist der Bestand an Bargeld und Geld auf Bankkonten, das sich in der Hand von Nichtbanken befindet. Aber wie lässt sich dieser Bestand messen? In der Praxis unterscheidet man dabei zunächst unterschiedliche Geldmengen: Zentralbankgeldmengen und die Geldmengen M1, M2 und M3 (M = Money). Die Zentralbankgeldmenge umfasst den gesamten Bargeldumlauf, also Banknoten und Münzen, nicht jedoch den Kassenbestand der Kreditinstitute (Ausnahme: die Mindestreserve der Kreditinstitute bei der Zentralbank). Zur Geldmenge M1 gehören der Bargeldumlauf (siehe oben) sowie die täglich fälligen Guthaben der Privatpersonen und Unternehmen auf Girokonten bei Banken (so genannte Sichteinlagen). Gibt man zu dieser Geldmenge noch die Termineinlagen mit einer Laufzeit von maximal zwei Jahren sowie die Spareinlagen (mit einer Kündigungsfrist von bis zu drei Monaten) hinzu, bekommt man die Geldmenge M2. Die Geldmenge M3 setzt sich aus M2 sowie

Geldmenge

Abb. 7: Die verschiedenen Geldmengenbegriffe der Europäischen Zentralbank

	Symbole	Mrd. Euro (Juni 2002)
Bargeldumlauf	C	285,4
+ **täglich fällige Einlagen (Sichteinlagen)**	D	1.994,4
= **Geldmenge M 1**	M 1 = C + D	**2.279,8**
+ **Einlagen mit vereinbarter Laufzeit von bis zu zwei Jahren**	T	1.079,9
Einlagen mit vereinbarter + **Kündigungsfrist von bis zu drei Monaten**	S	1.400,3
= **Geldmenge M 2**	M 2 = C + D + T + S	**4.760,0**
+ **Repogeschäfte**		230,9
+ **Geldmarktfondsanteile**		434,9
Schuldverschreibungen mit einer + **Laufzeit von bis zu zwei Jahren und Geldmarktpapiere**		132,5
= **Geldmenge M 3**	**M 3**	**5.558,4**

Quelle: nach Bundeszentrale für politische Bildung (Hrsg.) 2004: 103

bestimmten Geldmarktpapieren und Schuldverschreibungen mit kurzen Laufzeiten (maximal zwei Jahre) zusammen (vgl. etwa Bajohr 2003; Hufschmid 1999).

Die Regelung der Geldmenge ist für das Funktionieren des Wirtschaftskreislaufs zentral, denn Geldmenge und Gütermenge müssen in einer Volkswirtschaft im richtigen Verhältnis stehen. Wächst die Geldmenge sprunghaft, werden typische inflatorische Entwicklungen folgen: Preissteigerungen. Im Gegenzug führt eine Unterversorgung der Wirtschaft mit Geld zur Deflation. Daher ist es vordringliche Aufgabe der Zentralbank einer Volkswirtschaft, die Geldmenge zu überwachen und zu steuern, um die Stabilität der Währung sicherzustellen.

Quantitätstheorie

Nach der Quantitätstheorie besteht zwischen der Geldmenge und dem Preisniveau ein direkter Zusammenhang. Die Vertreter dieser Lehrmeinung gehen davon aus, dass sich jede Änderung der umlaufenden Geldmenge auf die Güterpreise auswirkt – größere Geldmenge führe demnach zu höherem Preisniveau. Grundüberlegung ist, dass bei jedem Verkauf oder Kauf von Gütern gegen Geld der gezahlte Geldbetrag genau der Gütermenge mal Einzelpreis entsprechen muss. Überträgt man diesen Zusammenhang auf die gesamte Volkswirtschaft gelangt man zu der Erkenntnis, dass der Geldstrom genau dem wertmäßigen Güterstrom entspricht. Irving Fisher brachte diese Erkenntnis zu einer Formel:

$G \times U = H \times P$ [G = Geldmenge, U = Umlaufgeschwindigkeit, P = Preisniveau, H = Handelsvolumen]

Eine Erhöhung der Geldmenge auf der einen Seite wird danach immer dann zu Preiserhöhungen und damit zu inflationären Entwicklungen auf der anderen Seite führen, wenn Vollbeschäftigung in der Wirtschaft herrscht, die Gütermenge also nicht gleichzeitig erhöht werden kann. Der Geldwert hängt demnach von der Geldmenge, der Umlaufgeschwindigkeit des Geldes und dem Handelsvolumen ab. Steigt die Geldmenge schneller als die Gütermenge folgt eine Inflation, steigt die Gütermenge schneller als die Geldmenge ist die Folge eine Deflation.

Die Quantitätstheorie bildet die Grundlage für die geldpolitischen Vorstellungen des Monetarismus.

Eine Erhöhung (*Senkung*) des Mindestreservesatzes löst idealtypisch folgende Reaktionen aus:

1. Die Banken können von ihren Einlagen einen geringeren (*größeren*) Teil als Kredite an Unternehmen und Privatpersonen vergeben.
2. Die Banken können weniger (*mehr*) Kredite vergeben; die Geldschöpfungsmöglichkeiten sinken (*steigen*).
3. Der Geldumlauf sinkt (*steigt*) dadurch.
4. Ein geringerer (*höherer*) Geldumlauf dämpft (*erhöht*) die Inflation, da die Nachfrage sinkt (*steigt*).

5. Weil weniger (*mehr*) Geld für Kredite zur Verfügung steht, steigt (*sinkt*) der Zins; Zinsen sind der Preis für Geld, also ein Knappheitsindikator.
6. Höhere (*niedrigere*) Zinsen dämpfen das Wirtschaftswachstum (*kurbeln die Wirtschaft an*).
7. Bei höherem (*niedrigerem*) Zinsniveau wird mehr (*weniger*) gespart und weniger (*mehr*) konsumiert bzw. investiert.
8. Höhere (*niedrigere*) Zinsen führen zu Kapitalimporten (*-exporten*) und damit zu einer Aufwertung (*Abwertung*) der eigenen Währung.
9. Aufwertungen (*Abwertungen*) dämpfen (*steigern*) Inflation und Wirtschaftswachstum zusätzlich.

Wird hingegen der *Refinanzierungssatz* gehoben (*gesenkt*), geschieht Folgendes:
1. Es wird für die Banken teurer (*billiger*), sich bei der Notenbank mit Geld zu versorgen.
2. Sie geben die gestiegenen (*gesunkenen*) Kosten an ihre Kunden weiter.
3. Es werden weniger (*mehr*) Kredite vergeben.
4. Der Geldumlauf sinkt (*steigt*) dadurch.
5. Ein geringerer (*höherer*) Geldumlauf dämpft (*erhöht*) die Inflation.
6. Höhere (*niedrigere*) Zinsen führen zu Kapitalimporten (*-exporten*) und damit zu einer Aufwertung (*Abwertung*) der eigenen Währung.
7. Aufwertungen (*Abwertungen*) dämpfen (*steigern*) Inflation und Wirtschaftswachstum zusätzlich.

Die Erhöhung (*Senkung*) der Zinsen auf *Offenmarktpapiere* bewirkt:
1. Es wird für Banken lukrativer (*weniger lukrativ*), Offenmarktpapiere zu kaufen.
2. Deshalb kaufen sie mehr (*weniger*) Offenmarktpapiere und vergeben weniger (*mehr*) Kredite.
3. Dadurch sinkt (*steigt*) der Geldumlauf.
4. Ein geringerer (*höherer*) Geldumlauf dämpft (*erhöht*) die Inflation.
5. Weil weniger (*mehr*) Geld für Ausleihungen zur Verfügung steht, steigt (*sinkt*) der Zins.
6. Höhere (*niedrigere*) Zinsen dämpfen das Wirtschaftswachstum (*kurbeln die Wirtschaft an*).

7. Höhere (*niedrigere*) Zinsen führen zu Kapitalimporten (*-exporten*) und damit zu einer Aufwertung (*Abwertung*) der eigenen Währung.
8. Aufwertungen (*Abwertungen*) dämpfen (*steigern*) Inflation und Wirtschaftswachstum zusätzlich.

2.5 Zwischen Effizienz und Fairness: die Wohlfahrt

Wir haben gelernt, dass durch Wirtschaften das Missverhältnis von Gütern und Bedürfnissen ausbalanciert werden soll. Zudem haben wir gesehen, dass der Preis dieses Austarieren beeinflusst, und dass auf der mikroökonomischen Ebene vor allem das Streben nach dem größten individuellen Nutzen die ökonomischen Prozesse treibt. Was heißt das nun aber für die Makroökonomie? Gibt es ein Oberziel einer Volkswirtschaft?

Wohlfahrt als normative Zielgröße

Im normativen Sinne: ja, das Gemeinwohl, die Wohlfahrt. Zunächst bezeichnet der Terminus technicus „Wohlfahrt" ökonomisch etwas anderes, als im allgemein üblichen Sprachgebrauch (z.B. Wohlfahrtsstaat, Arbeiterwohlfahrt oder Wohlfahrtsverband). Ökonomisch bezeichnet Wohlfahrt das Ziel einer Volkswirtschaft, die verfügbaren Produktionsfaktoren möglichst effizient und mit bestmöglichem Ergebnis einzusetzen. Doch ist tatsächlich automatisch das für die Allgemeinheit sinnvoll, was auch dem Einzelnen nutzt? Und wie verhält es sich umgekehrt? Wie behaken sich individuelle Freiheit und gesellschaftliche Wohlfahrt? Und wie kann ich bewerten, ob sich die Wohlfahrt einer Gesellschaft verbessert hat?

Kriterien der Wohlfahrts-messung

Grundsätzlich lässt sich feststellen, dass ein Gleichgewicht von Angebot und Nachfrage (Marktgleichgewicht) den Gesamtnutzen einer Gesellschaft – also von Anbieter und Käufer – erhöht. Aber genau hier hören die Unstreitigkeiten bereits auf. Recht schnell befinden wir uns bei der Suche nach allgemeingültigen Bestimmungsfaktoren zur Wohlfahrtsmessung auf rutschigem Parkett, befinden uns bei Werten, beispielsweise der Gerechtigkeit, und normativen Aussagen. Normativen Aussagen sollten aber Werturteile zugrunde liegen, die explizit genannt werden müssen. Für eine Gesellschaft (Volkswirtschaft) sollten das demnach Werturteile sein, die unverfänglich genug sind, damit sie von einem Großteil (Jedem?) der Bevölkerung geteilt werden können. Im Falle des Gemeinwohls könnten das drei Kriterien sein:
(1) ausreichende Güterversorgung (materielle und immaterielle Güter, die unter der Bedingung von Knappheit produziert werden),

(2) Gerechtigkeit (gleiche Rechte und gleiche Behandlung unter
gleichen Bedingungen für jedermann sowie Chancengleichheit;
aber auch Bedürfnis- und Leistungsgerechtigkeit),

(3) Freiheit.

Auch hier wird deutlich, dass die Verwirklichung aller drei Wohl-
fahrtskriterien zu Zielkonflikten führen kann, mit denen sich zwangsläufig jede Wirtschaftspolitik auseinander zu setzen hat.

Kommen wir zunächst zu den Werturteilen zurück. Werturteile lassen
sich in zwei Kategorien einteilen: in individualistische und paretianische Werturteile. Individualistische Werturteile fußen häufig auf
dem so genannten methodologischen Individualismus, wonach die
Wirtschaftssubjekte die Existenz einer gesellschaftlichen oder sozialen Wohlfahrt verneinen bzw. ablehnen. Soziale Wohlfahrt bedeutet damit nur die aggregierte Wohlfahrt aller Individuen, die in einer
Gesellschaft zusammen leben. Der Einzelnutzen determiniert das
gesellschaftliche Nutzenniveau – denn im Werturteil des methodologischen Individualismus kann es keinen gesellschaftlichen Willen
geben. Daher gilt hier: Nur was für den Einzelnen gut ist, kann für
alle Mitglieder einer Gesellschaft akzeptabel sein.

Ein weiteres Werturteil aus individualistischer Perspektive besagt,
dass der Konsument souveräne Entscheidungen fällen können muss.
Nur wenn die Verbraucher unter den angebotenen Gütern frei wählen können, sorgen sie dafür, dass die Produktionsstruktur tatsächlich
den Präferenzen der Nachfrager entspricht. Nach dieser Logik müssen aber auch die Anbieter der Produktionsfaktoren – also auch die
Arbeitnehmer als Arbeitsanbieter – souverän entscheiden, ob, welche und wie viele Faktorleistungen sie (zum gegebenen Faktorpreis)
anbieten möchten – und zu welchen Bedingungen dies geschieht.
Aus den beiden erstgenannten Werturteilskategorien lässt sich eine
dritte ableiten, das Paternalismusverbot. Danach bedeutet Souveränität der Konsumenten und Anbieter auch, dass der Staat nicht in
das Wirtschaftsgeschehen eingreifen darf. Es herrscht der Wunsch
nach Freiheit.

Wie lassen sich nun diese heterogenen, individuellen Interessen
zu einem Gesamtinteresse aggregieren? Nach dem paretianistischen
Werturteil ist die soziale Wohlfahrtsfunktion positiv abhängig vom
Nutzen jedes einzelnen Individuums. Die gesellschaftliche Wohlfahrt steigt, wenn die Wohlfahrt eines Individuums steigt – selbst
wenn diejenige aller anderen konstant bleibt. Das paretianische
Werturteil analysiert den Nutzen einer ökonomischen Entscheidung
somit nach dem Pareto-Kriterium. Danach ist die Allokation der
Faktoren genau dann optimal, wenn sich jemand durch eine Ände-

Werturteile

*Pareto-optimale
Allokationen*

rung der Produktionsfaktoren besser stellt, ohne dass jemand anderes schlechter gestellt wird. Nach dieser These wäre auch folgende Situation pareto-optimal: Gehen wir davon aus, dass es in einer Volkswirtschaft nur ein Konsumgut gebe, das sich zudem vollständig im Besitz eines einzelnen Marktteilnehmers befände. Alle anderen Individuen besäßen nichts. Nach oben beschriebener These würde die Wohlfahrt dieser Gesellschaft auch dann steigen, wenn durch eine Reallokation der Produktionsfaktoren mehr produziert werden könnte und der Besitzer des einzigen Konsumgutes die Mehrproduktion vollständig zugeteilt bekäme. Nicht wohlfahrtssteigernd wäre es jedoch, wenn der Besitzer des Konsumgutes zu Gunsten aller anderen Gesellschaftsmitglieder etwas abgeben müsste. Sein Nutzen würde sich verringern und damit auch die gesellschaftliche Wohlfahrt.

Wir sehen: Pareto-optimale Allokationen können sehr ungleiche Verteilungen sein, die häufig von einigen Gesellschaftsmitgliedern als ungerecht empfunden werden. Zu Recht, denn das Konzept der Pareto-Effizienz berücksichtigt nicht die Gerechtigkeit einer Verteilung. Das Pareto-Kriterium ist damit als Wohlfahrtsfunktion nur begrenzt einsetzbar.

Bewertungskriterien von Wohlfahrt

Wie bestimmen wir dann, was genau Wohlfahrt ist – und wie finden wir Bewertungskriterien, die von der breiten Masse akzeptiert werden? In einer Diktatur könnte der Diktator das Wohlfahrtsniveau bestimmen, aber wie einigen wir uns in einer demokratischen Gesellschaft? Es geht also um die „richtige" Allokation der Güter. Sofern die Allokation der Ressourcen die Rente sowohl von Anbietern als auch Nachfragern erhöht, ist die Allokation effizient. Eine Allokation kann aber auch fair, die Wohlfahrt also möglichst gerecht verteilt sein. Die Effizienz kümmert sich um die Größe des Kuchens, die Gerechtigkeit um seine faire Verteilung. Während sich die Ökonomie relativ leicht damit tut, die Marktergebnisse nach der Effizienz ihrer Allokation zu beurteilen, tut sie sich umso schwerer zu bestimmen, wie die Wohlfahrt am gerechtesten verteilt werden kann.

Ansätze zur Bestimmung dieser normativen Werturteile (Gerechtigkeit) gibt es viele, darunter sind zwei besonders prominent: Die utilitaristische Variante von Jeremy Bentham (1748-1832), der als Ziel allen politischen Handelns das größte Glück der größten Zahl anstrebt und eine Variante des Gerechtigkeitstheoretikers John Rawls, wonach die gesellschaftliche Wohlfahrt vom Nutzen ihrer ärmsten Mitglieder bestimmt wird. Rawls Idee einer relativ egalitären Gesellschaft fußt auf der so genannten Maximin-Wohlfahrtsfunktion. In einer Art Urzustand, in dem die Individuen nicht wissen, welche gesellschaftliche Position sie einnehmen werden („Schleier der Unwissenheit"), schließen die Individuen im Voraus einen Vertrag, der die Zukunft regeln soll. Rawls argumentiert, dass in einer solchen Situation der Unwissen- und Unsicherheit Individuen (risikominimierend) solche Regeln wählen würden, die den Nutzen des Mitglieds maximierten, dem es am schlechtesten geht (vgl. Senf 2004).

2.6 Zusammenfassung

Um den individuellen Nutzen der Wirtschaftssubjekte und die Wohlfahrt einer ganzen Gesellschaft zu vergrößern, müssen die Produktionsfaktoren einer Volkswirtschaft so verwendet werden, dass ein Maximum an Gütern und Dienstleistungen gemäß den Bedürfnissen und Präferenzen der Konsumenten produziert wird. Es gilt das Prinzip von Nachfrage und Angebot. Der freie Wettbewerb regelt diese optimale Allokation der Ressourcen – in der Theorie. In der Praxis versagt der Markt hingegen häufiger. Zum Beispiel durch den Nicht-Wettbewerb bei Gütern wie Sicherheit, Umwelt oder allgemeiner Infrastruktur. Oder durch Trittbrettfahrer, die keinen Beitrag zur Finanzierung eines Gutes leisten, aber von seiner Nutzung profitieren – und (meist aus technischen Gründen) nicht ausgeschlossen werden können. Daraus resultieren auch Folgen für die richtige Bestimmung der Produktionsmenge, Produktionsstruktur und Zuteilung eines solchen Gutes: es wird zu wenig, zu viel oder in suboptimaler Kombination produziert.

Allokations-probleme des Marktes

Fraglich ist ferner, ob der Preis ein faires Zuteilungsprinzip ist. Denn genauso wie Talent in einer Gesellschaft ungleich verteilt ist, sind es im nächsten Schritt auch die Einkommen und Vermögen. Mehr noch: Im Laufe der Zeit verstärken sich diese Ungleichheiten (Ungerechtigkeiten?) weiter. Wer ein geringes Einkommen hat, kann weniger für seine Ausbildung tun und kein Vermögen bilden. So wird schließlich durch die ungleiche Einkommens- und Vermögensverteilung sichtbar, dass der Preis (als hauptsächliches Steuerungsprinzip einer Marktwirtschaft) per se kein soziales Zuteilungsprinzip ist. Zudem sorgen Externalitäten – Nebeneffekte, die nicht nur Marktteilnehmer betreffen – dafür, dass die Wohlfahrt nicht nur durch Märkte, durch Angebot und Nachfrage beeinflusst wird, sondern dass die Märkte oftmals versagen. Diese Probleme zu analysieren, sie zu lösen, mehr noch: sie frühzeitig zu verhindern – nur ein Aufgabenfeld der Wirtschaftspolitik.

Externalitäten
Externe Effekte (z.B. Umweltverschmutzung) – unkompensierte Auswirkung ökonomischen Handelns auf die Wohlfahrt eines unbeteiligten Dritten –, für die niemand bezahlt oder einen Ausgleich erhält. Externalitäten sorgen für Ineffizienzen, weil die Käufer und Verkäufer die externen Effekte bei ihren Entscheidungen nicht berücksichtigen konnten. Die gesellschaftliche Wohlfahrt wird so trotz herrschendem Marktgleichgewicht nicht maximiert und die privaten Kosten und Erträge entsprechen nicht den gesellschaftlichen Kosten und Erträgen. Daher versucht die Politik die negativen Effekte dieser Externalitäten durch unterschiedliche Maßnahmen (Steueranreize, Strafen, Gebühren etc.) auszugleichen oder gar zu verhindern.

Literatur:

Bajohr, Stefan 2003: Grundriss Staatliche Finanzpolitik: eine praktische Einführung, Opladen.

Baßeler, Ulrich/Heinrich, Jürgen/Utecht, Burkhard 2002: Grundlagen und Probleme der Volkswirtschaft, 17. Auflage, Stuttgart.

Huffschmid, Jörg 1999: Politische Ökonomie der Finanzmärkte, Hamburg.

Mankiw, Nicholas G. 2001: Grundzüge der Volkswirtschaftslehre, 2. überarbeitete Auflage, Stuttgart.

Schubert, Klaus (Hrsg.) 2005: Handwörterbuch des ökonomischen Systems der Bundesrepublik Deutschland, Wiesbaden.

Senf, Bernd 2004: Die blinden Flecken der Ökonomie. Wirtschaftstheorien in der Krise, 3. Auflage, München.

Wienert, Helmut 2001: Grundzüge der Volkswirtschaftslehre, Band 1: Einführung und Mikroökonomie, Stuttgart/Berlin/Köln.

3 Wer erwirtschaftet was – und wie messen wir das?

Leitfragen

Was ist das Sozialprodukt?
Wie messen wir es?
Was sagt es aus?
Was macht die Volkswirtschaftliche Gesamtrechnung?
Und woraus besteht eine Zahlungsbilanz?

Damit die politisch Verantwortlichen – aber auch andere Wirtschaftseinheiten – die „richtigen" Entscheidungen fällen können, benötigen sie fundierte Kenntnisse der ordnungspolitischen und wirtschaftlichen Gegebenheiten einer Gesellschaft, aber eben auch korrekte quantitative Informationen, die zumeist von den statistischen Ämtern des Bundes und der Länder gesammelt, aufbereitet und bereitgestellt werden. Aufgabe dieser Wirtschaftsstatistiken ist es, der Öffentlichkeit einen umfassenden Einblick in wirtschaftliche Vorgänge und Ergebnisse einzelner Bereiche (Branchen, Sektoren etc.) sowie der gesamten Volkswirtschaft zu verschaffen. Wie haben die einzelnen Wirtschaftsbereiche zum gesamtwirtschaftlichen Ergebnis beigetragen? Was wurde investiert, was konsumiert oder exportiert? Und wer erhielt was? Die wohl fundiertesten Antworten auf diese wirtschaftsstatistischen Fragen liefert die Volkswirtschaftliche Gesamtrechnung.

3.1 Die Volkswirtschaftliche Gesamtrechnung

Aufgaben und Ziele

Die Volkswirtschaftliche Gesamtrechnung (VGR) betrachtet die gesamtwirtschaftliche Leistung eines Landes. Sie gibt Auskunft über die Höhe und Zusammensetzung der gesamtwirtschaftlichen Produktion, die Entstehung, Verteilung und Verwendung von Einkommen, die Bildung von Vermögen und dessen Finanzierung, die wirtschaftlichen Verflechtungen mit dem Ausland und vieles mehr. Damit liefert die VGR verlässliche Daten – gerade für Politikwissenschaftler und Soziologen, die meist nicht die Möglichkeit haben, diese aufwändigen empirischen Untersuchungen selbst durchzuführen. Umso wichtiger ist es für uns zu verstehen, wie die VGR funktioniert, welche Daten sie erfasst und was sie aussagt – beziehungsweise: was eben nicht. Denn allzu oft ist man von diesen Daten abhängig. Sie liefern die Basis für fundierte Analysen und Bewertungen: Wie hat sich die gesamtwirtschaftliche Leistung einer Volkswirtschaft in einem bestimmten Zeitablauf entwickelt? Wurden die angestrebten wirtschaftspolitischen Ziele erreicht oder verfehlt? Waren die angewandten wirtschaftspolitischen Instrumente wirksam, konnten sie die volkswirtschaftlichen Abläufe so beeinflussen, wie man es sich vorgestellt hatte?

Die Volkswirtschaftliche Gesamtrechnung zielt darauf, das Wirtschaftsgeschehen einer Volkswirtschaft für einen zurückliegenden und daher abgeschlossenen Zeitraum quantitativ möglichst umfassend zu beschreiben. Das setzt einen einheitlichen und verlässlichen theoretischen und begrifflichen Rahmen zur statistischen Erhebung und Gliederung der Daten voraus. Die VGR schafft diesen Rahmen. Zumindest für die nationale Volkswirtschaft.

Grenzen der Volkswirtschaftlichen Gesamtrechnung

Doch vor allem ein politisches Großereignis zeigte der deutschen VGR ihre Grenzen auf: die Gründung der Europäischen Union. Sie erforderte auch ein einheitliches europäisches Rechenwerk, das „Europäische System Volkswirtschaftlicher Gesamtrechnungen". Es wurde im Jahre 1999 verbindlich in der EU eingeführt und definiert für die Volkswirtschaften Wirtschaftssektoren und wirtschaftliche Aktivität. Ihr Ziel: die Ermittlung des Nationaleinkommens (Inlandsproduktes) jedes einzelnen Mitgliedslandes nach übereinstimmenden Kriterien – auch, weil an die Größen bestimmte Zahlungsverpflichtungen und Subventionsrechte gekoppelt sind. Mit der europäischen Gesamtrechnung hat die deutsche VGR eigentlich ausgedient – und mit ihr Begriffe wie „Sozialprodukt" und „Volkseinkommen". An ihre Stelle treten die Bezeichnungen „Nationaleinkommen" und „Primäreinkommen". Da jedoch ein Großteil der Literatur nach wie vor „BIP", „Volkseinkommen" und „Sozialprodukt" benutzt, erklären und verwenden wir in diesem Kapitel die zentralen Begriffe sowohl der deutschen als auch europäischen VGR (vgl. Wienert 2001).

3.1.1 Akteure einer Volkswirtschaft – die Wirtschaftseinheiten

Will man den Wirtschaftsprozess einer Volkswirtschaft beschreiben, schießen einem Fragen in den Kopf. Was geschieht? Wie geschieht es? Und wer ist dafür verantwortlich? Man ist bei den Akteuren, den Wirtschaftseinheiten angelangt. Diese neutrale Formulierung wurde gewählt, weil die Palette der am Wirtschaftsprozess Beteiligten sehr groß, sehr unterschiedlich ist. Schließlich handelt es sich nicht nur um Einzelpersonen, sondern auch um Unternehmen und staatliche Institutionen. Daher ist es für eine systematische Betrachtung des Wirtschaftsprozesses ratsam, die Fülle der einzelnen wirtschaftlichen Tätigkeiten und die Vielzahl der Wirtschaftssubjekte zu strukturieren. Eine Gliederung des Wirtschaftsgeschehens bringt Transparenz in die Komplexität. Dabei gliedern Ökonomen nach zwei Merkmalen – nach Gruppenzugehörigkeit der Wirtschaftseinheiten und nach der Art ihrer ökonomischen Aktivität.

3.1.2 Die Sektoren

Alle Wirtschaftseinheiten lassen sich einem von vier Sektoren zuordnen: Unternehmen, privater Haushalt, öffentlicher Haushalt oder Ausland.

Der Unternehmenssektor umfasst zum überwiegenden Teil private Unternehmen sowie Freiberufler, zum Beispiel Ärzte, Rechtsanwälte oder Künstler. Unternehmen produzieren durch den Einsatz von Produktionsfaktoren und Vorleistungen Güter. Mit der Absicht, Gewinne zu erzielen! Wichtig: Auch öffentliche Unternehmen zählen zu diesem Sektor, weil öffentliche Unternehmen – anders als Gebietskörperschaften – Güter produzieren und verkaufen und sich deshalb ähnlich wie private Unternehmen verhalten.

Unternehmenssektor

Private Haushalte (Ein- und Mehrpersonenhaushalte) bieten in erster Linie ihre Arbeitskraft an, konsumieren und – ganz besonders in Deutschland –, sie sparen. Sie werden eher als Verbraucher denn Produzenten gesehen. Ihre Einnahmen bestehen aus Erwerbseinkommen (Löhne und Gehälter), Vermögenseinkommen und empfangenen Übertragungen (z.B. Renten, Pensionen, Arbeitslosengeld oder Wohngeld). Interessant ist, dass die VGR private Haushalte in ihrer Rolle als Vermieter von Wohnungen, als Nutzer von Eigenheimen und Eigentumswohnungen, als Erwerber von Grundstücken und Wohnungseigentum dem Unternehmenssektor zurechnet. Zum Haushaltssektor gehören dagegen viele private Organisationen ohne Erwerbszweck: Kirchen, Institute, Verbände, Vereine, Parteien und kulturelle Einrichtungen, die ihre Leistungen entweder unentgeltlich oder zu nicht kostendeckenden Preisen abgeben. Sie finanzieren sich vornehmlich durch Spenden und Beiträge. Weil sie nicht die primäre Absicht haben, Gewinne zu erwirtschaften, zählen sie zum Sektor „Private Haushalte" und nicht zum Unternehmenssektor.

Private Haushalte

Zum Sektor der öffentlichen Haushalte (Staat) zählen die Gebietskörperschaften (die Haushalte von Bund, Ländern, Gemeinden und

Öffentliche Haushalte

Gemeindeverbänden sowie deren Einrichtungen, also Krankenhäuser, Altersheime etc.) und die Sozialversicherungshaushalte (vor allem die gesetzliche Kranken-, Renten- und Arbeitslosenversicherung). Diese Wirtschaftseinheiten üben hoheitliche Aufgaben aus und „produzieren" öffentliche Güter, beispielsweise Straßen und Schulen, das Rechtswesen sowie innere und äußere Sicherheit. Güter, die meist ohne unmittelbare Gegenleistung abgegeben werden.

Auslandssektor Zum Auslandssektor gehören alle Wirtschaftseinheiten, die ihren (Wohn-)Sitz im Ausland haben. Die Nationalität spielt dabei erst einmal keine Rolle. Ein in Deutschland lebender ausländischer Arbeitnehmer zählt daher ebenso wenig zum Auslandssektor wie die deutsche Tochtergesellschaft eines im Ausland angesiedelten Unternehmens.

3.1.3 Unterschiedliche Wirtschaftsbereiche

Primär, sekundär, tertiär – der Unternehmensbereich einer Volkswirtschaft lässt sich in drei Teilbereiche untergliedern. Agrar- und Forstwirtschaft, Warenproduktion und Dienstleistungssektor (auch Handel und Verkehr). Hinzu treten der Staat mit seinen Gebietskörperschaften sowie die Sozialversicherung. Zu den privaten Haushalten zählen auch die Organisationen ohne Erwerbscharakter: Gewerkschaften, Parteien, Vereine und Kirchen.

3.2 Ökonomische Aktivität

Alle vier oben genannten Sektoren beteiligen sich am Wirtschaftsprozess. Das kann sehr unterschiedlich geschehen, weswegen wir auch hier die Fülle ökonomischer Aktivitäten in vier Kategorien strukturieren möchten:
* Einkommensschaffung durch Produktion von Waren und Dienstleistungen;
* Einkommensempfang und Einkommensverwendung, beispielsweise für den Kauf von Gütern;
* Bildung von Vermögen;
* Gewährung und Aufnahme von Krediten.

Volkswirtschaftlicher Produktionsprozess Die Produktion von Gütern wird als Produktionsprozess betrachtet. Logische Folge: Alle Produktionsprozesse eines Landes bilden zusammengenommen den volkswirtschaftlichen Produktionsprozess.

Abb. 8: Bruttowertschöpfung nach Wirtschaftsbereichen

Jahr	Ins-gesamt	Land- und Forst-wirtschaft, Fischerei	Produ-zierendes Gewerbe ohne Bau-gewerbe	Bau-gewerbe	Handel, Gast-gewerbe und Verkehr	Finanzie-rung, Ver-mietung, Unterneh-mensdienst-leister	Öffentliche und private Dienst-leister
in jeweiligen Preisen in Mrd. EUR							
1991	1 414,2	19,7	430,5	84,1	250,7	342,7	286,5
1995	1 690,4	21,6	428,3	114,1	299,5	462,3	364,7
1996	1 722,1	22,7	430,1	109,0	297,7	488,7	374,1
1997	1 760,2	22,9	438,2	104,6	306,0	508,8	379,6
1998	1 810,3	22,6	455,2	100,8	316,4	527,2	388,0
1999	1 843,2	22,1	453,0	100,9	322,1	548,3	396,8
2000	1 885,3	22,5	463,3	97,6	333,5	562,2	406,2
2001	1 924,6	23,6	470,4	92,9	347,8	576,0	414,0
2002	1 960,3	22,1	477,0	89,0	353,6	591,8	426,8
2003	1 978,8	22,0	482,7	84,0	356,5	603,5	430,0
2004	2 032,0	22,5	508,4	81,4	364,9	624,3	430,5
Veränderungen gegenüber dem Vorjahr in %							
1995	4,0	3,7	1,9	0,3	4,6	5,8	4,8
1996	1,9	4,9	0,4	− 4,5	− 0,6	5,7	2,6
1997	2,2	1,1	1,9	− 4,0	2,8	4,1	1,5
1998	2,8	− 1,4	3,9	− 3,7	3,4	3,6	2,2
1999	1,8	− 2,0	− 0,5	0,2	1,8	4,0	2,2
2000	2,3	1,9	2,3	− 3,3	3,5	2,5	2,4
2001	2,1	4,6	1,5	− 4,8	4,3	2,4	1,9
2002	1,9	− 6,3	1,4	− 4,1	1,7	2,7	3,1
2003	0,9	− 0,2	1,2	− 5,6	0,8	2,0	0,7
2004	2,7	2,1	5,3	−,3 1	2,4	, 3 4	0,1
in Preisen von 1995 in Mrd. EUR							
1991	1 598,3	20,1	456,3	103,3	282,1	403,6	332,8
1995	1 690,4	21,6	428,3	114,1	299,5	462,3	364,7
1996	1 709,6	23,0	418,9	109,4	302,6	484,2	371,4
1997	1 742,1	22,9	428,6	107,8	306,0	503,0	373,7
1998	1 783,0	23,5	437,3	105,0	314,3	525,9	377,1
1999	1 823,5	24,8	430,5	105,1	334,5	546,6	382,1
2000	1 886,5	24,6	450,5	102,6	345,9	572,9	390,1
2001	1 910,9	24,6	444,6	96,9	359,4	594,6	390,8
2002	1 916,2	24,2	443,0	92,3	364,5	595,2	397,1
2003	1 918,9	24,0	445,0	88,2	367,8	598,5	395,4
2004	1 956,4	24,8	466,1	86,1	375,7	607,9	396,0
Veränderung gegenüber dem Vorjahr in %							
1995	2,1	4,9	0,5	− 2,4	2,0	5,1	1,9
1996	1,1	6,6	− 2,2	− 4,0	1,0	4,7	1,8
1997	1,9	− 0,3	2,3	− 1,5	1,1	3,9	0,6
1998	2,3	2,3	2,0	− 2,7	2,7	4,6	0,9
1999	2,3	5,5	− 1,5	0,1	6,4	3,9	1,3
2000	3,5	− 0,8	4,6	− 2,3	3,4	4,8	2,1
2001	1,3	0,3	− 1,3	− 5,6	3,9	3,8	0,2
2002	0,3	− 1,8	− 0,4	− 4,8	1,4	0,1	1,6
2003	0,1	− 0,7	0,5	− 4,4	0,9	0,5	− 0,4
2004	2,0	3,0	4,7	− 2,4	2,1	1,6	0,1

Quelle: nach Datenreport 2004: 256

In diesem Prozess macht längst nicht mehr jeder alles. Die Wirtschaftseinheiten haben sich spezialisiert. Moderne Volkswirtschaften sind durch Arbeitsteilung gekennzeichnet. Zwischen Unternehmen – beispielsweise durch Zulieferketten bei der Vor-, Zwischen- und Endproduktion –, aber auch innerhalb der Unternehmen – in unterschiedlichen Abteilungen und Produktionsstätten.

Bei der Herstellung von Gütern werden inländische und ausländische Produktionsfaktoren benutzt. Inländische Produktionsfaktoren umfassen die Nutzung von Grundstücken (Boden), die menschliche Arbeitsleistung (Arbeit) und die Nutzung von Produktionsanlagen (Kapital). Der Faktor Kapital kann sich sehr unterschiedlich zusammensetzen, beispielsweise aus Maschinen, Fahrzeugen und Gebäuden. Zudem fließen in den volkswirtschaftlichen Produktionsprozess viele importierte Vorleistungen ein, denn die nationalen Volkswirtschaften sind ja global miteinander verflochten. Auch international findet eine Arbeitsteilung statt.

Abb. 9: Input und Output einer Volkswirtschaft

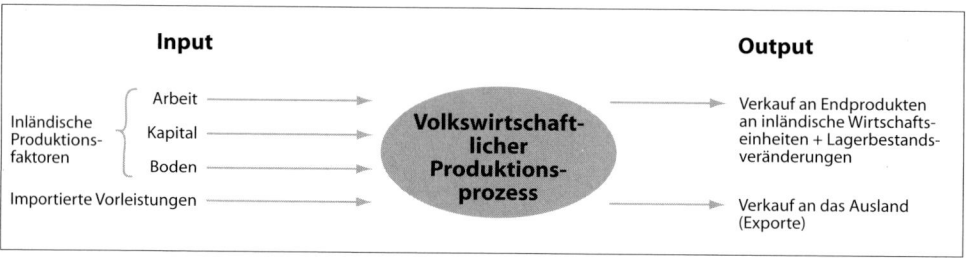

Quelle: nach Frenkel/John 1999

Der Erhalt und die Verwendung von Einkommen beziehen sich auf die Gesamtheit der empfangenen Einkommen eines Wirtschaftssubjekts. Ein Einkommen, das durch das Bereitstellen von Produktionsfaktoren oder aus unentgeltlichen Leistungen anderer Wirtschaftseinheiten zusammengetragen wurde. Besonders staatliche Transfers spielen hier eine große Rolle.

Unabhängig von der Entstehungsart werden die Einkommen entweder für Konsum oder für die Vermögensbildung verwendet. Wobei sich das Vermögen in zwei Kategorien gliedert, in Sach- und Geldvermögen. Zum Sachvermögen zählt das im Produktionsprozess verwandte Produktivvermögen (Gebäude, Produktionsanlagen, Maschinen etc.) sowie das in den privaten Haushalten vorhandene Gebrauchsvermögen, also langlebige Konsumgüter wie Möbel, Autos und dergleichen. Zum volkswirtschaftlichen Sachvermögen zäh-

len außerdem nicht-reproduzierbare Vermögensgegenstände wie
Boden, Bodenschätze und viele andere „natürliche Ressourcen". Das
Sachvermögen kann sowohl abnehmen, etwa durch Abnutzung (Abschreibung), als auch wachsen, wenn beispielsweise Investitionsgüter zugekauft werden. Die VGR erfasst so aber nur Investitionen des
Staates und der Unternehmen – private Haushalte investieren (nach
der VGR) nicht, die Anschaffung langlebiger Gebrauchsgüter wird
zum Konsum hinzugezählt. Als Geldvermögen bezeichnen wir
schlicht die Differenz (den Saldo) zwischen Forderungen und Verbindlichkeiten.

Die Volkswirtschaftliche Gesamtrechnung bedient sich zweier
Rechnungsverfahren, der Stromgrößen- und der Bestandsgrößen-
rechnung. In einer Stromgrößenrechnung – beispielsweise die BIP-
Berechnung – werden Struktur und Umfang von ökonomischen
Größen mit der Dimension „Euro pro Zeiteinheit" erfasst. Stromgrößen sind das Einkommen, die Ersparnis und der Gewinn.

Höhe, Struktur und Verteilung ökonomischer Größen, die sich
stets auf einen bestimmten Stichtag („Euro zu einem Zeitpunkt")
beziehen, registriert hingegen die Bestandsgrößenrechnung. Bestandsgrößen sind die Geldmenge, der Kapitalstock oder das Ver-

Strom- und
Bestandsgrößen

Abb. 10: Kreislaufdiagramm einer Volkswirtschaft

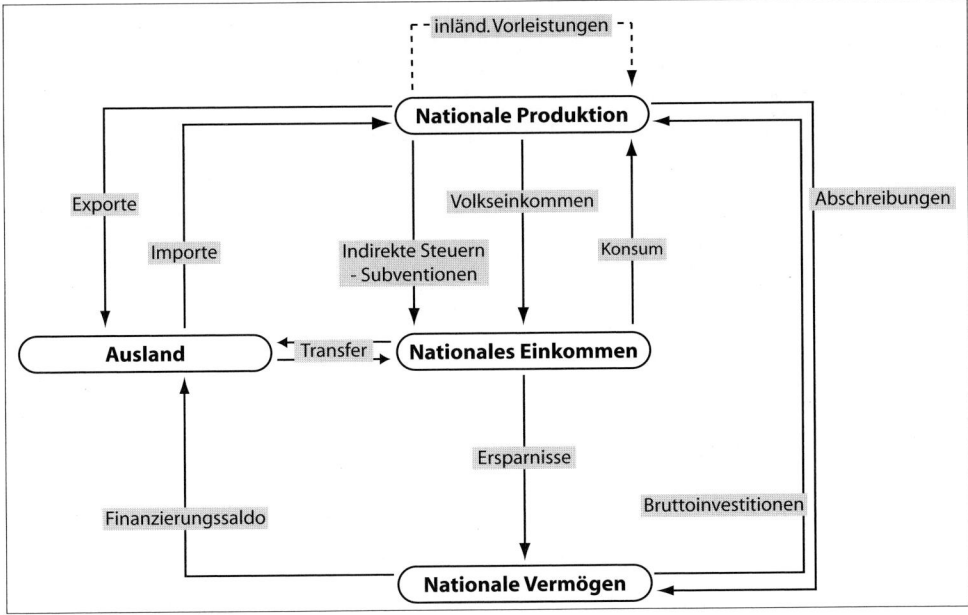

mögen. Damit ist die Vermögensrechnung, also das Ermitteln von Sach- und Geldvermögen zu einem bestimmten Zeitpunkt, eine Bestandsgrößenrechnung.

> Die *Volkswirtschaftliche Gesamtrechnung* stellt den Versuch dar, ein umfassendes, quantitatives Gesamtbild der Produktion, der Entstehung, Verteilung und Verwendung von Einkommen sowie der Vermögensbildung und ihrer Finanzierung für die einzelnen volkswirtschaftlichen Sektoren oder die Gesamtwirtschaft zu geben. Die von der VGR erfassten Ströme beziehen sich auf einen in der Vergangenheit liegenden, abgeschlossenen Zeitraum.

3.3 Das Sozialprodukt

Bruttoinlands-
produkt

BIP, BSP, BNE – das Sozialprodukt kommt in vielerlei Ausprägungen daher. Häufigster Vertreter ist wohl das Bruttoinlandsprodukt (BIP). Es misst die Summe der Güter und Dienstleistungen, die in den Grenzen eines Landes (oder einer Verwaltungseinheit) in einem bestimmten Zeitraum – in der Regel innerhalb eines Jahres – hergestellt werden.

Bruttonational-
einkommen

Unter Bruttonationaleinkommen (BNE) – dem früheren Bruttosozialprodukt (BSP) – versteht man die Summe der Güter und Dienstleistungen, die von den ständigen Einwohnern eines Landes in einem bestimmten Zeitraum (meist ein Jahr) hergestellt werden beziehungsweise die Summe der daraus resultierenden Einkommen einschließlich der *Abschreibungen* (Nationaleinkommen).

> *Abschreibungen*
> messen die Wertminderung des Anlagevermögens infolge von Verschleiß und wirtschaftlichem Veralten. Sie sind in der VGR für die Ermittlung der Einkommen und für den Nachweis des Anlagevermögens von Bedeutung. Abschreibungen werden zur Berechnung des Volkseinkommens und des Nettoanlagevermögens benötigt und bilden den Übergang von Brutto- zu den Nettoinvestitionen.

Inlands- und
Inländerprinzip

Während das *BIP* dem *Inlandsprinzip* folgt, wird das *BSP* nach dem *Inländerprinzip* erhoben, es orientiert sich also an den ständigen Bewohnern des Landes. BIP und BSP unterscheiden sich durch den so genannten „Saldo der Primäreinkommen aus der übrigen Welt", das heißt man addiert zum BIP die Primäreinkommen der Inländer im Ausland und subtrahiert die Einkommen der Ausländer im Inland und erhält das BNE. Das BIP hat sich wegen seiner einfacheren Bezugsgrundlage als Größe der Wirtschaftsleistung durchgesetzt.

Das BSP (BNE) hingegen bildet wegen seines Inländerprinzips meist die Basis von Einkommensrechnungen und zum Beispiel auch der Beitragsberechnungen für die Europäische Union. Brutto- und Nettogrößen des BIP und BSP unterscheiden sich durch die Abschreibungen. Abschreibungen sind Wertübertragungen aus bereits in Vorjahren erfassten Investitionsgütern in die Preise für Güter und Dienstleistungen, die im untersuchten Zeitraum erhoben wurden.

> *Das Sozialprodukt folgt dem Inländerkonzept.*
> Es werden alle Leistungen von Inländern miteinbezogen, egal ob sie im In- oder Ausland erbracht wurden.

Abb.11: Inlands- und Inländerkonzept

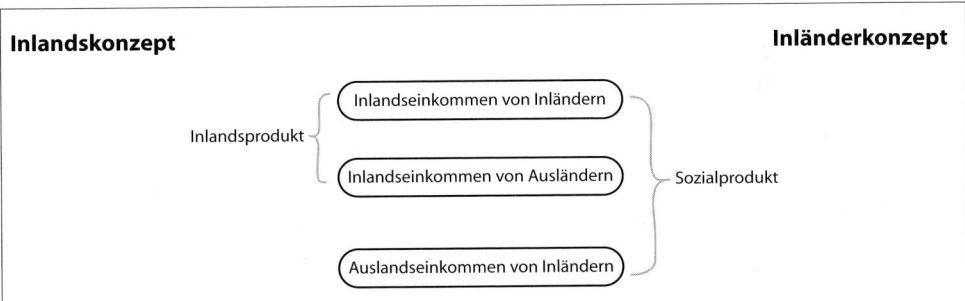

Quelle: nach Behrens 2000: 32.

> Anders: *das Bruttoinlandsprodukt.*
> Die Berechnung des Inlandsprodukts beruht auf dem Inlandskonzept, das die räumliche Abgrenzung in den Vordergrund stellt. Beim Inlandsprodukt werden alle Leistungen miteinbezogen, die im Inland erbracht wurden, egal ob von Inländern oder von Ausländern. (Inländer = im Inland Steuerpflichtige)

Wir unterscheiden zwischen nominalem und realem Bruttosozialprodukt. Beim *nominalen* Bruttosozialprodukt nimmt man die Preise der Güter und Dienstleistungen des Jahres an, in dem sie gehandelt wurden. Beim *realen* Bruttosozialprodukt unterstellt man, dass sich die Preise seit einem bestimmten Jahr, dem Basisjahr, nicht mehr verändert haben. Es wird also mit dem Preisniveau eines Basisjahres gerechnet und somit wird vermieden, dass die Zahl durch Preissteigerungen (Inflation) künstlich aufgebläht ist.

Nominales und reales Bruttosozialprodukt

3.4 Berechnungsmethoden

Es gibt verschiedene Methoden, das Inlandsprodukt zu berechnen. Das Statistische Bundesamt berechnet das Bruttoinlandsprodukt (BIP) der Bundesrepublik Deutschland sowohl von der Entstehungs- als auch von der Verwendungsseite. Wegen statistischer Erfassungsprobleme bei den Einkommen aus Unternehmertätigkeit und Vermögen ist jedoch eine eigenständige Berechnung des Sozialprodukts über die Verteilungsseite in der Praxis nicht möglich. Theoretisch lässt sich das Inlandsprodukt jedoch sowohl von der *Entstehungs-* und *Verwendungs-*, als auch von der *Verteilungsseite* erheben:

Das BIP misst zwei Dinge gleichzeitig: *das Gesamteinkommen der Volkswirtschaft und die Gesamtausgaben für die Erstellung von Waren und Dienstleistungen.* Denn beide sind ein und dasselbe. Jede Transaktion hat zwei Seiten: einen Käufer und einen Verkäufer.

Abb. 12: Entstehung, Verwendung und Verteilung des BIP

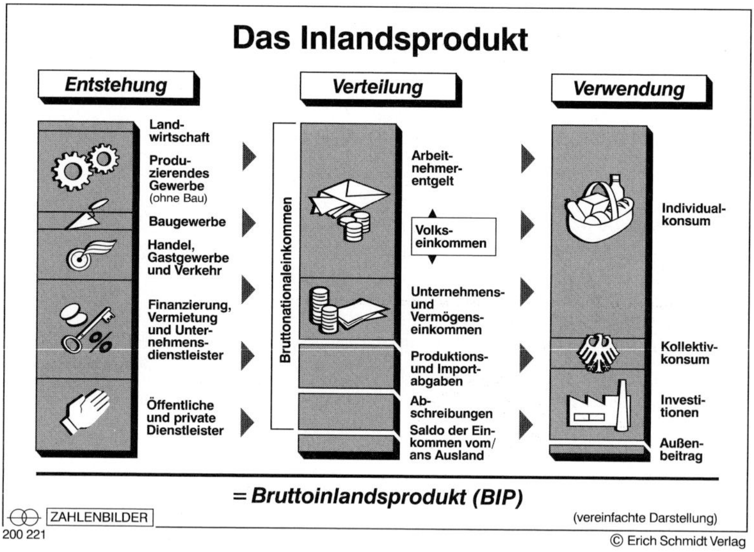

Das Inlandsprodukt

Entstehung — *Verteilung* — *Verwendung*

Entstehung:
- Landwirtschaft
- Produzierendes Gewerbe (ohne Bau)
- Baugewerbe
- Handel, Gastgewerbe und Verkehr
- Finanzierung, Vermietung und Unternehmensdienstleister
- Öffentliche und private Dienstleister

Verteilung:
Bruttonationaleinkommen
- Arbeitnehmerentgelt
- Volkseinkommen
- Unternehmens- und Vermögenseinkommen
- Produktions- und Importabgaben
- Abschreibungen
- Saldo der Einkommen vom/ans Ausland

Verwendung:
- Individualkonsum
- Kollektivkonsum
- Investitionen
- Außenbeitrag

= Bruttoinlandsprodukt (BIP)

ZAHLENBILDER
200 221
(vereinfachte Darstellung)
© Erich Schmidt Verlag

3.4.1 Entstehung

Entstehungsrechnung

In der Entstehungsrechnung werden die Leistungen der Wirtschaftsbereiche zusammengefasst. Es wird die wirtschaftliche Leistung einer Volkswirtschaft aus der Perspektive der Produzenten ermittelt. Die Entstehungsseite zeigt die Beiträge der einzelnen Wirtschaftsbereiche

(Unternehmungen, Staat, private Organisationen ohne Erwerbscharakter, private Haushalte) zum Sozialprodukt (genau: zum Inlandsprodukt). Das Sozialprodukt meint stets die Gesamtwertschöpfung, das heißt alle Investitionen werden mit eingerechnet. Trotzdem darf es nicht zu Doppelerfassungen kommen. Diese könnten entstehen, weil die meisten Güter mehrere Produktionsstufen durchlaufen. Sie dürfen aber nur einmal gezählt werden. Vermeiden kann man Doppelerfassungen entweder durch die so genannte Wertschöpfung (es wird der Wert gezählt, der einem Gut durch Weiterverarbeitung auf jeder Produktionsstufe zugeführt wird) oder es werden nur die Güter und Dienstleistungen gezählt, die einer letzten Verwendung zugeführt werden (Bruttoproduktionswert), dann muss aber die Vorleistung (Eigenverbrauch einer Volkswirtschaft) abgezogen werden.

BIP = Bruttoproduktionswert (BPW) – Vorleistungen

Wertschöpfung
Aus betrieblicher Sicht ist die Wertschöpfung der Wert, den das Unternehmen durch seine Tätigkeit neu schafft. Dazu zählt es die Erlöse aus dem Verkauf seiner Waren oder Dienstleistungen zusammen und zieht den Wert der so genannten Vorleistungen ab, beispielsweise der von Zulieferern bezogenen Materialien. Sonst würde die Wertschöpfung dieser Materialien doppelt gezählt: beim Zulieferer und beim weiterverarbeitenden Unternehmen.
Alle Wertschöpfungen der Unternehmen zusammengezählt, bilden das Sozialprodukt. Es spiegelt die Leistung aller Wirtschaftsbereiche wider, aus der schließlich das Volkseinkommen berechnet wird (Bruttosozialeinkommen minus Abschreibungen und indirekte Steuern, plus Subventionen).
Häufig ist von der Wertschöpfungskette die Rede. Gemeint ist damit der gesamte Entstehungsprozess eines Produktes, der im Rahmen moderner Unternehmensstrategien zunehmend „zerhackt" und auf Zulieferer und ausgegliederte Geschäftsteile verlagert wird. Beispiel Computer: Die Wertschöpfungskette reicht von der Herstellung der Netzwerke, Gehäuse, Chips, Bildschirme, Programme bis hin zu Vertrieb, Beratung, Schulung und Kundendienst.
„Internationalisierung der Wertschöpfungskette" wird die grenzüberschreitende Zusammenarbeit (unter anderem durch Verlagerungen der Produktion) genannt: Die Computertastatur aus Taiwan, der Chip aus den USA, die Software aus Indien, zusammengefügt in Deutschland – eine Strategie der Kostensenkung durch stärkere Konkurrenz zwischen Anbietern. Die Hersteller selber beschränken sich bei der Produktion auf immer weniger Abschnitte der Wertschöpfungskette („geringe Fertigungstiefe"). Sie konzentrieren sich zunehmend auf Koordination des Produktionsprozesses und Kooperation mit anderen Unternehmen „entlang der Wertschöpfungskette".

Abb. 13: Entstehungsseite für das Jahr 2005 (in Mrd. Euro)

Produktionswert		
-	Vorleistungen	
=	Bruttowertschöpfung (unbereinigt)	
-	unterstellte Bankgebühr*	
=	Bruttowertschöpfung (bereinigt)	2027,50
+	Gütersteuern (Umsatzsteuern, Importabgaben, Verbrauchssteuern)	224,50
-	Gütersubventionen	6,50
=	**Bruttoinlandsprodukt (BIP)**	**2245,50**
+	Saldo der Primäreinkommen mit der übrigen Welt	3,77
=	Bruttonationaleinkommen (BNE) / Bruttosozialprodukt (BSP)	2249,27

* Unterstellte Bankgebühr:
Unterstellte Bankgebühr: Indirekt gemessenes Entgelt für Bankdienstleistungen (FISIM = Financial intermediation services indirectly measured). Zu einem großen Teil werden Bankdienstleistungen den Bankkunden ohne spezielles Entgelt zur Verfügung gestellt. Daher wird zusätzlich zu den tatsächlichen Einnahmen aus Gebühren und ähnlichem eine unterstellte Bankgebühr in Höhe der Differenz zwischen Ertragszinsen, Kreditprovisionen und anderen Vermögenseinkommen der Kreditinstitute gebucht. Die unterstellten Entgelte werden aus Vereinfachungsgründen pauschal als Vorleistungen eines fiktiven Sektors behandelt und von der unbereinigten Bruttowertschöpfung abgezogen (denn die Vorleistungen waren um diesen Betrag zu niedrig angesetzt). Auf diese Weise vermindert sich die Bruttowertschöpfung aller Wirtschaftsbereiche.

Quelle: nach Statistisches Bundesamt 2006

3.4.2 Verwendung

Verwendungs-
rechnung

Die Verwendungsrechnung gibt Aufschluss, welchem Zweck die als BIP hergestellten Güter und Leistungen zugeführt werden: ob sie konsumiert oder investiert werden. Hinzu kommen der Staatsverbrauch und der Außenbeitrag (Exporte minus Importe). Die Importe werden zwar verbraucht, nicht aber von der betrachteten Volkswirtschaft erzeugt und somit herausgerechnet.

BIP = C (Konsumgüter) + I (Investitionsgüter) + G (öffentliche Güter) + Ex (Exportgüter) – Im (Importgüter)

Abb. 14: Verwendungsseite für das Jahr 2005 (in Mrd. Euro)

	Private Konsumausgaben	1329,73
+	Konsumausgaben des Staates	417,18
+	Bruttoanlageinvestitionen	384,67
+	Vorratsveränderungen und Nettozugang an Wertsachen	1,85
+	Außenbeitrag (Export - Import)	112,07
=	**Bruttoinlandsprodukt (BIP)**	**2245,50**

Quelle: nach Statistisches Bundesamt 2006

Ausgaben können in einer Volkswirtschaft viele verschiedene Formen annehmen:

Familie Müller geht Essen – zur Pizzeria um die Ecke. (C)
Bosch baut eine neue Produktionsstätte. (I)
Die Küstenwache kauft ein neues Einsatzboot. (G)
Financial Times kauft Druckmaschinen in Heidelberg. (NX)

Das BIP beinhaltet all diese verschiedenen Ausprägungen von Ausgaben für im Inland hergestellte Waren und Dienstleistungen. Es wird dabei in vier verschiedene Ausgabenbestandteile zerlegt (siehe Beispiele):

Konsum/Privater Verbrauch (C)
Investitionen (I)
Staatsausgaben (G)
Nettoexporte (NX)

einfache Gleichung: $Y = C + I + G + NX$

1. Konsum/Privater Verbrauch:
Ausgaben der Haushalte für Waren und Dienstleistungen mit Ausnahme des Erwerbs von Grundstücken und Gebäuden sowie des Neubaus von Häusern und Wohnungen.
2. Investitionen:
Ausgaben für Kapitalausstattung, Lagerbestände und Bauten einschließlich der Ausgaben der Haushalte für den Erwerb von Grundstücken und Gebäuden sowie den Neubau von Häusern und Wohnungen.
3. Staatsausgaben:
Ausgaben der Gebietskörperschaften für Waren und Dienstleistungen (ohne Transferleistungen wie Sozialhilfe, weil diesen Ausgaben kein produziertes Produkt gegenübersteht).
4. Nettoexporte:
Ausgaben von Ausländern für im Inland produzierte Güter (Exporte) abzüglich der Ausgaben von Inländern für im Ausland produzierte Güter (Importe).

Die Verwendung des Sozialprodukts weist nur die letzte Verwendung der produzierten Güter und Dienstleistungen nach. Die nicht verbrauchten Güter werden als Anlagen investiert oder sie erscheinen als Vorratsveränderungen. Der Saldo zwischen Exporten und Importen von Waren und Dienstleistungen wird als Außenbeitrag nachgewiesen.

In Deutschland gehört der größte Teil (61,3%) der inländischen Verwendung von Waren und Dienstleistungen zu den privaten Kon-

Abbildung 15: Verwendung des Bruttoinlandsprodukts

Jahr	Brutto-inlands-produkt	Konsum-ausgaben der privaten Haushalte	Konsum-ausgaben der privaten Organisationen ohne Erwerbszweck	Konsum-ausgaben des Staats	Brutto-investi-tionen	Außen-beitrag
			in jeweiligen Preisen in Mrd. EUR			
1991	1 502,2	832,9	19,6	288,4	364,9	– 3,5
1995	1 801,3	996,2	28,6	356,8	408,1	11,6
1996	1 833,7	1 021,6	30,6	365,8	396,6	19,1
1997	1 871,6	1 047,6	32,2	364,5	401,7	25,7
1998	1 929,4	1 076,5	34,7	369,5	419,9	28,8
1999	1 978,6	1 118,3	37,7	378,2	428,4	16,0
2000	2 030,0	1 157,1	39,7	385,8	439,4	8,0
2001	2 074,0	1 196,0	41,3	394,2	401,4	41,2
2002	2 107,3	1 199,3	43,0	405,4	364,8	94,8
2003	2 128,2	1 211,0	44,3	408,5	372,2	92,2
2004	2 178,2	1 226,1	44,9	406,8	383,6	116,8
			Veränderung gegenüber dem Vorjahr in %			*Mrd.EUR*
1995	3,8	3,8	9,0	4,3	1,5	6,1
1996	1,8	2,6	7,0	2,5	– 2,8	7,5
1997	2,1	2,5	5,2	– 0,3	1,3	6,6
1998	3,1	2,8	7,7	1,4	4,5	3,2
1999	2,6	3,9	8,5	2,3	2,0	– 12,8
2000	2,6	3,5	5,5	2,0	2,6	– 8,0
2001	2,2	3,4	3,8	2,2	– 8,7	33,2
2002	1,6	0,3	4,1	2,8	– 9,1	53,6
2003	1,0	1,0	3,0	0,8	2,0	– 2,6
2004	2,3	1,2	1,4	– 0,4	3,1	24,6

Quelle: Datenreport 2004

sumausgaben, während nur knapp ein Fünftel der Güter für inländische Investitionen verwendet werden: Ausrüstungen, Bauten, sonstige Anlagen etc.

3.4.3 Verteilung

Verteilungs-rechnung

Werden die Güter und Leistungen verkauft, entstehen Einkommen. Diese können in Einkommen aus unselbständiger Arbeit (Arbeitnehmerentgelte), aus Vermögen und Unternehmertätigkeit aufgeteilt werden. Addiert man zum BIP den Saldo der Primäreinkommen, gelangt man zunächst zum BNE, dem früheren BSP. Eine Verminderung um die Abschreibungen führt zum Nettonationaleinkommen (NSP). Zieht man hiervon noch die Nettoproduktionsabgaben (Subventionen minus Produktions- und Importabgaben) ab, erhält man das Volkseinkommen, die Summe der Einkommen aus unselbständiger Arbeit sowie der Gewinneinkommen.

$$BNE = L \text{ (Löhne)} + G \text{ (Gewinne)} + D \text{ (Abschreibungen)}$$

Abb. 16: Verteilungsseite für das Jahr 2005 (in Mrd. Euro)

	Bruttonationaleinkommen (Bruttosozialprodukt)	**2249,27**
-	Abschreibungen	327,70
=	Nettonationaleinkommen	1921,60
-	Produktions- und Importabgaben an den Staat abzüglich Subventionen vom Staat	327,70
=	Volkseinkommen	1683,90
-	Arbeitnehmerentgelt	1128,80
=	Unternehmens- und Vermögenseinkommen	555,10

Quelle: nach Statistisches Bundesamt 2006

Abb. 17: Verteilung des Volkseinkommens

Jahr	Volkseinkommen		Arbeitnehmerentgelt			Unternehmens- und Vermögenseinkommen Mrd. EUR
	Mrd. EUR	EUR je Einwohner	Mrd. EUR	% vom Volkseinkommen	EUR je Arbeitnehmer	
1991	1 167,1	14 600	846,0	72,5	24 200	321,1
1993	1 255,7	15 500	937,9	74,7	27 800	317,8
1994	1 302,6	16 000	961,2	73,8	28 700	341,5
1995	1 358,6	16 600	996,2	73,3	29 700	362,4
1996	1 381,7	16 900	1 005,3	72,8	30 100	376,4
1997	1 404,6	17 100	1 009,2	71,8	30 300	395,4
1998	1 442,2	17 600	1 030,6	71,5	30 700	411,6
1999	1 468,2	17 900	1 057,8	72,0	31 000	410,4
2000	1 509,5	18 400	1 099,1	72,8	31 700	410,4
2001	1 538,4	18 700	1 120,8	72,9	32 200	417,6
2002	1 551,9	18 800	1 129,4	72,8	32 700	422,4
2003	1 569,3	19 000	1 132,2	72,1	33 200	437,1
2004	1 616,4	19 600	1 132,3	70,1	33 200	484,0

Quelle: nach Datenreport 2004

Wichtig: Zu den Unternehmens- und Vermögenseinkommen zählen nicht nur die Einkommen von Aktiengesellschaften, GmbHs, Personengesellschaften und anderen Unternehmen, sondern auch die Vermögenseinkommen aller Bevölkerungsgruppen, beispielsweise die Zinsen aus dem Sparguthaben oder die Dividenden aus dem

Aktienbesitz eines Arbeitnehmers. Außerdem ist zu beachten, dass das Arbeitnehmerentgelt die gesamten Sozialbeiträge (Arbeitgeber- und Arbeitnehmeranteil) sowie die Lohnsteuer der Arbeitnehmer einschließt.

3.4.4 Fazit

> Das Bruttoinlandsprodukt (BIP) ist der *Marktwert*[5] aller für den Endverbrauch bestimmten Waren und Dienstleistungen, die in einem Land an einem bestimmten Zeitabschnitt hergestellt werden.

BIP als umfassendes Maß

Das BIP versucht, ein umfassendes Maß zu sein. Es beinhaltet alles, was in einer Volkswirtschaft hergestellt und legal auf den Märkten verkauft wird. Das BIP erfasst auch den Marktwert des Wohnraums, der vom Wohnraumangebot einer Volkswirtschaft abhängt. Bei Mietobjekten ist der Wert einfach zu berechnen – die Miete entspricht sowohl den Ausgaben des Bewohners als auch den Einnahmen des Besitzers. Viele Menschen sind jedoch Eigentümer des Hauses oder der Wohnung und zahlen daher keine Miete. Das Statistische Bundesamt bezieht diese von den Eignern bewohnten Objekte in das BIP ein, indem deren Mietwert geschätzt wird. Es wird also einfach angenommen, dass der Besitzer an sich selbst die zugeschriebene Miete zahlt. So ist auch die Miete sowohl als Ausgabe wie Einnahme enthalten.

Was schließt das BIP in der Berechnung aus? Alle illegal hergestellten und verkauften Dinge, z.B. Drogen. Es schließt auch die meisten Dinge aus, die zu Hause hergestellt und konsumiert – und damit nicht über den Markt gehandelt werden. Gemüse vom Händler: BIP, Gemüse aus dem Garten zählt nicht zum BIP.

3.5 Außenwirtschaft – die Zahlungsbilanz

Deutschland als Exportnation

„Deutschland ist Exportweltmeister!" – Schlagzeilen wie diese konnte die Bundesrepublik in ihrer jüngsten Geschichte häufig schreiben.

---

[5]   Marktwert: Im BIP werden viele unterschiedliche Arten an Gütern in ein einziges Maß für die ökonomische Aktivität umgerechnet. Dazu werden Marktpreise verwendet. Da Marktpreise diejenige Geldsumme messen, die die Menschen bereit sind, für unterschiedliche Güter zu zahlen, spiegeln diese den Wert der entsprechenden Güter wider.

Nach einer Delle in der Außenhandelsbilanz kurz nach der Wiedervereinigung der beiden deutschen Staaten, schwimmt die Bundesrepublik seit den 1990er Jahren wieder auf solidem Wachstumskurs – was die Exporte angeht. Der Außenhandel insgesamt ist seit 1960 um mehr als das 25fache gestiegen: im Jahre 2002 wurden Waren im Wert von 651,3 Milliarden Euro exportiert, meist in die unmittelbare Nachbarschaft. Knapp 72% der deutschen Ein- wie Ausfuhren bleiben in Europa.

Abb. 18: Die 15 wichtigsten Handelspartner der Bundesrepublik Deutschland im Jahr 2004

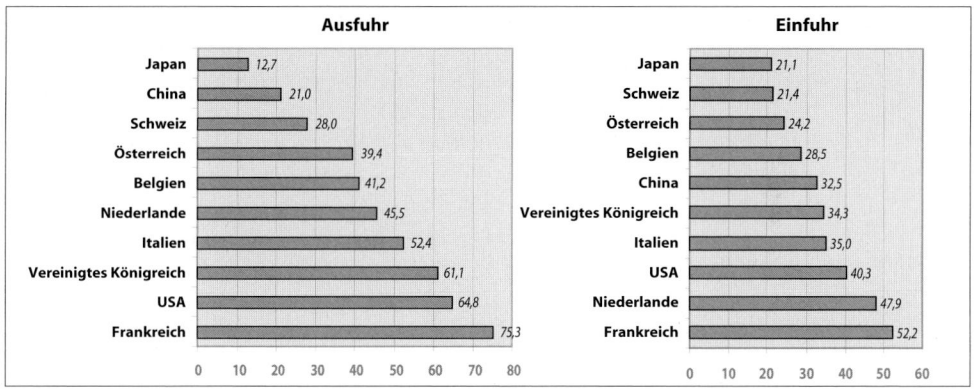

Quelle: nach http://www.wiwi-treff.de

Abb. 19: Deutschlands wichtigste Exportgüter 2003

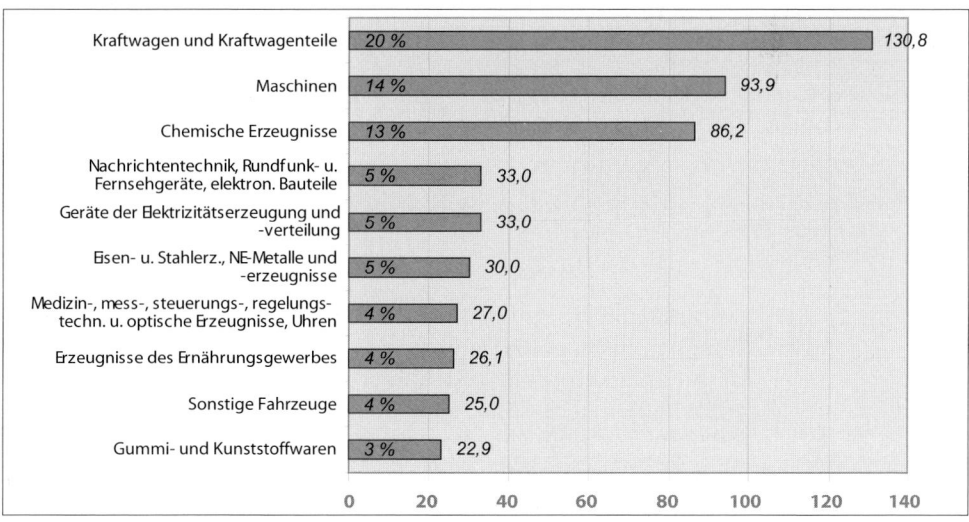

Quelle: nach Gesellschaft Sozialwissenschaftlicher Infrastruktureinrichtungen

Zahlungsbilanz   Im statistischen Sinne zeichnet die Zahlungsbilanz eines Landes systematisch alle ökonomischen Transaktionen zwischen Inländern und Ausländern in einer abgelaufenen Periode auf – wobei die Bezeichnung ‚Bilanz' eigentlich nicht ganz treffend gewählt ist: schließlich handelt sich bei der Zahlungsbilanz um Strom- und nicht um Bestandsgrößen. Außerdem sind neben Zahlungen auch Forderungen, Verbindlichkeiten, Übertragungen und Tauschgeschäfte subsumiert. Und manche Transaktion, die nur zwischen Inländern stattfindet (beispielsweise zwischen Zentralbank und Geschäftsbanken). Trotzdem hat sich der Terminus „Zahlungsbilanz" sowohl in der wirtschaftlichen wie wissenschaftlichen Welt durchgesetzt.

Das Grundmuster der Zahlungsbilanz ist nahezu identisch mit dem Auslandskonto der VGR. Der wesentliche Unterschied besteht darin, dass in der Zahlungsbilanz sämtliche ökonomischen Transaktionen erfasst werden und nicht nur solche, die mit der Einkommensentstehung, -verwendung und -verteilung der laufenden Periode in Zusammenhang stehen. Daher ist die Zahlungsbilanz auch umfassender als das Auslandskonto, das im Übrigen vollständig in ihr enthalten ist.

Abb. 20: Zahlungsbilanz

SOLL	HABEN		
1. Warenexporte	Warenimporte	} Handelsbilanz	
2. Dienstleistungsexporte	Dienstleistungsimporte	} Dienstleistungsbilanz	
3. Empfangene Erwerbs- und Vermögenseinkommen	Geleistete Erwerbs- und Vermögenseinkommen	} Bilanz der Erwerbs- und Vermögenseinkommen	**Leistungsbilanz**
4. Empfangene Übertragungen	Geleistete Übertragungen	} Schenkungsbilanz	
5. Empfangene Vermögensübertragungen	Geleistete Vermögensübertragungen	} Vermögensübertragungsbilanz	
6. Zunahme der Verbindlichkeiten / Abnahme der Forderungen	Zunahme der Forderungen / Abnahme der Verbindlichkeiten	} Kapitalverkehrsbilanz	
SUMME	= SUMME		

Quelle: nach Baßeler/Heinrich 2001: 280

Teilbilanzen   Die Erfassungen der Zahlungsbilanz gliedern sich grundsätzlich in Transaktionen des Kapitalverkehrs und des Leistungsverkehrs. Zum Leistungsverkehr zählen nach internationaler Abgrenzung zunächst alle wirtschaftlichen Vorgänge, bei denen Waren, Dienst- und Faktorleistungen zwischen dem In- und Ausland gehandelt werden. Zusätzlich umfasst der Leistungsverkehr die unentgeltlichen Übertragungen von Waren, Dienst- und Faktorleistungen sowie Transferzahlungen. Zum Kapitalverkehr rechnen wir alle Transaktionen, bei denen finanzielle Aktiva, beispielsweise Guthaben, Wertpapiere, Beteiligungen zwischen In- und Ausländern übertragen werden. Hierbei handelt es sich entweder um den Gegenwert von Leistungstransaktionen oder um einen Austausch von Vermögenswerten zwischen In- und Ausländern wie zum Beispiel den Erwerb ausländischer Wertpapiere gegen Zahlung aus Bankguthaben.

Abb. 21: Leistungsbilanz und Vermögensübertragungen

Jahr	Saldo der Leistungsbilanz						Vermögensübertragungen[3]
	insgesamt	Waren- und Dienstleistungsverkehr			Erwerbs- und Vermögenseinkommen	laufende Übertragungen	
		zusammen	Warenverkehr[2] (fob-Werte)	Dienstleistungsverkehr			
1999	− 22 454	+ 12 162	+ 66 551	− 54 389	− 9 599	− 25 016	− 154
2000	− 27 851	+ 3 156	+ 62 916	− 59 760	− 2 641	− 28 366	+ 6 823
2001	+ 1 749	+ 39 855	+ 100 722	− 60 867	− 10 680	− 27 425	− 387
2002	+ 45 670	+ 90 397	+ 136 921	− 46 524	− 16 844	− 27 883	− 212
2003	+ 45 767	+ 87 048	+ 132 968	− 45 920	− 12 515	− 28 767	+ 316

1 Nach Berechnungen der Deutschen Bundesbank.
2 Spezialhandel einschl. Ergänzungen.
3 Einschl. Kauf/Verkauf von immateriellen nichtproduzierten Vermögensgütern (UMTS-Lizenzen) im Jahr 2000.

Quelle: nach Datenreport 2004

Abb. 22: Kapitalbilanz

Jahr	Saldo der Kapitalbilanz					Veränderung der Währungsreserven der Deutschen Bundesbank[2]	Statistisch nicht aufgliederbare Transaktionen
	insgesamt	Direktinvestitionen	Wertpapieranlagen	Kreditverkehr	Sonstige Anlagen		
1999	+ 22 931	+ 49 384	+ 11 471	− 40 293	+ 2 369	− 12 535	− 33 003
2000	− 28 343	− 153 822	+ 164 910	− 41 285	+ 1 854	− 5 844	+ 13 159
2001	+ 26 233	+ 17 563	− 33 325	+ 40 656	+ 1 338	− 6 032	− 18 838
2002	+ 70 724	− 29 107	− 43 072	+ 141 394	+ 1 509	− 2 065	− 23 201
2003	+ 69 725	− 9 132	− 58 459	+ 134 750	+ 2 566	− 445	− 23 197

1 Nach Berechnungen der Deutschen Bundesbank.
2 Zu Transaktionswerten.

Quelle: nach Datenreport 2004

Neben diesen beiden bedeutendsten Teilbilanzen gibt es noch die empirisch kaum relevante Teilbilanz der Vermögensübertragungen, die Bilanz der Veränderung der Währungsreserven der Zentralbank und schließlich einen so genannten Restposten, dessen Aufgabe darin be-

Abb. 23: Die 5 Teilbilanzen der Zahlungsbilanz

Die 5 Teilbilanzen der Zahlungsbilanz				
Leistungsbilanz	Bilanz der Vermögens-übertragung (einmalige)	Kapitalbilanz	Bilanz der Veränderung der Währungsreserven der Zentralbank	Restposten
• Handelsbilanz (Import und Export von Waren) • Dienstleistungsbilanz (z.B. Reise und Tourismus; Transportleistungen; Versicherungen; Dienstleistungen von (ausländischen) Regierungsstellen; Werbe- und Messekosten; Lizenzen und Patente; Bauleistungen) • Bilanz der Erwerbs- und Vermögenseinkommen • Bilanz der laufenden Übertragungen (öffentlich + privat)	• Einmalige öffentliche Übertragungen (z.B. Schuldenerlass) • Einmalige private Übertragungen (z.B. Schenkungen, Erbschaften)	• Bilanz der Direktinvestitionen (Beteiligungskapital, reinvestierte Gewinne, Finanz- und Handelskredite der Direktinvestoren, Immobilien und sonstige Direktinvestitionen) • Wertpapierbilanz (Dividendenwerte, Investmentzertifikate, festverzinsliche Wertpapiere, Geldmarktpapiere) • Bilanz der Finanzderivate (Zahlungen in Optionen und Finanzterminierungsgeschäfte) • Kreditverkehrsbilanz • Bilanz sonstiger Kapitalanlagen	• Devisen • Gold • Reserven beim IWF	• Gründe für Restposten • Probleme bei der zeitlichen Zuordnung von Transaktionen • Lücken in der Erfassung aller notwendigen statistischen Informationen • Meldefehler

Quelle: nach Deutsche Bundesbank, Geschäftsbericht 2003: 73

steht, etwaige Ungenauigkeiten und Unstimmigkeiten in der Verbuchungspraxis auszugleichen und die buchhalterische Identität der Soll- und Habenseiten zu sichern. Denn nach den Grundsätzen der doppelten Buchführung müssten sich die Salden dieser Teilbilanzen eigentlich genau ausgleichen – und in ihrer Summe Null ergeben.

3.6 Schwächen der Volkswirtschaftlichen Gesamtrechnung

Die VGR und die aus ihr abgeleiteten Indikatoren beschreiben die Leistungsfähigkeit einer Volkswirtschaft. Im Zentrum stehen das Bruttoinlandsprodukt einer Volkswirtschaft – und seine Wachstumsraten. Gerade in den Industrieländern galten diese Indikatoren als zentraler Erfolgsmesser und Grundlage für internationale Vergleiche. Doch sie sind nicht unumstritten. Je mehr dieser Indikator nicht nur die ökonomische Leistungsfähigkeit einer Volkswirtschaft misst, sondern auch als Wohlfahrtsmaßstab zur Bestimmung der Lebensqualität herangezogen wird, desto auffallender sind die Mängel.

3.6.1 Die Aussagekraft des Inlandsprodukts

Das BIP misst sowohl die Gesamteinkommen einer Volkswirtschaft als auch deren gesamte Ausgaben für Güter und Dienstleistungen. Verteilen wir das BIP gleichmäßig auf die Köpfe einer Volkswirtschaft erhalten wir Aussags über das Einkommen sowie die Ausgaben eines „Durchschnittsmenschen". Es gilt daher als Wohlstandsmaß. Doch was sagt es eigentlich aus?

Das BIP sagt nichts aus über die genaue Verteilung der Einkommen über die Spreizung zwischen arm und reich. Es sagt auch nichts aus über den Gesundheitszustand einer Gesellschaft, auch nichts über die Qualität der Ausbildung oder den Alphabetisierungsgrad. Es misst auch viele Dinge nicht, die unser Leben eigentlich lebenswert machen, zum Beispiel unsere Freizeit. Mehr noch: Würden alle Menschen sieben Tage die Woche arbeiten, würden mehr Waren und Dienstleistungen produziert und wir hätten zweifellos ein atemberaubend hohes BIP – aber hätten wir auch unbedingt ein besseres Leben? Auch die (Qualität der) Umwelt geht nicht in die Berechnung des BIP ein. Die Umwelt gilt als „freies Gut". Und Umweltverschmutzung erscheint auf keinem Produktionskonto. Doch die Umwelt stellt einerseits Rohstoffe zur Verfügung, andererseits leidet ihre Qualität durch Luft- und Wasserverschmutzung oder etwa durch Abholzung. Perverser Nebeneffekt: Eine Umweltkatastrophe erhöht das BIP, weil die Aufräum- und Säuberungsarbeiten in der VGR erfasst werden. Die Abnutzung der natürlichen Umwelt hingegen wird bei der traditionellen Sozialproduktsberechnung nicht als Abschreibung berücksichtigt – daher gibt es verstärkt Überlegungen, die VGR um umweltstatistische Komponenten zu erweitern.

Aussagekraft des BIP

Langlebige *Konsumgüter* privater Haushalte werden als Verbrauchsgüter behandelt. So erhöht ein Autounfall mit einem Sachschaden, der in einer Werkstatt beseitigt wird, das Sozialprodukt, obwohl die Reparatur ja nur den alten Zustand wieder hergestellt hat. Wären Autos Kapitalgüter, könnten ihre Unfallschäden als Abschreibungen berücksichtigt und damit wohlfahrtsadäquat behandelt werden.

Wir stellen also fest, dass die Gleichung „mehr Wachstum = mehr Wohlstand" nicht ganz zutrifft. Denn das Wachstum bezieht sich nur auf ökonomische Güter – und übersieht die Qualität der Umwelt. Wir stellen auch fest, dass das Sozialprodukt im Wesentlichen nur die Produktionen erfasst, die über Märkte laufen. Haus-, Heimwerker- und Erziehungsarbeit sind nicht Bestandteil des BIP, tragen aber sicherlich zur allgemeinen Wohlfahrt einer Volkswirtschaft bei.

Probleme beim internationalen Vergleich

Im internationalen Vergleich ergeben sich dadurch Probleme. Denn Volkswirtschaften sind unterschiedlich „weit" in ihrer marktwirtschaftlichen und arbeitsteiligen Organisation. Das reicht von Entwicklungsländern, die stark *subsistenzwirtschaftlich*[6] geprägt sind, bis zu hochgradig diversifizierten Volkswirtschaften. Auch die *Schattenwirtschaft* unterscheidet sich von Land zu Land. In Ländern mit schwachen staatlichen Institutionen ist die Wahrscheinlichkeit hoch, dass ein nicht unerheblicher Teil des BIP gar nicht erfasst, sondern auf dem Schwarzmarkt umgesetzt wird. Ihren Anteil zu schätzen, ist schwierig, und mit allerlei Messungenauigkeiten verbunden (vgl. Senf 2004; Mankiw 2001)

So paradox es klingen mag: Trotz der exponierten Rolle des BIP als Gradmesser und trotz der nach wie vor eher positiven Bewertung eines hohen BIP, ist es denkbar, dass oft bewusst falsche Angaben über die Höhe des Sozialprodukts gemacht werden. Nämlich dann, wenn sich etwa am Indikator „BNE pro Kopf" internationale Subventionsrechte oder Zahlungsverpflichtungen ableiten.

Die Höhe des Sozialprodukts pro Kopf sagt auch nichts darüber aus, unter welchen Anstrengungen es erwirtschaftet wurde. Sie erfasst weder Arbeitszeit, Arbeitsbelastung noch Arbeitsqualität. Sie macht auch nicht deutlich, wie sich die Einkommen auf die einzelnen Haushalte verteilen.

Und auch die Zusammensetzung des BIP ist für die individuelle Wohlfahrt entscheidend. Setzt es sich vor allem aus privatem oder eher aus staatlichem Konsum zusammen? So kann das BIP beispielsweise wachsen, weil sich die Staatsausgaben mächtig erhöhen – durch bürokratische Aufblähung oder teure militärische Aufrüstung. Beides wird die Wohlfahrt nicht unbedingt erhöhen. Da der Konsum des Staates nach dem Kostenprinzip ermittelt wird, bewirkt allein eine Steigerung der Beamten- und Angestellten-Gehälter eine Zunahme des Staatskonsums (auch wenn die Leistungsseite davon unbetroffen bleibt) – und damit auch des BIP.

Schattenwirtschaft
Alle wirtschaftlichen Leistungen, die nicht in die Berechnung des Sozialproduktes eingehen, werden als Schattenwirtschaft bezeichnet. Dazu gehören Hausarbeit und häusliche Selbstversorgung, aber auch Nach-

---

[6]   Subsistenzwirtschaften: Man produziert vor allem für den Eigenbedarf und verkauft lediglich die Produktionsüberschüsse.

barschaftshilfe oder ehrenamtliche Leistungen, die als Selbstversorgungswirtschaft von der Statistik nicht erfasst werden. Zudem zählen illegale wirtschaftliche Tätigkeiten, die mit Straftaten oder Steuerhinterziehung verbunden sind.

So auch die Schwarzarbeit. Sie bezeichnet Arbeitsleistungen, die erbracht werden, ohne dass der gesetzlichen Anmelde- und Steuerpflicht nachgekommen wird. Schwarzarbeit ist eine Ordnungswidrigkeit und kann beim Schwarzarbeiter und beim Auftraggeber mit einer Geldbuße bis zu 100.000 Euro geahndet werden, wenn ihr Umfang erheblich ist und Gewinnsucht vorliegt. Nicht zur Schwarzarbeit zählen Nachbarschaftshilfe oder Heimwerkerarbeiten für den Eigenbedarf.

Die Schwarzarbeit ist in den vergangenen Jahren in fast allen Industrieländern gestiegen. Besonders im handwerklich-gewerblichen Bereich und bei den Dienstleistungen liegt ein Schwerpunkt der Schwarzarbeit, wobei persönlich erbrachte Arbeitsleistungen wie Bauarbeiten und -renovierungen, Reparaturen, Schreibarbeiten, Nachhilfestunden oder Gartenarbeiten im Vordergrund stehen. Dem Staat und den Sozialversicherungsträgern entgehen durch ‚schwarz' abgerechnete Arbeiten jährlich Steuereinnahmen und Sozialversicherungsbeiträge in Milliardenhöhe – grobe Schätzungen gehen davon aus, dass in Deutschland nochmals knapp 17 Prozent des BIP schwarz erwirtschaftet werden. Das Volumen der Schattenwirtschaft in Deutschland wird im Jahr 2004 auf rund 364 Mrd. Euro geschätzt. Im internationalen Vergleich liegt Deutschland damit im Mittelfeld. Am stärksten verbreitet ist die Schattenwirtschaft in den Nachfolgestaaten der ehemaligen Sowjetunion (zum Beispiel Georgien mit fast 67 Prozent), in Mittel- und Osteuropa sowie in den Ländern Südeuropas, wo sie etwa 25 bis 28 Prozent des offiziellen BIP beträgt. Die geringste Quote weist die USA auf, mit einem Anteil von knapp 9 Prozent am BIP.

Trotz aller Kritik – das BIP bleibt das zentrale Maß, um den ökonomischen Wohlstand einer Volkswirtschaft beurteilen und international vergleichen zu können. Und oft korreliert die Höhe des BIP auch mit der Lebenserwartung und der Alphabetisierungsquote. Das heißt, in den so genannten „reichen" Ländern, werden die Menschen durchschnittlich älter als 70 Jahre – in Ländern mit einem geringen BIP pro Kopf hingegen liegt die durchschnittliche Lebenserwartung bei nur 50 Jahren. In diesen Ländern liegt auch die Sterblichkeit von Säuglingen und Müttern deutlich höher, die Kinder sind schlechter ernährt und können häufig weder lesen noch schreiben. Daten, die belegen, dass die Höhe des BIP eines Landes durchaus Aussagen über den allgemeinen Lebensstandard zulässt.

Abb. 24: Schattenwirtschaft in 21 OECD-Ländern (in % BIP)

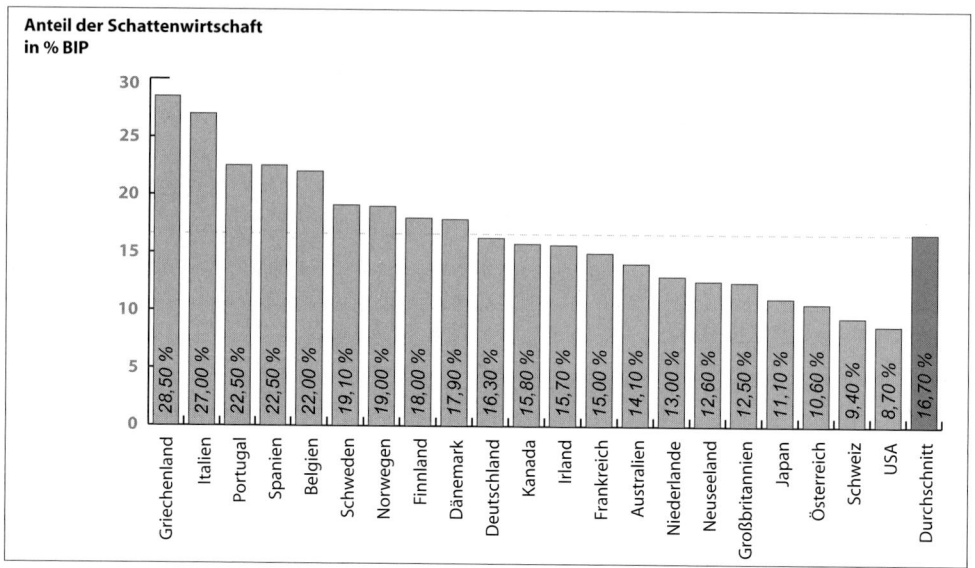

Quelle: nach Forschungsinstitut zur Zukunft der Arbeit

Abb. 25: BIP, Lebenserwartung und Alphabetisierungsquote

Land	Reales BIP pro Kopf (2003 in $)	Lebenserwartung (Jahre)	Alphabetisierungs- quote (in %)
USA	37.562	77.4	99.0
Japan	27.967	82.0	99.0
Deutschland	27.756	78.7	99.0
Mexiko	9.168	75.1	90.3
Russland	9.230	65.3	99.4
Brasilien	7.790	70.5	88.4
China	5.003	71.6	90.9
Indonesien	3.361	66.8	87.9
Indien	2.892	63.3	61.0
Pakistan	2.097	63.0	48.7
Bangladesh	1.770	62.8	41.1
Nigeria	1.050	43.4	66.8

Quelle: nach Human Development Report 2005

Die Vereinten Nationen haben versucht, unterschiedliche *Wohlstands-indikatoren* zu entwickeln und in einem übergeordneten Index zusam-menzuführen – dem Human Development Index (HDI). Er subsumiert folgende Indikatoren:

1. Durchschnittliche Lebenserwartung
2. Einschulungsquote
3. Reales BIP/Kopf (nach Kaufkraft)
4. Geschlechtsbezogener Entwicklungs-Index ab 1996
5. Ermächtigung der Geschlechter
6. Armut an Befähigungen (Unterversorgung an Gesundheit und Ernäh-
   rung, reproduktive Gesundheit, Bildung)

Die sechs führenden *Wirtschaftsforschungsinstitute* sind das Deutsche
Institut für Wirtschaftsforschung Berlin (DIW), das Hamburgische Welt-
Wirtschafts-Archiv (HWWA), das Ifo-Institut für Wirtschaftsforschung in
München, das Institut für Weltwirtschaft (IfW) in Kiel, das Institut für
Wirtschaftsforschung Halle (IWH) und das Rheinisch-Westfälische Ins-
titut für Wirtschaftsforschung (RWI) in Essen.

3.6.2 Umweltökonomische Gesamtrechnung

Hohe Wachstumsraten des BIP galten jahrelang als Synonym für
wachsenden Wohlstand. Diese Ansicht hat sich gewandelt. Denn
auch die Wahrnehmung der Gesellschaft, ihre Werte und Bedürfnisse
haben sich verändert. Die Qualität der Umwelt wurde spätestens
Mitte des 20. Jahrhunderts in immer größeren gesellschaftlichen
Teilen zu einem weiteren wichtigen Wohlstandsmaß einer Volkswirtschaft. Angesichts einer wachsenden Weltbevölkerung und fortschreitender Industrialisierung wurde immer deutlicher, dass diese
Entwicklungen auch Auswirkungen auf die Nutzung natürlicher Rohstoffe haben würden und sowohl Luft, Wasser und Boden als auch
den natürlichen Lebensraum des Menschen und seine Gesundheit
massiv belasten würden.

Mit dem Umweltgipfel in Rio de Janeiro im Jahre 1992 wurde die
eindimensionale, wachstumspolitische Orientierung eingeschränkt:
Die Forderung einer *„nachhaltigen Entwicklung"* gewinnt seither an
Bedeutung. Sie betont die Verantwortung der aktuell lebenden Generation gegenüber zukünftigen Generationen, ihnen ähnlich lebenswerte Entwicklungsoptionen zu erhalten. Die Umwelt wird
damit nicht mehr länger als „freies Gut" angesehen. Darauf haben
auch die Statistiker reagiert: Das Statistische Bundesamt liefert seit
einigen Jahren entsprechendes Datenmaterial in Form der Umwelt-
ökonomischen Gesamtrechnung.

Qualität der
Umwelt als
Wohlstandsmaß

> *„Ziel der Umweltökonomischen Gesamtrechnungen (UGR)* ist es, die Wechselwirkungen zwischen wirtschaftlichem Handeln und der Umwelt darzustellen. Die UGR zeigen, welche natürlichen Ressourcen durch Produktion und Konsum beansprucht, verbraucht, entwertet oder zerstört werden und wie effizient Wirtschaft und Gesellschaft mit Material, Energie und Flächen umgehen. Sie ermitteln, wie sehr die Natur als ‚Auffangbecken' für Rest- und Schadstoffe belastet wird und stellen Informationen über den Umweltzustand und die Kosten des Umweltschutzes zusammen." (Statistisches Bundesamt: http://www.destatis. de/basis/d/umw/ugrtxt.htm)

Umweltökono-
mische Gesamt-
rechnung

Zwar lässt sich die Umwelt nicht so einfach als Vermögensbestand bilanzieren wie beispielsweise das Produktivvermögen der Wirtschaft, aber auch die Veränderungen des „Umwelt-Vermögens" lassen sich berechnen. Ein Weg wäre das „Umwelt-Vermögens-Änderungskonto", das den Verbrauch an Umwelt als Abschreibungen auf das Umweltkapital ausweisen und Maßnahmen zur Wiederherstellung des „Status quo ante" als Bruttoinvestitionen in die Umwelt erfassen könnte. Überwiegen die Abschreibungen, reduziert sich das Umweltvermögen.

Die Berechnung eines „Öko-Produkts" würde die Wechselbeziehungen zwischen Natur- und Wirtschaftskreislauf mit einzubeziehen haben. Aus dem Vergleich des „ökonomischen" Produktes mit dem „Öko-Produkt" ließe sich ablesen, welcher Teil durch die Umwelt erbracht wurde. Das Öko-Produkt würde die ökologisch nachhaltige Produktion einer Volkswirtschaft ausweisen und damit die Orientierungsgröße ökologisch orientierter Wirtschaftspolitiken sein können. Doch so einfach dieser Basiskreislauf zwischen Umwelt und Wirtschaft beschrieben werden kann, so schwierig ist es, ihn inhaltlich zu konkretisieren. Was ist umweltrelevant? Wie lässt sich das messen – und wie lassen sich die so gesammelten Daten mit denen der VGR verbinden?

Messmethoden
und -parameter

Die umweltökonomische Gesamtrechnung versucht die Zusammenhänge zwischen den ökonomischen Prozessen einer Gesellschaft und dem Zustand von Natur und Umwelt herzustellen und bedient sich dabei unterschiedlicher Messmethoden und -parameter:

- Material- und Energieflussrechnung,
- Nutzung von Fläche und Raum,
- Verschiedene Indikatoren des Umweltzustandes (z.B. Luft- und Wasserverschmutzung oder Waldschäden),
- Maßnahmen des Umweltschutzes und

- die Kosten dafür (Vermeidungskosten; Aufwendungen für Umweltschutz).

Die Entwicklung umweltökonomischer Gesamtrechnungen (UGR) ist vergleichsweise neu und steht noch immer am Anfang. Die UGR müssen den Zustand der Umwelt und seine Entwicklung quantitativ erfassen und darstellen. Dabei sollen die Einflüsse menschlicher Tätigkeit auf die Umwelt sowie natürliche Umweltvorgänge einbezogen werden. Außerdem sollen sie alle relevanten Umweltbereiche erfassen und sowohl regional als auch sachlich gliedern.

Umweltzustand und Umweltziele werden durch Indikatoren erfasst und lassen sich in absoluten monetären, beziehungsweise physikalischen Größen als Differenz zwischen Anfangs- und Endzustand oder als Saldo zwischen Belastungs- und Entlastungsvorgängen ausdrücken. Diesen Berechnungen liegen relativ simple Umweltfunktionen zugrunde: Die Natur stellt Rohstoffe zur Verfügung, die im Wirtschaftsprozess weiter verarbeitet werden, sie dient als Produktionsstandort und nimmt schließlich auch noch Schad- und Reststoffe auf. Diese zentrale Umweltfunktion lässt sich in Unterfunktionen aufschlüsseln:

Umweltfunktion und ihre Unterfunktionen

- die *Produktionsfunktion* („Anbieter" von Rohstoffen, Nahrungsmitteln etc.);
- die *Trägerfunktion* („Abnehmer" von (Abfall-)Produkten des ökonomischen Produktionsprozesses, aber auch Standort von Fabrik- und Wohnanlagen etc.);
- die *Regelungsfunktion* (Abbau bestimmter Abfall- oder Schadstoffe ohne nachhaltige Schädigung der Träger- und Produktionsfunktion – Boden filtert Regenwasser, erneuerbare Energie, biologischer Anbau etc.).

3.7 Zusammenfassung

Die Volkswirtschaftliche Gesamtrechnung liefert Zahlen. Sie liefert Informationen über die wirtschaftliche Entwicklung eines Landes. Und sie liefert damit die Datenbasis für Untersuchungen von Ursache-Wirkungs-Zusammenhängen. Die Daten werden hierbei sowohl für die Ableitung wirtschaftstheoretischer Erkenntnisse als auch für deren empirische Überprüfung verwendet. Damit wir die wirtschaftlichen Vorgänge besser verstehen und Veränderungen im Verhalten der am Wirtschaftsleben Beteiligten erkennen können. Die so gewonnenen wirtschaftstheoretischen Erkenntnisse bilden zusammen mit den historischen Daten die Grundlage für wirtschaftliche Prognosen sowie Empfehlungen für den wirtschaftspolitischen Instrumenteneinsatz. Für die Wirtschaftspolitik sind die Informationen der VGR unverzichtbar, um wirtschaftspolitische Ziele aufstellen und verfolgen zu können.

Das BIP misst die gesamten Ausgaben für neu produzierte Waren und Dienstleistungen und das gesamte Einkommen, das aus der Produktion dieser Güter erzielt wird – es ist der Marktwert aller Endprodukte und Dienste, die innerhalb eines Landes in einer bestimmten Periode hergestellt werden. Das BIP umfasst die vier Ausgabenbestandteile: Konsum, Investitionen, Staatsausgaben und Nettoexporte.

Steigt das BIP von einem Jahr zum nächsten, dann produziert die Volkswirtschaft entweder einen höheren Output an Waren und Dienstleistungen oder die Güter werden zu höheren Preisen verkauft. Um genau das herausfinden zu können, lässt sich das BIP in nominal und real unterscheiden. Das nominale BIP verwendet die laufenden Preise, um den Wert der gesamtwirtschaftlichen Produktionsleistung an Waren und Diensten zu ermitteln. Das reale BIP verwendet die konstanten Preise eines Basisjahres, um den Wert der gesamtwirtschaftlichen Produktionsleistung von Gütern zu bestimmen. Das BIP ist – vor allem unter Volkswirten – ein weit verbreiteter Maßstab für den ökonomischen Wohlstand, aber er hat Lücken. So umfasst das BIP beispielsweise weder den Wert der Freizeit noch den Wert einer sauberen Umwelt.

Literatur:

Bajohr, Stefan 2003: Grundriss Staatliche Finanzpolitik: eine praktische Einführung, Opladen.

Huffschmid, Jörg 1999: Politische Ökonomie der Finanzmärkte, Hamburg.

Mankiw, Nicholas G. 2001: Grundzüge der Volkswirtschaftslehre, 2. überarbeitete Auflage, Stuttgart.

Schubert, Klaus (Hrsg.) 2005: Handwörterbuch des ökonomischen Systems der Bundesrepublik Deutschland, Wiesbaden.

Senf, Bernd 2004: Die blinden Flecken der Ökonomie. Wirtschaftstheorien in der Krise, 3. Auflage, München.

Wienert, Helmut 2001: Grundzüge der Volkswirtschaftslehre, Band 1: Einführung und Mikroökonomie, Stuttgart/Berlin/Köln.

Internetseiten:

Bundesfinanzministerium: www.bundesfinanzministerium.de

Gesellschaft Sozialwissenschaftlicher Infrastruktureinrichtungen e.V.:
www.gesis.org

Hamburgisches Welt-Wirtschafts-Archiv: www.hwwa.de

Hans Böckler Stiftung: www.boeckler.de

Initiative Neue Soziale Marktwirtschaft: www.insm.de

Institut für Weltwirtschaft an der Universität Kiel: www.uni-kiel.de/IfW

Institut für Wirtschaftsforschung an der Universität München: www.ifo.
de

Institut für Wirtschaftsforschung Halle: www.iwh-halle.de

Rheinisch-Westfälisches Institut für Wirtschaftsforschung: www.rwi-es-
sen.de

Statistisches Bundesamt: www.destatis.de

WISO-net: deutschsprachige Literatur für Wirtschafts- und Sozialwissenschaften: www.wiso-net.de

4 Theoretische Grundlagen: Ansätze und Konzepte aus Ökonomie und Politikwissenschaft

Leitfragen

Wie funktioniert die Ökonomie in verschiedenen wirtschafts- und politikwissenschaftlichen Ansätzen?
Welche Rolle spielt dabei der Staat bzw. die Politik?
Welche Besonderheiten sind auf der internationalen Ebene bzw. der Weltwirtschaft wichtig?
Welche ökonomischen Voraussetzungen und Folgen hat Politik?
Was versteht man unter „Mixed Economy" und „Interdependenz" und welche Bedeutung haben diese Kategorien in unterschiedlichen Theorien?
Warum sind Theorien bei der Betrachtung wirtschaftlicher Phänomene relevant?
Und welche Funktionen haben sie?

4.1 Theoriegeschichtlicher Abriss: von Aristoteles zu Smith

Der Blick auf die Geschichte des wirtschaftswissenschaftlichen Denkens hilft uns, die Besonderheiten der neuzeitlichen Theoriebildung zu erkennen und aus der Geschichte der Konzepte und Paradigmen den Fortschritt und die Irrtümer sowie die Zeitbezogenheit der Argumentationen zu sehen (Kruber 2002). Dies gilt umso mehr, als die heute übliche Vorstellung, dass die Wirtschaft einen eigenständigen Bereich darstellt, der von Märkten dominiert wird, eine Konstruktion des 18. Jahrhunderts ist. Vom alten Griechenland bis über das christlich geprägte Mittelalter hat hingegen eine Einheit aus Politik, Ethik und Ökonomie bestanden. Bis zum 17./18. Jahrhundert gibt es zwar immer wieder Abhandlungen über verschiedene Aspekte des ökonomischen Verhaltens (etwa Steuern, Wucher oder eigentumsrechtliche Probleme), aber erst die neuzeitliche Naturrechtsphilosophie öffnet den Zugang zu einer eigenen Beschreibung der spezifischen Interaktionsmuster in dem aus der modernen Gesellschaft ausdifferenzierten Teilsystem, was einen expliziten Bruch mit der aristotelischen Tradition darstellt. Mit Adam Smith beginnt die Ökonomie eine eigenständige Form des Wissens zu werden und sich in verschiedene Strömungen auszudifferenzieren (Priddat 2004).

4.1.1 Die aristotelische Ökonomik in der Polis

Aristoteles Theorie der Polis

Ausgangspunkt des klassischen Denkens bildet Aristoteles Theorie der Polis. „Indem Aristoteles die Qualitäten der verschiedenen politischen Verfassungsformen untersucht, untersucht er zugleich die Wirkungen verschiedener Eigentumsverhältnisse für die Qualität des Zusammenlebens: welche Ordnungen sie bilden, welche Stabilität diese Ordnungen haben" (Priddat 2004: 278; ders. 1989). Politik und Ökonomie sind eng verwoben, erstere beschäftigt sich mit der Pluralität der Zwecke, zweitere mit dem Lebensnotwendigen und der Rationalität der geeigneten Mittel (Kruber 2002: 4f.).

In der antiken Welt des Aristoteles ist Eigentum Landeigentum und das ökonomische Handeln richtet sich nach gesellschaftlichen Regeln und Gewohnheiten. Der Reichtumserwerb kann nur als Mittel zur Lebensgestaltung im umfasenderen Sinne verstanden werden. „Denn was an derartigem Besitz erfordert wird, um für ein vollkommenes Leben zu genügen, ist nicht ohne jede Grenze ... Das Maß ist wohlgesetzt, wie für die anderen Künste auch. Denn kein Werkzeug irgendeiner Kunst ist nach der Menge oder Größe unbegrenzt. Der Reichtum aber ist nichts anderes als eine Menge von Werkzeugen für die Haus- und Staatsverwaltung" (Aristoteles, nach Priddat 2004: 278).

Wer „reich" ist, hat seinen Reichtum in Ausübung der „Tugend der Freigebigkeit" öffentlich zu verwenden. Dasselbe gilt für das Geld, das als Mittel des natürlichen Tausches als nützlich betrachtet wird – wenn es aber als Kredit vergeben wird, auf den Zins zu zahlen ist, wird es bei Aristoteles zum Wucher.

> Aristoteles hat der Ökonomie den Namen gegeben (oikonomia) und sie als eigenständige Disziplin auf den Weg gebracht. Dabei hat er sie immer auch im umfassenden Sinne als Gesellschafts-, ja als „moralische" Wissenschaft, verstanden. In seinem Denken hat der Homo oeconomicus den Homo politicus noch nicht verdrängt. Undogmatisch, aber moralisch engagiert, wie er war, könnte er einer Zeit Orientierung geben, die in Wissenschaft und Politik wieder auf der Suche nach Maßstäben jenseits der Ökonomie ist.
> *Quelle: Warnfried Dettling: Wie modern ist die Antike? (in: Sommer 1993: 7)*

4.1.2 Die christliche Variante des Mittelalters

Das mittelalterliche Bild der Wirtschaft, die durch eine feudale Ordnung und Landwirtschaft geprägt ist, baut auf der Antike auf und ergänzt es um christliche Elemente. Vor allem geprägt durch Thomas von Aquin existiert eine „Variante, die man wegen ihrer Struktur Caritas- oder Barmherzigkeitsökonomie nennen kann" (Priddat 2004: 279). Demnach hat jeder Christ Anspruch auf das Lebensnotwendige, aber auch auf ein standesgemäßes Auskommen. Was übrig bleibt, ist den Armen zu geben. Der Arme erhält sein Einkommen aus kontinuierlich/diskontinuierlichen Almosen. Was die Reichen aus Schuld distribuieren sollen, haben die „Armen" in Dankbarkeit zu nehmen. Denn in diesem Sinne schulden die Reichen den Armen das, was Gott in seiner Gnade ihnen geschenkt hat. „Caritas ist eine Art Durchreichung des Reichtums als Geschenk Gottes" (Priddat 2004: 279).

Barmherzigkeitsökonomie des Thomas von Aquin

Die Betrachtung der Wirtschaft konzentriert sich bei Thomas von Aquin und anderen auf die Legitimation der sozioökonomischen Ungleichheit einer Ständegesellschaft und einer Integration in die christlichen Lehren. Im Kern behandeln sie nur die *Distribution*, es bestehen keine Rückwirkungen auf die Produktivität der Wirtschaft. Die Steuerung läuft über das aktivierte Gewissen des Christen.

Darüber hinaus sind die Konzeptionen zu Wirtschaft und Gesellschaft im Mittelalter von Ordo und Subsidiarität als Leitgedanken geprägt. Das Zusammenleben von Menschen ergibt sich nicht aus den Interaktionen von Individuen – gewissermaßen selbsttätig –, sondern der Einzelne ist eingebettet in eine von Gott geschaffene Ordnung (Ordo). Der Mensch ist dabei für sich selbst verantwortlich, kann aber auf tätige Hilfe Anderer hoffen, wenn er mit der Bewältigung des wirtschaftlichen Lebens überfordert ist. Dabei ist jeweils die nächst höhere Ebene zu tätiger Hilfe aufgerufen, wobei die Verantwortung dann sukzessive nach oben verlagert wird (*Subsidiarität*) (Starbatty 2005: 23ff).

4.1.3 Ökonomik als eigenständiges System bei Adam Smith

Die beginnende industrielle Revolution verändert die Wirtschaft von Grund auf. Waren die Beziehungen zwischen Unternehmern und Arbeitern bislang eher persönlicher Natur, so stehen sie sich seitdem immer deutlicher jeweils als Marktparteien gegenüber (Starbatty 2005: 39ff). Der „Überfluss" wird bei Adam Smith zum Profit-Einkommen des Unternehmers. Der Besitzer des Kapitals spart den Teil

Kapital-Akkumulationsökonomie von Adam Smith

vom Gewinn, den er nicht konsumiert; Sparen heißt nun Investieren. Neu ist ferner *die* Definition eines Arbeitsmarktes: Die Nachfrage nach Lohnarbeitern ist abhängig vom investierten Kapital im Verhältnis zur Lohnhöhe.

Smiths Ökonomie ist eine „Kapital-Akkumulationsökonomie" (Priddat 2004: 280). Nur wenn der Gewinn aus vergangener Kapitalinvestition reinvestiert wird, steigt die Beschäftigungsnachfrage. Damit ist auch das Gewinnstreben keine eitle Habsucht, wie die Tradition der antiken oder christlichen Moralphilosophie lehrt, sondern ein *„natural interest"*, d.h. ein natürliches Verhalten der Selbsterhaltung des Kapitaleigners. Daher bildet die Ökonomie bei Smith auch ein *„natural system of liberty"* (ebd.), das durch den Wettbewerb auf dem Markt – wie von einer „unsichtbaren Hand" gesteuert – ein Korrektiv gegen den Hang zum Luxus hat.

„In diesem Sinne ist die Political Economy des 18. Jahrhunderts eine ,*moral science*', indem sie die älteren Sitten und wirtschaftlichen Verhaltensweisen in neue ,*moral standards*' überführt, d.h. in eine Verhaltensrationalität, die nicht mehr den geschichtlich ausgeprägten Tugenden folgt, sondern den neuen Allokationsbedingungen" – so Priddat (2004: 280). Denn nun wird die Welt vom Nutzen regiert; Interessen ermöglichen die Voraussagbarkeit und Beständigkeit des Handelns (Hirschman 1980: 57).

Funktionsweise der modernen Ökonomie nach Adam Smith

In seinem berühmten Werk vom *„Wohlstand der Nationen"* formuliert Smith einige wichtige Thesen über die Funktionsweise der modernen Ökonomie:

- Arbeit und Arbeitsteilung seien die Quellen allen Reichtums;
- Konsum (bzw. die Befriedigung individueller Bedürfnisse) sei der Zweck der Produktion;
- Eigeninteressen seien die zentrale Motivation der wirtschaftlichen Akteure, die Koordination des Ganzen erfolge über den Markt;
- Ökonomie funktioniere ohne Eingriffe des (damals merkantilistischen) Staates (vgl. Kruber 2002: 12ff).

Im *„Wohlstand der Nationen"* geht es Smith erneut um die gesellschaftlichen Wirkungen eigeninteressierten Handelns. Vor allem zwei menschliche Dispositionen bringt Smith ins Spiel: Zum einen seien alle Menschen bestrebt, ihre Lebensbedingungen zu verbessern. Zum anderen zeige der Mensch eine ursprüngliche „Neigung zum Tausch und Handel"; ihm sei, wie ein Kommentator es formuliert hat, eine Kontraktlogik angeboren: „Jedermann lebt durch Tausch beziehungsweise wird bis zu einem gewissen Grad zum Händler." Die bürgerliche Gesellschaft, in der der Bereicherungstrieb ausgelebt werden kann, bringe als commercial society nur die angeborenen menschlichen Eigenschaften zum Ausdruck. Allerdings, warnt

Smith, unterliege derjenige, der in der Jagd nach Reichtum den Schlüssel zum guten Leben sieht, letztlich einer Täuschung. Doch, heißt es weiter, „es ist gut, daß die Natur uns in dieser Weise betrügt. Denn diese Täuschung ist es, die den Fleiß der Menschen weckt und in steter Bewegung hält."

Die Quelle allen Reichtums sei produktive menschliche Arbeit - nicht der Handel, wie die Merkantilisten behaupteten, und auch nicht die Natur, wie die Physiokraten sagten. Der nationale Wohlstand als das Produkt des Fleißes und der Geschicklichkeit der Arbeiter. Doch trotzdem sei ihre eigene Situation eher beklagenswert: „Sie sind gezwungen, das Produkt ihrer Arbeit mit der Klasse der Grundherren (landlords) und derjenigen der Kapitaleigner (capitalists) zu teilen. ...

Dreh- und Angelpunkt von Smiths Theorie der ökonomischen und sozialen Dynamik ist die Arbeitsteilung. Sie steigert das Pro-Kopf-Einkommen und führt zu einer prosperierenden Weltwirtschaft. Sie verbessert die Ausnutzung von Arbeit und Kapital, ermöglicht Spezialisierungsgewinne, regt neue Produktionsverfahren und neue Produkte an. Arbeitsteilung ist für ihn gleichbedeutend mit ökonomischem Fortschritt schlechthin. Soll die Arbeitsteilung vertieft werden, müssen die Märkte wachsen. Der erste Schritt dazu besteht im Abbau von Handelshemmnissen aller Art: Freihandel lautet die Devise. Des Weiteren bedarf es sicherer und funktionstüchtiger Verkehrswege, deren Bereitstellung eine zentrale Aufgabe des Staates ist. Das Wachstum der Märkte ist schließlich abhängig von der aus ausreichenden Profiten gespeisten privaten Kapitalakkumulation."

Quelle: Heinz D. Kurz: Eigenliebe tut gut (in: Sommer 1993: 11)

4.1.4 Das Allokations-Effizienz-Modell der modernen Ökonomik

Ende des 19. Jahrhunderts bildet sich ein neues Basismodell moderner Ökonomik heraus: die grenznutzentheoretisch fundierte Gleichgewichtsökonomie der Neoklassik. Diese versteht sich als reine Ökonomie, bei der Politik keine Rolle spielt und sie orientiert sich an Logik und Mathematik. In diesem Modell der Ökonomie steht der Tausch im Vordergrund, während die Klassik Tausch und Produktion behandelt. Die Grenzproduktivitätslehre ersetzt auch die Arbeitswertlehre als Verteilungstheorie: eine gegebene – und ggf. ungleiche – Einkommensverteilung ist dann gerecht, wenn sie der geleisteten Produktivität entspricht. Als dominierende Methode fungiert die Partialanalyse („ceteris paribus"), die v.a. von Alfred Marshall geprägt wurde.

> Gleichgewichtsökonomie der Neoklassik

„The forces to be dealt with are however so numerous, that it is best to take a few at a time; and to work out a number of partial solutions as auxiliaries to our main study. Thus we begin by isolating the primary relations of supply, demand and price in regard to a particular commodity. We reduce to inaction all other forces by the phrase ‚other things being equal': we do

not suppose that they are inert, but for the time we ignore their activity. This scientific device is a great deal older than science: it is the method by which, consciously or unconsciously, sensible men have dealt from time immemorial with the very difficult problem of ordinary life."
Quelle: Alfred Marshall, Principles of Economics (in: Starbatty 2005: 99)

Die Akteure verhalten sich in diesem Modell rational. Rational werden diese Entscheidungen durch die Zuschreibung, eine der Alternativen sei die Beste. „Was der *„rational actor"* subjektiv als die für ihn beste Alternative entscheidet, definiert, über die Menge aller Akteure, den Gleichgewichtszustand des Systems. ... Die Freiheit der rational choosers steht unter Bedingungen, die nicht in der Situation abfragbar sind, sondern als kulturelle Ressource von der Ökonomik vorausgesetzt und scheinbar kostenlos angeeignet werden" (Priddat 2004: 281).

4.1.5 Fazit: wirtschaftspolitische Relevanz

Stränge des ökonomischen Denkens

Eben diese Voraussetzungen wirtschaftlichen Handelns, die institutionellen Rahmenbedingungen usw. sind Gegenstand der in diesem Band zur Ergänzung herangezogenen Ansätze aus der Politik- und Sozialwissenschaft. Als Übersicht über die Stränge ökonomischen Denkens bis zur Neuzeit dient der folgende Stammbaum.

Die historische Entwicklung belegt zum einen die zunehmende Ausdifferenzierung und Komplexitätssteigerung des gesellschaftlichen Bereichs Wirtschaft und der entsprechenden wissenschaftlichen Reflexion. Je mehr sich Wirtschaft als Subsystem autonomisiert, desto stärker gewinnt die spezialisierte „Economics" gegenüber der umfassenden Politischen Ökonomie an Oberhand. Am Ende dieses Prozesses steht die Analyse des Marktes, der methodologische Individualismus, das Grenznutzentheorem etc. Gleichzeitig deuten sich damit die Grenzen dieser Entwicklung an und Forderungen – wie das o.a. Zitat von Priddat belegt – nach mehr Interdisziplinarität bei der Analyse von Wirtschaft gewinnen an Bedeutung. Zum anderen hilft uns der Blick auf die Geschichte der Theorie bei ihrer Bewertung: „Die Volkswirtschaftslehre ist eine Disziplin, die – anders als die Naturwissenschaften – nur innerhalb weiter Grenzen die Frage entscheiden kann, ob eine Theorie im Popperschen Sinne als vorläufig bewährt oder als widerlegt angesehen werden muss. ... Das Studium der Dogmengeschichte gibt uns einen Prüfstein in die Hand, um falsche, halbwahre oder vorläufig bewährte Theorien voneinander unterscheiden zu können" (Starbatty 2005: 6).

Abb. 26: Stammbaum ökonomischer Theorien

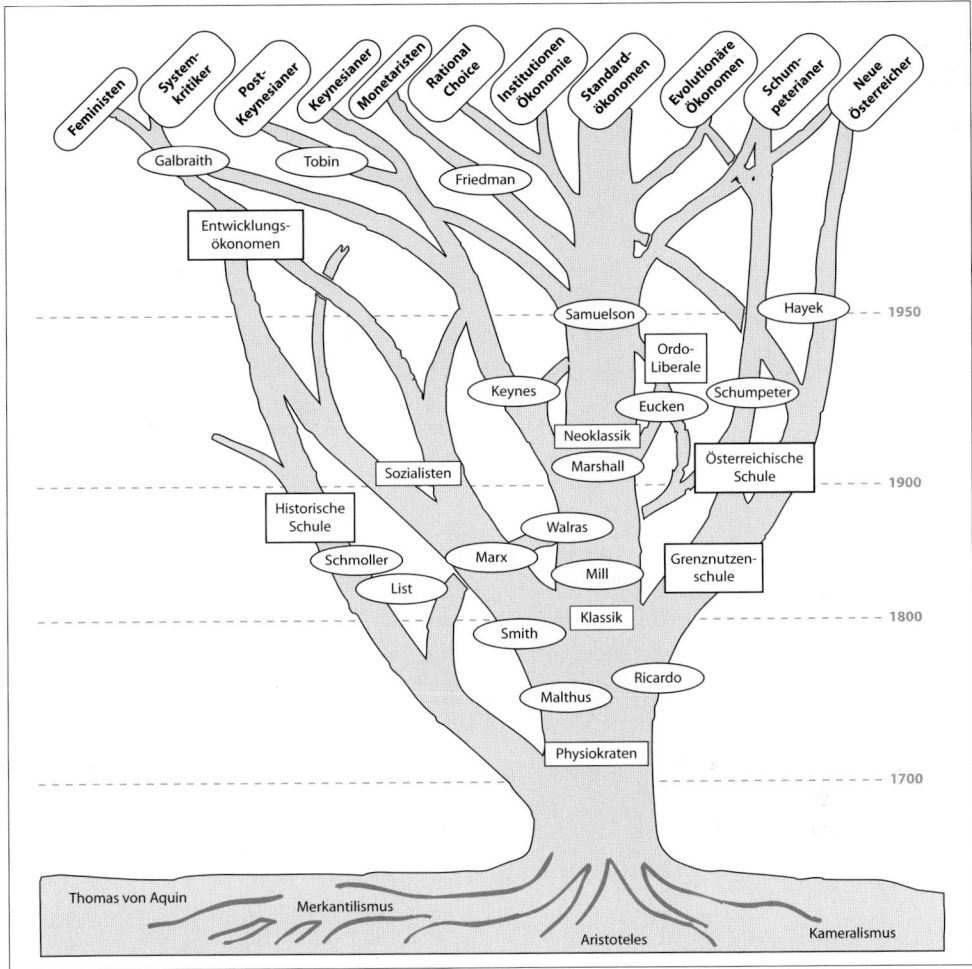

Quelle: nach Sommer 1993

Literatur:

Kruber, Klaus-Peter 2002: Theoriegeschichte der Marktwirtschaft, Münster.

Priddat, Birger P. 2004: Theoriegeschichte der Ökonomie. Eine knappe Skizze von Aristoteles bis heute, in: WiSt (Wirtschaftswissenschaftliches Studium), H. 5, S. 278-282.

Sommer, Theo (Hrsg.) 1993: Zeit der Ökonomen. Eine kritische Bilanz volkswirtschaftlichen Denkens, ZEIT-Punkte, Nr. 3/1993, Hamburg.

Internetseiten:

Reflexion & Wirklichkeit des Ökonomischen (Theoriegeschichte): http://www.geocities.com/Athens/Agora/7288/VWL_Links.htm
Political Economy: www.friesian.com/econ.htm
ecochron (WebSuite zur Geschichte der Wirtschaftstheorie): www.wiwi.uni-muenster.de/09/ecochron/ec-top.htm

4.2 Makroökonomischer Theorienstreit: Keynesianismus vs. Monetarismus

Die Kontroverse

Die öffentliche Debatte zur Wirtschaftspolitik wird in den vergangenen Jahrzehnten geprägt durch die Kontroverse zwischen Keynesianern und Monetaristen bzw. Neoliberalen. *John Meynard Keynes*, dessen Hauptwerk, die *„General Theory"*, vor dem Hintergrund der Weltwirtschaftskrise – die mit dem Börsencrash vom 29. Oktober 1929 begann und zu einer weltweiten Massenarbeitslosigkeit führte –, entstanden ist, plädiert für eine Intervention des Staates in den Wirtschaftskreislauf. Damit wandte er sich zugleich gegen das von den liberalen Klassikern und Neoklassikern behauptete Funktionieren der „unsichtbaren Hand" (Adam Smith) und des „Say'schen Theorems".

Milton Friedman, der die „Konterrevolution" geprägt hat, postuliert hingegen geradezu die Schädlichkeit dieses Vorgehens. Er behauptet, dass vor allem die Stabilität des Geldes für die Wirtschaftsentwicklung förderlich wäre und dies nur durch eine stetig wachsende Geldmenge erreicht werden könne. Durch seine Arbeiten im Bereich der Wirtschaftstheorie und -politik ebenso wie durch seine politischen Stellungnahmen und populären Kommentare ist Friedman zum „vielleicht einflussreichsten Ökonomen" in der zweiten Hälfte des 20. Jahrhunderts geworden, wie sein Kritiker J. K. Galbraith meint. Der Einfluss der so genannten *„Chicago-Schule"* auf Politiker wie R. Reagan, M. Thatcher, aber auch auf die chilenische Diktatur in den 70er und 80er Jahren ist kaum zu unterschätzen. Andere Neoliberale betonen, dass die Förderung der Kapitalbildung gemäß dem „Say'schen Theorem" zur Schaffung zusätzlicher

Arbeitsplätze führe und damit das Wachstum und der Wohlstand gesteigert werde.

4.2.1 Grundideen des Keynesianismus

In der keynesianischen Theorie und der darauf basierenden Wirtschaftspolitik steht die gesamtwirtschaftliche Nachfrage als Aggregat im Mittelpunkt. Diese ist aber höchst instabil und verläuft in Konjunkturzyklen. Dabei treten typische Konstellationen auf: Während einer Rezession steigt die Arbeitslosigkeit an, während die Inflation niedrig ist und sogar noch sinkt. Umgekehrt steigt diese in Boomphasen, während dann Vollbeschäftigung herrscht. Dieser auch Phillips-Kurve genannte trade-off ist eine wichtige Grundlage der Stabilitätspolitik geworden, was Helmut Schmidt einmal so formuliert hat: Lieber 5% Inflation als 5% Arbeitslosigkeit.

Gesamtwirtschaftliche Nachfrage als Aggregat

Wie kommt es nun in diesem Ansatz zu Arbeitslosigkeit? Bei steigenden Einkommen sinken – „psychologisches Gesetz" von Keynes – die Konsumausgaben, während das Sparen an Bedeutung gewinnt. Der Mensch arbeitet also nicht nur, um seine aktuellen Konsumwünsche befriedigen zu können, sondern auch, um Ersparnisse und Vermögen anzusammeln. Daher besteht die *gesamtwirtschaftliche Nachfrage* (Y) aus folgenden Komponenten:

$$Y = C + I + A + S + Ex - Im$$

Dabei ist C = Konsum, I = Investitionen, A = Staatsausgaben, S = Sparen, Ex = Export, Im = Import (vgl. etwa Willke 2002: 45ff).

Ferner können die Investitionen der Unternehmen zu niedrig ausfallen, weil die Zinsen zu hoch sind. Dabei spielt bei Keynes die Zukunftserwartung in Bezug auf die Absatzmöglichkeiten eine entscheidende Rolle. Hat ein Unternehmer in einer Krise trotz niedriger Zinssätze „Angst", so wird er nicht investieren, selbst wenn die Zinssätze auf Null sinken. Das Geld wird stattdessen zu Spekulationszwecken „gehortet". Damit verlieren der Zinssatz und die Geldpolitik ihre ausgleichende Wirkung. Zusätzliches Geld verschwindet in der „Liquiditätsfalle".

Um die Wirtschaft aus einer solchen Krise herauszuführen, muss die gesamtwirtschaftliche Nachfrage gesteigert werden, was zugleich die pessimistische Erwartungshaltung beendet. Dies geschieht durch eine antizyklische Fiskalpolitik – auch Globalsteuerung genannt – des Staates: Durch „deficit spending", also durch erhöhte Staatsaus-

Antizyklische Fiskalpolitik

gaben und Steuersenkungen, die zur Erhöhung des Konsums und der Investitionen beitragen, wird die gesamtwirtschaftliche Nachfrage gesteigert. Finanziert werden soll dieses *„deficit spending"* in einer Rezessionsphase durch staatliche Kreditaufnahme am Kapitalmarkt.

In Zeiten des wirtschaftlichen Booms sollen dann die Staatsausgaben wieder gesenkt und die Steuern (temporär) erhöht werden. Auf diese Weise gelangt zusätzliches Geld in die Staatskasse. Kredite können abgelöst bzw. eine Konjunkturausgleichsrücklage gebildet werden, die in der nächsten Rezessionsphase eingesetzt werden kann. Dadurch hilft die Stabilitätspolitik, „Überhitzungen" in einer Phase der Hochkonjunktur samt dazugehörender inflationärer Tendenzen zu verhindern.

Bei dieser Globalsteuerung ist es für Keynes nicht nötig, dass der Staat die gesamte Nachfragelücke mit seinem „deficit spending" schließt. Es reicht, wenn er als Initiator fungiert, denn das durch sein Gegensteuern erzeugte neue Gleichgewicht von Angebot und Nachfrage führt zu einer verstärkten Nachfrage nach Investitionsgütern, was wiederum mehr Produktion, mehr Arbeitsplätze und mehr Einkommen bewirkt (Multiplikatoreffekt). Dieser Multiplikatoreffekt erhöht wiederum die Konsumausgaben und kurbelt die Nachfrage nach Gütern und Investitionen an. Dadurch steigen zusätzlich Produktion und Einkommen (Akzeleratoreffekt).

4.2.2 Schwächen des Keynesianismus

Kritik am Keynesianismus

Das von Keynes entwickelte Modell weist aus heutiger Sicht einige Schwachstellen auf. So entsteht Arbeitslosigkeit nicht nur wegen Nachfragemangels, sondern auch aufgrund technischen Fortschritts; sie ist also teilweise strukturell und nicht nur konjunkturell verursacht. In diesem Fall hilft das Instrument der Globalsteuerung bzw. das „deficit spending" nichts – im Gegenteil: es führt zu einer anhaltenden Staatsverschuldung. Außerdem ist es schwierig, die Instrumente der Globalsteuerung in zeitlicher Hinsicht adäquat einzusetzen. Das richtige „Timing" ist aber nötig, um nicht prozyklische statt der gewünschten antizyklischen Effekte zu erzielen. Zudem existiert – vor allem in den 1970er und 1980er Jahren – das Phänomen der Stagflation, d.h. entgegen der Annahmen der Phillips-Kurve kommt es sowohl zu Inflation als auch zu Arbeitslosigkeit. Das folgende Schaubild zeigt zumindest einen geringen und erheblich variierenden Zusammenhang (vgl. Starbatty 2005: 112).

Abb. 27: Phillipskurve für Deutschland 1951-2002

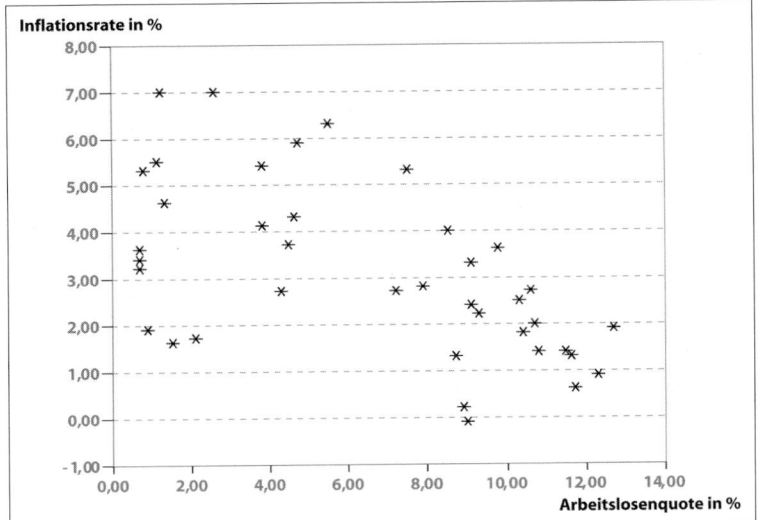

In der Bundesrepublik kommen einige besondere Probleme bei der Umsetzung der Globalsteuerung dazu. Durch die föderale Ordnung entstehen erhebliche Abstimmungsprobleme: Bund, Länder und Kommunen verfolgen nicht immer dieselbe Strategie. Helmut Kohl wird – während seiner Amtszeit als rheinland-pfälzischer Ministerpräsident – der Satz zugeschrieben, dass ihn die wirtschaftspolitischen Probleme und Maßnahmen des Bundeskanzlers (damals H. Schmidt) nichts angingen. Der Parteienwettbewerb unterstützt solche Überlegungen und erschwert es darüber hinaus, in Boomphasen die Steuern zu erhöhen bzw. die Ausgaben zu senken – also unpopuläre Maßnahmen zu ergreifen –, was zu einem anhalten Wachstum der Staatsschulden geführt hat.

Probleme bei der Umsetzung in Deutschland

„Keynes entwickelte eine ganze Batterie neuer analytischer Instrumente, wie etwa die „Konsumfunktion", die aus dem Handwerkszeug der Wirtschaftswissenschaften nicht mehr wegzudenken sind. Aktuell ist auch Keynes' Beobachtung, daß sich Löhne und Preise nur sehr träge oder gar nicht anpassen und daß dieses den Marktwirtschaften sehr erschwert, von sich aus wieder ins Lot zu kommen. Wegen dieser Trägheiten und wegen der häufigen Störungen der Wirtschaft aus der Geld-Sphäre gilt Keynes' zentrale Folgerung auch in den neunziger Jahren noch: Gelegentlich muß der Staat sein wirtschaftliches Gewicht gezielt einsetzen, um die Lage wieder zu reparieren.

In den dreißiger Jahren hieß das konkret: Der Staat mußte Geld leihen, um Investitionen in Gang zu setzen. Keynes verteidigte seinerzeit mit Nachdruck entsprechende Initiativen des amerikanischen Präsidenten Franklin D. Roosevelt. Dieser Aspekt wurde allerdings nach Keynes' Tod (1946) von seinen Anhängern dogmatisiert. In ihren Lehrbüchern erschien ein „hydraulischer" Keynes, dem zufolge der Staat durch einfaches Auf- und Zuschrauben der öffentlichen Geldhähne die Wirtschaft je nach Bedarf stimulieren oder dämpfen kann. In einer Krise sollte der Staat nach diesen Theorien lediglich die Schleusen seiner Ausgaben öffnen, und schon würde die Wirtschaft wieder anspringen. Diese Philosophie hatte vor allem in den siebziger Jahren teilweise fatale Folgen; statt mehr Wirtschaftswachstum wuchsen die Defizite im Staatshaushalt und die Inflation.

In mancher Situation kann die Stimulierung der Nachfrage richtig sein, in anderen ist sie falsch. Marktwirtschaftliche Systeme können auch aus anderen als den von Keynes analysierten Gründen gestört werden. Keynes hinterließ trag- und ausbaufähige Analysen zu ganz zentralen Themen, aber keine allgemeine Theorie, die auf alles eine Antwort gäbe."

Quelle: Wolfgang Zank: Der Staat als Hebel (in: Sommer 1993: 65)

4.2.3 Grundideen des Monetarismus

Funktion monetärer Größen

Die zentrale These des Monetarismus, der von Milton Friedman an der University of Chicago entwickelt wurde, ist, dass monetäre Größen die Realwirtschaft nicht beeinflussen. In der „*Theory of the Consumption Function*" betont Friedman, dass entgegen der keynesianischen Ansätze die privaten Haushalte die Höhe ihrer Konsumausgaben entsprechend ihrer langfristigen Einkommenserwartungen bestimmen; kurzfristige Einkommensänderungen werden meist ignoriert und dementsprechend wirken antizyklische staatliche Maßnahmen zur Einkommenserhöhung und die entsprechenden Multiplikatoreneffekte nicht. Daher ist es die einzige Aufgabe der Notenbanken, die Geldmenge in gleichem Ausmaß wie die Realwirtschaft wachsen zu lassen. Damit knüpft er an die „Quantitätstheorie des Geldes" an, wonach die Geldmenge die Inflationsrate einer Volkswirtschaft bestimmt. Die entsprechende Formel lautet:

$$M \times V = P \times Y$$

wobei M = Geldmenge, V = Umlaufgeschwindigkeit des Geldes, P = Preisniveau und Y = reales Sozialprodukt bedeuten (vgl. etwa Willke 2003: 128ff; s.a. Schaper 2001). Zugleich wird von der Gültigkeit des Say'schen Theorems ausgegangen.

Wirtschaftspolitische Konsequenzen

Auf der Grundlage seiner theoretischen Arbeiten zieht Friedman weit reichende wirtschaftspolitische Konsequenzen. In seinem berühmt gewordenen Buch „*Capitalism and Freedom*" empfiehlt er unter anderem:

- die Abschaffung von Agrarsubventionen;
- die Beseitigung von mengenmäßigen Importbeschränkungen und Zöllen;
- den Verzicht auf staatlich garantierte Mindestlöhne, die es in den USA gibt;
- die Streichung aller staatlichen Mittel für den sozialen Wohnungsbau;
- die vollständige Privatisierung der gesetzlichen Sozialversicherung;
- die Aufhebung des Postmonopols.

Berühmt wurde Friedman insbesondere für die Idee, sämtliche Sozialleistungen durch eine negative Einkommenssteuer für Familien unterhalb der Armutsgrenze zu ersetzen (vgl. etwa Schmid 2004).

In dieselbe Richtung wirken angebotstheoretisch orientierte Autoren wie Robert Lucas und Georg Stigler sowie der Sachverständigenrat oder Werner Sinn in der BRD. Hier wird generell ein Abbau von Staatseingriffen gefordert, um Flexibilität und Innovation zu verbessern und die Rentabilität der Produktion zu erhöhen. Dazu sind Deregulierung, adäquate Löhne, Steuer- und Abgabenerleichterungen für Unternehmen nötig. Ziel ist es, ein gleichmäßiges Wachstum und eine internationale Wettbewerbsfähigkeit zu erreichen, was wiederum zu Vollbeschäftigung führt. Allerdings bleibt es bei einer „natürlichen Rate der Arbeitslosigkeit", weil die Löhne nicht elastisch genug sind (Schaper 2001: 86ff).

In Chicago begann Friedman seinen Kreuzzug gegen die damals herrschende Lehre des britischen Ökonomen John Maynard Keynes. Seine These: *Wenn die Regierung die Konjunktur stärken will, soll sie nicht, wie Keynes gelehrt hatte, die Staatsausgaben erhöhen.* Nur indem der Staat die Geldmenge ausweitet, kann er zum Wirtschaftswachstum beitragen. Falls die Politiker nämlich mehr ausgeben, müssen sie sich das Geld entweder von den Steuerzahlern oder auf den Kapitalmärkten besorgen. Höhere Steuern machen den positiven Konjunktureffekt sofort zunichte; höhere Staatsschulden verdrängen private Kreditnehmer vom Kapitalmarkt und behindern so Investitionen. Weil sie mit Zins zurückzuzahlen sind, sind sie Friedman zufolge ohnedies nichts anderes als zukünftige Steuern. Geldpolitik wirke dagegen eindeutig expansiv, wie Friedman mit historischen Studien zu belegen versuchte. Er stellte fest, daß jedem Aufschwung in Amerika eine Ausweitung der Geldmenge vorausgegangen war. Seine Erklärung: Monetär gesehen ist das Sozialprodukt nichts anderes als die Geldmenge multipliziert mit der Umlaufgeschwindigkeit, der gedachten Häufigkeit also, mit der die bestehende Geldmenge im Jahr verwendet wird. Und nach Friedman bleibt die Umlaufgeschwindigkeit über die Zeit stabil, weil Haushalte und Unternehmen ihr Verhalten nicht abrupt ändern. Bei stabiler Umlaufgeschwindigkeit jedoch muß eine Ausweitung der Geldmenge das in Geld ausgedrückte Sozialprodukt erhöhen. ...

Mit Hilfe der reinen Lehre aus Chicago hat sich das Bild auch in den Wirtschaftswissenschaften gewandelt: Stärker als früher betonen die Ökonomen heute die Verzerrungen, die staatliche Regulierungen hervorrufen. Die Geldtheorie Friedmans zwingt auch Keynesianer zum Weiterdenken, viele seiner Einsichten sind zum Allgemeingut geworden. Die Laisser-faire-Politik in Amerika von Friedman weitgehend unterstützt, forderte indes ihre Opfer. Die Unkenrufe der politischen Gegner erfüllten sich: In den wilden achtziger Jahren wurden viele Reiche reicher, viele Arme ärmer Ronald Reagan kappte Sozialleistungen, wo es nur ging, und deregulierte auch dort, wo es schaden mußte. So ließ die Regierung den Umweltschutz nicht nur links liegen, sondern stellte auch noch die Umweltbehörden weitgehend kalt.
Quelle: Jens Uwe Heuser: Geld, Freiheit, Ideologie (in: Sommer 1993: 100)

4.2.4 Schwächen des Monetarismus

Kritik am
Monetarismus

Ein Schwachpunkt des Monetarismus liegt in seiner einseitigen vermögenstheoretischen Ausrichtung (Peters 2000). So besteht zwar weitgehend ein Konsens darüber, dass die Nachfrageentscheidungen privater Haushalte vor allem von den individuellen Vermögen (und regelmäßigen Einkommen) bestimmt wird. Für Unternehmen ist eine solche Fixierung jedoch zumindest zweifelhaft. Schließlich gründen sich Unternehmen oftmals nur auf der Basis einer Idee und nehmen erst zu ihrer Vermarktung Fremdkapital auf. Ein weiterer Schwachpunkt wird in der Geldmenge erkannt. Würde sie als Zielgröße festgelegt, könne es durchaus geschehen, dass durch Geldtransaktionen und Finanzierungen, die nicht im Geldvolumen der Zentralbank berücksichtigt seien, die Geldmengenziele der Zentralbank unterlaufen würden. Zudem könne eine geringere Geldmenge für eine höhere (und eben nicht gleichmäßige) Umlaufgeschwindigkeit des Geldes sorgen – wodurch eine restriktive Festlegung der Geldmenge stabilitätspolitisch wirkungslos bliebe.

Am Monetarismus kritisiert wird seine Verengung – die ökonomische Sichtweise auf die unbedingte Rationalität einzelner Akteure und Wirtschaftseinheiten würde auf die gesamtwirtschaftliche Realität übertragen, liefere jedoch damit nur ein Zerrbild der Wirklichkeit. Selbst von liberaler Seite wird Kritik laut (Malik 2005), beispielsweise an von Neoliberalen geduldeten Institutionen wie der WTO oder Weltbank. In Kombination mit der Deregulierung würden diese Institutionen dafür sorgen, dass sich das globale Ungleichgewicht zwischen Nord und Süd weiter verschärfe. Zudem erodiert der Monetarismus nicht nur den (Sozial-)Staat, sondern damit auch die Demokratie. Demokratische Teilhabe organisiert sich hier verstärkt über den Markt – durch Kaufentscheidungen – und nicht durch

Partizipation am politischen System. Je mehr öffentliche Bereiche in privates Eigentum übergehen, desto mehr schwindet der Einfluss von Politik, Parteien und Bürgern – und desto mehr könnten nationale Regelungen des Umwelt- und Verbraucherschutzes von privaten Konzernen ausgehebelt werden; gerade im internationalen Kontext.

Daher argumentieren beispielsweise keynesianisch geprägte Ökonomen (Stiglitz 2004; Hickel 1999; Horn 2005), dass ein ungeregelter Markt in einigen Fällen ein schlechtes Instrument sei. So könne nur bei entsprechender Kaufkraft die jeweilige Nachfrage bedient werden. Bedürfnisse, hinter denen keine entsprechende Kaufkraft stünde, würden nicht erfüllt. Als Beleg dieses Marktversagens wird häufig das Beispiel der Regulierungsbehörden und Kartellämter gewählt, die regelmäßig dafür sorgen müssten, dass es zu einem freien Marktzugang und schließlich zu Wettbewerb kommen könne. Zudem würden die sozialen Folgen (Kosten) deregulierter Märkte letztlich von der Allgemeinheit getragen, zum Beispiel in den Bereichen Altenpflege, Bildung, Familienpolitik und Gesundheit. Mit den „sozialen Verwerfungen" des Neoliberalismus hat sich besonders die *„Kritische Theorie"* („Frankfurter Schule") beschäftigt.

„Echter Kapitalismus schafft Wohlstand durch Investitionen. Wir aber leben in einem zerstörerischen Pekuniarismus.

Die Debatte über die richtige Art des Wirtschaftens in Deutschland ist überfällig. Führt man sie aber als populistische Kapitalismusattacke, dann bewegt man sich in wirtschaftlichen Kategorien des 19. Jahrhunderts und in politischen Kategorien von Links und Rechts. Beides ist untauglich, ein Problem des 21. Jahrhunderts zu lösen.

Tatsächlich ist das, was wir haben, kein Kapitalismus, sondern etwas Schlimmeres. Der Kapitalismus würde, bei allen Schwächen, durch Investitionen Kapital schaffen und damit die Voraussetzungen für Wohlstand. In Wahrheit ist in den vergangenen zehn Jahren aber Kapital in noch nie erlebtem Ausmaß vernichtet worden, im scheinbar beispielgebenden US-Amerika, das heute die niedrigste Nettoinvestitionsquote seit dem Zweiten Weltkrieg hat.

Die eigentlichen Probleme sind der Neoliberalismus und die in dessen Kontext entstandene Art der Unternehmensführung: die am Shareholder Value orientierte Corporate Governance. Was sich unter dem Namen „Neoliberalismus" präsentiert, ist kein Kapitalismus, sondern ein primitiver Geldökonomismus. Ein System, in dem alles auf eine einzige Kategorie, nämlich Geld, reduziert wird, in Geld wahrgenommen und Geld bewertet wird. Geld, nicht Kapital, dominiert Denken und Handeln. Man könnte zwecks Unterscheidung vom Friedmanschen Monetarismus von Pekuniarismus sprechen.

Dieses System wird zu Recht kritisiert. Es kann keinen Bestand haben. Unternehmervertreter sollten aufhören, ein Wirtschaften zu verteidigen, das sie selbst gar nicht betreiben, sondern das sie in höchstem Maße gefährdet. Das jüngste Beispiel ist die Posse um die deutsche Börse. Es ist schlichtweg ein Märchen, dass, was immer unter Globalisierung verstanden werden soll, zu dieser Art des Wirtschaftens zwinge.

Zu kritisieren ist der falsche Liberalismus, der unter dem Etikett des Neoliberalismus als bestes aller denkbaren Systeme verbreitet wurde. Jetzt riskiert die Kapitalismuskritik genau jene Elemente des echten Liberalismus zu zerstören, die für eine funktionierende Gesellschaft unabdingbar sind, nachdem der Sozialismus sich als untauglich erwiesen hat.

Der heutige Neoliberalismus ist insgesamt ein Zerrbild des echten Liberalismus, das keiner der großen liberalen Denker akzeptiert hätte. Echter Liberalismus ist nicht Theorie der Wirtschaft, sondern eine Theorie der Gesellschaft. Er stellt die Wirtschaft explizit in den Dienst der Gesellschaft, aber auf eine andere Weise als der Sozialismus. Für den echten Liberalismus, zum Beispiel eines Friedrich August von Hayek, der wie kaum ein anderer als Kronzeuge für den Neoliberalismus missbraucht wurde, steht nicht ökonomischer Gewinn im Zentrum, sondern die Freiheit des Einzelnen. [...]"

Quelle: Fredmund Malik: Seid liberal, nicht neoliberal, in: Cicero – Magazin für politische Kultur, Ausgabe 6, Berlin 2005

4.2.5 Fazit: wirtschaftspolitische Relevanz

Die keynesianische Theorie bedeutete einen revolutionären Entwicklungsschritt in der ökonomischen Theoriebildung und der Wirtschaftpolitik allgemein. Auf der Grundlage dieses Ansatzes ist nach dem zweiten Weltkrieg in nahezu allen Industrieländern eine Globalsteuerung praktiziert und auch rechtlich verankert worden – etwa im deutschen Stabilitätsgesetz. Mit dem Ende des Bretton Woods Systems Anfang der 1970er Jahre und den gleichzeitig aufstrebenden neoliberalen bzw. monetaristischen Theorien ist keynesianische Wirtschaftpolitik unter Druck geraten und hat immer mehr an Einfluss verloren.

In den 1990er Jahren erlangt nach dem Zusammenbruch des real existierenden Sozialismus das neoliberale Gedankengut eine hegemoniale Stellung. Weltweit setzt sich eine wirtschaftspolitische Richtung durch, die *„Washington Consensus"* genannt wird. Diese Politikempfehlungen für nationale Regierungen und internationale Institutionen beinhalten:

- fiskalische Disziplin, die zu Budgetüberschüssen führen soll;
- Umlenkung der fiskalischen Prioritäten in Bereiche mit hohen ökonomischen Erträgen statt Aufrechterhaltung „geschützter" Branchen;
- Steuerreformen zur Senkung der Grenzsteuersätze;
- Liberalisierung der Finanzmärkte;
- vereinheitlichte und kompetitive Wechselkurse;
- Handelsliberalisierung, Abschaffung von Kontingenten und Senkung von Zöllen;
- gleiche Behandlung von ausländischen Direktinvestitionen und einheimischen Investitionen;

- Privatisierung und Deregulierung, auch von Sektoren mit sozialen Zielsetzungen;
- Sicherung von Eigentumsrechten (vgl. Novy/Jäger o.J.).

Abb. 28: Vergleich Keynesianismus und Monetarismus

Themen	Klassik	Keynes
Marktwirtschaft	Das Marktsystem ist stabil und tendiert zum Gleichgewicht; es gilt das Say'sche Theorem: Jedes Angebot schafft sich seine Nachfrage.	Das Marktsystem ist instabil und tendiert zum Ungleichgewicht; die effektive Nachfrage bestimmt Produktion und Beschäftigung.
Tendenz	Längerfristig: Gleichgewicht	Längerfristig: Stagnation
Ersparnis S	S ist verschobener Konsum, abhängig vom Zinssatz i: $S = S(i)$; S wird über den Kapitalmarkt in Investitionen umgesetzt.	S ist unterlassener Konsum und damit zunächst einmal Nachfrageausfall; $S = S(y)$; S kann, muss aber nicht in I transformiert werden.
Investition I	$I = I(i)$; es bestehen unbegrenzte Investitionschancen.	$I = I(i,q)$; ein sinkendes q führt zu abnehmenden Investitionschancen.
S = I	Anpassung durch flexiblen Zinssatz i	Anpassung über das Volkseinkommen Y
Gesamtnachfrage	Say'sches Theorem: Nachfrage ist immer gleich Angebot.	Einkommen muss nicht zu Nachfrage werden; der Fall unzureichender Nachfrage ist wahrscheinlich.
Arbeitslosigkeit	Bei flexiblen Löhnen kann es keine anhaltende Arbeitslosigkeit geben.	Arbeitslosigkeit ist Folge unzureichender Nachfrage – und damit wahrscheinlich.
Geld	Geld ist ein „Schleier"; hat keine realwirtschaftliche Bedeutung; es gilt die Quantitätstheorie des Geldes.	„Money matters"; der Geldmarkt bestimmt den Zinssatz und dieser beeinflusst die Investitionen.
Preise	Die Preise sind flexibel.	Die Preisanpassung ist träge.
Staat/Politik	Der Staat soll sich zurückhalten: wirtschaftspolitische Abstinenz.	Der Staat soll aktive Konjunktursteuerung betreiben.

Quelle: nach Willke 2002: 43

Literatur:

Adam, Hermann 1995: Wirtschaftspolitik und Regierungssystem der Bundesrepublik Deutschland. Eine Einführung, 3. Auflage, Bonn.

Kruber, Klaus-Peter 2002: Theoriegeschichte der Marktwirtschaft, Münster.

Schaper, Klaus 2001: Makroökonomie. Ein Lehrbuch für Sozialwissenschaftler, Frankfurt a.M.

Schmid, Josef 2004: Stichworte Alfred Müller-Armack, Oswald Nell-Breuning, Milton Friedman, in: Riescher, Gisela (Hrsg.): Politische Theorie der Gegenwart in Einzeldarstellungen, Stuttgart.

Willke, Gerhard 2002: John Meynard Keynes, Frankfurt/New York.

Willke, Gerhard 2003: Neoliberalismus, Frankfurt/New York.

Internetseiten:

Novy, Andreas/Jäger, Johannes (o.J.): Internetplattform: Internationale Politische Ökonomie, Wien, http://www.lateinamerika-studien.at/content/wirtschaft/ipo/ipo-titel.html.

4.3 Rational Choice und Neue politische Ökonomie

Homo oeconomicus

Theorien der Rationalen Wahl (Rational Choice) und die Neue politische Ökonomie – so bezeichnet, um sich vom Marxismus bzw. Neo-Marxismus, der lange Zeit als „die" Politische Ökonomie galt, abzugrenzen – liefern eine Mikrofundierung des ökonomischen und politischen Verhaltens.[7] Ausgangspunkt ist das Nutzen maximierende Individuum, der Homo oeconomicus. Dieses handelt – aus der eigenen Perspektive – vernünftig (Rationalitätsprinzip) und reagiert auf Umweltbedingungen bzw. deren Änderungen. Dabei geht es nicht darum, das Verhalten einzelner (konkreter) Individuen, sondern einer Menge von Individuen zu erklären und zu prognostizieren („Pattern Prediction", Hayek). Aus der Interaktion zwischen den Individuen – bzw. dem „sozialen Tausch" (Lehner 1981) – entstehen dann Makrophänomene wie ökonomische Aggregate und soziale Strukturen.

Entscheidungs-verhalten des Individuums

Das Entscheidungsverhalten des Individuums wird wesentlich durch zwei Elemente beschrieben: durch seine *Präferenzen* und durch die *Restriktionen*, die sich aus der gegebenen Situation ergeben und den Handlungsspielraum begrenzen. Innerhalb dieses Handlungsraumes liegen die einzelnen Optionen, aus denen es auswählen muss. Dabei muss das Individuum nicht alle Handlungsmöglichkeiten genau kennen. Vor einer Entscheidung muss es diese daher abschätzen, d.h. es muss (bedingte) Erwartungen bzw. Prognosen für die Zukunft machen. Die Präferenzen enthalten die Wertvorstellungen des Individuums, die es im Sozialisationsprozess entwickelt hat; diese sind unabhängig von den aktuellen Handlungsmöglichkeiten. Sie zeichnen sich durch Konnektivität, Transitivität und Kontinuität aus, d.h. sie sind verbunden, eindeutig und widerspruchsfrei geordnet – also: wenn „A" dem „B" vorgezogen wird und „B" dem „C", so gilt: „A" wird auch „C" vorgezogen. Und das relativ

---

[7]   Synonym wird auch von „Ökonomischen Theorien der Politik" und oder „Public Choice" gesprochen.

dauerhaft. Entsprechend dieser Präferenzen bewertet das Individuum die ihm zur Verfügung stehenden Optionen, d.h., es wägt Vor- und Nachteile, Kosten und Nutzen der einzelnen Alternativen gegeneinander ab. Schließlich entscheidet es sich für diejenige Variante, die seinen Präferenzen am ehesten entspricht bzw. von der es sich den höchsten Netto-Nutzen verspricht. Menschliches Verhalten wird somit in diesem Modell als rationale Auswahl aus den dem Individuum zur Verfügung stehenden Alternativen interpretiert bzw. als Nutzenmaximierung unter Nebenbedingungen bei Unsicherheit (Kirchgässner 2001).

Kennzeichnend für die Neue Politische Ökonomie ist es nun, dass dieses Modell auf politische Strukturen und Prozesses sowie auf Probleme der wechselseitigen Abhängigkeit und Beeinflussung (Interdependenz) von Wirtschaft und Politik übertragen wird.

4.3.1 Ökonomische Theorie der Demokratie und der Bürokratie

Zu den Begründern der Neuen politischen Ökonomie gehört Anthony Downs, der mit seiner Theorie der Demokratie (1968) versucht hat, das Verhalten von Parteien, Politikern und Bürgern nach dem Modell der rationalen Wahl und der Maximierung des Eigennutzes zu untersuchen. Damit wird zugleich der klassischen Vorstellung, wonach es in der Politik um das Gemeinwohl gehe, eine radikale Absage erteilt. Eine politische Partei ist für ihn eine Gruppe von Menschen, die versucht, die Kontrolle über die Regierung zu bekommen und nach einem Amt strebt (Downs 1968: 34). Politik dient also nicht zur Verwirklichung von politischen Programmen und der Lösung sozialer und wirtschaftlicher Probleme, sondern ist – nach diesem Ansatz – bloß Mittel zum Zweck.

Downs Theorie der Demokratie

Der Politiker gleicht einem Unternehmer, beide wollen ihren Nutzen maximieren durch Einkommen, Reputation und Macht. Analog hierzu wollen die Wähler aus dem Regierungshandeln den größtmöglichen Nutzengewinn: bei hohen Einkommen könnten dies Steuererleichterungen oder eine stabile Währung sein, während Arbeitern oder Beziehern geringer Einkommen Vollbeschäftigung vermutlich mehr nutzen würde. Angesichts der begrenzten Wirkung ihrer eigenen Stimme und dem begrenzten Nutzen von Politik sind viele Wähler aber uniformiert und wenig interessiert. Je nachdem, wie die sozioökonomischen Umweltbedingungen aussehen, ergeben sich unterschiedliche Parteiensysteme und politische Machtverhältnisse. Zugleich versuchen die Parteien alle Wähler zu erreichen („catch all party") und machen entsprechende Wahlversprechen bzw. schrecken davor zurück, unpopuläre Maßnahmen zu treffen. Insofern liefert dieser Ansatz eine gute Begründung für einige der oben genannten Schwächen des Keynesianismus.

Theorie der Bürokratie

Dieselben Überlegungen lassen sich als Ökonomische Theorie der Bürokratie anwenden. Öffentliche Verwaltungen dienen ebenfalls keinem Ethos des Staates, sondern das Verhalten der Beamten/Bürokraten wird neben dem Ziel der Erfüllung ihrer Amtspflichten und Aufgaben durch weitere Ziele bestimmt – insbesondere Bestandssicherung, Macht, Prestige und Einkommen. Bürokraten versuchen, zur Mehrung ihres privaten Nutzens ihre Aufgabenbereiche und Funktionen auszuweiten. Je größer Bürokratien werden, desto stärker rücken Bestandssicherung und als Folge davon die Formalisierung der internen Strukturen in den Vordergrund der Aktivitäten. Dabei entstehen in wachsendem Maße Kontrollprobleme und Inflexibilität; ein zunehmender Anteil der Kapazitäten muss für die interne Kontrolle und Organisation aufgewendet werden. Man kann dies auch ironisierend als *„Parkinson-Theorem"* bezeichnen.

Parkinson-Theorem

Vor rund 50 Jahren machte der britische Historiker Cyril Northcote Parkinson die Beobachtung, dass die Bürokratie der britischen Admiralität in dem Maße wuchs, wie die Zahl der Kriegsschiffe Ihrer Majestät schrumpfte. Parkinson hat in der Folge ein Gesetz zum Wachstum der Bürokratie formuliert, das zwei Elemente hat: a) Jeder Beamte oder Angestellte wünscht die Zahl seiner Untergebenen, nicht aber die Zahl seiner Rivalen zu vergrößern (und damit seine Wichtigkeit zu erhöhen); b) Beamte oder Angestellte schaffen sich gegenseitig Arbeit (bzw. die Bürokratie bläht sich eigendynamisch auf) - ohne Bezug zu Funktionen und Problemen.

Ähnlich wie Downs argumentiert auch Niskanen: Demnach ist der Beamte bzw. die Bürokratie in der Hauptsache an der Budgetmaximierung interessiert, was sich positiv zu den individuellen Interessen und Präferenzen (Gehalt, Beförderungschancen etc.) verhält. Weil der Haushalt aber an eine staatliche Leistungserbringung gekoppelt ist, dehnen sich die Leistungskataloge und Staatsaktivitäten kontinuierlich aus. Daraus folgt insgesamt, dass die Ausweitung des öffentlichen Sektors primär auf Faktoren innerhalb der Bürokratie zurückgeführt werden kann und weniger auf externe – soziale oder ökonomische – Bedürfnisse (zusammenfassend Blancke 2006).

4.3.2 Politische Konjunkturzyklen und Reformblockaden

Eine makroökonomische Anwendung der Neuen Politischen Ökonomie bildet der Politische Konjunkturzyklus. Im deutschsprachigen Raum ist v.a. Bruno S. Frey als Vertreter dieses Ansatzes zu nennen. An die Stelle der ökonomischen Ursachen von Rezessions- und Boomphasen treten hier politische Faktoren. Regierungen wollen durch eine günstige ökonomische Performanz ihre Wiederwahlchancen maximieren, können aber – nach der Phillips-Kurve – nur entweder Vollbeschäftigung oder Geldwertstabilität erreichen; parallel lassen sich die beiden Ziele nicht verfolgen. Was machen die Regierungen nun? Unmittelbar nach den Wahlen sorgen sie durch eine restriktive Finanzpolitik für Preisstabilität und nehmen dabei eine Erhöhung der Arbeitslosigkeit in Kauf. Wenn die nächste Wahl naht, wird auf eine expansive Politik umgestellt, um die Arbeitslosigkeit zu senken. Dadurch kommt es zu einem Verlust an Geldwertstabilität, der jedoch erst verzögert – nach der Wahl – eintritt und den Zyklus erneut beginnen lässt (Frey 1976; kritisch Schmidt 1983).

Politischer Konjunkturzyklus

Bei der Frage nach einer „Ökonomik der Reform" in der Wirtschaftspolitik Deutschlands (Straubhaar et al. 2004) wird ebenfalls von Nutzen maximierenden Wählern und Politikern ausgegangen. Dies soll erklären, warum als dringend notwendig erachtete Reformen ausbleiben. Nur einige Stichworte hierzu: Der Arbeitsmarkt ist in der Hand von Interessengruppen und Arbeitsplatzbesitzern; undurchsichtige Regulierungskosten und der Teufelskreis einer „rent-seeking society"[8] sind gleichzeitig Ursachen für die wirtschaftliche Krise und politischen Blockaden. Denn einerseits sind die Risiken von Reformen groß und die Kosten für alle spürbar und andererseits sind die Ergebnisse offen und häufig in ihren positiven Wirkungen unerkannt. So müssten etwa bei einer Reform der Alterssicherung die Renten jetzt gekürzt werden – mit entsprechenden Reaktionen der älteren Wähler –, damit die nachfolgenden Generationen ebenfalls noch in den Genuss von Sozialer Sicherheit kommen und die aktive Bevölkerung nicht übermäßig durch Sozialabgaben belastet wird. Ähnlich verhält es sich mit einer Reform des Arbeitsmarktes, wo Opfer von den „Insidern" bzw. Arbeitsplatzinhabern

Ökonomik der Reform

---

8   Unter „rent-seeking" versteht man das Erkämpfen von (künstlichen) Einkommen, denen keine entsprechende Leistung gegenübersteht, unter Ausnutzung der politischer Herrschaftsmechanismen. Dies kann durch unmittelbare staatliche Transfers als auch staatliche Eingriffe in die marktvermittelte Ressourcenallokation erreicht werden.

zugunsten der Arbeitslosen verlangt werden. Und weil es mehr Beschäftige als Arbeitslose gibt, ist die Präferenz einer Stimmen maximierenden Regierung klar.

4.3.3 Logik des kollektiven Handelns und wirtschaftliche Performanzunterschiede

Logik des kollektiven Handelns

Wegweisend für den Zusammenhang von Mikro- und Makroanalysen ist die „Logik des kollektiven Handelns", die von Mancur Olson (1968) entwickelt worden ist. Bei rational handelnden Individuen tauche die Frage auf, warum sie sich zu kollektiven Aktivitäten zusammenschließen sollten, beispielsweise um die Verteilung öffentlicher Güter – also staatliche Leistungen – zu beeinflussen. Seine Antwort ist, dass sie sich dafür nicht engagieren werden und sich stattdessen lieber als „free rider" (Trittbrettfahrer) verhalten. Denn Kollektivgüter bzw. öffentliche Güter stehen allen Mitgliedern zur Verfügung ungeachtet ihres Engagements bei seiner Herstellung. Je größer das Kollektiv (bzw. die Interessenorganisation) desto geringer ist für das Individuum der Anteil am Gesamtnutzen, für den die Anstrengungen unternommen wurden – und folglich sinkt der Anreiz sich zu engagieren. Dies hat zur Folge, dass große Gruppen, die allgemeine Interessen vertreten, weniger gut als kleine Gruppen ihre Interessen durchsetzen können. Dieser „Logik" mangelnder Organisierbarkeit großer Gruppen und allgemeiner Interessen kann allenfalls durch zusätzliche selektive Anreize entgegengewirkt werden, etwa durch den Erwerb von Vorteilen durch Mitgliedschaft, durch Strafen oder soziale Ausgrenzung. Umgekehrt sind die Interessen kleiner Gruppen besser und schneller organisierbar – weil der Nutzen des Engagements erheblich höher ausfällt.

Auf Basis dieser ökonomischen Theorie der Interessenorganisationen folgert Olson in seinem Buch *„Aufstieg und Niedergang von Nationen"* (1985), dass sich dieses Phänomens wegen Länder in ihrer wirtschaftlichen Performanz unterscheiden. In Ländern, in denen eine Vielzahl kleiner Interessenorganisationen – auch „Verteilungskoalitionen" genannt – dominieren, kommt es demnach zu Inflexibilität und Ineffizienz in der Ressourcenallokation. Vor allem das Alter der Demokratie ist dafür ursächlich, was die ökonomische Dynamik in den nach dem Zweiten Weltkrieg erheblich umstrukturierten politischen Systemen Japans und Deutschlands – etwa im Vergleich zu dem durch politische Regimekontinuität gekennzeichneten Großbritannien – erklärt. (zusammenfassend Blancke 2006). In einem späteren Aufsatz unterscheidet er zwischen „narrow" und

„encompassing organizations". Große, umfassende Organisationen können ihren Nutzen kaum zu Lasten Dritter realisieren, weil dieses angesichts der Höhe der Ressourcen stark auffällt und weil es nur wenige Dritte gibt, auf die man die Lasten externalisieren kann (z. B. bei den schwedischen Gewerkschaften mit einem Organisationsgrad von rund 85% der Beschäftigten).

4.3.4 Fazit: wirtschaftspolitische Relevanz

Die Neue politische Ökonomie verfügt mit dem Homo oeconomicus über ein „schlankes", universal einsetzbares Modell menschlichen Verhaltens. Es gilt für Wirtschaft, Politik und Alltag: „von Baseball über Gleichstellung zur Einwanderung" – so der Nobelpreisträger Gary S. Becker (1982). Dabei sind Vorstellungen der Gemeinwohlorientierung und des Allgemeininteresses als wenig realistisch kritisiert worden und der Fokus auf den Nutzen maximierenden politischen Unternehmer – Politiker, Beamte, Wähler – gelenkt worden. Zudem wird deutlich, dass, was allen nützt und alle wollen sollten, von niemandem betrieben wird. Das ist die (kollektive) Irrationalität der (individuellen) Rationalität. Ferner wird auf die Wechselbeziehung von Wirtschaft und Politik verwiesen; so haben etwa Konjunkturphänomene ökonomische wie politische Ursachen. Schließlich erlaubt die Kombination von Präferenzen und Umweltbedingungen auch Vergleiche, weil letztere in unterschiedlichen nationalen Kontexten variieren und somit abweichende Ergebnisse zustande kommen.

Allerdings sind die hohen Rationalitätsannahmen, die mit dem Modell der Rationalen Wahl verbunden sind, mehrfach kritisiert worden. Die Wirtschaftspsychologie verweist auf die Bedeutung von Normen, die das eigennützige Verhalten relativieren. So zeigen empirische Tests im Seminar: Wenn es 1€ unter zwei Personen zu verteilen gilt und einer alleine die Konditionen bestimmt, aber die Zustimmung des anderen erreichen muss, der rationale Anbieter 99 Cent für sich behalten und sein Gegenüber das 1 Cent Angebot annehmen würde – nach dem Motto: Besser als nichts. Aber die Seminarteilnehmer bieten in der Regel 20-30 Cent an, bzw. wollen diese haben, weil sie sich nicht am kleinen Gewinn orientieren. Ihr Verhalten wird durch Neid gesteuert. Oder sie halten das höhere Angebot für „fair" und gerecht. Das damit angedeutete andere Menschenbild wird im Textauszug eines Liedes deutlich.

> Und der Mensch heißt Mensch
> weil er irrt, und weil er kämpft
> Weil er hofft und liebt
> Weil er mitfühlt und vergibt
> ...
>
> Und der Mensch heißt Mensch
> Weil er vergisst, weil er verdrängt
> Und weil er schwärmt und glaubt
> Sich anlehnt und vertraut
> ...
> Der Mensch heißt Mensch
> Weil er erinnert, weil er kämpft ...
>
> *Quelle: Herbert Grönemeyer aus dem Album MENSCH (2002)*

Literatur:

Blancke, Susanne 2006: Vergleichende Politische Ökonomie, in: Barrios, Harald/Stefes, Christoph (Hrsg.): Comparative Politics, München (im Erscheinen).

Lehner, Franz 1981: Einführung in die Neue Politische Ökonomie, Königstein/Ts.

Internetseiten:

Political Economy (Rent-Seeking, Public Choice, and The Prisoner's Dilemma): www.friesian.com/econ.htm

4.4 Institutionalismus: Ökonomische, soziologische und historisch-politische Varianten

Institutionen und ökonomisches Handeln

Akteure und Interessen stoßen weder in der Wirtschaft noch in der Politik in einem leeren Raum aufeinander. Vielmehr werden sie durch Institutionen kanalisiert. Denn Institutionen beeinflussen die Entscheidungen und Verhaltensmuster der Akteure und haben so einen starken Einfluss darauf, welche und wie sie zustande kommen; zudem können sie die Beschaffenheit von Interessen bzw. Präferenzen verändern. Institutionen umfassen

- Entscheidungssysteme wie Märkte, Verhandlungen, Hierarchie bzw. Bürokratie, Wahlen;
- Normen und Regeln wie Verfassungen und Gesetze sowie Traditionen;
- Organisationen wie Unternehmen, Verbände und Staat (Kruber 2002: 95ff).

Institutionen sind einerseits historisch gewachsen und in einer Gesellschaft immer schon vorhanden; insofern ist alles ökonomische Handeln immer auch sozial „eingebettet" (Granovetter 2000). Anderseits werden sie geschaffen, weil sie Vorteile bieten. Sie senken nämlich die Kosten für die Beschaffung von Informationen, die für rationale Wahlakte notwendig sind, und sie minimieren die Risiken des Opportunismus und Betrugs. Rationalität ist hier als begrenzt zu verstehen. Funktionierende Märkte bedürfen daher institutioneller Regelungen und Absicherungen, die meist durch den Staat gesichert werden wie zum Beispiel das Vertragsrecht.

Für die Politikwissenschaft gehört die Analyse von Institutionen zu den klassischen Fragestellungen des Faches; in der Wirtschaftswissenschaft hat hingegen lange die Betrachtung von Märkten dominiert und erst später kamen die „Hierarchien" bzw. Institutionen hinzu. Besonders die Namen Ronald Coase, Oliver Williamson und Douglas North sind in der Wirtschaftswissenschaft mit diesem Ansatz verbunden. Allerdings weichen jene Vorstellungen nicht unerheblich von soziologischen und historisch-politikwissenschaftlichen Ansätzen ab (vgl. Göhler/Kühn 1999).

Coase stellte sich jedoch eine simple Frage, auf die vorher seltsamerweise noch niemand gekommen war: *Wenn Märkte und Preise die Konsumenten mit Gütern und Dienstleistungen versorgen, warum gibt es dann überhaupt Unternehmen?* Für einen neoklassischen Ökonomen ist dies ja nicht so selbstverständlich, wie es für den Laien scheint. Warum etwa werden Sekretariatsarbeiten nicht über den Markt mittels Kaufverträgen geregelt, warum unterwerfen sich die Sekretärinnen freiwillig einer Hierarchie, anstatt ihre Leistung selbst anzubieten? Wie passen also die riesigen planenden Unternehmen mit dem Marktsystem zusammen? Im Sommer 1932 fand Coase die Antwort: Die Nutzung des Preismechanismus kostet Geld.

Eine Vielzahl von ökonomischen Transaktionen ist notwendig, die Kosten verursachen – Transaktionskosten. Um diese gering zu halten, werden auf Dauer angelegte Tätigkeiten aus dem Markt herausgenommen beziehungsweise einer Hierarchie unterstellt. So ist es etwa kostengünstiger, wenn ein Manager seiner Sekretärin einen Brief diktieren kann. Andernfalls müßte er bei jedem Schreiben das Branchenbuch nach einem Tippservice wälzen und Preise vergleichen.

Mit dem Transaktionskosten-Modell läßt sich auch erklären, warum Unternehmen nicht unendlich wachsen können. Wenn eine Firma größer wird, müssen die Manager immer mehr Informationen verarbeiten, Entscheidungen treffen und Mitarbeiter kontrollieren. Die Hierarchie bläht sich auf, die Organisationskosten steigen. Die optimale Unternehmensgröße ist überschritten, wenn die zusätzlichen Ausgaben für die innerbetriebliche Bürokratie höher sind als die Transaktionskosten, die anfallen würden, wenn man sich auf den Märkten bediente.

Quelle: Andreas Hoffmann: Der Preis des Marktes (in: Sommer 1993: 107)

4.4.1 Ökonomischer Institutionalismus

Die zentrale Fragestellung des Ökonomischen Institutionalismus lautet: Welches institutionelle Arrangement bringt die geringsten Kosten und die größte Effizienz? Die Antwort darauf wird von drei Varianten gegeben; es sind

- die Transaktionskostenökonomik,
- die Prinzipal-Agent-Theorie,
- der Property-Rights-Ansatz.

Transaktionskosten-
ökonomik

In der ersten Variante stehen die Kosten für Markttransaktionen im Vordergrund. Die Effizienz eines Marktes oder Unternehmens basiert auf der Summe der Produktions- und Transaktionskosten. Letztere umfassen diejenigen Aufwendungen, die entstehen, wenn ein Gut oder eine Leistung über eine trennbare Schnittstelle hinweg übertragen wird. Sie können vor Vertragsabschluss – z.B. durch die Suche nach passenden Vertragspartnern, Kosten für Verhandlungsführung etc. – entstehen (ex-ante-Transaktionskosten) oder danach etwa in Form von Kontroll- und Anpassungskosten (ex-post-Transaktionskosten). Ihre Höhe hängt von drei Merkmalen der Transaktion ab: der Faktorspezifität, der Unsicherheit und der Häufigkeit der Transaktion. Je nach dem bieten sich verschiedene institutionelle Arrangements:

- Je weniger die Faktorspezifität ausgeprägt ist, desto mehr ist die Marktkontrolle vorzuziehen (klassischer Vertrag);
- Bei hoher Ausprägung der Merkmale sind enge und langfristige Unternehmenskooperationen vorteilhaft (relationaler Vertrag). Im Extremfall kann sich die Integration des Kooperationspartners in ein Netzwerk oder sogar in die eigene Organisation (Fusion) anbieten.

> Der *klassische Vertrag* weist einen geringen Regelungsgehalt auf und ist zeitpunktbezogen wie bei einem einfachen Kauf, bei dem Ware gegen Preis getauscht wird.
> *Relationale Verträge* sind Rahmenverträge, die bei einer gegenseitigen Abhängigkeit und langfristigen Austauschbeziehungen geschlossen werden. Folglich gewinnen soziale Interaktionen und implizite Vereinbarungen zwischen den Vertragspartnern an Bedeutung.

Prinzipal Agent
Theorie

Die Prinzipal-Agent-Theorie beschäftigt sich mit einer Folge der Arbeitsteilung, wie sie für die moderne Ökonomie und vor allem das Unternehmen charakteristisch ist. Im Unterschied zu Adam Smith steigert dies nicht nur die Effizienz, sondern birgt auch Risiken, die durch entsprechende institutionelle Arrangements bewältigt werden müssen. Die dabei entstehenden Kosten müssen berücksichtigt werden. Was ist nun das Problem? Wenn ein Auftraggeber (Prinzipal) dem Auftragnehmer (Agenten) im Rahmen eines Vertrags Aufgaben überträgt, dann kann der Auftragnehmer über einen Informationsvorsprung verfügen und diesen nutzenmaximierend ausnutzen. Solche so genannten Agenturprobleme treten in drei Formen auf:

- Es kann der falsche Agent (etwa ein Arbeitnehmer) ausgewählt werden, weil nicht ausreichend oder fehlerhafte Informationen vorlagen („hidden characteristics");
- nach Vertragsabschluss kann sich der Auftragnehmer von der Arbeit „drücken" oder Ressourcen des Auftraggebers für seine Privatangelegenheiten nutzen („hidden action");
- die Absichten des Agenten bleiben dem Prinzipal verborgen, was besonders bei hoher Faktorspezifität (z.B. Expertenwissen) problematisch wird („hidden intention").

Diese Probleme lassen sich durch unterschiedliche Formen von „governance Mechanismen" lösen: durch bürokratische Vorgaben (Vorschriften, Regeln und Anweisungen), durch besseres Monitoring und Berichtspflichten oder durch Anreizsysteme (Leistungsprämien, Vermögensbeteiligung etc.). Dafür entstehen Kosten für die optimale Vertragsgestaltung sowie für Steuerung und Kontrolle.

Schließlich konzentriert sich der Property-Rights-Ansatz als weitere Richtung des Ökonomischen Institutionalismus auf die Struktur und Wirkung von Verfügungsrechten einer Gesellschaft, d.h. es geht um Eigentum und dessen Verwendung. Dabei wird der Eigentumsbegriff stärker als in der Neoklassik differenziert; er umfasst das Recht

Property-Rights-Ansatz

- auf Gebrauch („usus"),
- auf Aneignung der Erträge („usus fructus"),
- Veränderung der Substanz des Eigentums („abusus"),
- auf Übertragung an Dritte.

Hierdurch soll eine effizientere Ressourcennutzung ermöglicht werden. Z.B. wird Mobilität durch Miete eines Fahrzeugs ermöglicht. Bei einem befristeten Bedarf oder mangelndem Einkommen kann der Kauf eines Fahrzeugs nicht sinnvoll oder möglich sein, eine Anmietung aber schon. Zudem wird davon ausgegangen, dass die gegebene Allokation von Eigentumsrechten einer Gesellschaft die Anreiz- bzw. Motivationsstruktur der Akteure und damit ihr ökonomisches Verhalten bestimmt und, dass dies in der Regel durch den Staat aufrechterhalten werden muss. Dies wiederum impliziert ein funktionierendes Rechtssystem, unabhängige Gerichte und einen effektiven Schutz des Privateigentums (auch gegenüber dem Staat). Gerade in Entwicklungs- und Transformationsländern liegen auf diesem Gebiet erhebliche Defizite vor, was der Wohlstandsentwicklung abträglich ist. Noch allgemeiner betrachtet, zeigt sich ein positiver Zusammenhang zwischen Demokratie und Ökonomie.

4.4.2 Soziologischer Institutionalismus

Organisationen und ihre Umwelt

Der soziologische Ansatz beruft sich weniger auf die begrenzte Rationalität der Akteure als auf die „gesellschaftliche Konstruktion der Wirklichkeit" (Berger/Luckmann 2001) und die soziale Einbettung auch des wirtschaftlichen Handelns (Granovetter 2000). Dabei geht es nicht nur um formale Regeln, Prozesse und Normen, sondern auch um Deutungen, Symbole, „Mythen und Zeremonien" (Meyer/Rowan 1970). Der soziologische Institutionalismus bewegt sich vor allem auf der Ebene von Organisationen und stellt darauf ab, dass Entscheidungen sich weniger an Effizienzgesichtspunkten als an sozialer Legitimation orientieren und sich auf diese Weise in einem beachtlichen Maße ähneln. Nicht selten erzeugen Organisationen auch eine Art Rationalitätsfassade, um gesellschaftlichen Erwartungen zu entsprechen – funktionieren aber intern ganz anders. Institutionen üben daher nicht nur positive, Effizienz steigernde Funktionen aus, sondern zeitigen oft überraschende Effekte (Hasse/Krücken 1999: 10f).

Organisationale Felder

DiMaggio/Powell unterscheiden drei Mechanismen, die zur Anpassung von Organisationen an ihre Umwelt – hier organisationale Felder (etwa eine Branche) – führen:

- Zwang („coercive isomorphism")
- Imitation und Diffusion („mimetic isomorphism")
- normativer Druck („normative isomorphism")

Als Beispiel für den ersten Fall kann das staatliche Steuerrecht herangezogen werden, das zum Aufbau einer Buchhaltung in den Unternehmen führt – und damit zu einer Strukturangleichung, die von Außen hervorgerufen wird. Imitations- und Diffusionsphänome sind typische Effekte der Bewältigung von Unsicherheit: Weil es keine klaren Ursache-Wirkungs-Beziehungen oder heterogene Erwartungen bzw. turbulente Märkte gibt, kann eine rationale Entscheidung nicht getroffen werden. Durch Beobachtung der Umwelt werden als erfolgreich betrachtete Modelle („good practices") kopiert. Verstärkt werden solche Angleichungsprozesse durch externe Bera-

tungsfirmen, die immer dieselben „Rezepte" propagieren und so als
„Diffusionsagenten" fungieren (Hasse/Krücken 1999: 17f). Schließlich üben vor allem Professionsverbände normativen Druck aus, in
dem sie die in einem Fach üblichen Problemlösungsmuster verbrei-
ten – etwa bei Juristen, die die Funktionsweise der deutschen Verwaltung in hohem Maße prägen. Ähnliches gilt für Ingenieure, denen
als Führungspersonen eine spezifisch „technische" Prägung der Un-
ternehmensentscheidungen und -kultur zugeschrieben wird, die sich
deutlich vom Stil etwa der betriebswirtschaftlich ausgebildeten Führungspersonen abhebt.

In besonderen Fällen kann der Anpassungsdruck der Umwelt
geradezu die Marktkräfte ad absurdum führen und erfolgreich schei-
ternde Organisationen erzeugen („permanently failing organizations", Meyer/Zucker 1989). Es handelt sich hierbei um Unternehmen, die anhaltende Verluste erwirtschaften und trotzdem weiter
existieren können, weil sie wegen eines hohen gesellschaftlichen
Rückhalts fehlende Effizienz immer wieder durch Förderung und
Subventionierung ausgleichen können. Zum Beispiel gehen Klein-
betriebe bekanntlich leichter in Konkurs als Großunternehmen, da
letztere oft durch staatliche Interventionen am Leben gehalten werden. Auch viele Non-Profit-Organisationen weisen diese Tendenz
auf.

Damit sind Märke insgesamt gesehen erheblich stärker strukturiert
als in der Welt der Neoklassik, der innovationsorientierte Wettbewerb
wird relativiert durch Kooperation, Imitation und die sichtbare Hand
des Staates.

4.4.3. Historisch-politologischer Institutiona-
lismus

Der Historisch-politische Institutionalismus untersucht vor allem die
verfassungspolitischen Vorgaben und die Regeln und Normen der
öffentlichen Willensbildung und Entscheidungsfindung ebenso wie
die der Organisation der Interessenvermittlung zwischen Gesellschaft, Wirtschaft und Politik (etwa den Föderalismus, eine unabhängige Zentralbank, eine starke zweite Kammer, eine autonome
Verfassungsgerichtsbarkeit etc.). Institutionen werden ferner als „Politikerbe" bzw. pfadabhängiges Phänomen aufgefasst und sind insofern nicht ohne weiteres veränderbar. Oft sind sie der zielgerichteten
Veränderung durch die politischen Akteure weitgehend entzogen.
„Mehr noch, die Institutionen wirken wie ein Filter für das Handeln:
Sie ermöglichen bestimmte Problemlösungen und erschweren oder

Historisch-
politologischer
Institutionalismus

verunmöglichen andere, und sie gewähren Akteuren unterschiedlichen Einfluss auf die Entscheidungsprozesse" (Schmidt u.a. 2003). Sie funktionieren auch weniger nach einer Logik der Effizienz, sondern nach dem Kriterium der (sozialen und normativen) Angemessenheit. Auch hier existieren verschiedene Varianten, die – nach dem Sitz ihrer Protagonisten – als Kölner, Heidelberger und Konstanzer Schule des Historisch-politischen Institutionalismus bezeichnet werden können.

QWERTY – ein Modell für Pfadabhängigkeit

Pfadabhängigkeit bildet in den sozial- und wirtschaftswissenschaftlichen institutionalistischen Theorien ein zentrales Konzept. Der Grundgedanke ist, dass in einer historischen Sequenz Ereignisse bzw. Entscheidungen nicht unabhängig voneinander sind, sondern die späteren im Sinne eines „Politikerbes" von den vorangegangenen beeinflusst sind.

Der Begriff Pfadabhängigkeit wurde ursprünglich durch Paul A. Davids (1985) geprägt, als er die Entstehung und das Fortbestehens der Schreibmaschinentastatur mit der im englischen Sprachraum verwendeten QWERTY-Buchstabenfolge (links oben) analysierte. Diese Tastatur wurde eingeführt, weil sie ein Optimum zwischen der Mechanik und dem schnellen Tippen bildete. Trotz aller technischen Änderungen weist auch ein moderner PC diese Tastenreihenfolge auf. Warum?

David interpretiert die Entstehung des QWERTY-Standards ausgangs des 19. Jahrhunderts teilweise als Ergebnis von „zufälligen" historischen Ereignissen, die dem Modell einen Vorsprung vor konkurrierenden Schreibmaschinentastaturen verliehen. Dieser Vorsprung wurde verstärkt durch positive Rückkopplungseffekte. Unternehmen bevorzugen z.B. einheitliche Technologien, zumal diese dann entsprechende einheitliche Schulungen verlangen bzw. andere Tastaturen erhöhen die Kosten der Qualifizierung. Einmal verbreitet, erlaubt der technische Standard auch die einfache Leistungsmessung bei Schreibkräften (Zahl der getippten Wörter je Minute). Inzwischen existieren eine Reihe anderer und besserer Alternativen, aber – so die Quintessenz des Beispiels – das Handeln bei der Wahl einer Tastatur wird stärker durch die Geschichte und soziale Angemessenheit, nicht durch ergonomische und ökonomische Effizienz gesteuert.

Akteurszentrierter Institutionalismus

Der akteurszentrierte Institutionalismus, wie er von Renate Mayntz und Fritz Scharpf am Max Planck Institut für Gesellschaftsforschung in Köln entwickelt worden ist, versucht eine Zusammenführung von handlungstheoretischen und institutionalistischen bzw. strukturalistischen Ansätzen. Die Vertreter dieser Variante gehen davon aus, dass soziale Phänomene das Produkt von Interaktionen zwischen intentional handelnden Akteuren sind, deren Interaktionen jedoch durch den institutionellen Kontext, innerhalb dessen sie stattfinden, strukturiert und beeinflusst werden.

Unter Institutionen werden Regelsysteme verstanden, welche sowohl formale rechtliche Regeln (Sanktion durch Rechtssystem, Staatsapparat), als auch soziale Normen (Sanktion durch soziale

Missbilligung/Ächtung oder Entzug von Kooperation/Belohnung) beinhalten können. Dabei ist zu beachten, dass Regelsysteme bzw. Institutionen nicht handeln, aber dass sie Akteure konstituieren und in wichtigen Merkmalen prägen können. Daher die Ergänzung der institutionellen um eine Akteursperspektive. Folgende Konstellationen werden unterschieden

- einseitiges Handeln,
- Verhandlung,
- Mehrheitsentscheidung,
- hierarchische Steuerung.

Schmidt u.a. (2003) untersuchen auf einem geringeren Abstraktionsniveau institutionelle Merkmale politischer Systeme und deren Wirkungen. Die Heidelberger Autorengruppe unterscheidet zum einen Ansätze, die einzelnen institutionellen Arrangements eine besondere Wirkung auf die Staatstätigkeit zuschreiben. So üben der Föderalismus und starke direktdemokratische Elemente einen restriktiven Einfluss auf die Politikproduktion aus. Zum Beispiel werden bei Direktdemokratischen Verfahren die Wähler bei der Entscheidung einzelner Sachfragen über deren finanziellen Folgen für Steuern und Ausgaben besser informiert werden als bei parlamentarischen Entscheidungen. Dadurch werden den Wählern der Nutzen und die Kosten der Maßnahmen deutlicher vor Augen geführt. Zugleich kann die Zustimmung – v.a. der negativ Betroffenen – zu den geplanten Maßnahmen und ihren Kosten unmittelbar verweigert werden, was im budgetpolitischen Prozess in repräsentativen Demokratien nicht möglich sei.

Zum anderen geht es um die gesamte institutionelle Konfiguration politischer Systeme, v.a. die Summe der Beschränkungen des Handlungsspielraums der Regierung und der sie stützenden Parlamentsmehrheit. Hierfür wird die Zahl der institutionellen Barrieren oder der *„Vetospieler"* (Tsebelis 2002) verantwortlich gemacht.[9] Ein Vetospieler ist ein Akteur, dessen Zustimmung für eine politische Maßnahme unabdingbar ist – zum Beispiel in der Bundesrepublik der Bundesrat, (früher) die Bundesbank bzw. die Europäische Zentralbank, das Bundesverfassungsgericht oder die Parteien und Interessengruppen. Insgesamt üben sie eine strukturkonservative, reformfeindliche Wirkung aus bzw. der Ausbau des Wohlfahrtsstaats und Interventionen in die Ökonomie erfolgen in diesen Fällen eher schwach und selten.

Institutionelle
Merkmale
politischer Systeme

---

[9] Andere Arbeiten unterscheiden zwischen Mehrheits- und Konsensusdemokratie, um die unterschiedlichen institutionellen Handlungslogiken zu benennen.

Neokorporatismus-
Ansatz

Ein anderer Strang des historisch-politologischen Institutionalismus behandelt die Rolle der Verbände und unterschiedlicher Systeme der Interessenvermittlung und bewertet diese differenzierter. Im Rahmen des sog. Neokorporatismus-Ansatzes – ein Hauptvertreter ist der Konstanzer Politologe Gerhard Lehmbruch – richtet sich das Augenmerk auf zentralisierte Großverbände und ihre Steuerungspotentiale. Dabei gilt die Prämisse, dass Kooperation zwischen den Akteuren in Wirtschaft, Gesellschaft und Politik höhere Gewinne abwirft als Konfrontation und Wettbewerb. Der Ansatz korreliert mit Konzepten der Wirtschaftsdemokratie und Verfahren staatlicher Wirtschaftslenkung sowie einer keynesianischen Wirtschaftspolitik unter starker Einbeziehung von Gewerkschaften und Unternehmerverbänden. Eine einfache Betrachtung der ökonomischen Performanz deutet darauf hin, dass Arbeitslosigkeit und Inflation in neokorporatistischen, zentralisierten Verbandssystemen deutlich bessere Werte aufweisen als bei pluralistischen bzw. stärker fragmentierten und wettbewerbsorientierten Systemen. Andererseits sind hier die Staatsausgaben überdurchschnittlich hoch und das Wirtschaftswachstum fällt eher niedriger aus. Möglicherweise existiert auch ein U-Kurven-Effekt, wonach sowohl stark korporatistisch ausgerichtete als auch besonders dezentralisierte, marktorientierte politisch-ökonomische Systeme große Steuerungskapazität haben. Am schlechtesten schneiden Zwischenformen ab, weil sie weder die Vorteile kooperativen Verhaltens noch die Flexibilität einer starken Marktorientierung für sich verbuchen können (vgl. Schmid 1998b: 38ff; Lehmbruch 2005).

4.4.4 Fazit: wirtschaftspolitische Relevanz

Alle institutionalistischen Ansätze sind dadurch gekennzeichnet, dass sie auf der Makro- bzw. der Systemebene von relativ komplexen Konfigurationen und politisch-ökonomischen Interdependenzen ausgehen. Auf der Mikro- bzw. Akteursebene wird das Handeln (in Wirtschaft und Politik) als eingebettet, institutionell gebunden und durch eine Pluralität von *„Rationalitäten"* gesteuert betrachtet.

In der konkreten Wirtschaftpolitik führt die Berücksichtigung von Transaktionskosten bei der Fusion von Unternehmen zu anderen – erheblich wohlwollenderen – Ergebnissen als eine Betrachtung nach dem klassischen Wettbewerbsrecht bzw. Wettbewerbspolitik. Effiziente institutionelle Arrangements mit niedrigen Transaktionskosten und nicht kompetetive Märkte sind das Ziel. Folglich kann „mehr Wettbewerb" nicht automatisch Defizite in gesellschaftlichen Bereichen beheben – so der kritische Einwand gegen die Neoklassik (Hasse/Krücken 1999: 50f). Zudem lehrt die soziologische Variante, dass wegen der existierenden Unsicherheit häufig sozial akzeptierte Vorbilder und „best practices" übernommen werden und dass enge soziale und politische Beziehungen zum Staat bzw. anderen relevanten Umwelten das Überleben auch bei ökonomischer Ineffizienz sichern helfen. Es ist lohnend bei der Analyse von staatlichen Subventionen, diesen Aspekt mit einzubeziehen. Umgekehrt weist die politologische Forschung auf Restriktionen und Optionserweiterungen staatlicher Steuerung im Allgemeinen und der Wirtschaftpolitik im Besonderen hin, die durch Institutionen erzeugt werden – etwa durch korporatistische Einbindung von Interessenverbänden. Zugleich zeigt sich aber auch, dass Institutionen häufig geerbt sind, also historisch – ja teilweise zufällig gewachsen – sind, und sich nicht einfach technokratisch verändern oder aus anderen Ländern importieren lassen. Schließlich wird auf der Basis institutioneller Theorien eine vergleichende Forschungsperspektive und eine Präzisierung der Interdependenz von Wirtschaft und Staat möglich.

Literatur:

Ebers, Mark/Gotsch, Wilfried 1993: Institutionenökonomische Theorien der Organisation, in: Kieser, Albrecht (Hrsg.): Organisationstheorien, Stuttgart, S. 193-242.

Göhler, Gerhard/Kühn, Rainer 1999: Institutionenökonomik, Neo-Institutionalismus und Theorie der politischen Institutionen, in: Edeling, Thomas/Jann, Werner u.a. (Hrsg.): Institutionenökonomie und neuer Institutionalismus: Überlegungen zur Organisationstheorie, Opladen, S. 17-42.

Granovetter, Mark 2000: Ökonomisches Handeln und soziale Struktur, in: Müller, Hans-Hermann/Siegmund, Steffen (Hrsg.): Zeitgenössische amerikanische Soziologie, Opladen.

4.5 Vergleichende Wirtschaftssystemanalyse (Varieties of Capitalism)

Aufbauend auf den skizzierten institutionalistischen Theorieansätzen lassen sich stärker empirisch-vergleichende Varianten des Kapitalismus unterscheiden. Sie weisen Institutionen gebundene komparative Vorteile auf, d.h. Wettbewerbsfähigkeit und Wohlstand einer Nation sind auch Folge der institutionellen Struktur der politischen Ökonomie eines Landes (Hall/Soskice 2001). Damit werden Thesen, wo-

Relevanz und Entstehungskontext

nach sich eine Konvergenz aller Systeme auf einen Industrialismus oder eine Form des Kapitalismus bzw. „der" Marktwirtschaft einstellen würde, abgelehnt. Im Gegenteil, diese Systeme befinden sich angesichts der neuen Herausforderungen, die mit den Stichworten Globalisierung und technologischer Wandel verbunden sind, geradezu in einem ökonomischen „Kulturkampf" (Abelshauser 2003).

Strukturelle Vielfalt und Divergenz

Die Idee der *„Varieties of Capitalism"* entwickelt zum einen die in der Volkswirtschaftslehre verwendeten Vergleiche von Wirtschaftssystemen weiter. Dort wird etwa behandelt:

- typologisch: Marktsysteme versus Planwirtschaft;
- empirisch: Soziale Marktwirtschaft versus Realsozialismus;
- historisch: Feudalismus vs. Kapitalismus vs. Sozialismus (in Anlehnung an Marx) oder: Old (Industrie-) versus New (Informations-) Economy (vgl. Ritter 1997).

Zum anderen weisen die Wirtschaftsordnungen westlicher Industrieländer einige beachtliche Unterschiede auf. „Offensichtlich gibt es viele Wege zur Ausgestaltung der Marktwirtschaft. Welcher Weg in einem Land beschritten wird, hängt nicht in erster Linie von theoretischen Überlegungen ab, sondern wird entscheidend von den Lebensstilen, sozio-ökonomischen Bedingungen und geschichtlichen Erfahrungen in einem Land geprägt" (Pätzold 2000). Stichwortartig kann man dies so fassen:

- USA: der letzte Hort des Kapitalismus?
- Großbritannien: Wirtschaftspolitik im Konflikt zwischen Liberalismus, Interventionismus und Gewerkschaftsstaat;
- Frankreich: Zentrale (indikative) Lenkung der Marktwirtschaft;
- Japan: Wirtschaftspolitik jenseits von Markt und Plan;
- Deutschland: Soziale Marktwirtschaft zwischen Ordnungspolitik und Wohlfahrtsstaat (ebd.).

Ein weiterer Umstand bestärkt diese Vorstellung der *„Divergenz"* (Whitley 2000) bzw. der strukturierten Vielfalt in der Wirtschaft und der Wirtschaftspolitik. Die makroökonomischen Schocks der ersten Hälfte der 1970er Jahre (Ölpreisexplosion, das Zerbrechen des Festkurs-Währungssystems von Bretton Woods) sind in den OECD-Ländern auf sehr unterschiedliche Art und Weise sowie mit unterschiedlichen Ergebnissen bewältigt worden. Dabei spielt die *„economic governance"*, spielen die Produktionsregime der Länder eine wichtige Rolle. Damit ist die Organisation der Produktion durch Märkte und marktbezogene Institutionen gemeint, also der Rahmen, der die Anreize und Einschränkungen setzt und damit das Handeln der einzelnen Akteure innerhalb eines kapitalistischen Systems (Unternehmen, Verbraucher, Arbeitnehmer, Kapitaleigner) strukturiert. Dazu gehören auch politische Faktoren.

Für die Analyse unterschiedlicher Kapitalismen oder „economic governance" Systeme gibt es verschiedene Taxonomien. Besonders bekannt geworden ist die von Michel Albert (1992), der den *angelsächsischen Kapitalismus* dem Modell eines „*rheinisch-nipponischen*" gegenüberstellt; hierzu rechnet man auch die BRD.[10] Andere Autoren unterscheiden zwischen „*markt-orientierten*" und „*netzwerk-orientierten*" bzw. zwischen „*unkoordinierten oder liberalen*" und „*koordinierten*" Marktwirtschaften (Hall/Soskice 2001).[11] Zur Analyse ihrer Funktionsweise und zum typisierenden Vergleich können vier Teilbereiche unterschieden werden:

- das Finanzsystem,
- das System der Arbeitsbeziehungen,
- das Berufsausbildungssystem und schließlich
- die Beziehungen zwischen Unternehmen.

4.5.1 Finanzsystem des rheinischen Kapitalismus

Die Finanzierung der Unternehmen geschieht vor allem durch Hausbanken und weniger durch den Kapitalmarkt und den damit verbundenen Shareholder-Interessen. Daher sind die Zeithorizonte relativ lang und die Verbindungen zwischen Banken und Unternehmen eng. Vielfach kommt es zu überlappendem Aktivenbesitz und einer wechselseitigen Übernahme von Aufsichtsratssitzen. Diese Kontrollstruktur aus Vernetzung und relationalen Verträgen reduziert die Risiken zwischen Prinzipal und Agenten und senkt zudem die Transaktionskosten.

Netzwerk-
orientierter
Kapitalismus

Wie dieser netzwerk-orientierte Kapitalismus – auch „*Deutschland AG*" genannt – aussieht und wie er sich in jüngster Vergangenheit gewandelt hat, zeigen die beiden Grafiken (aus FAZ am Sonntag, 24.7.2005: 29 bzw. Kengelbach/Roos 2006).

Die Beziehungen zwischen Banken und Industrie und ihre Charakteristika sind geprägt durch historische Anforderungen im Prozess der Industrialisierung während des Kaiserreichs: das sich über Stahl indus-

---

10 Deutschland wird auch unter dem Stichwort Modell Deutschland untersucht (vgl. dazu Immerfall/Franz 1998, Esser/Schroeder 1999 und Simonis u.a. 1998).

11 Diese Überlegungen sind äußerst kompatibel mit der Analyse von unterschiedlichen Welten des Wohlfahrtsstaats, wo zwischen liberalen, konservativen und sozialdemokratischen Regimen unterschieden wird (Schmid 2005a).

Abb. 29: Die „Deutschland AG": Struktur und Wandel (1996 und 2000)

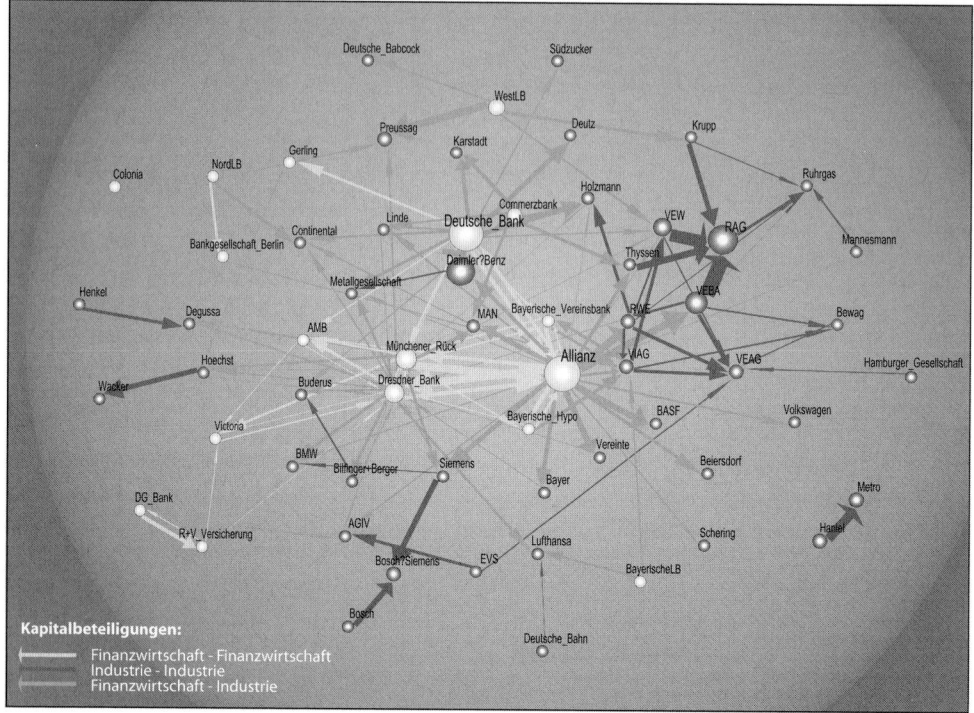

trialisierende Deutschland benötigte z.B. viel langfristig gebundenes Kapital, das nur durch Banken bereitgestellt werden konnte, während sich z.B. Großbritannien früh und über wenig kapitalintensive Branchen industrialisierte wie Textil (Busch 2000, Abelshauser 2003).

4.5.2 Arbeitsbeziehungen und System der beruflichen Aus- und Weiterbildung

Arbeitsbeziehungen   Im Feld der Arbeitsbeziehungen dominieren im rheinischen Kapitalismus relativ stark regulierte Arbeitsmärkte, es gibt im Rahmen der Mitbestimmung Einflussmöglichkeiten der Beschäftigten (als Stakeholders) auf die Unternehmensführung sowie starke Gewerkschaften, was die Bedeutung der Shareholder relativiert. Die Kontrolle und Durchsetzungsfähigkeit seitens des Top-Managements sind begrenzt, die Löhne werden koordiniert auf nationaler oder sektoraler Ebene ausgehandelt und die Gewerkschaften und Arbeitgeberverbände sind eng in die staatliche Wirtschaftspolitik eingebunden (Neokor-

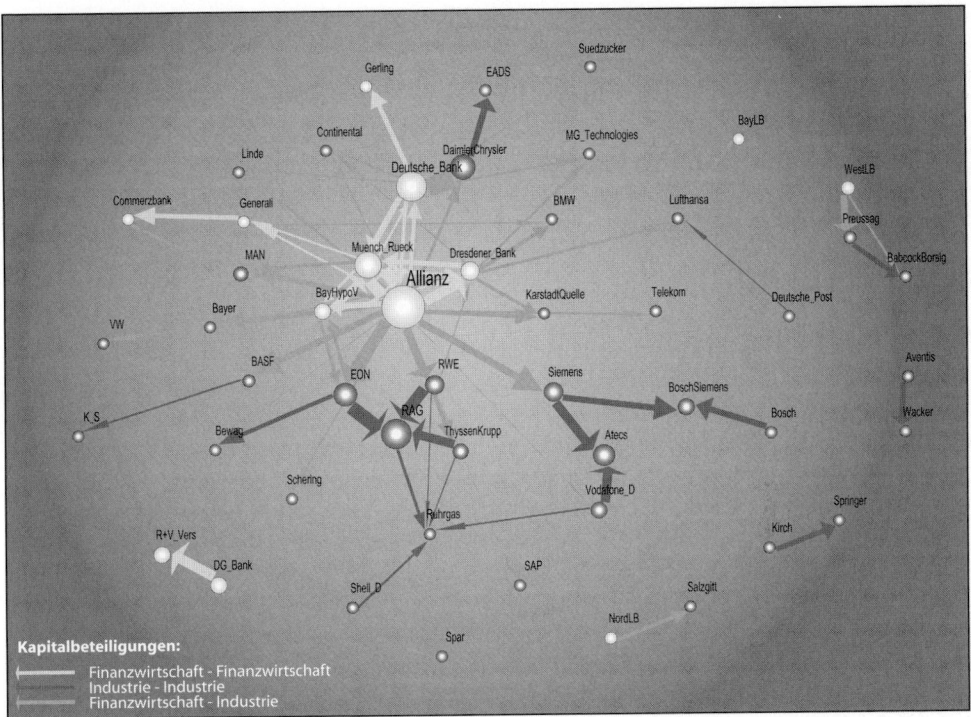

Quelle: nach Höpner/Krempel 2003

poratismus). Gleichzeitig ist die Streikneigung niedrig und die Betriebszugehörigkeit hoch.[12]

In der beruflichen Aus- und Weiterbildung kommt es in der koordinierten Ökonomie zu einer relativ langen berufsbezogenen Ausbildung und einer intensiven Weiterbildung. Sie wird weitgehend durch Kammern und neokorporatistische Arrangements organisiert. Dies ist eine wesentliche Voraussetzung für eine Qualitätsproduktion, wie sie im Automobil- und Maschinenbau betrieben wird. Die simple Gleichung lautet daher: „high skill – high qualitiy – high wages".

System der beruflichen Aus- und Weiterbildung

---

[12] Mit Albert Hirschman (1974) kann man davon ausgehen, dass in deutschen Unternehmen Unzufriedenheit der Mitarbeiter – analoges gilt auch für die Kunden – nicht primär mit dem Mechanismus des „Exit", d.h. der Abwanderung zu einem anderen Anbieter auf dem Markt beantwortet wird, sondern durch „Voice", d.h. durch verbalen Protest artikuliert wird.

4.5.3 Arbeits- und Sozialschutz/Sozialpolitik sowie Beziehung der Unternehmen untereinander

Funktion sozialer Sicherungssysteme

Im rheinischen Kapitalismus werden die Risiken industrieller Arbeit über umfassende – allerdings am Arbeitnehmerstatus festgemachte – soziale Sicherungssysteme kollektiv bewältigt. Diese üben zugleich einen stabilisierenden Effekt auf die Ökonomie aus: in Krisenphasen fungieren sozialpolitische Ausgaben als automatische Stabilisatoren (in einem keynesianischen Verständnis der Probleme). Zugleich liefern die Bildungs- und die Arbeitsmarktpolitik wichtige Infrastrukturen und Beiträge zur Humankapitalbildung (Schmid 2005a).

Funktion der Unternehmen

Die Unternehmen im rheinischen Kapitalismus nutzen die Kooperationsmöglichkeiten etwa im Bereich der Zuliefer- und Automobilindustrie sowie der schon erwähnten Verflechtung mit den Banken. Weiterhin kommt es im Bereich der technischen Normung zu einer Kooperation von Unternehmen und Verbänden sowie teilweise bei der Nutzung von F&E-Infrastrukturen und Fördermitteln. Der Staat spielt im rheinischen Kapitalismus vielfach die Rolle des Initiators und Aktivierers, der beispielsweise als Nachfrager oder wirtschaftlich-technischer Impulsgeber agiert.

Die folgende Tabelle fasst die Hauptmerkmale des rheinischen Kapitalismus bzw. der koordinierten Marktwirtschaften noch einmal kurz zusammen und kontrastiert sie mit dem liberalen Modell.

Abb. 30: Hauptmerkmale der „Liberal Market Economies" und der „Coordinated Market Economies"

	Liberal Market Economies	Coordinated Market Economies
Finanzsystem	• Dominanz des Kapitalmarktes, d.h. kurzer Zeithorizont • Möglichkeit hoher Risiken	• Bankendominanz, d.h. langfristige Finanzierung (Hausbank)
Arbeitsbeziehungen	• deregulierte Arbeitsmärkte • keine effektive Mitbestimmung • wenige „veto points"	• kooperativ, wichtige Rolle der Gewerkschaften • Lohnaushandlung überbetrieblich
Berufsaus- und Weiterbildung	• Schwerpunkt auf allgemeinen Kenntnissen • keine langen Anlernzeiten • stückweise Weiterbildung	• intensive, berufsbezogene Ausbildung • starke Einbindung der Wirtschaftsverbände und der einzelnen Unternehmen
Unternehmensbeziehungen	• starker Konkurrenzdruck • wenig Möglichkeit zur Kooperation	• erhebliche Möglichkeiten zur Kooperation (z.B. Standards oder technologische Zusammenarbeit)

4.5.4 Fazit: wirtschaftspolitische Relevanz

Die Überlegungen über die Vielfalt an kapitalistischen Marktwirtschaften zeigen zum einen, wie eng die Interdependenz von Wirtschaft und Politik in einigen Fällen verläuft, und dass es zum anderen keinen „one best way" gibt. Der koordinierte Kapitalismus und seine Unternehmen agieren im Vergleich zu Firmen im „liberal market capitalism" weniger flexibel, weil das politisch-institutionelle Gefüge ihnen nicht die Freiheiten bietet, auf schnell ändernde Marktbedingungen zu reagieren. Daher fallen die kurzfristigen Profitraten vergleichsweise gering aus. Weitere Nachteile bzw. Ambivalenzen des Modells liegen im vergleichsweise schwierigen Kapitalzugang v.a. der kleinen, innovativen Unternehmen und der ausgeprägten Regulation, die für Unternehmen erhebliche Aufwendungen und Rigiditäten bedeuten. Bei den Arbeitnehmern ist ferner eine mangelnde Mobilität festzustellen – was aber angesichts der hohen Investitionen in das Humankapital zu relativieren ist.

Wer im managed capitalism produziert, kann sich dafür auf Stabilität und Vertrauen verlassen, was es ermöglicht, kontinuierlich und langfristig Profite zu erwirtschaften. So sind „akkumuliertes Vertrauenskapital und die Fähigkeit zur Soziabilität ... Voraussetzungen für ein strukturell niedriges Transaktionskostenniveau und für die Wettbewerbsfähigkeit auf internationalen Märkten" (Abelshauser 2003: 181) – und eine gute Voraussetzung zur Bewältigung der Herausforderungen durch Globalisierung und technologischen Wandel.

Zugleich sind die Elemente des Kapitalismusmodells eng miteinander verbunden und korrelieren mit entsprechenden Formen des Wohlfahrtsstaats. Daher lassen sich einzelne Elemente nicht einfach importieren – zumal einige Elemente (wie etwa die Mitbestimmung) durchaus auch heute eine positive Wirkung entfalten. „Deutsche Wirtschaftspolitik sollte sich daher am Anfang des 21. Jahrhunderts nicht in der Imitation von Produktionsregimen erfolgreicher Wettbewerber erschöpfen, sondern die eigenen komparativen institutionellen Vorteile kreativ ausbauen." (Abelshauser 2003: 191).

Literatur:

Abelshauser, Werner 2003: Kulturkampf. Der deutsche Weg in die Neue Wirtschaft und die amerikanische Herausforderung, Berlin.
Albert, Michael 2001: Kapitalismus contra Kapitalismus – zehn Jahre danach, in: Blätter für deutsche und internationale Politik, Heft 12, S. 1451-1462.

Busch, Andreas 2000: „Economic Governance" in angelsächsischen Demokratien, in: Kaiser, André: Regieren in Westminster-Demokratien, Baden-Baden, S. 59-73.

Internetseiten:

Comparative Economic Systems: http://business.baylor.edu/Steve_Gardner/CES.HTM
Max-Planck-Institut für Gesellschaftsforschung (div. papers): www.mpi-fg-koeln.mpg.de

4.6 Internationale Politische Ökonomie/Globalisierungstheorien

Relevanz und Entstehungskontext

Seit dem Zweiten Weltkrieg ist es zu einer bemerkenswerten Expansion des Welthandels und zu einer verstärkten internationalen Verflechtung der nationalen Ökonomien gekommen. So hat sich zwischen 1948 und heute das reale Weltexportvolumen um das mehr als 22fache erhöht. Angetrieben wird diese Dynamik durch die Liberalisierung der Märkte – noch verstärkt durch das Ende des Kalten Krieges – sowie neuen Informations- und Kommunikationstechnologien, die den weltumspannenden Austausch von Daten zu niedrigen Preisen erlauben. Auf diese Weise ist ein wirklicher Weltmarkt entstanden, der über die nationalen politischen und ökonomischen Systeme hinausreicht. Gleichzeitig sind jedoch bis heute die Entwicklungsländer nach wie vor nicht ausreichend in die Weltwirtschaft integriert. Zudem werden vor allem in Europa, aber auch in Lateinamerika und Asien die Tendenzen zur Internationalisierung durch Tendenzen zur Regionalisierung, d.h. der Bildung von Weltregionen mit intensiveren wirtschaftlichen Verflechtungen überlagert. Ein Beispiel hierfür ist die ASEAN.

Merkmale der Globalisierung

Kennzeichnend für eine „*Weltwirtschaftspolitik*" (Wagner 1999) bzw. Analyse der internationalen Politischen Ökonomie ist der Umstand, dass internationale Wirtschaftstransaktionen die Grenzen souveräner Staaten und deren wirtschaftspolitische Institutionen und Interventionsmöglichkeiten überschreiten. Untersuchungsgegenstände sind dabei der Internationale Handel bzw. der Außenhandel, Auslandsinvestitionen, Formen der internationalen Arbeitsteilung und Wettbewerbsfähigkeit, globalisierte Finanzmärkte, multinationale Unternehmen und internationale Arbeitskräftewanderung. Das Ausmaß an Interaktionen über große Instanzen bzw. an globalem

Handeln ist inzwischen so groß und so alltäglich geworden, das Systemtheoretiker wie Luhmann inzwischen von einer *„Weltgesellschaft"* reden, wobei hier auch die nicht-ökonomischen Aspekte impliziert sind. Die wirtschaftspolitischen Fragestellungen verschieben sich dabei von der Analyse des Außenhandels zwischen Staaten zu den Theorien der internationalen Politischen Ökonomie bzw. der Interaktionen auf der Ebene der Weltwirtschaft hin zu den Rückwirkungen der Globalisierung und ihrer politischen Gestaltungsmöglichkeiten. Neben den traditionellen internationalen Organisationen wie IWF, Weltbank und WTO, werden dabei auch neue institutionelle Arrangements und Regime unter Beteiligung nicht-staatlicher Akteure betrachtet.

4.6.1 Klassische und Neue Außenhandelstheorie

Die Wurzeln der Handelstheorie liegen im Liberalismus; v.a. David Ricardo (1772-1823) hat die Diskussion durch das Theorem der komparativen Kostenvorteile geprägt. Argumentiert wird, dass aufgrund unterschiedlicher Produktionsfunktionen länderspezifische Differenzen in den relativen Kosten der Produktion von Gütern bestehen. Entscheidend sind dabei allerdings nicht die absoluten Preisniveaus, sondern die relativen Preise in den am Außenhandel beteiligten Ländern. Daher ist es für alle vorteilhaft, internationalen Handel zu treiben, denn es kommt zur Verbesserung der Konsumversorgung und einer effizienteren Allokation von Ressourcen weltweit und somit zur Steigerung der weltweiten Produktion.

Außenhandelstheorie von Ricardo

> Sein berühmt gewordenes Beispiel: *Gesetzt den Fall, Portugal produziere sowohl Wein als auch Tuch billiger als England, jedoch sei der Vorsprung bei Wein größer als bei Tuch. Dann steigt der Wohlstand insgesamt, wenn Portugal sich auf die Produktion von Wein und England auf die Tuchmanufaktur spezialisiert, obwohl Portugal bei beiden Produkten einen absoluten Kostenvorteil besitzt.* England hat nämlich bei Tuch einen „komparativen Kostenvorteil", weil die Rationalisierungsgewinne beim Wechsel von der englischen zur portugiesischen Weinproduktion die Verluste beim Übergang von der portugiesischen zur englischen Tuchproduktion übersteigen. Bis heute beherrscht dieses Argument die Freihandelsdebatte.
> *Heinz D. Kurz: Geiz der Natur (in: Sommer 1993: 15ff)*

Ricardos Handelstheorie basiert auf einem Produktionsfaktor (Arbeit) und einem Handel, der an den vorherrschenden Produktionsunterschieden ansetzt. Demgegenüber argumentiert das *Faktor-Pro-*

portionen-Theorem von Heckscher-Ohlin, dass die relativen Vorteile einzelner Volkswirtschaften gegenüber anderen und damit die Ursache des Außenhandels nicht auf international divergierende Produktionsfunktionen, sondern auf die unterschiedliche Ausstattung mit Produktionsfaktoren in den verschiedenen Volkswirtschaften zurückzuführen sei. Zugleich legt diese eine entsprechende Produktionsspezialisierung nahe. Die internationalen Tausch und Preisverhältnisse werden als „terms of Trade" bezeichnet und beschreiben das Verhältnis von Exportpreis-Index zum Importpreis-Index (Wagner 1999: 2f).

Neue Außen-
handelstheorie

In den Achtzigerjahren des 20. Jahrhunderts entstand die so genannte Neue Außenhandelstheorie, die von unvollkommenen Märkten ausgeht und erkennt, dass es beim internationalen Handel unter Umständen nicht nur Gewinner, sondern auch Verlierer geben könne, und dass neben dem intersektoralen Handel der intrasektorale von Bedeutung wäre. Hier spielen positive interne Skaleneffekte und eine Reduzierung der Transportkosten eine wichtige Rolle. Der amerikanische Ökonom Paul Krugman hat ferner darauf hingewiesen, dass es im Grunde keinen Systemwettbewerb zwischen Ländern sondern nur von Unternehmen oder Personen geben kann (Schirm 2004).

Diese so genannten Neuen Außenhandelstheorien liefern zugleich die Begründung für eine strategische Handelspolitik des Staats, deren Ziel es ist, Marktanteile auf dem Weltmarkt zu gewinnen oder zu halten. Da sektorale, industriespezifische Faktoren und Größenvorteile (Skaleneffekte) die Richtung, das Niveau und die Struktur des internationalen Handels bestimmen, kann und soll der Staat durch gezielte Maßnahmen die internationale Wettbewerbsfähigkeit spezieller Branchen fördern – etwa Subventionen, Steuererleichterungen oder Schutz vor ausländischer Konkurrenz.

4.6.2 Systemische Wettbewerbsfähigkeit

Konzept der
systemischen
Wettbewerbsfähig-
keit

Das Konzept der systemischen Wettbewerbsfähigkeit geht ebenfalls davon aus, dass die Dynamik einer Volkswirtschaft auf dem Erfolg von Unternehmen basiert und versucht, eine Reihe von Konzepten und Theorien aus den Sozial- und Wirtschaftswissenschaften miteinander zu verknüpfen. In diesem Ansatz hängt die Leistungsfähigkeit von Unternehmen nicht allein von ihren eigenen Anstrengungen ab, sondern auch von einer Reihe weiterer – eben systemischer – Faktoren, die vier Analyseebenen zugeordnet werden:

- *Meta-Ebene*: Gesellschaftliche Handlungsmuster, Einstellungen und Wertesysteme;
- *Makro-Ebene*: Rechtliche und politische Rahmenbedingungen, u.a. stabile makroökonomische Bedingungen, Entwicklungs- und Armutsorientierung der Wirtschaftspolitik, Kohärenz wirtschaftlicher Reformen, Rechtssicherheit und Korruptionsbekämpfung;
- *Meso-Ebene*: Kooperationen zwischen Staat, intermediären Institutionen (Verbänden, Interessenvertretungen, NRO etc.) und Akteuren der Mikroebene, Gestaltung der wirtschaftlichen und finanziellen Infrastruktur;
- *Mikro-Ebene*: Potenziale von Unternehmen und Personen (u.a. Beschäftigte).

Das Konzept „Systemische Wettbewerbsfähigkeit" ist kein systemtheoretischer Ansatz, sondern bezieht sich auf die Verknüpfung von Akteuren, Organisationen und Institutionen, die durch spezifische Machtstrukturen, Kommunikations- und Regelsysteme geprägt sind.[13] Die Interdependenzen zwischen den Ebenen und deren strategische Handhabung erzeugen demnach die Unterschiede in der ökonomischen Performanz der nationalen Volkswirtschaften bzw. deren Wettbewerbsfähigkeit (vgl. www.wiram.de). Umstritten ist in diesem Zusammenhang jedoch die Frage, inwieweit dies durch demokratische Institutionen und Prozesse unterstützt wird.

4.6.3 Internationale Politische Ökonomie und Weltwirtschaftspolitik

Die internationale Politische Ökonomie hat – in Anlehnung an die Großtheorien der Internationalen Beziehungen – ein breites Spektrum an Ansätzen hervorgebracht (vgl. http://weltpolitik.net/sachgebiete/wirtschaft). Etwas vereinfacht kann man Realisten/Neomerkantilisten und Neoliberale gegenüberstellen.

Für Realisten und Neomerkantilisten stehen nach wie vor der Nationalstaat bzw. die nationale Volkswirtschaft im Vordergrund. In Abgrenzung zu den neoliberalen Theoretikern postulieren sie

Realismus und Neomerkantilismus

- die anhaltende Bedeutung des Nationalstaates im Zeitalter von Interdependenz und Globalisierung, und
- plädieren häufig für protektionistische und interventionistische Elemente in der Wirtschaftspolitik.

---

13   Insofern ähnelt der Begriff „System" dem von Friedrich List („Das nationale System der politischen Ökonomie", 1841).

Die Internationalisierung und Globalisierung ist diesem Ansatz gemäß nicht nur ökonomisch und technologisch, sondern auch von politischen Faktoren verursacht. Eine zentrale Rolle spielt dabei die Existenz und das Verhalten eines hegemonialen Staats. Verliert dieser an Macht, greift er häufig in der Wirtschaftspolitik zu protektionistischen Maßnahmen. Da zwischen den Staaten ein „Gefangenendilemma" besteht, ist es im Interesse eines jeden Staates, sich ein Höchstmaß an nationaler Handlungsautonomie zu bewahren und Abhängigkeiten zu vermeiden. Dass dies erfolgreich ist, beweist sich aus der Sicht der ökonomischen Realisten an den Ökonomien in Ostasien, deren Modernisierungsfortschritt nicht auf größtmögliche Marktöffnung zurückzuführen ist, sondern auf einer protektionistischen und interventionistischen Politik der jeweiligen Staaten basiert. Aber auch zwischen hoch entwickelten Ökonomien der OECD-Welt existieren vielfach Handelshindernisse, häufig in versteckter, nichttarifärer Form. Ähnlich lässt sich das Streben nach nationalen oder europäischen „Champions" (etwa Airbus im Flugzeugbau) interpretieren (Blauberger u.a. 2005: 168f).

Neoliberalismus

Demgegenüber vertrauen die Vertreter des Neoliberalismus dem freien Handel und dem internationalen Wettbewerb; Adam Smiths *„unsichtbare Hand"* und David Ricardos *Theorem der komparativen Kostenvorteile* sind wichtige Bausteine dieser Theorie. Zentral ist das Anliegen der Freiheit des Individuums, der Staat hingegen wird skeptisch betrachtet.

Zentrale Annahmen des Liberalismus:

– Perfekte Information,
– rational handelnde Individuen,
– Existenz harmonisierender Interessen,
– die rationale Nutzenmaximierung des Individuums führt zur Maximierung des Nutzens der Gesellschaft,
– Internationaler Handel führt zu internationaler Kooperation und Frieden,
– die Verbreitung von Demokratie fördert Stabilität und Frieden,
– Kooperation und Frieden zwischen den Staaten sind möglich – das internationale System ist nicht konfliktgeladen. (http://weltpolitik.net/sachgebiete/wirtschaft)

Zwischen beiden Positionen liegen zwei weitere, wichtige Ansätze: der (liberale) Institutionalismus und die Integrationstheorien.

Liberaler Institutionalismus

Beim ersten Ansatz findet der Außenhandel im internationalen System nicht mehr einmalig und nicht nur zwischen Staaten und nationalen Ökonomien statt. Vielmehr haben transnationale und internationale Institutionen Einfluss auf die Akteure und ihr Verhalten. Das internationale System zeichnet sich durch ein komplexes

Interaktionsmuster dieser unterschiedlichen politischen und wirtschaftlichen Akteure aus. Dabei wächst der Grad der internationalen Verflechtung und Interdependenzen stetig, sodass es einer übergeordneten regulativen Instanz bedarf. Auf diese Weise kann auch das für den internationalen Handel problematische „Gefangenendilemma" überwunden werden – denn durch Institutionen entstehen größeres Vertrauen, bessere Planungssicherheit und mehr Transparenz, also sinken die Transaktionskosten. Dazu ist es aber notwendig, dass Institutionen das Verhalten der Akteure überwachen und eine Regelverletzung zum Teil sanktionieren können. Hierzu gehört etwa der Internationale Währungsfond (IWF), die Welthandelsorganisation (WTO), die Weltbank etc. (zu deren Aufbau und Funktion vgl. Wagner 1999). In diesem Zusammenhang wird auch von Global Governance gesprochen als „Governance without Government" (Rosenau/Czempiel 1992). D.h. die Gestaltung der internationalen Beziehungen und Weltwirtschaftspolitik vollzieht sich auch am Staat vorbei und wird von nicht-staatlichen Akteuren – Nicht-Regierungsorganisationen (NGOs) und privatwirtschaftlichen Organisationen – betrieben.

Integrationstheorien untersuchen vor allem die wechselseitigen Beziehungsmuster und die zunehmende Integration von Staaten. Sie erhielten besonders in den 1960er Jahren mit der fortschreitenden europäischen Integration Auftrieb. Sie postulieren, dass die Zunahme der technologischen und wirtschaftlichen Zusammenarbeit zu einer wachsenden Verflechtung und wachsenden gegenseitigen Abhängigkeiten der Staaten führe, was wiederum eine größere politische Kooperation erforderlich mache. Die Staaten arbeiten – so die Idee – zuerst bei der Lösung sachorientierter Fragen und einfacher Probleme zusammen, was als funktionale Kooperation bezeichnet wird. Dieses führt zu so genannten *„Spill-overs"*[14] in andere Bereiche – etwa in Europa von der Montanunion, über die Zollunion und den Binnenmarkt bis zur Wirtschafts- und Währungsunion –, was wiederum zu einer stetig steigenden Integration führt. In diesem Zusammenhang spricht man auch von Regionalisierung bzw. Regionalismus (Schirm 2004: 173ff; http://weltpolitik.net/sachgebiete/wirtschaft).

Integrationstheorien

---

14 Spill-over meint, dass sich die Kooperation in bestimmten Bereichen automatisch auf andere Bereiche ausdehnt und zu einer stetig zunehmenden regionalen Verflechtung und Interdependenz führt.

Regionalisierung/Regionalismus meint einen wirtschaftlichen oder politischen Zusammenschluss von Ländern, die sich meist in einer Weltregion befinden. Es existieren unterschiedliche Formen, u.a.:

a) *Freihandelszone:* Abschaffung von Zöllen und Kontingenten im Außenhandel zwischen den Mitgliedstaaten der Freihandelszone, jedoch Beibehaltung der jeweiligen nationalen Handelsbeschränkungen gegenüber Drittländern (Beispiel: Europäische Freihandelszone);

b) *Zollunion:* Abschaffung von Handelsbeschränkungen zwischen den Mitgliedstaaten der Zollunion und Errichtung eines gemeinsamen Außenzolltarifs gegenüber Drittländern (Beispiel: EWG);

c) *Gemeinsamer Markt:* Zusätzlich zur Zollunion wird Freizügigkeit der Personen, Waren, Dienstleistungen und des Kapitalverkehrs innerhalb des Gemeinsamen Marktes hergestellt (Beispiel: Binnenmarkt im Rahmen der EWG);

d) *Wirtschafts- und Währungsunion:* Über den Gemeinsamen Markt hinaus werden die nationalen Wirtschaftspolitiken koordiniert bzw. harmonisiert (Beispiel: Europäische Wirtschafts- und Währungsunion im Rahmen der EU);

e) *Vollständige wirtschaftliche Integration:* Übertragung der wirtschaftlichen Entscheidungen auf supranationale Organe (in der EU teilweise realisiert, Beispiel: Geldpolitik im Rahmen des Europäischen Systems der Zentralbanken).

4.6.4 Globalisierung und Folgen

Globalisierungs-
kritik

Die zunehmende weltweite Integration und Vernetzung von Wirtschaft, Kultur, Kommunikation und Information wird seit den 1990er Jahren unter dem Stichwort Globalisierung diskutiert. Während Ökonomen den Nutzen überwiegend in wirtschaftlicher Integration sehen – etwa in Freihandelsgewinnen oder dem Abbau von Armut und Ungleichheit –, existieren aber auch kritische Stimmen. Besonders die Rückwirkungen der Globalisierung auf die nationalen politisch-ökonomischen Systeme, deren Anpassungsschwierigkeiten und Verletzlichkeit werden hier diskutiert. Neben der Debatte um die Standort- und Wettbewerbsprobleme steht der Ab- und Umbau des Wohlfahrtsstaates im Vordergrund. Der gesteigerte internationale Wettbewerb – so eine Variante – zwinge zur Konzentration der Ressourcen auf die produktiven Bereiche und damit tendenziell zu einer Reduzierung der Staatsquote und der Sozialpolitik.

Für Fritz Scharpf existiert eine *„Globalisierungsfalle",* denn „... anders als in der Nachkriegszeit (können) die Konsumenten nicht mehr zum Kauf inländischer Produkte gezwungen werden (...), wenn diese teurer oder weniger attraktiv sind als Angebote aus anderen Ländern; und es bedeutet auch, dass Kapitalbesitzer nicht mehr zur Anlage im Inland gezwungen werden können, wenn die erwartbare Rendite nach Steuern unter den anderswo erzielbaren Erträgen liegt. Da aber die nationale Politik von ihren Wählern auch weiterhin für Beschäftigung und Einkommen verantwortlich gemacht wird, und da sie auf das nationale Steueraufkommen angewiesen bleibt, muss sie sich wohl oder übel auf eine Standortkonkurrenz mit anderen Staaten einlassen, bei der es darum geht, die Attraktivität des eigenen Landes für Produzenten, Investoren und Steuerzahler gegenüber den konkurrierenden Standorten zu verteidigen oder zu verbessern" (Scharpf 2000: 3).

In einer anderen Variante wird geradezu das Gegenteil postuliert: es bestehe eine positive Beziehung zwischen der Entwicklung des Sozialstaates und der Globalisierung. Denn nur ein ausgebauter Sozialstaat erlaubt ein hohes Maß an weltwirtschaftlicher Integration. Dabei hängt das Urteil entscheidend davon ab, was denn unter Wohlfahrtsstaat (enges vs. weites Konzept, Typus des Wohlfahrtsstaats) und zum anderen, was unter Globalisierung (Güter- und Dienstleistungsmärkte vs. Finanzmärkte) verstanden werden soll. So erscheint schon Globalisierung als erheblich differenzierter, wenn man folgende Einteilung vornimmt[15]:

Abb. 31: Varianten der Globalisierung

insgesamt (% BIP)	Schwerpunkt liegt auf Gütern	Schwerpunkt liegt auf Finanzen
hoch	Deutschland	Großbritannien
tief	Japan	USA

Insgesamt gesehen gibt es angesichts der schwierigen Datenlage bislang wenig eindeutige Befunde; unsere Vermutung ist jedoch, dass der Wohlfahrtsstaat dann besser abschneidet, wenn sich die Globalisierung auf Güter- und Dienstleistungsmärkte konzentriert – was etwa dem erfolgreichen Exportmodell Deutschland der 1970er Jahre entspricht. Bei einer Globalisierung der Finanzmärkte kommt dieses Modell jedoch unter Druck und zwar je stärker eine enge Konzeption von Wohlfahrtsstaat verwendet wird; bei einem weiten Konzept kommen hingegen die Infrastrukturleistungen (wie die Bildungspolitik) positiver zum Tragen (vgl. Schmid/Rehm 2003).

---

[15] Die USA und Japan verfügen über Exportanteile von rund 20% ihres BIP, sind also relativ stark binnenmarktorientiert – was jedoch nicht heißt, dass sie für den Weltmarkt nicht wichtig wären, da es sich (in Absolutwerten) um große und einflussreiche Industrienationen handelt.

4.6.5 Fazit: wirtschaftspolitische Relevanz

Das primäre Erkenntnisinteresse der Internationalen Politischen Ökonomie und Weltwirtschaftspolitik liegt in der Interaktion von Staaten und Märkten – in ihren Wechselwirkungen und gegenseitigen Einflüssen. Während die Ökonomie diese Zusammenhänge unter den Gesichtspunkten von Effizienz und Ressourcenallokation betrachtet, fragt die Politikwissenschaft nach der Durchsetzung einzelner oder kollektiver Interessen, d.h. es geht vor allem um Machtfragen und gleichzeitig um Fragen der Legitimität (Blauberger u.a. 2005). So spielen politische Institutionen auch unter Bedingungen der Globalisierung eine wichtige Rolle.

Einschätzungen zu Wirkungen der Globalisierung

Schließlich ist gerade die jüngere Debatte geprägt von unterschiedlichen Einschätzungen der Wirkungen der Globalisierung wie sie in den Positionen von *Hans-Werner Sinn* und *Rudolf Hickel* zum Ausdruck kommen.

Interview mit Hans-Werner Sinn, Chef des ifo-Instituts für Wirtschaftsforschung: Deutsche Befindlichkeiten interessieren die Chinesen nicht

Das Parlament: Wenn Sie an die Globalisierung denken, was macht Ihnen Angst?

Hans-Werner Sinn: Ich sehe den Prozess mit großer Zuversicht. Ich bin froh darüber, dass die Globalisierung die Armut großer Teile der Welt beseitigt. Mit den ehemaligen kommunistischen Ländern und Indien partizipieren nun riesige Gebiete am Wohlstand der westlichen Welt, die noch vor 20 Jahren in Armut zu versinken drohten. Das ist die gute Nachricht.

Das Parlament: In den industrialisierten Staaten verlieren derzeit sehr viele Menschen ihre Jobs. In den USA werden sogar schon Rechtsanwaltsstellen nach Indien outgesourct. Wie sieht das Szenario für die Deutschen bei fortschreitender Globalisierung aus?

Hans-Werner Sinn: ... Bis die internationale Konkurrenz bei uns die höherwertigen Jobs verdrängt, wird noch viel Wasser den Rhein herunter fließen. Vorläufig ist vor allem die einfache Arbeit von den Kräften der Globalisierung betroffen. Auf dem Weltarbeitsmarkt nähern sich die Löhne für einfache Arbeit aneinander an. Das heißt nicht, dass sie gleich werden. Doch gibt es einen Konvergenzprozess, der sich über die nächsten Jahrzehnte hin erstrecken wird. Dieser Prozess ist nun mal für die chinesischen Arbeiter angenehmer als für die Deutschen, weil die chinesischen Arbeiter in der Lohnskala ganz unten sind und die deutschen Arbeiter ganz oben.

Das Parlament: Die Leute klagen ohnehin schon. Sie haben nicht mehr so viel im Portmonee wie früher, und ihre Arbeitsplätze sind unsicher. Müssen die Löhne im Bereich der weniger qualifizierten Jobs in Deutschland dennoch weiter gesenkt werden?

Hans-Werner Sinn: „Müssen gesenkt werden" klingt reichlich normativ, so als wollte oder forderte ich das aus moralischen Gründen. Die Löhne für einfache Arbeit kommen durch die Marktkräfte unter Druck, und sie müssen mindestens im Vergleich zum erhofften Trend gesenkt werden, wenn man die Arbeitslosigkeit verringern will. Deutsche Befindlichkeiten interessieren die Chinesen nicht. Wenn wir durch politischen und gewerkschaftlichen Einfluss verhindern, dass die Löhne für einfache Arbeit vom Wachstum abgekoppelt werden, wird die Massenarbeitslosigkeit immer weiter zunehmen.

Quelle: Das Parlament, Nr. 47, Berlin, 21. November 2005

Interview mit dem Bremer Globalisierungskritiker Rudolf Hickel: Die Gralshüter der Freihandelstheorie dominieren

Das Parlament: Welche Folgen hat die Globalisierung ganz konkret?

Rudolf Hickel: Es gibt grundsätzlich zwei völlig neue Entwicklungen. Da ist zum einen die Internationalisierung der Finanzmärkte, zum anderen ist es die ohne Rücksicht auf Grenzen mögliche Entscheidung über den Produktionsstandort. Sie wird heute quasi über nationalstaatliche Grenzen hinaus getroffen – eine Folge der grenzüberschreitenden Liberalisierung aller Märkte durch Abbau des nationalen Protektionismus. Das heißt für die Beschäftigten, dass Unternehmen ernsthaft mit Standortverlagerungen drohen können, um im Inland Lohnkürzungen durchzusetzen. Für die unzureichend Ausgebildeten, die jetzt etwa in Paris aufbegehren, bedeutet dies das Wegbrechen von Arbeitsplätzen, die ein geringes Qualifikationsniveau erfordern. Solche Produktion findet jetzt in Fernost oder in Osteuropa statt.

Das Parlament: Ist der Freihandel also das Problem?

Rudolf Hickel: Dass vom Freihandel alle profitieren, ist seit David Ricardo in der Ökonomie ein Dogma. Michael Gorbatschow hat das später so zusammengefasst: Durch den Zusammenbruch des realen Sozialismus hat sich die Ideologie des totalen Freihandels als allein seligmachende Lehre durchgesetzt. Doch davon profitieren vor allem die international ausgerichteten Konzerne. Sie verfügen über die Möglichkeit, die Chancen des Freihandels zu nutzen. Erleichtert wird ihnen das durch die Internetrevolution, schließlich liegen die Kommunikationskosten zwischen einem Unternehmen in Deutschland gegenüber seinem Standort in China praktisch bei Null. [...]

Das Parlament: Sie erwähnten zuvor aber noch ein anderes Problem: die Internationalisierung der Finanzmärkte. Was ist daran so gefährlich?

Rudolf Hickel: Nun, die Globalisierung hat in eine Phase des Spekulationskapitalismus geführt. Weltweit vagabundierendes Kapital sucht hohe Renditen irgendwo in der Welt. Das ist für die Realwirtschaft sehr riskant. [...]

Quelle: Das Parlament, Nr. 47, Berlin, 21. November 2005

Literatur:

Blauberger, Michael/Mergler, Jan/Wagschal, Uwe 2005: Internationale Politische Ökonomie, in: GWP (Gesellschaft-Wirtschaft-Politik), H. 2, S. 165-178.

Schmid, Josef/Rehm, Philipp 2003: Globalisierung und Wohlfahrtsstaat – Chance, Bedrohung oder Mythos?, in: Rittberger, Volker (Hrsg.): Demokratie – Entwicklung – Frieden, Baden-Baden, S. 165-188.

Wagner, Helmut 1999: Einführung in die Weltwirtschaft, München.

Internetseiten:

Weltpolitik: http://weltpolitik.net/sachgebiete/wirtschaft/

4.7 Gesellschaftskritische Theorien

Gesellschaftskritik
von Marx

Karl Marx entwickelte seine politisch-ökonomische Theorie v.a. in seinem Hauptwerk *„Das Kapital"* als grundlegende Kritik des damaligen Kapitalismus. Dieser prägt – wie alle ökonomischen Formationen – das gesamte gesellschaftliche Leben und auch das der Individuen, gemäß dem Leitsatz: das Sein bestimmt das Bewusstsein – auch *Basis-Überbau-These* genannt. Weil das Privateigentum an Produktionsmitteln ungleich verteilt ist und Arbeitsteilung herrscht, kommt es nicht nur – wie bei Smith und anderen Liberalen – zu Produktivitätsfortschritten, sondern zugleich zu Massenarbeit und dadurch zur Entfremdung der Arbeiter. Gesellschaften sind ferner in Form von Klassen strukturiert und die Kapitalisten stehen den Proletariern unversöhnlich gegenüber. Hieraus entwickelt sich der konfliktorische Gang der Geschichte.

In Anlehnung an Marx' metaphorische Sprache sieht die Geschichte so aus: Der Kapitalismus entfesselt die Produktivkräfte und trägt dabei seine eigene Negation, den Sozialismus, bereits in sich. Die proletarische Revolution, als Geburtsstunde des Sozialismus, löscht aus, was spezifisch kapitalistisch ist – Privateigentum an den Produktionsmitteln, kapitalistische Institutionen, die bürgerliche Klasse –, und bewahrt dessen gesellschaftliche Errungenschaften – hohe Produktivität, geschulte Arbeiterschaft, Großbetriebe. Schließlich findet sich die menschliche Gesellschaft ohne Entfremdung und ohne Grenzen in einer Welt ewigen Friedens zusammen: im Kommunismus. Dies ist Marx' von dem idealistischen Philosophen Friedrich Hegel übernommener, „vom Kopf auf die Füße gestellter" Heilsrhythmus: Kapitalismus als These, Sozialismus als Antithese und Kommunismus als Synthese.

Quelle: Joachim Starbatty: Weltgeschichte mit Heilsplan (in: Sommer 1993: 80f)

Spätere Autoren – vor allem die Neomarxisten in den 1970er Jahren – haben auf Marx' Überlegungen zurückgegriffen und sie weiterentwickelt. Dies gilt sowohl für den Bereich der nationalen (Regulationstheorie) wie internationalen Ökonomie (Dependenz-, Weltsystem- und Rentierstaatansätze). Kennzeichnend für alle Varianten dieser Schule ist die Interdependenz zwischen Ökonomie und Politik und eine starke Prägekraft der wirtschaftlichen Verhältnisse. Eben weil sie auch einen zentralen gesellschaftlichen Grundkonflikt erkennen – nämlich den der Geschlechter –, werden feministische Ansätze ebenfalls in diesem Kapitel behandelt.

4.7.1 Klassischer Marxismus

Grundlegend für die politische Ökonomie bei Karl Marx ist die Arbeitswertlehre. Ähnlich wie bei den liberalen Klassikern ist Arbeit der einzige wertschöpfende Faktor, doch Marx geht noch einen Schritt weiter: Da die Arbeiter nur in Höhe der gesellschaftlich notwendigen Reproduktionskosten entlohnt werden, der Mensch aber darüber hinaus Güter produzieren kann, entsteht der so genannte *Mehrwert*, der dem Kapitalisten zukommt. Entsprechend wird Kapital unterteilt in variables (= Produktionsmittel) und konstantes (= Löhne); die Relation wird als organische Zusammensetzung des Kapitals bezeichnet.

Arbeitswertlehre bei Marx

Mehrwertrate (m′): Verhältnis von Mehrwert (m) zu variablem Kapital (v), also m/v

Profitrate π: Verhältnis von (m) zu den eingesetzten Produktionsmitteln (v) (variables Kapital) und (c) (konstantes Kapital): $\pi = m/c + v$

Weil der Mehrwert im Zeitablauf unveränderlich bleibt, entwickelt sich die Profitrate je nach der organischen Zusammensetzung des Kapitals. Angesichts der steigenden Konkurrenz kommt es zu einem vermehrten Einsatz von konstantem Kapital, um so die Arbeitsproduktivität zu steigern, was jedoch zwangsläufig zu einem Fall der Profitrate und zu anhaltenden Krisen des Kapitalismus führt. Diese werden im Rahmen der proletarischen Revolution „aufgelöst", und die Produktionsverhältnisse (= Eigentumsbedingungen) werden den Produktivkräften angepasst. Damit wird auch der Staat als Herrschaftsapparat der Kapitalisten unnötig und löst sich auf (Kruber 2002: 28ff).

Angesichts des Ausbleibens der Revolution modifiziert Lenin den Ansatz von Marx und beschreibt einen Ausweg: „Der Imperialismus als höchstes Stadium des Kapitalismus" (so der Titel seines Buches von 1917). Damit wird die Eroberung neuer Kolonien im 19. Jahrhundert und deren Ausbeutung als notwendig für die weitere Akkumulation von Kapital bzw. als Mittel gegen den tendenziellen Fall der Profitrate betrachtet. Umgekehrt ist der Imperialismus eine zentrale Ursache für Konflikte und Unterentwicklung.

4.7.2 Unterentwicklung: Dependenz-, Weltsystem- und Rentierstaatskonzepte

Der Dependenzansatz überträgt das Marxsche Modell einer kapitalistischen Klassengesellschaft auf die internationale politische Öko-

Dependenztheorien

nomie, wobei die industrialisierten Staaten (= Zentrum) den Inhaber der Produktionsmittel und die Entwicklungsländer (= Peripherie) dem Proletariat entsprechen. Die Länder in der Peripherie werden systematisch benachteiligt und sind von den Ländern im Zentrum wirtschaftlich abhängig, was ihre Entwicklung hemmt.

Zu den Dependenztheorien gehört unter anderem das so genannte *„Prebisch-Singer-Theorem"*. Demnach befinden sich die Entwicklungsländer in einer wirtschaftlichen Abhängigkeit, aus der sie sich selber schwer befreien können, denn sie produzieren vor allem Rohstoffe, Agrarprodukte und einfache Industrieprodukte (wie Textilien). Weil die Nachfrage nach diesen Produkten sehr elastisch ist und vom Einkommen der Konsumenten abhängt, sinkt mit steigendem Einkommen die Nachfrage nach diesen Produkten. Der Versuch der Entwicklungsländer diese Verluste durch eine Ausweitung ihrer Produktion auszugleichen, führt zu einer Konkurrenz zwischen diesen. Zudem haben die Industrieländer die Möglichkeit, durch technischen Fortschritt (vor allem im Bereich Chemie) viele Inputfaktoren, die Entwicklungsländer produzieren, zu ersetzen. Eng verbunden mit der Dependenz-Theorie ist die so genannte *„Vicious cycle theorie"*; sie postuliert die Knappheit von Kapital in Entwicklungsländern. Dadurch ist die Investitionsrate sehr niedrig; ferner sinken die Löhne, sodass sowohl die Sparquote als auch die Nachfrage sinken (http://weltpolitik.net/sachgebiete/wirtschaft).

Welt-System-Theorie   In Anlehnung an die Imperialismus- und die Dependenztheorie entwickelte Immanuel Wallerstein in den 1970er Jahren seine *„Welt-System-Theorie"*. Bei Wallerstein sind Nationalstaaten bzw. -ökonomien keine Gesellschaften, die eigenständige, historische Entwicklungen aufweisen, vielmehr sind sie Teil eines Ganzen. Analog zu Marx ist das kapitalistische (Welt-) Wirtschaftssystem durch ungleiche Herrschaftsverhältnisse geprägt; staatliche Strukturen dienen dabei der Beeinflussung der internationalen Märkte. Zusammen führt das zu einem asymmetrischen Austausch bzw. schlechten „Terms of Trade" – oder in der Terminologie der kritischen Ansätze: zu „Ausbeutung" –, was die Länder des Zentrums bevorzugt und zur Perpetuierung der Unterentwicklung und Verschuldung der Peripherie beiträgt (Blancke 2006).

Rentierstaat-Ansatz   In Ergänzung zur strukturell verursachten Unterentwicklung weist der in den 1980er Jahren entstandene *Rentierstaat-Ansatz* auf die besonderen politischen, gesellschaftlichen und ökonomischen Strukturen einer Gruppe von Entwicklungsländern hin. Diese Rentierstaaten konzentrieren sich in der Region des Vorderen Orients, umfassen aber auch einige schwarzafrikanische Staaten. Zentral für den Ansatz sind die enormen Ressourcentransfers von Nord nach Süd, was mit der bis dahin häufig angewandten Dependenztheorie analytisch nicht zu fassen ist. Bei einem Rentierstaat besteht das Einkommen mindestens zu 60% aus Renten, also Einkommen, für die keine produktiven Leistungen erbracht werden, in diesem Fall vor allem Einnahmen aus der Ölförderung.[16] Die Regierung hat in diesen Ländern vor allem die Funktion, Renten einzunehmen und diese wieder zu verteilen – freilich weniger zum sozialen Ausgleich oder der wirtschaftlichen Entwicklung als zur Stabilisierung der Herrschaftsverhältnisse. Rent-seeking nutzt daher vor allem der so genannten „Staatsklasse" (Elsenhans 1996) und beinhaltet auch parasitäres Verhalten, d.h. Korruption und Vetternwirtschaft (vgl. Boeckh/Pawelka/Beck 1997).

4.7.3 Regulationstheorie und Postfordismus

Die für diesen Ansatz zentralen Begriffe „*Regulation*", „*Akkumulationsweise*" und „*Fordismus*" gehen auf den französischen Wirtschaftsforscher Michel Aglietta zurück.[17] Er versucht in der Tradition des Marxismus die krisenhafte Entwicklung in gegenwärtigen kapitalistischen Gesellschaften zu erklären; dabei liegt der Schwerpunkt der Analyse der institutionellen Innovationen und ihren Wirkungen auf dem Akkumulationsprozess. In krisentheoretischer Hinsicht werden dabei sog. „kleine" und „große" Krisen unterschieden; letztere sind durch die fehlende Kohärenz von Akkumulationsregime, Regulationsformen und Regulationsweise gekennzeichnet.

Regulationstheorie

Mit dem *Konzept des Akkumulationsregimes* wird versucht, für historisch abgegrenzte Phasen eine Verknüpfung von Produktion und Distribution, von Formen der Arbeitsprozessorganisation und des Konsums zu erfassen. Darüber hinaus impliziert ein Akkumulationsregime eine Kohärenz zwischen den Formen der ökonomischen und der institutionellen Organisation einer Gesellschaft – und zwar über spezifische Regulationsformen (des Lohnverhältnisses, des Geldverhältnisses, der Staatsintervention), deren Gesamtheit und Interdependenz wiederum bestimmte Regulationsweisen ausmachen. Historisch ist jedes Akkumulationsregime mit einer bestimmten Regulationsweise verknüpft. Disproportionen zwischen Akkumulationsregime und Regulationsweise, so die These, führen zu Reproduktionsungleichgewichten und damit zu Krisen.

---

[16] In Ägypten bzw. Panama kann man auch die Einnahmen aus dem Kanalbetrieb dazu rechnen.

[17] Als deutsche Vertreter sind Joachim Hirsch, Birgit Mahnkopf und Elmar Altvater zu nennen.

Ähnlich wie bei Marx und anderen Stadientheorien wird von unterschiedlichen Phasen des Kapitalismus ausgegangen. Zentral ist die Gegenüberstellung von „Fordismus" und „Taylorismus" als Akkumulationsregime. Der „Fordismus", der sich zuerst in den USA herausgebildet hat, ist im Wesentlichen durch fünf Elemente gekennzeichnet:
- den langfristigen Rückgang der gesellschaftlichen Reproduktionskosten der Arbeitskraft;
- die (quantitative) Ausweitung der Lohnarbeiterklasse;
- die Vertiefung des Prinzips der Mechanisierung des Produktionsprozesses;
- die Formierung einer Konsumweise durch die Massenproduktion standardisierter Waren;
- Stabilisierung gesellschaftlicher Prozesse und individueller Lebenslagen durch Sozialpolitik (Hübner 1989).

Postfordismus Die Regulationstheoretiker sind heute vorwiegend damit beschäftigt, den Umwandlungsprozess des Kapitalismus fordistischer Prägung zum so genannten *„Postfordismus"* zu erfassen oder in anderen Begriffen: den Wechsel vom „keynesianischen Wohlfahrtsstaat" zum „Schumpeterianischen workfare state" (Jessop 2002).[18] Zu den Ver-

Abb. 32: Kapitalistische Regulationsmodelle

Keynesianischer Wohlfahrtsstaat	Schumpeterianischer workfare state
Starke Gewerkschaften	Schwächere Gewerkschaften
Korporatistische Arrangements	z.T. politische Ausgrenzung und Sündenbockfunktion der Gewerkschaften
Hohes Wachstum	Mittleres - schwaches Wachstum
Regulierter Finanzsektor	Deregulierte, globale Finanzmärkte
Niedrige Zinssätze	Shareholder Value (hohe Gewinnerwartung bei Investitionen)
Steigende Löhne	
Langfristige Unternehmensstrategien	Arbeitslosigkeit
Steigende Sozialausgaben	Privatisierung, Kürzung von Sozialleistungen
Wachsende Beschäftigung im öffentlichen Sektor	schlanker Staat/New Public Managment
Dekommodifizierung	(Re-)Kommodifizierung

Quelle: nach Schmid 2002a: 92

[18] Insofern gehen die Regulationstheoretiker auch von unterschiedlichen Varianten des Kapitalismus (s.o.) aus; vgl. dazu Boyer 2005.

schiebungen der politisch-ökonomischen Basis zählen die Globalisierung, der Wandel zur Dienstleistungsökonomie, der Einsatz neuer Schlüsseltechnologien (Informations- und Kommunikations-, Bio- und Gentechnologien) und flexibler Produktionskonzepte. Damit verschieben sich die Fundamente des alten Wohlfahrtsstaats und der damit verbundenen keynesianischen Stabilisierungspolitik.

4.7.4 Exkurs: Kondratieff-Zyklen und Wandel der politisch-ökonomischen Basisstrukturen

Gemäß der Theorie der „Langen Wellen" des russischen Ökonomen Nikolai Kondratieff (1892-1938) wird argumentiert, dass nicht nur kurzfristige Konjunkturzyklen existieren, sondern auch langfristige Aufschwung- und Abschwungphasen, die jeweils ca. 60 Jahre dauern. Wie im Marxismus ist die Ökonomie durch systemimmanente

Theorie der „Langen Wellen"

Abb. 33: Der Kondratieff-Zyklus

	Dampfmaschine, Baumwolle	Eisenbahn, Schifffahrt, Stahl	Elektrizität, Chemie	Auto, Erdöl, Elektronik	Information, Wissen, Ökologie	
	1800	1850	1900	1950	2000	2050
Zeitraum	1793-1847	bis 1893	bis 1939	bis 1984	bis 2035	
Konstellations-Prägung	1. Zyklus	2. Zyklus	3. Zyklus	4. Zyklus	5. Zyklus	
Fundamentale Bedürfnisse	Die Arbeit erleichtern	Ressourcen weltweit verfügbar machen	Urbanität lebenswert gestalten	Individualität und Mobilität fördern	Probleme für die Mitwelt lösen	Biotechnologie?
Flächendeckende Netze	Handelsnetze	Verkehrsnetze	Energienetze	Kommunikationsnetze	Informationsnetze	Nanotechnologie?
Prägende neue Aktionen	Maschinen	Lokomotive, Bahnhöfe	Beleuchtung, Kino	Telefon, Auto, Fernseher, Computer, Raketen	Immaterielle Waren, Informationen	Technologie der regenerativen Energien?
Prägende Technologie	Dampf	Stahl	Elektrizität	Elektronik	Mentale Medien	Psychosoziale Gesundheit und Kompetenzen?
Synergie-Applikationen	Konsumgüter	Schifffahrt	Chemie, Aluminium	Erdölprodukte	Ökologische Problemlösungen, Verkehrssysteme	
Technologie-Synergie	Mechanik	Großantriebe	Großanlagen	Waffensysteme	Sicherheits- und Umwelttechnologie	

Quelle: nach Volkmann, Siemens 1993

Krisen gekennzeichnet, die durch den Wechsel der technologischen Basisinnovationen entstehen. Derzeit befinden wir uns im 5. Zyklus; gleichwohl zeichnen sich erste Erschöpfungs- und Wandlungstendenzen ab. Was den sog. „Sechsten Kondratieff" ausmacht, ist derzeit umstritten; diskutiert werden folgende Konstellationen:

- Biotechnologie,
- Nanotechnologie,
- Technologie der regenerativen Energien,
- Psychosoziale Gesundheit und Kompetenz (Nefiodow 2001).

4.7.5 Feminismus

Untersuchungs-
gegenstände und
Elemente der
feministischen
Theorie

Kern der Kritik feministischer AutorInnen ist die Tatsache, dass von Adam Smith bis zu Karl Marx und Maynard Keynes alle Ökonomen geschlechtsspezifische Aspekte ausgeblendet haben. Dazu zählt besonders der Bereich der Reproduktion, also etwa die Hausarbeit. Diese ist zwar gesellschaftlich notwendig, aber nicht als (formelle) Arbeit anerkannt, sondern dem privaten Bereich zugerechnet. Indikatoren wie der Gender Empowerment Measure versuchen dem Rechnung zu tragen. Dabei weist die Kritik jedoch weit über das statistische Defizit der Volkswirtschaftlichen Gesamtrechnung hinaus – sie zielt auf eine (alternative) Theorie der Gesellschaft. Untersuchungsgegenstände und Elemente der feministischen Ökonomie sind etwa

- das Patriarchat als gesellschaftliches Verhältnis – analog zur Klassentheorie bei Marx;
- die Betrachtung von Gesellschaft als Ganzes, vor allem in Bezug auf den komplexen Zusammenhang von Produktion, Distribution und Reproduktion;
- die Analyse gesellschaftlicher Lage und individueller Position von Frauen im Vergleich zu Männern etwa bei Führungskräften in der Wirtschaft oder Löhnen;
- Konzepte des „guten Lebens" und der Gerechtigkeit aus feministischer Sicht;
- Analyse von Fürsorge- und Betreuungsleistungen im formellen und informellen Sektor bzw. in der Lohn- und Hausarbeit („care economy");
- Berücksichtigung der informellen Strukturen der „care economy" als Bereich der (ungewollten) Kompensation von Privatisierung und Sozialabbau;
- Erwerbsarbeit als Bedingung für die Gleichstellung der Geschlechter und – vor allem im deutschen Fall: Einbeziehung in die Sozi-

ale Sicherung bzw. Beendigung des „male breadwinner" Modells;
- „Womens Budgets" bzw. „Engendering Budgets" als Strategie zur Analyse von Wirkungen der Haushaltspolitik auf die Geschlechterverhältnisse und die Gleichstellung zwischen Frau und Mann (vgl. Braun 2003; s.a. Schmid 2002a: 95ff, 313ff).

Die feministische Ökonomie deckt damit eine Reihe „blinder Flecken" in herkömmlichen Vorstellungen von Politik und Wirtschaft auf, die sich auch entlang der Trias aus Politics, Policy und Polity abbilden lassen: Sie betonen neue Akteure und Konfliktlinien (z.B. Frauenbewegungen), untersuchen neue soziale Problemlagen und staatliche Politiken (v.a. Familie und Haushalt) und thematisieren die Spaltung des gesellschaftlichen Lebens in privat versus öffentlich sowie deren Folgen.

4.7.6 Fazit: wirtschaftspolitische Relevanz

Die unter dem Sammelbegriff *„Kritische Theorien"* zusammengefassten Ansätze zeichnen sich dadurch aus, dass sie die optimistischen Annahmen der Neoklassik und aktuellen Volkswirtschaftslehre nicht teilen, sondern von drei Sachverhalten ausgehen, die je nach Ansatz differenzierter behandelt werden. Basal ist demnach die Erkenntnis,
- dass der Kapitalismus zu Ungleichgewichten, Krisen und Brüchen der Entwicklung bzw. erheblichen Transformationen der politischen Ökonomie neigt,
- dass er massive soziale Ungleichheit und Unterentwicklung zur Folge hat und diese nicht systemimmanent aufgelöst werden können,
- das hinter den ökonomischen Strukturen gesellschaftliche Machtverhältnisses und „strukturelle Gewalt" (Galtung) stehen.

Der moderne Kapitalismus garantiert also nicht, wie die liberalen Klassiker angenommen haben – und ihre Nachfolger heute noch annehmen –, ein Höchstmaß an Freiheit und allgemeinem Wohlstand, sondern er ist im Gegenteil ein System der Ungleichheit in und zwischen Nationen, die aus der Existenz des Privateigentums an Produktionsmitteln erklärt wird. Dies spaltet die Gesellschaft in die herrschende bürgerliche Klasse und die unterdrückte Arbeiterklasse (Proletariat) bzw. in Zentrum und Peripherie im internationalen System und erzeugt gravierende Konflikte. Der Staat ist im Marxismus ein

Organ der herrschenden Klasse: Indem er für den Erhalt der sozialen Ordnung sorgt, festigt er die bestehenden Verhältnisse und verhindert den Weg in eine revolutionäre Umwälzung und Befreiung.

Angesichts der Randständigkeit dieser Ansätze in der Wissenschaft ist derzeit – nach dem Niedergang des Realsozialismus und seiner Staatswirtschaften – der politische Einfluss des Marxismus und anderer kritischer Theorien auf die Wirtschaftpolitik eher gering. Linke politische Organisationen und Bewegungen in Industrie- sowie in manchen Entwicklungsländern beziehen sich durchaus auf diese Theorien, die heute stark globalisierungskritisch ausgerichtet sind. Gleichwohl ist es das Anliegen, ja ein Merkmal dieser kritischen Ansätze, politisch wirksam zu sein.

> „Marx verstand sein wissenschaftliches Werk immer auch politisch: ‚Die Philosophen haben die Welt immer nur unterschiedlich interpretiert, es kommt darauf an, sie zu verändern', lautete seine Maxime. Er war Sozialist, weil er glaubte, daß nur die radikale Umstülpung der Produktionsverhältnisse die Arbeiterklasse aus Not und Unterdrückung befreien konnte, und weil der Sozialismus diese Freiheit den Arbeitern in und nach der proletarischen Revolution auch bringen würde. Er analysierte den Kapitalismus, um die Entwicklungsgesetze offen zu legen, die den Weg zur proletarischen Revolution weisen. Er kümmerte sich nicht um das sozialistische Morgen; er konstruierte keine ‚Wolkenkuckucksheime' (Lenin). Wissenschaftlicher Sozialismus war für Marx Analyse – Aufdecken der die Welt beherrschenden Geschichtsgesetze und Agitation zugleich – Vorbereitung der Arbeiterklasse auf die Revolution. Der wissenschaftliche Sozialismus war für Marx der Schlüssel zur Erkenntnis und zur Beherrschung der Welt."
> *Quelle: Joachim Starbatty: Weltgeschichte mit Heilsplan (in: Sommer 1993: 80f)*

Literatur:

Boeckh, Andreas 1995: Entwicklungstheorien, in: Nohlen, Dieter/Schultze, Rainer-Olaf (Hrsg.): Politische Theorien, Lexikon der Politik, Bd. 1, München, S. 69-80.

Braun, Anneliese 2003: Auf der Suche nach einer feministischen Theorie des Wirtschaftens, in: UTOPIE kreativ, H. 152, S. 543-554.

Schmid, Josef 2002a: Wohlfahrtsstaaten im Vergleich, 2. Auflage, Opladen.

Internetseiten:

Internationale Politische Ökonomie: www.lateinamerika-studien.at/content/wirtschaft/ipo/ipo-titel.html

4.8 Wirtschaftssoziologie und Systemtheorie

Die soziologische Analyse der Wirtschaft und besonders die Systemtheorie weichen stark von anderen Ansätzen ab, vor allem von denen der Wirtschaftswissenschaft. Generell verweist Beckert (1997: 12) darauf, dass für die Soziologie rationales Handeln nach dem Modell des Homo oeconomicus nicht (immer) zu effizienten Lösungen führt. Unbefriedigend beantwortet sind seines Erachtens vor allem drei Situationen, nämlich Kooperation, Handeln unter Ungewissheit und Innovation. Dabei spielen weniger nutzenmaximierende Wahlakte der Individuen die wesentliche Rolle, sondern die *soziokulturellen Prägungen*, die „embeddedness" (Granovetter 2000). Kooperation und Vertrauen – und nicht der Wettbewerb wie bei Hayek – bilden hier die Basis für Entdeckungen; das gilt ganz besonders im Bereich der großtechnischen Systeme (z.B. Kernkraft). Der Wandel zur Dienstleistungsgesellschaft bzw. Informationsgesellschaft und deren Besonderheiten bildet ein weiteres Thema der aktuellen Wirtschaftssoziologie (vgl. etwa Häußermann/Siebel 1995). Diese Überlegungen treffen sich stark mit den oben erwähnten institutionalistischen Ansätzen.

Wirtschaftssoziologie

Radikaler und erheblich abstrakter geht die soziologische Systemtheorie vor. Anknüpfend an Studien von Parsons und Münch wird in den älteren Arbeiten davon ausgegangen, dass moderne Gesellschaften *funktional differenziert* sind.

Systemtheorie

Abb. 34: Subsysteme der Gesellschaft

Ökonomisches System Funktion: adaption (Anpassung) Medium: Geld	**Politisches Subsystem** Funktion: goal attainment (Zielerreichung) Medium: Macht
Soziale Gemeinschaft Funktion: integration (Integration) Medium: Einfluss	**Kulturelle Institutionen** Funktion: latent pattern maintenance (Strukturerhaltung) Medium: Wertbindung

Wirtschaft ist das adaptive Subsystem der Gesellschaft, das die Aufgabe hat, den zukünftigen Bedarf an materiellen Gütern zu decken. Aber auch die Gesellschaft selbst ist von weiteren Systemen umgeben, vor allem vom psychischen System (also dem/n Menschen) und dem physischen System (natürliche Umwelt).

Systeme bestehen aus Strukturen und Prozessen, die interne Funktionen ausüben und im Zusammenwirken nach außen – für andere Systeme – Leistungen zur Verfügung stellen. Dabei definieren sie sich primär über Funktionen, deren Zustandekommen über unterschiedliche Strukturen und Prozesse geleistet werden kann. D.h. es existieren funktionale Äquivalente (z.B. dichte Unternehmensnetzwerke statt Fusion, Steuerung durch Banken und Verbände statt durch den Staat).

4.8.1 Luhmanns Theorie autopoietischer sozialer Systeme

Wirtschaft als selbstreferentielles System

Die Vorstellung der Ausdifferenzierung ist in der jüngeren Systemtheorie vor allem durch Niklas Luhmann aufgenommen und fortentwickelt worden. Für ihn sind moderne Gesellschaften und das ökonomische System viel zu komplex – und müssen dies auch sein – als dass über den Markt eine rationale Nutzenmaximierung möglich wäre. Ähnliches gilt für die stringente Relationierung von Zielen/Zwecken und Mitteln als Form der Handlungssteuerung; auch dieses ist unterkomplex und nur für einfache Gesellschafts- und Organisationsstrukturen geeignet. Stattdessen geht er von einer Leitdifferenz zwischen System und Umwelt aus und erkennt eine spezifische Form der Kommunikation[19] im Wirtschaftssystem, die durch das Medium Geld operiert. Sie bezieht sich selbstreferentiell auf sich selbst, indem kommunikative Ereignisse ausschließlich an andere Kommunikationen anschließen können. Das erzeugt eine enorme Dynamik und Leistungsfähigkeit des Wirtschaftssystems, das sich permanent selbst reproduziert, sodass das es „nie im Gleichgewicht sein" kann (Luhmann 1984: 313).

Grundbegriffe: Komplexität und Kontingenz
Komplexität ist ein zentrales Bezugsproblem der Systemtheorie und bezeichnet den Grad der Vielschichtigkeit, Vernetzung und Folgelastigkeit eines Entscheidungsfeldes. Nach innen wird sie bestimmt durch die relationale Interdependenz zwischen den Systemelementen (also deren Anzahl, deren Beziehungen untereinander und der Variabilität

---

[19]   Generell ist diese – wie in allen Systemen – unwahrscheinlich und bedarf der Stabilisierung.

zwischen ihnen); nach außen durch Bedingungen, Problemstellungen und Erwartungen der Umwelt.

Kontingenz bezieht sich einerseits auf die Abhängigkeiten zwischen den Teilsystemen, andererseits auf den Umstand, daß diese immer auch anders sein können. Kontingenz heißt damit praktisch „Enttäuschungsgefahr" (Luhmann) und sich Einlassen auf Risiken.

Komplexität bezieht sich also immer auf eine System-Umwelt-Relation, in der der Beziehungs- und Möglichkeitsreichtum der Umwelt der Systeme zum Problem wird. Kontingenz dagegen bezieht sich auf die dem System in einer bestimmten Situation selbst zur Verfügung stehenden Handlungsoptionen (nach Willke 1993: 18ff, 28ff).

Demnach bestehen soziale Systeme erstens ausschließlich aus *Kommunikation* und nicht aus Akteuren, Individuen, Personen o.ä., und zweitens sind sie autopoietisch, d.h. sie schaffen sich quasi aus sich selbst heraus. Typisch für jedes autopoietische System ist, dass es sich selbst jeweils durch einen binären Code von der Umwelt abgrenzt und so seine Identität im Prozess der Selbstreproduktion aufrechterhält. So funktioniert Wirtschaft nach dem Code „zahlen/nicht-zahlen" und Politik nach „Macht/Machtlosigkeit". Da gesellschaftliche Subsysteme jeweils nach ihrer eigenen Logik arbeiten, sind Versuche, die Wirtschaft zu steuern äußerst problematisch. „Autopoietische Systeme sind geschlossene Systeme insofern, als sie das, was sie als Einheiten zu ihrer eigenen Reproduktion verwenden (also: ihre Elemente, ihre Prozesse, sich selbst) nicht aus ihrer Umwelt beziehen können. Sie sind gleichwohl offene Systeme insofern, als sie diese Selbstreproduktion nur in einer Umwelt vollziehen können. Geschlossenheit und Offenheit kann also nicht länger als Typenunterschied begriffen werden. Es handelt sich um ein Kombinationsverhältnis..." (Luhmann 1984: 311).

Autopoietische Systeme

4.8.2 Das Wirtschaftssystem in der Gesellschaft

Die auf die Wirtschaft bezogene Kommunikation verläuft über das Medium Geld und ermöglicht Zahlungen (– und ebenfalls Nichtzahlungen); das ist der „unit act" des Systems (Luhmann 1984: 321; ders. 1988: 14ff). Sie basieren auf Bedürfnissen, die quasi als Fremdreferenz – von außerhalb des Wirtschaftssystems, also dem psychischen oder dem politischen System – kommen. Sie inkludieren die Gesamtbevölkerung in die Wirtschaft, jedoch nur in Form einer Zahlung, die wiederum selbstreferentiell ist. Wer nicht zahlungsfähig ist oder sein will, ist damit nicht in das Wirtschaftssystem integriert. Das wäre

Geld als Kommunikationsmedium

zugleich eine andere Variante der Bestimmung der unbezahlten/informellen Hausarbeit als bei der feministischen Theorie.[20]

Sobald Zahlungen erfolgen sollen, sind Preise nötig, die es ermöglichen, Erwartungen im Bezug auf die zu zahlende Summe zu bilden. Diese sind vom wirklichen Wert der Waren – etwa im Sinne der klassischen oder marxistischen Arbeitswertlehre – unabhängig und ermöglichen dadurch wiederum die Autopoiesis des Wirtschaftssystems. Zahlungen basieren nur auf (vergangenen) Zahlungen und ermöglichen zukünftige.[21] Nur über diese „Sprache" kann in eine Kommunikation eingetreten werden; andere Systeme müssen darauf zurückgreifen bzw. deren Impulse werden so codiert. Zum Beispiel wird das Anliegen des modernen Wohlfahrtsstaats, Mutterschutzmaßnahmen und andere Formen der Sozialpolitik zu ergreifen, transformiert zu einer Erhöhung der Lohnnebenkosten als einer Zahlung.

Geld ermöglicht zudem die Verarbeitung von Risiken, die als Folge wirtschaftlicher Transaktionen entstehen. Es beruhigt zum einen auf gesamtgesellschaftlicher Ebene „Dritte", weil sie sehen, dass jeder Zugriff auf knappe Güter bezahlt, also Eigentum wird. Zum anderen wird das Problem der Zeitdifferenz in der Wirtschaft – konkret also Investitions- und Kreditrisiken – erleichtert. Denn die Eigenschaften des symbolisch generalisierten Kommunikationsmediums Geld befähigen die Wirtschaft zur Übernahme dieser Risiken. Geld kann beliebig gestückelt werden, Zahlungen lassen sich speichern etc. Ein weiterer wesentlicher Aspekt ist, dass Geld praktisch „gedächtnislos" operiert und, dass mit ihm keine Risiken an den Zahlungsempfänger übergehen (Bode 1999).

Funktion von Banken

Ferner tragen die Banken zur Risikotransformation bei. Eine ihrer Funktionen besteht darin, für die jederzeitige Liquidität des Wirtschaftssystems zu sorgen. Zur Erfüllung dieser Funktion müssen sie künftige Zahlungen in eine durch das System in der Gegenwart verarbeitbare Form bringen. Durch die Umwandlung von Forderungen in handelbare Objekte stellen sie einen zeitlichen Ausgleich her. Banken lassen sich von ihren Kunden Geld unter dem Versprechen zur Verfügung stellen, es zukünftig (inklusive einer Verzinsung) zurückzuzahlen. Die Zeitspanne zwischen Annahme des Geldes und seiner Rückzahlung wird durch die Banken wiederum genutzt – ge-

---

[20] Daher ist der Gegenbegriff zu Marktwirtschaft auch nicht Planwirtschaft, da dies keine Systeme, sondern nur Koordinierungsmechanismen sind, sondern Subsistenzwirtschaft, denn diese läuft ohne nennenswerte monetäre Vermittlung – also ohne Leitmedium – ab.

[21] Die Zukunft ist für Luhmann ein zentraler Bezugspunkt des Wirtschaftssystems; sie reizt (qua Kontingenz) die Gegenwart und das hier und heute erfahrbare Leiden an der Knappheit.

gen das Zahlungsversprechen ihrer Kreditnehmer – Geld auszuleihen (vgl. insgesamt auch Puschmann 1999 und Beckert 1997).

4.8.3 Märkte und Preise

Märkte sind in der Fortführung der Überlegung, wonach Systeme nur durch Kommunikation operieren, Orte für Kommunikation und Beobachtung. Der Markt – so Luhmann – ist eine Grenze[22] zwischen der eigenen und der fremden/umweltmäßigen Komplexität oder die „innere Umwelt des Wirtschaftssystems". Hier werden die Operationen der anderen an der Wirtschaft partizipierenden Systeme beobachtet, selektiert und nach Maßgaben der eigenen Logik codiert. Der Markt ist mithin die Wahrnehmung des Konsums aus der Sicht der Produktion und Verteilungsorganisation (Luhmann 1984: 321). Damit ist er keine Koordinierungsinstanz für alle Marktteilnehmer, sondern für jedes System eine je spezifische Umwelt: Ein Unternehmen beobachtet auf „seinem" Markt andere, für ihn relevante Unternehmen, Käufer etc. – und ein anderes Unternehmen eben andere, womit sich Umwelten ausdifferenzieren (und nicht einfach aggregieren). Der Markt, wie ihn Luhmann beschreibt, ist damit kein polyzentrisches Gebilde, sondern ein „polykontextuales System" (Luhmann 1988: 96).

Beobachtet wird auf einem Mark der Preis. An ihm lässt sich ablesen, ob man diesen bezahlen will oder nicht oder ob man zu diesem Preis selber produzieren will oder nicht. Es ergibt sich also eine Art Anschlusskommunikation, die Informationen enthält über

- den gegenwärtigen Zustand des gesamten Wirtschaftssystems,
- die anderen partizipierenden Systeme, die die interne Umwelt des Wirtschaftssystems (= Markt) bilden,
- das beobachtende System selbst, umgeben von der für dieses System einzigartigen Umwelt (Bode 1999: 1717).

Damit sind Märkte und Preise beobachtungsabhängige Konstrukte. Und sie verlaufen über Kommunikation. Aus dieser Sicht sind Kosten und Nutzen nur eine Art Sprachspiel. Denn wer über Kosten und Nutzen nachdenkt, denkt darüber nach, ob und wie er seine Entscheidung anderen gegenüber als richtig darstellen kann (Baecker 1994: 104f). Würde diese Kommunikation nicht in Relation zum Wirtschaftssystem, sondern zur Kunst oder Ethik geführt, dann wäre

Märkte als Systemumwelt

Funktion von Preisen

---

[22] Grenze meint hier keine räumliche Abgrenzung, sondern stellt im systemtheoretischen Sinn eine Reflexionsbedingung dar.

das entsprechende sprachliche Muster wohl „schön" oder „gut". Also sind Kosten, Nutzen, Effizienz etc. – die basalen Kategorien der ökonomischen Theorie – (nur) Kommunikation einer akademischen Disziplin bzw. die Art und Weise wie Ökonomen über Wirtschaft sprechen.

4.8.4 Fazit: wirtschaftspolitische Relevanz

Für das Verständnis des Verhältnisses von Politik und Ökonomie ist die zentrale Annahme, dass es sich um *autopoietische Systeme* handelt, grundlegend und folgenreich, denn es negiert die Möglichkeit einer interventionistischen Wirtschaftspolitik. Steuerung kann nur Selbststeuerung von Systemen bedeuten, wobei es immer um Geldmengendifferenzen und deren Minimierung geht – denn Steuerung ist für Luhmann definitionsgemäß Differenzminimierung. Politik kann daher auch nicht direkt die Wirtschaft beeinflussen, allenfalls auf die Bedingungen der Selbststeuerung des Wirtschaftssystems einwirken, was vielfach nicht-intendierte Nebenfolgen aufwirft (Luhmann 1988: 324ff). Das wäre dann so etwas wie eine Art prekäre Ordnungspolitik bzw. optimistischer: „Kontextsteuerung" (Willke).

Zugleich tut sich aber angesichts der fehlenden Steuerungsmöglichkeiten ein Problem auf, denn das politische System zieht aus allen Bereichen der Gesellschaft Risiken an sich, um sie teils als politische Risiken der Überreaktion oder der Nichtberücksichtigung zu absorbieren und teils wieder in die Gesellschaft zurückzuleiten. Dies bewirkt letztlich eine latente Überforderung der modernen Politik. Auch der Appell an die Wirtschaft, ihre „gesellschaftliche Verantwortung" zu übernehmen, wird der Logik funktional ausdifferenzierter, mit einem eigenen Kommunikationsmedium ausgestatteter Systeme nicht gerecht und dient lediglich als eine Art „Blitzableiter" (Luhmann 1988: 84ff). Natürlich kann das Wirtschaftssystem seine politische, rechtliche oder andere Umwelten nicht ignorieren, aber es reagiert auf diese nur nach der Maßgabe seiner eigenen Codierung.

Literatur:

Bode, Otto F. 1999: Systemtheoretische Überlegungen zum Verhältnis von Wirtschaft und Politik: Luhmanns Autopoiesekonzept und seine exemplarische Anwendung auf Fragen wirtschaftspolitischer Steuerungsmöglichkeiten, Marburg.

Luhmann, Niklas 1984: Die Wirtschaft der Gesellschaft als autopoetisches System, in: Zeitschrift für Soziologie, H. 4 , S. 308-327.

Internetseiten:

Systemtheorie/Luhmann: www.humboldtgesellschaft.de/inhalt. php?name=luhmann
Systemtheorie/Luhmann: www.luhmann-online.de/

4.9 Politikfeldanalyse

Die Politikfeldanalyse beschäftigt sich seit den 1970er Jahren mit der Analyse materieller Politikbereiche beziehungsweise staatlicher Handlungsfelder, etwa der Arbeitsmarkt-, Sozial-, Umwelt- oder Finanzpolitik. Damit liefert sie wesentliche Erklärungsbeiträge für das, was in der Terminologie der Ökonomien „Rahmenbedingungen" sind. Was damit genauer gemeint ist, wird deutlich, wenn man die drei zentralen Begriffe *polity*, *politics* und *policy* nebeneinander stellt. Während man mit dem Begriff „polity" die formale Dimension von Politik, Verfahrensregelungen, Institutionen und Normen bezeichnet, in denen Politik abläuft, steht „politics" für die prozessuale Dimension von Politik, d.h. Entscheidungsprozesse, Konfliktaustragung, Durchsetzung von Zielen und Interessen. Demgegenüber bezeichnet der Terminus „policy" die inhaltliche Dimension von Politik: die Problemverarbeitung und Aufgabenerfüllung durch das politisch-administrative System, bzw. den Output des politischen Systems.

Dimensionen der Politik

Eine grundlegende Vorgehensweise stellt die Bestimmung von Politikfeldern dar. Verbreitet ist eine Klassifizierung nach *nominalen*, meist institutionellen Kriterien. Demnach ist Wirtschaftspolitik genau jenes Feld, das vom Wirtschaftsministerium und den darauf bezogenen politischen Akteuren und Organisationen bearbeitet wird. Allerdings ist hierbei zu beachten, dass trotz gleichen äußerlichen Sprachgebrauchs Veränderungen über die Zeit und im internationalen Vergleich auftreten können. So hat der Begriff Wirtschaftspolitik in den USA eine deutlich neoliberalere Note als in Frankreich oder Schweden. Eine stärker analytische Unterscheidung klassifiziert nach der *Wirkung* in regulative, distributive und redistributive Policies; dabei weisen diese unterschiedliche Grade und Formen des politischen Konflikts auf, was Theodore Lowi auf die These *„Policy determines Politics"* gebracht hat (Windhoff-Héritier 1997; Schmid 2005a).

Klassifizierung von policies

4.9.1 Der Politik-Zyklus

Phasen des Policy-Cycles

Mit dem Policy-Cycle-Konzept strukturiert die Politikfeldanalyse ihren Untersuchungsgegenstand in zeitlicher Hinsicht. Dabei wird zwischen den folgenden Phasen unterschieden:
- Thematisierung und Problemdefinition,
- Agenda-Gestaltung,
- Politikformulierung und Entscheidung,
- Politikimplementation,
- Evaluation,
- Termination oder Politikneuformulierung.

Thematisierung, Problemdefinition und Agenda-Gestaltung

In der ersten Phase des Zyklus nehmen die Medien, die großen Verbände und die Parteien ein Thema auf und definieren es als politisches Problem. Dabei handelt es sich um einen komplexen Prozess der Selektion, da zum einen das politische System nicht für alle Fragen zuständig ist und zum anderen hier schon häufig eine erste politisch-institutionelle Kanalisierung und sachliche Typisierung vorgenommen wird. So hatte zum Beispiel die Überlegung, dass Toll Collect-System einzuführen, eine ganze Reihe von Implikationen: Aus dem öffentlichen Gut des Autobahnsystems wird tendenziell ein privates, statt Straßenbau als primäre Problemlösung tritt eine Technik der Gebührenerfassung auf und das Projekt erhält zusätzlich zur verkehrs- eine industriepolitische Eigenschaft. Auf diese Weise erfolgt eine spezifische Mobilisierung eines „Bias", der für den weiteren Verlauf des Policy-Cycles bedeutsam ist. Hier lässt sich ferner die feministische Kritik an der Aufteilung von privaten und öffentlichen Bereichen aufnehmen.

Politikformulierung, Entscheidung und Implementation

In der Phase der Politikformulierung und Entscheidung dominiert in Deutschland die Regierung; die Parteien und das Parlament spielen ebenfalls noch eine wichtige Rolle. Danach kommt die Verwaltung zum Zuge; sie setzt die getroffenen Entscheidungen um, wobei ihr durchaus beachtliche Implementationsspielräume zukommen. Je nach Problemlage und Politikstrukturen kann auch eine Umsetzung weitgehend außerhalb der staatlichen Bürokratien erfolgen; so findet etwa in Teilen der Wirtschafts- und Sozialpolitik Politikimplementation vor allem in Netzwerken statt, in denen den großen Verbänden – vor allem von Kapital und Arbeit – eine zentrale Rolle zukommt. Unter dem Gesichtspunkt der Interessenvermittlung spricht man hier ebenfalls von Korporatismus.

Evaluation und Terminierung

Schließlich erfolgt nach einer gewissen Zeit ein „feed back", meist in Form einer Evaluation, um die Wirkung der Policy zu ermitteln. Dabei kann das ursprüngliche Problem erfolgreich bewältigt worden sein, was eine Beendigung nahe legt, oder aber es sind erhebliche Defizite aufgetreten, was zu einem Nachsteuern oder sogar zu einer Politikneuformulierung führen kann. Bei einer Evaluation spielen vielfach Experten aus der Wissenschaft oder aus privaten Beratungsinstituten eine wichtige Rolle; gelegentlich führt ein massives Scheitern eines politischen Programms auch zu einem Skandal, der dann von den Medien thematisiert wird (Schmid 2005a).

4.9.2 Politiknetzwerke

In struktureller Hinsicht lassen sich Politikfelder als Netzwerke erfassen, in denen Interessen vermittelt, politische Entscheidungen getroffen und implementiert werden. Wichtige Dimensionen bilden dabei

Dimensionen von Politiknetzwerken

- die beteiligten Akteure,
- ihre Funktionen und Strukturen,
- Art und Grad der Institutionalisierung sowie die geltenden formellen und informellen Entscheidungs- und Verhaltensregeln,
- die Machtverhältnisse in dem Politikfeld,
- die Akteursstrategien.

Demnach können Politiknetzwerke mehr oder weniger stark geschlossen oder zentralisiert sein oder durch eher konfligierende oder kooperative Strategien gekennzeichnet sein. Sie können ferner eher im politischen System liegen oder weit in die Wirtschaft hinein reichen. Typische Verhaltensmuster der Akteure bei der Problemlösung können sich als Politikstile perpetuieren, wobei hier weniger die Charakteristika von gesamten politischen Systemen als von spezifischen Politikfeldern gemeint sind. Insofern zeigen beispielsweise die jüngsten Reformen in der Rentenpolitik eine übergreifende Tendenz zur Ergänzung der bisherigen (beitrags- oder steuerfinanzierten) Systeme durch Elemente der Kapitaldeckung – freilich häufig ergänzt durch national spezifische Formen der Institutionalisierung und sozialen Ausgleichsmechanismen (Schmid 2005a, 2002a).

Typen und Stile

In jüngerer Zeit sind verstärkt Aspekte des Lernens und die Rolle des Wissens in Politiknetzwerken und -feldern thematisiert worden. Dazu wird von *„Belief Systems"*, *„Policy Paradigmen"* und *„Wissenskoalitionen"* ausgegangen, in denen sich Grundüberzeugungen und Weltbilder verfestigt haben, und die so die kognitive Struktur eines Politikfelds markieren. Der Paradigmenwechsel in der Ökonomie vom Keynesianismus zum Monetarismus ist ein gutes Beispiel dafür: Damit hat sich das wirtschaftspolitische Leitbild nachhaltig verändert

Policy-Lernen

und die Relevanz von Faktoren wie Haushaltsdefizit oder Geldwertstabilität entsprechend verschoben – ohne dass sich dabei Interes-
sen- und Machtpositionen verändert haben müssen. Bei solchen
Lernprozessen entstehen neue Prioritäten, kausale Annahmen und
„kognitive Landkarten", durch die sich dann auch Veränderungen in
der Politikgestaltung ergeben. Neue „windows of opportunity" öffnen sich etwa dadurch, dass strukturelle Restriktionen und politische
Ressourcen in einen neuen Interpretationszusammenhang gestellt
werden und zu neuen politikstrategischen Optionen führen (Schu-
bert/Bandelow 2003).

4.9.3 Policy-Determinanten

Theorien der
Staatstätigkeit

Welche Faktoren bestimmen nun die Staatsaktivitäten, nach welchen
kausalen Mustern funktioniert Politik (in westlichen Industriegesellschaften)? Dazu gibt es eine Reihe von Ansätzen und Determinanten.

> *Theorien der Staatstätigkeit nach M.G. Schmidt*
> – Die sozioökonomische Schule
> – Die Machtressourcentheorie
> – Die Lehre von der Parteiendifferenz
> – Politisch-institutionalistische Theorien
> – Die internationale Hypothese
> – Die Lehre vom Politik-Erbe
> *Quelle: www.politikon.org; Schmidt 2001b*

Sozioökonomischer
Determinismus

Sozioökonomische Ansätze gehen von einer hohen Interdependenz
zwischen Wirtschaft, Gesellschaft und Politik aus; sie interpretieren
staatliche Politik als funktionale Reaktion auf die Veränderung von
Wirtschaft und Gesellschaft. Dabei argumentieren sie, dass einerseits
immer wieder ein sozioökonomischer Problemdruck (etwa Arbeitslosigkeit) entstehe und es so zu politischen Reaktionen komme; zum anderen spiele die Ressourcenausstattung bzw. der Reichtum eines Landes
eine Rolle, denn ohne diese ökonomische Voraussetzung könne der
Staat kaum handeln. Ferner wird von einer Konvergenz der nationalen
Systeme ausgegangen. Eine ähnliche Konvergenz und geringe Bedeutung von Politik folgt auch aus der so genannten internationalen Hypo-
these, die der Globalisierung eine überragende Wirkung beimisst.

Does politics
matter

Gegen diesen sozialökonomischen Determinismus wenden sich
Ansätze, bei denen Politik sehr wohl einen Unterschied macht. Das

heißt, es geht um Machtressourcen, Interessen und Konflikte und daher spielen Parteien und Verbände bzw. der Neokorporatismus eine große Rolle. Eine Variante betont – ähnlich wie marxistische Autoren – das Ausmaß der Mobilisierung der Arbeiterklasse. Erst ihre Organisation in Gewerkschaften und Parteien mit entsprechenden ideologischen Programmatiken und einer institutionell abgesicherten Mitbestimmungs-, Partizipations- und Artikulationsmöglichkeit im politischen Entscheidungsprozess liefern der Arbeiterschaft die nötigen Machtressourcen, um es mit den durchsetzungsfähigeren Interessen des Unternehmerlagers aufnehmen zu können. Eine andere Richtung hebt die Bedeutung der Parteien hervor: Gemäß der Parteiendifferenztheorie bzw. der *„parties-do-matter"-These* repräsentieren sie unterschiedliche soziale Schichten bzw. Wählerpräferenzen, verfügen über differierende Programmatiken und produzieren somit unterschiedliche Staatstätigkeiten. So tendieren Linsparteien (samt Gewerkschaften) zu einer intensiveren Bekämpfung der Arbeitslosigkeit als bürgerliche Parteien; umgekehrt verhält es sich bei der Geldwertstabilität – einem Phänomen, das mit der Phillips-Kurve kompatibel ist.

Neuere Arbeiten betonen ferner, dass aktuelle Politiken durch politische Institutionen historisch („Politikerbe") und strukturell eingebunden sind. Diese bilden Vetopunkte, wirken gewissermaßen als Filter für die Problemwahrnehmung und die Interessenpolitik; sie bevorzugen bestimmte Interventionen in die Ökonomie und die Gesellschaft oder schließen andere aus. Damit gewinnen divergente nationale Entwicklungspfade an Bedeutung bzw. wird die Eigendynamik und relative Autonomie der Politik betont. Die zentrale Ursache für diese Eigendynamik bildet die Binnenkomplexität des modernen Staats selbst, denn es handelt sich hier nicht um ein einheitliches monolithisches Gebilde (Schmidt 2001b; Schmid 2002a; 2005a).

Pfadabhängigkeit

4.9.4 Politische Steuerung

Staatsaktivitäten werden unter dem Stichwort „politische Steuerung" – neuerdings oft auch als *Governance* bezeichnet – behandelt. Damit werden die staatlichen Interventionen in die Gesellschaft, also ebenfalls in die Wirtschaft erfasst. Konkret stehen dafür unterschiedliche Steuerungsinstrumente, die nach bestimmten Prinzipien funktionieren und eine entsprechende Wirkung bezwecken sollen, zur Verfügung – z.B. Angebot, Anreiz, Gebot/Verbot, Überzeugung/Aufklärung und Vorbild.

Modelle politischer
Steuerung

Zusammenfassend lassen sich vier grundlegende Modelle unterscheiden:

- Bei der *klassischen Intervention* ist der Staat verantwortlich für die strategischen Weichenstellungen und Projektionen und organisiert mit Hilfe seiner Verwaltung weitgehend die Ressourcenverteilung und gesellschaftliche Koordination.
- Dem entgegengesetzt ist das Modell eines *minimalen Staatseingriffs*, das den Markt als idealen Koordinations- und Verteilmechanismus sieht, dem Staat aber weiterhin eine wichtige soziale Koordinierungsfunktion zuschreibt, nämlich über gesetzliche Regeln den optimalen Ablauf von Marktprozessen zu fördern.
- Neuere Steuerungsvorstellungen akzentuieren weiterhin den *aktiven und strategisch operierenden Staat*, aber dies im Wesentlichen begrenzt auf die Zielbenennung, der aber die Umsetzung den gesellschaftlichen Teilbereichen und Organisationen überlässt.
- Schließlich wird Steuerung noch weicher als *Moderation* interpretiert. Gesellschaftliche Selbstorganisation ist demnach besser in der Lage, für Koordination zu sorgen. Dem Staat bleibt aber die Funktion zu therapieren und zu moderieren, Hilfestellung zu leisten und dort, wo es nötig ist, ausgleichend auf gesellschaftliche Konflikte einzuwirken (Braun 2001).

Ursachen von
Steuerungs-
versagen

Die zunehmende Relativierung staatlicher Steuerung hängt nicht zuletzt damit zusammen, dass es in vielen Fällen zu einem Steuerungsversagen (etwa im Falle der Hartz-Reformen) kommt. Ursachen dafür:

- Regulative Programme sind nicht implementierbar (Implementationsproblem).
- Die Adressaten verweigern Gefolgschaft (Legitimations- und Motivationsproblem).
- Der Gesetzgeber verfügt nur über mangelhaftes Wissen über den Steuerungsbereich (Wissensproblem).
- Der Staat kann mit den verfügbaren Instrumenten nicht gezielt steuernd in Systemprozesse eingreifen (Steuerbarkeitsproblem).

4.9.5 Fazit: wirtschaftspolitische Relevanz

Die verschiedenen Ansätze der Politikfeldanalyse bewegen sich vorwiegend innerhalb des politischen Systems und weniger in der Marktökonomie. Gleichwohl gehen sie von einer Interdependenz beider Bereiche aus und postulieren ferner eine relativ hohe Notwendigkeit und Fähigkeit des Staates zur Steuerung der Ökonomie. Inzwischen ist hierbei weniger Optimismus zu finden, denn angesichts der Globalisierung und Europäisierung verlieren viele Staatsaktivitäten an Wirkung. Trotzdem bleibt staatliche Politik bestehen und entfaltet ihre Wirkung – empirisch wie analytisch – weniger in Aggregaten und umfassenden nationalen politischen Ökonomien, sondern in kleineren Bereichen: den Politikfeldern. Dabei sind diese sehr unterschiedlich strukturiert und die Interdependenzen variieren. „Staat" und „Ökonomie" müssen also differenzierter behandelt werden und es gibt viele „Gesichter" der Staat-Markt-Beziehungen wie sie in Form von Staatsausgaben (im Längs- und Querschnitt) und Policy-Profilen empirisch erfasst werden können (Siegel/Jochem 2003).

Dies öffnet zugleich Einflussmöglichkeiten auf die Politik, besonders entlang staatlicher Programme und Strukturen wie etwa in der aktiven Arbeitsmarktpolitik, wo es um die Entwicklung und Evaluation von Instrumenten und deren Wirkungen geht – und weniger um die makroökonomische Kontroverse zwischen Keynesianern und Neoliberalen bzw. Monetaristen. Wichtig ist ferner die Erkenntnis, dass sich Politik nicht als willkürlicher, ideologisierter Prozess darstellt, sondern eine Regelhaftigkeit und Funktionalität aufweist. Hier bestehen vielfache Verbindungen und Kombinationsmöglichkeiten der Politikfeldanalyse mit anderen skizzierten Theorieansätzen wie dem Institutionalismus oder dem Rational Choice Ansatz. Schließlich eröffnet die verbesserte internationale Kommunikation – auch ein Aspekt der Globalisierung – und der systematische Informationsaustausch durch die Monitoring- und Berichtssysteme der EU auch die Möglichkeit, von anderen erfolgreichen Ländern zu lernen und deren Policies, Programme und Instrumente zu übernehmen.

Literatur:

Roth, Christian 2005: Politische Steuerung, in: Althaus, Marco/Geffken, Michael/Karp, Markus/Rawe, Sven (Hrsg.): Handlexikon Public Affairs. Public Affairs und Politikmanagement Band 1, Münster, S. 86-88.

Schmid, Josef 1998a: Stichworte Korporatismus, Politikfeldanalyse, Policy Cycle, Politikberatung, Politische Führung, in: Lexikon Public Affairs, Münster.

Siegel, Nico/Jochem, Sven 2003: Staat und Markt im internationalen Vergleich, in: Czada, Roland/Zintl, Reinhard (Hrsg.): Politik und Markt, PVS-Sonderheft 34, Wiesbaden, S. 351-388.

Windhoff-Héritier, Adrienne 1997: Policy-Analyse. Eine Einführung, Frankfurt/New York.

Internetseiten:

Politikfeldanalyse: www.wip-online.org

4.10 Zusammenführung und Fazit

4.10.1 Rolle und Relevanz von Theorien und Methoden

Theorien als Filter und Ordnungs-schemata

Die gegenwärtige(n) Ökonomie(n) und Wirtschaftspolitiken sind durch eine Vielzahl von Ebenen, Akteuren, Prozessen und Strukturen gekennzeichnet. Neben den Regierungen spielen Verbände und im internationalen Bereich NGOs, aber auch multinationale Unternehmen und internationale Organisationen eine wichtige Rolle. Auf diese Weise ergeben sich komplexe Interaktionsmuster wirtschaftlichen Handelns unter nicht minder komplexen Rahmenbedingungen. Um unter diesen Bedingungen Phänomene überhaupt erklären und bewerten zu können, benötigt man Theorien, die als Filter und Ordnungsschemata fungieren.

Eine Theorie zeichnet sich dabei durch drei Aspekte aus: Ihr muss eine aus zwei Variablen bestehende *„wenn-dann Aussage"* zugrunde liegen. Theoretische Aussagen und Hypothesen müssen *allgemein gültige Aussagen* treffen, d.h. bestimmte Phänomene unabhängig von Ort und Zeit bzw. von konkreten Ereignissen erklären können. Schließlich soll eine Theorie einen *übergeordneten Erklärungszusammenhang* bieten, der Ereignisse, Handlungen und Aktionen durch theoretische Muster einordnen und erklären kann.

Eine (gute) Theorie leistet bei der Forschungsarbeit wichtige Hilfe, denn sie hat
- eine Selektionsfunktion, d.h. sie filtert aus einer Vielzahl von empirischen Phänomenen die wichtigen heraus;
- eine Ordnungsfunktion, d.h. sie hilft, die wahrgenommene Realität zu strukturieren;
- eine Erklärungsfunktion, d.h. eine Theorie erklärt Tatbestände;
- sie erlaubt eine Prognose von künftigen Ereignissen;
- unterstützt Bewertungen (Sozial- und Ideologiekritik);
- sie dient der Prüfung von Hypothesen;
- sie unterstützt die Modifikation von bestehenden bzw. die Entwicklung von neuen Theorien (vgl. http://weltpolitik.net/sachgebiete/wirtschaft).

Das folgende Schaubild stellt noch einmal die Schritte der Theoriebildung und die jeweils entsprechenden Bezüge zur Empirie (anhand eines Beispiels) dar.

Abb. 35: Fünf Schritte der wissenschaftlichen Theoriebildung

Fünf Schritte der wissenschaftlichen Theoriebildung		Beispiel
1.	Beobachtung interessierender Abläufe, Sammlung von Daten.	z.B. über Zinsen und Wechselkurs
2.	Aufstellung von Vermutungen über Ursachen und durch sie hervorgerufene Wirkungen (Bildung von Hypothesen). Zur Präzisierung sind die Variablen der behaupteten Beziehungen exakt zu definieren.	Der Wechselkurs des Euro gegenüber dem $ wird durch die Differenz der Zinsen in der EU und den USA bestimmt (Hypothese). Unter Zins soll der Drei-Monats-Satz unter Banken verstanden werden (Definition).
3.	Aus Hypothesen werden durch logische Ableitung (Deduktion) logisch widerspruchsfreie Schlussfolgerungen (Konklusionen) gewonnen. Ein System von Hypothesen und logischen Ableitungen nennt man Theorie.	Bei hohen Zinsen in den USA lohnt sich die Geldanlage in $. Deutsche Anleger fragen deshalb $ nach und bieten Euro an. Die steigende Nachfrage nach $ lässt dessen Wert steigen. Schlussfolgerung: Zwischen Zinsdifferenz und Wert einer Währung besteht ein positiver Zusammenhang.
4.	Die Aussagen der Theorie werden wieder den Fakten gegenübergestellt (empirischer Test).	Die zeitliche Entwicklung des Wechselkurses wird mit Hilfe ökonometrischer Methoden durch die Zinsdifferenz und geeignete andere Variablen (z.B. die Inflationsdifferenz) erklärt.
5.	Überstehen die Theorien diese Prüfung nicht, werden sie korrigiert oder durch konkurrierende Ansätze ersetzt.	

Quelle: nach Wienert 2001: 28

Zwischen ökonomischen und politologischen bzw. sozialwissenschaftlichen Ansätzen gibt es allerdings auch einige bemerkenswerte methodologische Differenzen: So tendieren erstere – wie auch im obigen Schaubild – zur Deduktion von Hypothesen sowie Handlungsempfehlungen aus abstrakten Gesetzen, während die sozialwissenschaftlichen Ansätze eher Verallgemeinerungen aus empirischen Regelmäßigkeiten ableiten und im Hinblick auf präskriptive Aussagen meist sehr zurückhaltend sind. Auch in der Bewertung ökonomischer Phänomene unterscheiden sie sich: Ökonomen neigen in der Regel dazu, ihre Ziele bzw. Modelle heranzuziehen (Soll-Ist-Vergleich), während etwa die Politikfeldanalyse und die international vergleichende Forschung Realitäten aus unterschiedlichen Fällen als Maßstab heranzieht (best practice Vergleich). Gemäß dem methodologischen Postulat der „Sparsamkeit" einer guten Theorie konzentrieren sich wirtschaftswissenschaftliche Studien ferner auf wenige, isolierte Variablen unter kontrollierten/konstanten Randbedingungen; dasselbe gilt auch für die statistischen Analysen

Methodologische
Differenzen

der Policy-Determinanten-Forschung. Vor allem historisch-instituti-onalistische Ansätze arbeiten hingegen mit komplexeren Konfigu-rationen und Interdependenzen, d.h. mit vielen Variablen – freilich zu Lasten der Fallzahlen und der Generalisierbarkeit der Ergeb-nisse.

4.10.2 Wirtschaft und Politik im Lichte unter-schiedlicher theoretischer Ansätze

Dimensionen des Vergleichs

Einige Argumente, die für die jeweiligen Ansätze wesentlich sind, und die zur Abgrenzung gegenüber anderen Theorien herangezogen wer-

Abb. 36: Dimensionen des Vergleichs

Ansatz	Dimensionen des Vergleichs		
	Menschenbild/Akteur	*Bild der Wirtschaft* (Interdependenz)	*Gesellschaftsbild*
Klassiker/ Theoriegeschichte	Menschen mit Schwächen (Hirschmann: Leidenschaften und Interessen)	Wirtschaft als integraler Teil der Ordnung; allmähliche Freisetzung des Marktes	einfache Gesellschaft/göttliche Ordnung (bis zur frühen Neuzeit)
Makroökonomische Theorien	Nutzenmaximierer; bei Keynes mit psychologischen Elementen	geringe Interdependenz; Neolib.: Ordnungspolitik bzw. Keynesianer: Konjunkturpolitik	Markt und Staat als relativ getrennte Sphären
Neue Politische Ökonomie	Nutzenmaximierer/homo oeconomicus/politische Unternehmer	mittlere Interdependenz durch politische Konjunkturzyklen und Verteilungskoalitionen	Markt (Unternehmer) und Staat (Politiker, Bürokraten) funktionieren analog
Institutionalismus	homo sociologicus/embeddedness (Granovetter)	Senkung der Transaktionskosten durch nicht-marktliche Institu-tionen	Markt und Hierarchie ergänzen sich; der Staat gewährleistet die Funktion von Institutionen
Comparative Capitalism	homo sociologicus; politisch-institutionelle Prägung	hohe Interdependenz durch das Zusammenwirken vieler Teilbereiche/mixed economy	Markt und Staat wirken zusammen; Pfadabhänigigkeit
Kritische Theorien	strukturelle Prägung (durch Produktions-/Genderverhältnisse)	Ökonomische Verhältnisse determinieren (Basis-Überbau-Schema)	Markt und Staat sind nur formal unterschieden; materiell ist der Staat kapitalistisch
Systemtheorien	Individuen sind Systemumwelt	Zahlungen sind das Medium der Wirtschaft; Autopoiesis	Vielzahl an funktional ausdifferen-zierten Subsystemen
Politikfeldanalyse	rationale und begrenzt rationale Akteure	Staatliche Programme sollen Marktdefizite kompensieren, bei Grenzen der Intervention	Markt und Staat sind in sich stark differenzierte Gebilde

den können, lassen sich stichwortartig im obigen Schaubild ablesen. Dabei geht es nicht um eine vollständige Zusammenfassung oder einen methodologisch fundierten Theorievergleich, sondern um eine schlichte Synopse. Und auch nicht darum, die beste oder richtige Theorie zu finden. Es gilt: „Das ist wohl das einzige, was man vom Studium der Theorie- und Geistesgeschichte erwarten darf: Nicht, daß die Streitfragen entschieden, sondern daß das Niveau der Auseinandersetzungen über sie gehoben wird" (Hirschman 1980: 144).

Will man so etwas ähnliches wie wissenschaftlichen Fortschritt feststellen, dann zeigt sich dieser in zweierlei Richtungen: Zum einen werden die Annahmen über das Verhalten der wirtschaftlichen Akteure, ihre Motive und Kalküle zunehmend komplexer und präziser, sodass sie einer empirischen Prüfung unterzogen werden können. Zum anderen werden die Annahmen über die Rahmenbedingungen und Umwelten der Ökonomie ausdifferenzierter und in ihrer Wirkung einflussreicher – also die ceteris parisbus-Klausel wird relativiert. Damit wird aber die räumlich-zeitliche Gültigkeit der Theorien zumeist begrenzter. Ganz deutlich ist dies am Beispiel der Comparative Capitalism-Ansätze; dort funktioniert nicht ein allgemeiner Markt oder operiert ein an Zahlungen orientiertes System, sondern eine Konfiguration aus politischen und ökonomischen Institutionen, die nur gültige Erkenntnisse über eine begrenzte Anzahl von Ländern erlauben.

Literatur:

Herrmann, Johannes/Schmidt, Peter 2004: Theorienvergleich. Politikon-Lerneinheit, http://www.politikon.org/ilias2/course.php? co_id=23&co_inst=935, Version 1.

Wienert, Helmut 2001: Grundzüge der Volkswirtschaftslehre, Band 1: Einführung und Mikroökonomie, Stuttgart/Berlin/Köln.

5 Die soziale Marktwirtschaft in Deutschland – Aufbau und Funktionsweise

5.1 Normative, politische und rechtliche Grundlagen der Wirtschaftsordnung

Leitfragen

Wo liegen die Unterschiede von Ordoliberalismus und Sozialer Marktwirtschaft?

Was sind die Hauptursachen für die Ausbildung der ordoliberalen Marktwirtschaft?

Was sind die wichtigsten Unterscheidungsmerkmale zwischen Marktwirtschaft und Planwirtschaft?

Und welche Rolle spielt das Grundgesetz bei der Ausgestaltung der bundesdeutschen Wirtschaftsordnung?

5.1.1 Politisch-ökonomische Ausgangsbedingungen in der „Stunde Null"[1]

Unmittelbar nach Kriegsende war die wirtschaftliche Aktivität in Deutschland praktisch zum Erliegen gekommen. So waren nicht nur die Produktionsanlagen und Infrastruktur durch die direkten Folgen des Krieges zum Teil schwer beschädigt und die Ressourcen durch die erheblichen Kriegsanstrengungen ausgezehrt, sondern auch die gesamte Produktion auf die Herstellung kriegswichtiger Güter ausgerichtet. Auf politischer Ebene fehlten neben belastbaren Institutionen oder einem funktionsfähigen Zahlungsmittel vor allem realis-

---

[1] Abelshauser (2004: 22ff) lehnt die Vorstellung einer „Stunde Null" kategorisch ab, weil die Kontinuitätslinien des deutschen Wirtschaftsmodells (Produktive Ordnungspolitik, korporative Interessenpolitik, Primat der Politik über die Ökonomie) seit dem Kaiserreich – wenngleich mit veränderten Mitteln und anderen Problemkontexten – dominieren. Zudem ist der Kapitalstock im Rahmen der Kriegwirtschaft so stark vergrößert und modernisiert worden, dass trotz Kriegsschäden eine gute strukturelle Ausgangssituation vorhanden war. Hier wird der Begriff nur verwendet, um die Sicht der Akteure und die großen konkreten wirtschaftlichen Schwierigkeiten zu beschreiben.

tische Zukunftsperspektiven und damit die Gewissheit über die weitere Entwicklung.

Jenseits der vier Oberziele der „Besatzungsmächte", der (1) Entmilitarisierung, (2) Entnazifizierung, (3) Demokratisierung und (4) Dezentralisierung und der damit einhergehenden Zerschlagung der Schwerindustrie, bestand die Hauptherausforderung der Alliierten zunächst darin, die elementare Versorgung der Bevölkerung sicherzustellen. Dazu wurden die „Ordnungskomponenten" der Kriegswirtschaft beibehalten: Lohn- und Preisstopps, die zentrale Bewirtschaftung relevanter Güter und die Kontrolle des Außenhandels und Devisenverkehrs blieben weiterhin in Kraft. Die Frage nach der Zukunft Deutschlands, auch hinsichtlich einer neuen Wirtschaftsordnung, wurde zwar diskutiert (z.B. Morgenthau Plan), behielt aber vor dem Hintergrund der chronischen Versorgungsengpässe, der sich abzeichnenden Ost-West-Konfrontation und der unterschiedlichen Strömungen und Ansichten innerhalb der Besatzungsmächte vorerst „Planspielcharakter".

Erst als sich im Jahr 1947 die Versorgungskrise zuspitzte, und diese von den westlichen Besatzungsmächten als Nährboden für ein Ausbreiten kommunistischer Tendenzen innerhalb der Bevölkerung gesehen wurde, beschleunigte sich die Entwicklung. Zumindest von Seiten der Amerikaner und Briten wurde nun eine Steigerung des Lebensstandards zur offiziellen Marschroute erklärt. Auch wenn sich daraus noch keine klare ordnungspolitische Konzeption ergab, nahm man nicht nur von jeglichen Plänen zur dauerhaften Schwächung Deutschlands Abstand, sondern erkannte vielmehr in der Stärkung der (Markt-)Wirtschaft den entscheidenden Beitrag für einen dauerhaften, demokratischen Frieden.

Exkurs: Die Wirtschaft der Deutschen Demokratischen Republik
Unmittelbar nach Kriegsende wurde auf Befehl der sowjetischen Besatzungsmacht begonnen, auf dem Gebiet der ehemaligen DDR erste Schritte zur Einführung einer sozialistischen Gesellschafts- und Wirtschaftsordnung zu unternehmen. Schrittweise wurde Privatbesitz (Boden, Industrie, Gewerbe) abgeschafft und in Kollektiveigentum umgewandelt; ein Vorgang, der bis Anfang der 1960er nahezu abgeschlossen war. Jenseits der normativ geprägten Vorstellung der „klassenlosen" Gesellschaft bestand die Grundidee der Planwirtschaft in der Ausschaltung von Wirtschaftsschwankungen durch die zentrale Abstimmung von Konsum und Produktion: Durch zentrale Planung sollten alle Bedürfnisse der Bevölkerung stets befriedigt und gleichsam alle Produktionsfaktoren dauerhaft ausgelastet werden. Dieser Anspruch konnte zu keiner Zeit erfüllt werden.
Denn einerseits waren die Bedürfnisse der Konsumenten vor Beginn einer Produktions- und Konsumperiode (Wirtschaftspläne) nur schwer zu bestimmen, und andererseits gelang es wegen fehlender Anreiz- und Sanktionierungsstrukturen ebenfalls nicht, die Produzenten zur effizienten Erfüllung der Vorgaben anzuhalten. Dies vor allem deshalb, weil (1) einzelne volks-

eigene Betriebe nicht im Wettbewerb standen und deren Fortbestand somit garantiert war, (2) keinerlei Informationen über effizienten Einsatz von Ressourcen vorhanden waren und (3) der chronische Mangel an bestimmten Gütern und Know-how alle Effizienzbemühungen zunichte machte. Mit anderen Worten gelang es weder, den genauen Bedarf an benötigten Gütern (z.B. Kinderschuhe, Schrauben, Bleistifte) zu taxieren, noch für eine ressourcenschonende Erreichung der Planvorgaben zu sorgen. Der daraus resultierende Mangel verschärfte die Situation weiter, da – so bestimmte Produkte ausgeliefert wurden – ein großer Anreiz bestand, über den eigenen Bedarf zu kaufen. Auf diese Weise war es nicht die Geld- sondern die Konsumgüterknappheit, die in vielen Fällen zu einer Art Naturaltauschökonomie führte. Zugleich war eine Art „Teufelskreis" aktiviert: Der Kauf über Bedarf machte alle zentralen Planungen zunichte und verschärfte die allgemeine Wahrnehmung der Güterknappheit, die wiederum zum weiteren „Hamstern" motivierte. Die im Vergleich mit der Bundesrepublik schlechte ökonomische Performanz hatte allerdings weitere Gründe. Beispielsweise fehlte aufgrund mangelnder konkurrenzfähiger Produkte die Einbindung in die westlichen Weltmärkte. Weiterhin entzog die dauerhafte, politisch motivierte Subvention von Mieten und Grundnahrungsmitteln dem Staat Ressourcen. Dies führte zu der absurden Situation, dass die Preise für Grundnahrungsmittel deutlich unter den Herstellungskosten lagen und teilweise Brot an Vieh verfüttert wurde. Der Mangel an Devisen in Kombination mit hohen Exportbedarfen führte zusätzlich zu einer ständig steigenden Schuldenlast. Somit bleibt als Fazit zu ziehen, dass das Recht auf Arbeit in der Tat eingelöst wurde, dies allerdings auf Kosten von ökonomischem und auch ökologischem Wohlstand.

5.1.2 Ordnungspolitische Vorstellungen: Wirtschaftspolitik zwischen „mehr Markt" oder „mehr Staat"

Wichtige Beiträge für die Gestaltung einer ordnungspolitischen Konzeption lieferte der Ordoliberalismus der *„Freiburger Schule"*. Walter Eucken und andere Vertreter dieser Denkrichtung waren der Überzeugung, dass der freie Markt allen anderen Steuerungs- und Lenkungsversuchen überlegen sei. Eine freie marktwirtschaftliche Ordnung als Garant für Wachstum und Beschäftigung entstehe aber nicht – wie vom klassischen Liberalismus formuliert – von alleine, so die Grundannahme. Vielmehr habe gerade die jüngere deutsche (NS-) Vergangenheit gezeigt, dass ein funktionsfähiger Markt politisch geschaffen und abgesichert werden müsse, um der Gefahr einer weit reichenden Monopolbildung und anderen Formen des Markt- bzw. Wettbewerbsversagens zu begegnen.

Ordoliberalismus

Zwei zentrale Grundsätze kennzeichnen den Ordoliberalismus, aus denen sich alle weiteren konstitutiven und regulierenden Prinzipien eines (ordoliberalen) wirtschaftspolitischen Programms ableiten lassen.

(1) Die Politik des Staates sollte darauf ausgerichtet sein, wirtschaftliche Machtgruppen aufzulösen oder ihre Funktionen zu begrenzen.

(2) Die wirtschaftspolitische Tätigkeit des Staates sollte auf die Gestaltung der Ordnungsform der Wirtschaft ausgerichtet sein, nicht auf die Steuerung des Wirtschaftsprozesses (also keine Prozesspolitik).

Zentrale Komponenten des ordoliberalen Ansatzes sind ein funktionsfähiges Preissystem, eine (von einer unabhängigen Notenbank gestützte) harte Währung, offene Märkte unter echten Konkurrenzbedingungen, Schutz des Privateigentums mit entsprechender Vertragsfreiheit und -sicherheit bei gleichzeitiger Verhinderung von wettbewerbsverzerrender Marktmacht sowie eine konstante Wirtschaftspolitik, die auf Ad hoc-Maßnahmen verzichtet und Planungssicherheit erlaubt.

Die Grundüberzeugung der Ordoliberalen ist dabei, dass alle wirtschaftlichen Probleme ihren Ursprung im Abweichen der genannten Prinzipien und Politiken haben. Oder Andersherum: Ein striktes Befolgen ihres Programms – also die Schaffung einer marktsichernden Institutionenordnung – stabilisiere die Wirtschaft und die Konjunktur, rege das Wachstum an und schaffe über Sekundäreffekte breiten Wohlstand.

Soziale Marktwirtschaft als Leitidee — Aus diesem Konzept entwickelte sich nach Ende des 2. Weltkrieges die wirtschaftspolitische Leitidee der Sozialen Marktwirtschaft; ein Begriff, der erstmals von *Alfred Müller-Armack* (Professor für Nationalökonomie und später Leiter der Grundsatzabteilung im Bundeswirtschaftministerium) im Jahre 1946 in seinem Werk „Wirtschaftslenkung und Marktwirtschaft" Erwähnung fand und zum Inbegriff von Wachstum und steigendem Massenwohlstand wurde. Dabei bildet die Soziale Marktwirtschaft kein streng theoretisch abgegrenztes Modell. Vielmehr ist sie eine Mischung aus der Idee einer freien und gerechten Gesellschaft sowie einigen pragmatisch orientierten Grundregeln der Wirtschaftspolitik (Goldschmidt 2004, Schmid 2004). Diese Mischform beinhaltet im Einzelnen:

- Das Modell einer Markwirtschaft, in dem der Staat, die sozial unerwünschten Auswirkungen der Marktwirtschaft korrigiert. „Sozial" steht für soziale Gerechtigkeit und Sicherheit, „Marktwirtschaft" steht für wirtschaftliche Freiheit.
- Insbesondere soll der Staat dabei die Rahmenbedingungen für einen funktionsfähigen Wettbewerb schaffen (Wettbewerbspolitik),

- die Einkommens- und Vermögensverteilung im Interesse der nicht am Wirtschaftsprozess beteiligten Gruppen korrigieren (Vermögenspolitik),
- die Beschäftigten und finanziell Schwachen durch ein soziales Netz (z.B. durch Arbeitslosenversicherung, Kinder- und Erziehungsgeld, Wohngeld, Sozialhilfe) absichern (Sozialpolitik),
- Aufgaben übernehmen, die über den Markt nicht oder nur zu sehr eingeschränkten Bedingungen angeboten würden (Struktur- sowie Bildungspolitik),
- sowie Konjunkturschwankungen dämpfen (Konjunkturpolitik).

Bei einem Vergleich der beiden Konzepte kann unterstellt werden, dass die Vertreter des Ordoliberalismus eher die Differenzen zur Sozialen Marktwirtschaft betonen und die Gefahr der Verletzung grundlegender Ordnungsprinzipien sehen, während Vertreter der Sozialen Marktwirtschaft zunächst auf die Gemeinsamkeiten (Marktwirtschaft) abheben würden. Vergleicht man die Positionen von Eucken und Müller-Armack, so leiten die Ordoliberalen alle Problemlösungen direkt aus der Aufrechterhaltung der Ordnung ab. Die Vertreter der Sozialen Marktwirtschaft hingegen erkennen weiterhin die Notwendigkeit staatlicher Intervention – vor allem im Sinne von Umverteilung (Goldschmidt 2004). Wettbewerb ist somit eher Mittel und nicht Ziel und muss gegebenenfalls durch eine soziale Ausgleichskomponente korrigiert werden. Konzeptionell nimmt der Entwurf der Sozialen Marktwirtschaft somit eine Art Zwitterstellung zwischen einem freien Spiel der Kräfte und (selektiver) staatlicher Intervention ein. Eine Ausrichtung, die auch politisch begründet war.

Vergleich der beiden Konzepte

In der praktischen Umsetzung ist das Konzept der Sozialen Marktwirtschaft stark mit der Person *Ludwig Erhards* verbunden, der in verschiedenen Ämtern (u.a. erster bundesdeutscher Wirtschaftsminister unter Adenauer) die ersten wirtschaftspolitischen Weichenstellungen in Westdeutschland entscheidend beeinflusste. Im Kern dem Gedanken der „Freiburger Schule" verpflichtet, trat Erhard früh für die konsequente Einführung der Marktwirtschaft ein. Die entscheidenden, von ihm maßgeblich beeinflussten, Weichenstellungen waren die Währungsreform (1948), die wirtschaftlichen Leitgesetze des Wirtschaftsrats (1948) und die Ausarbeitung der Düsseldorfer Leitsätze der CDU, die sich vom Ahlener Programm abgrenzten. Die soziale Dimension bestand nun vorerst weniger in einer sozialpolitisch motivierten Umverteilung, sondern in der Schaffung notwendiger Voraussetzungen, um die günstigen (globalen) wirtschaftlichen Rahmen- und Exportbedingungen nutzen zu können.

Umsetzung der Sozialen Marktwirtschaft in Deutschland

Abbildung 37: Versuch der Abgrenzung von Ordoliberalismus und Sozialer Marktwirtschaft

Eucken/Ordoliberalismus	Müller-Armack/Soziale Marktwirtschaft
Reine Ordnungspolitik (insbesondere Sicherstellung eines vollständigen, ungestörten Wettbewerbs)	Ordnungs- und Prozesspolitik
Qualitative Wirtschaftspolitik	Auch quantitative Wirtschaftspolitik
Streng wissenschaftliches Konzept mit klaren theoretischen Grenzen bzw. Grenzverletzungen	Pragmatischer Ansatz, weiche Grenzziehungen, Einzelfallentscheidungen
Ableitung aller Problemlösungen aus der Aufrechterhaltung der Ordnung (auch über positive Sekundäreffekte)	Weiterhin Notwendigkeit der staatlichen Intervention zur Schaffung sozialen Ausgleichs bzw. Korrektur der Marktergebnisse
„Richtige" Wirtschaftspolitik entzieht der Sozialpolitik die Notwendigkeit	Getrennte Bereiche Wirtschafts- und Sozialpolitik; Versuch der Austarierung von „Freiheit" und „(sozialer) Sicherheit"
Statisches Konzept	Ständige Weiterentwicklung; Anpassung an neue Herausforderungen
	Auch politisches (Partei-)Programm; Gegenentwurf zum demokratischen Sozialismus der SPD bei gleichzeitiger Zähmung der Marktkräfte in Richtung eines sozialen Ausgleichs

Dass die *Einführung der Sozialen Marktwirtschaft* zum Teil auch gegen den Widerstand in den Parteien und der deutschen Bevölkerung geschah, lässt sich anhand zweier Beispiele anschaulich machen. So berichtet Abelshauser, dass es „den Sozialdemokraten in zwei Fällen gelang, dem Modell der Gemeinwirtschaft in parlamentarischen Mehrheitsentscheidungen Geltung zu verschaffen. Am weitesten ging der Artikel 41 der hessischen Landesverfassung, der definitiv die Überführung der Schlüsselindustrien in Gemeineigentum und eine öffentliche Kontrolle über Großbanken und Versicherungen vorsah. Ende 1946 entschieden sich 71,9% der hessischen Wähler in einer von der US Besatzungsmacht angeordneten Einzelabstimmung für diesen Artikel, während 76,8% der Wähler der Verfassung insgesamt zustimmten. (...) Obwohl die Militärregierung den Vollzug dieses Artikels aussetzte, entwickelte die in Hessen regierende große Koalition ein Gemeinwirtschaftskonzept, das – Kapitalismus und Verstaatlichung gleichermaßen vermeidend – Arbeiterselbstverwaltung, genossenschaftliche Beteiligung der Verbraucher und zentrale Planung zu einer Sozialgemeinschaft genannten Unternehmensform verband" (Abelshauser 2004: 104).

Diese anfängliche Skepsis findet sich auch im ersten (wirtschafts-) politischen Programm der CDU, dem Ahlener Programm. Dort heißt es noch: „Das kapitalistische Wirtschaftssystem ist den staatlichen und sozialen Lebensinteressen des deutschen Volkes nicht gerecht geworden. (...) Durch eine gemeinwirtschaftliche Ordnung soll das deutsche Volk eine Wirtschafts- und Sozialverfassung erhalten, die dem Recht und der Würde des Menschen entspricht, dem geistigen und materiellen Aufbau unseres Volkes dient und den inneren und äußeren Frieden sichert."

Rückblickend wird vielfach die Währungsreform von 1948 als „Ur-knall" des deutschen Wirtschaftswunders gesehen. In der Tat ist zunächst festzuhalten, dass mit der Einführung der D-Mark und der damit verbundenen Abschaffung der meisten Relikte der Zwangsbe-wirtschaftung (z.B. Preiskontrollen) ein wesentlicher und notwen-diger Schritt in Richtung Marktwirtschaft getan wurde. So wurden die Anreize für Produktion, Verkauf und Geldverdienen wieder her-gestellt, weil das Geld knapp und somit wertvoll und sehr begehrt war (Buchheim 2001: 151). Dass die Währungsreform zu wirken schien, wurde am deutlich ausgeweiteten Warenangebot sichtbar. Dabei ist zu berücksichtigen, dass die Währungsreform aufgrund der starken Verknappung der Geldmenge (um 90%) auch als Enteignung großen Stils betrachtet werden kann, die ökonomisch zwar notwen-dig und sinnvoll gewesen wäre, aber unter demokratischen Bedin-gungen kaum durchsetzbar war. Während die westlichen Besat-zungsmächte die Währungsreform vorantrieben, verabschiedete der Frankfurter Wirtschaftsrat – eine Art Vorläufer des Bundestags – die so genannten wirtschaftlichen Leitgesetze, von denen die ersten drei von besonderer Bedeutung waren:

(1) Der Freigabe der Bewirtschaftung ist vor ihrer Beibehaltung der Vorzug zu geben,

(2) die Freigabe der Preise ist vor der behördlichen Festsetzung der Vorzug zu geben und

(3) soweit der Staat den Verkehr mit Waren und Leistungen nicht regelt, ist dem Grundgesetz des Leistungswettbewerbs Geltung zu verschaffen.

Abb. 38: Hauptursachen für die Ausbildung der ordoliberalen Marktwirtschaft

Ausgangslage	Determinanten
Historische Erfahrungen	• Beseitigung der Gefahr durch (wirtschaftliche) Machtkonzentration • (wirtschaftliche) Freiheit als Bollwerk gegen Faschismus und Kollektivismus
Präferenzen der Alliierten	• nach anfänglichem Zögern klares Bekenntnis zum schnellen Wiederaufbau (auch zur eigenen Entlastung) • insbesondere die Amerikaner verfügen über keinerlei Erfahrungen mit Konzepten der Gemein-wirtschaft (hohe Grundskepsis)
Funktionale Gründe	• Einführung einer marktwirtschaftlichen Ordnung mit beschränkten staatlichen Eingriffen ist weit weniger voraussetzungsvoll als die Einführung einer zentral gelenkten Gemeinwirtschaft • Weichenstellungen mussten schell erfolgen, um der Wirtschaftskrise nach Kriegsende Herr zu werden
Systemkonkurrenz	• Bewusstes Gegenmodell zur Politik innerhalb der Sowjetischen Besatzungszone • Hochstilisierung zur Alternative zwischen „Freiheit und Sozialismus" • Ökonomisch unterfütterter Beweis der Überlegenheit des westlichen Modells

Insgesamt hat sich damit das Konzept der Sozialen Marktwirtschaft gegen konkurrierende Vorstellungen stärker liberaler oder sozialdemokratischer Art durchgesetzt. Die Gründe für eine solche Entwicklung lassen sich als Zwischenfazit so zusammenstellen wie in Abb. 38 (vorige Seite).

5.1.3 Normative Zielvorstellungen des Grundgesetzes

Wirtschaftspolitische Regelungen im Grundgesetz

Auch wenn bezüglich der Neuordnung der Wirtschaft in den westlichen Besatzungszonen mit Einführung der D-Mark und den Begleitgesetzen die Würfel aus ordnungspolitischer Sicht endgültig gefallen waren, blieb das vier Jahre nach Kriegsende ratifizierte Grundgesetz hinsichtlich der konkreten Festlegung auf eine bestimmte Wirtschaftsordnung eher offen. Definiert ist darin eher ein weiter Korridor, der je nach den Überzeugungen der Exekutive/Legislative relativ große Entscheidungsspielräume in der praktischen Ausgestaltung lässt.

> *Das bundesdeutsche Grundgesetz und die Wirtschaftsverfassung:*
> *Artikel 9* (3): Das Recht zur Wahrung und Förderung der Arbeits- und Wirtschaftsbedingungen Vereinigungen zu bilden, ist für jedermann und für alle Berufe gewährleistet
> *Artikel 12* (1): Alle Deutschen haben das Recht, Beruf, Arbeitsplatz und Ausbildungsstätte frei zu wählen (...)
> *Artikel 14* (1): Das Eigentum und das Erbrecht werden gewährleistet (...)
> *Artikel 14* (2): Eigentum verpflichtet. Sein Gebrauch soll zugleich dem Wohle der Allgemeinheit dienen
> *Artikel 15:* Grund und Boden, Naturschätze und Produktionsmittel können zum Zwecke der Vergesellschaftung durch ein Gesetz, das Art und Ausmaß der Entschädigung regelt, in Gemeineigentum ... übertragen werden
> *Artikel 20* (1): Die Bundesrepublik Deutschland ist ein demokratischer und sozialer Bundesstaat

Historischer Kontext

Zunächst ist unschwer zu erkennen, dass eine Wirtschaftsordnung nicht direkt vorgeschrieben, sondern allenfalls indirekt abgeleitet werden kann. Damit unterscheidet sich die bundesdeutsche Verfassung z.B. sehr stark von der Verfassung der ehemaligen DDR (in der Fassung vom 06. April 1968). Diese besagt, dass die Volkswirtschaft der Deutschen Demokratischen Republik auf dem sozialistischen Eigentum an den Produktionsmitteln (Artikel 9,1) beruhe und der Grundsatz der Planung und Leitung der Volkswirtschaft sowie aller anderen gesellschaftlichen Bereiche gelte. Die Volkswirtschaft der Deutschen Demokratischen Republik sei ferner eine sozialistische Planwirtschaft (Artikel 9, 3) und die Außenwirtschaft einschließlich des Außenhandels und der Valutawirtschaft ein staatliches Monopol (Artikel 5). Die sich aus diesen Artikeln geradezu zwingend ergebene Wirtschaftsordnung ist eindeutig und wurde auch schrittweise in die Realität umgesetzt. Mit gezielten Bodenreformen und der Überführung von Industrie und Gewerbe in Kollektiveigentum wurde die sozialistische Planwirtschaft nahezu vollständig eingeführt (Lampert/ Bossert 2004, Pätzold 2000).

Abb. 39: Unterscheidungsmerkmale: Marktwirtschaft und Planwirtschaft

Ordnungselemente	**Marktwirtschaft**	**Planwirtschaft**
Organisation der Wirtschaftsform	dezentrale Planung mit marktwirtschaftlicher Koordination	Zentrale Planung mit administrativer Wirtschaftsführung
Eigentumsformen	Privateigentum	Gesellschaftliches Eigentum
Produktionsziele von Unternehmen	Gewinnmaximierung	Erfüllung eines Plansolls
Möglichkeiten der Preisbildung	Preisbildung auf dem Markt	Preisfestsetzung durch den Staat
Möglichkeit der Lohnfestsetzung	Lohnfestsetzung durch die Tarifpartner	Lohnfestsetzung durch den Staat
Regelung der Arbeitsbeziehungen	Aufgabe der Sozialpartner	Staatliche Regulierung

Auch im Vergleich zur Weimarer Verfassung fällt auf, dass die gewählten Formulierungen des Grundgesetzes sehr offen sind. Während die Weimarer Verfassung eine Vielzahl von Staatszielen enthält, die in Verbindung mit sozialrechtlichen Einzelgarantien dem Sozialstaatsprinzip einen hohen Stellenwert einräumten (Abelshauser 2004), setzte sich bei der Formulierung des Grundgesetzes eine breite Koalition gegen eine allzu enge Festschreibung konkreter sozialer und wirtschaftlicher Ziele durch. Hintergrund waren die Erfahrungen, dass (1) letztlich zu ambitionierte Ziele der Nährboden von Enttäuschung sein können (Weimar), (2) bestimmte soziale

Leistungen und Errungenschaften nicht vom Gesetzgeber eingefordert, sondern „erwirtschaftet" werden müssen[2] und (3) zum Zeitpunkt der Verabschiedung ohnehin keine klar abgrenzbare und mehrheitsfähige Konzeption darüber vorlag, welche Rolle und Verantwortung der Staat, die Unternehmen, Verbände und der einzelnen Bürger übernehmen sollen. In der Offenheit der Formulierungen wurde somit eine Gewähr für ausreichende Flexibilität gesehen.

Regelungsweite des Grundgesetzes

Zusammenfassend ist festzuhalten, dass das Grundgesetz der Bundesrepublik keine bestimmte Wirtschaftsordnung explizit vorschreibt. Ausgeschlossen sind lediglich die Extrempositionen der zentralen Planwirtschaft (wegen Art. 2, 9, 11, 12, 14 GG) und der schrankenlosen Marktwirtschaft (wegen Sozialstaatsklausel Art. 20, 28 GG). Aufgrund der verbrieften Rechte auf Eigentum, freie Berufswahl etc. wäre eine zentralistische Planwirtschaft nicht verfassungskonform; gleiches gilt für einen vollständig unregulierten Kapitalismus, der dem Postulat nach einem sozialen Bundesstaat und der Allgemeinwohlorientierung von Eigentum und Koalitionsrechten entgegen läuft.

Investitionshilfegesetz von 1954

Das Bundesverfassungsgericht hat in einem auch heute noch vielfach zitierten Urteil zum Investitionshilfegesetz von 1954[3] dazu wie folgt entschieden:

(1) Das Grundgesetz garantiert weder die wirtschaftspolitische Neutralität der Regierungs- und Gesetzgebungsgewalt noch eine nur mit marktkonformen Mitteln zu steuernde soziale Marktwirtschaft.

(2) Die wirtschaftspolitische Neutralität des Grundgesetzes besteht lediglich darin, dass sich der Verfassungsgeber nicht ausdrücklich für ein bestimmtes Wirtschaftssystem entschieden hat. Dies ermöglicht dem Gesetzgeber, die ihm jeweils sachgemäß erscheinende Wirtschaftspolitik zu verfolgen, sofern er dabei das Grundgesetz beachtet.

(3) Die gegenwärtige Wirtschafts- und Sozialordnung ist zwar eine nach dem Grundgesetz mögliche Ordnung, keineswegs aber die allein mögliche. Sie beruht auf einer vom Willen des Gesetzge-

---

[2] Siehe dazu auch das von Mackenroth aufgestellte Gesetz wonach gilt, dass aller Sozialaufwand immer aus dem Volkseinkommen der laufenden Periode gedeckt werden müsse. Es gäbe seines Erachtens gar keine andere Quelle, aus der Sozialaufwand fließen könne, auch keine Ansammlung von Periode zu Periode, kein „Sparen" im privatwirtschaftlichen Sinne, es gäbe einfach gar nichts anderes als das laufende Volkseinkommen als Quelle für den Sozialaufwand.

[3] Gegenstand war der Streit um eine Sonderabgabe, die von florierenden Teilen der Wirtschaft erhoben werden sollte, um die in Schwierigkeiten geratene Montanindustrie (und Bergbau) zu unterstützen.

bers getragenen wirtschafts- und sozialpolitischen Entscheidung, die durch eine andere Entscheidung ersetzt oder durchbrochen werden kann.

In einer weiteren grundlegenden Entscheidung aus dem Jahr 1979 wurde diese Begründung weitgehend bestätigt. Gegenstand der Auseinandersetzung war das so genannte Mitbestimmungsgesetz, das in Unternehmen bestimmter Rechtsformen (Kapitalgesellschaften) mit mehr als 2.000 Arbeitnehmern eine gleiche Anzahl von Vertretern der Kapitaleigner und der Arbeitnehmer in den Aufsichtsräten vorsah. Gegen dieses Gesetz formierte sich Widerstand aus großen Teilen der Wirtschaft, die monierten, dass dieses Gesetz mit einer marktwirtschaftlichen Wirtschaftsverfassung nicht vereinbar sei. Das Bundesverfassungsgericht teilte diese Position nicht und führte aus, dass Maßnahmen zur Gestaltung der Wirtschaftsordnung nur dann das Grundgesetz verletzen, wenn selbige nicht in Einklang mit den individuellen Grundrechten stehen. Damit bestätigte es den Grundsatz, wonach der Gestaltungsspielraum der Politik bei der Ausgestaltung der Wirtschaftsordnung nur durch die beiden „Extreme", eine zentralstaatliche Planwirtschaft einerseits und ein unregulierter Kapitalismus andererseits, begrenzt ist.

Weitere rechtliche Grundlagen der Wirtschaftspolitik in Deutschland bilden eine Reihe von Gesetzen unterhalb der Verfassungsebene, vor allem das Stabilitätsgesetz von 1967 und die darin festgelegten wirtschaftspolitischen Zielvorstellungen. Zudem wirkt das politische

Abb. 40: Wichtige politisch-institutionelle Determinanten der Wirtschaftspolitik in der Bundesrepublik Deutschland

Polity	Politics	Policy
Verhältniswahlrecht	Mehrparteiensystem	Koalitionsregierungen
Parlamentarisches Regierungssystem mit de-facto fehlendem Auflösungsrecht	Tendenziell schwache Regierung	Große Rücksichtnahme auf Parteiflügel und politisch wichtige Interessengruppen
Wirtschaftsordnung gemäß GG; bspw. autonome Notenbank mit Verpflichtung auf Geldwertstabilität	Konflikte mit Bundesregierung und Gewerkschaft	Dominanz des Stabilitätsziels vor dem Beschäftigungsziel
Föderaler Staatsaufbau mit Zwei-Kammer-System	Konsensbildung mit zweiter Kammer notwendig	Verwässerung der wirtschaftspolitischen Grundorientierung

Quelle: nach http://www.adam-poloek.de

Institutionengefüge auf die wirtschaftspolitischen Entscheidungen ein. Damit legt die Wirtschaftsordnung zwar die Rahmenbedingungen für das wirtschaftliche Handeln fest, doch weil das Grundgesetz in dieser Hinsicht Freiraum lässt, kommt es auf die im politischen Prozess realisierte Wirtschaftspolitik an. Oder in der Sprache der Politikwissenschaft formuliert: Polity, Politics und Policy beeinflussen sich auf dem Gebiet der Wirtschaftspolitik wechselseitig.

Literatur:

Abelshauser, Werner 2004: Deutsche Wirtschaftsgeschichte seit 1945, München.

Lampert, Heinz/Bossert, Albrecht 2004: Die Wirtschafts- und Sozialordnung der Bundesrepublik Deutschland im Rahmen der Europäischen Union, 15. völlig überarbeitete Auflage, München.

Internetseiten:

Initiative Neue Soziale Marktwirtschaft: http://www.insm.de
Homepage Prof. Dr. Jürgen Pätzold: http://www.juergen-paetzold.de
Homepage Dr. Hermann Adam: http://www.adam-poloek.de

5.2 Wirtschaftspolitische Ziele und Zielkonflikte

Leitfragen

Welche Ziele verfolgt (nationale) Wirtschaftspolitik?
Wie verhalten sich diese Ziele zueinander?
Sind die Ziele komplementär, neutral oder konkurrierend?

Ökonomie und Staatsinterventionismus

Wir haben festgestellt, dass Wirtschaftspolitik vielerlei umfasst. Alle politischen und verbandlichen Aktivitäten sowie die staatlichen Maßnahmen, die das Ziel haben, den Wirtschaftsprozess zu ordnen, zu beeinflussen oder direkt in die wirtschaftlichen Abläufe einzugreifen. Die entscheidende Frage lautet dabei: Wie beeinflusst staatliche Wirtschaftspolitik die Ökonomie? An dieser Frage entzünden sich seit vielen Jahren zum Teil heftige Kontroversen. Schnell ist man bei unterschiedlichen Wunschvorstellungen und Normen. So herrscht zumindest bei den wirtschaftspolitischen Zielen ein hoher Deckungsgrad in der Gesellschaft – umstrittener sind eher die Mittel und Wege, diese Ziele tatsächlich zu erreichen. Daher ist die Wirtschaftspolitik per se nicht konfliktfrei. Sie orientiert sich stets an einem ganzen Zielbündel, das in sich leider nicht geschlossen ist. Denn manche Ziele stehen im Widerspruch zu einander. Zielkonflikte sind daher schon vorprogrammiert. Dadurch entstehen einer Volkswirtschaft Kosten, beispielsweise in Form von Inflation, Arbeitslosigkeit oder hoher Staatsverschuldung.

Wie wir sehen konnten, sind gesamtwirtschaftliche Ziele weder ohne die einzelwirtschaftlichen Ziele (Gewinnmaximierung, Nutzenmaximierung) erreichbar, noch sind sie mit ihnen identisch. Gesamtwirtschaftliche Ziele sind demnach auch nicht die Summe aller einzelwirtschaftlichen Ziele. Im Gegenteil. Denn oft stehen einzel- und gesamtwirtschaftliche Ziele im Konflikt zueinander, weil ein einzelner wirtschaftlicher Akteur sein Ziel nicht im Einklang mit den Zielen aller anderen Wirtschaftssubjekte erreichen möchte. Oft ist sogar der eigene Gewinn mit dem Verlust anderer verbunden. Reduziert ein Unternehmen beispielsweise durch Rationalisierung die zur Produktion erforderliche Menge des Faktors Arbeit, entlässt es Mitarbeiter – und senkt dadurch seine Kosten, bei gleich bleibendem Verkaufserlös. Das Unternehmen handelt damit nach dem ökonomischen Prinzip: gleich bleibender Output mit weniger Ressourcen. Eine Volkswirtschaft hingegen kann ihre Ressourcen nicht so einfach reduzieren. Sie kann sie entweder nutzen oder nicht. Der Abbau von Arbeitskräften macht eine Volkswirtschaft damit nicht effizienter, sondern senkt stattdessen lediglich ihren Ertrag. Daher sprechen aus volkswirtschaftlicher Sicht also auch ökonomische Gründe für eine hohe Beschäftigung.

Das war nur ein Beispiel für die Unvereinbarkeit von einzel- und gesamtwirtschaftlichen Zielen. Ein anderes wäre die Preisbildung. Während ein Unternehmen versucht, auf dem Markt den höchstmöglichen Preis für sein Produkt zu erzielen, um seinen Gewinn zu maximieren, bedeutet dieser Mechanismus auf eine Volkswirtschaft übertragen eine Erhöhung des gesamtwirtschaftlichen Preisniveaus und damit Inflation.

Zweifelsohne funktioniert eine Marktwirtschaft nicht ohne die Freiheit der Wirtschaftssubjekte. Sie bildet die Voraussetzung für Effizienz und gesamtwirtschaftlichen Fortschritt. Offensichtlich ist aber auch ein Ordnungsrahmen notwendig, bei dem einzelwirtschaftlich motiviertes Handeln in einen gesamtwirtschaftlichen Zielkorridor mündet. Für die Bundesrepublik Deutschland bildet das so genannte *magische Viereck* diesen Ordnungsrahmen.

Im Idealfall werden alle vier Ziele – Geldwertstabilität, Wirtschaftswachstum, Vollbeschäftigung und außenwirtschaftliches Gleichgewicht – gleichzeitig erreicht, dann herrscht gesamtwirtschaftliches

Gesamtwirtschaftliche Ziele und Zielkonflikte

Magisches Viereck

Magisches Sechseck

Abb. 41: Magisches Viereck

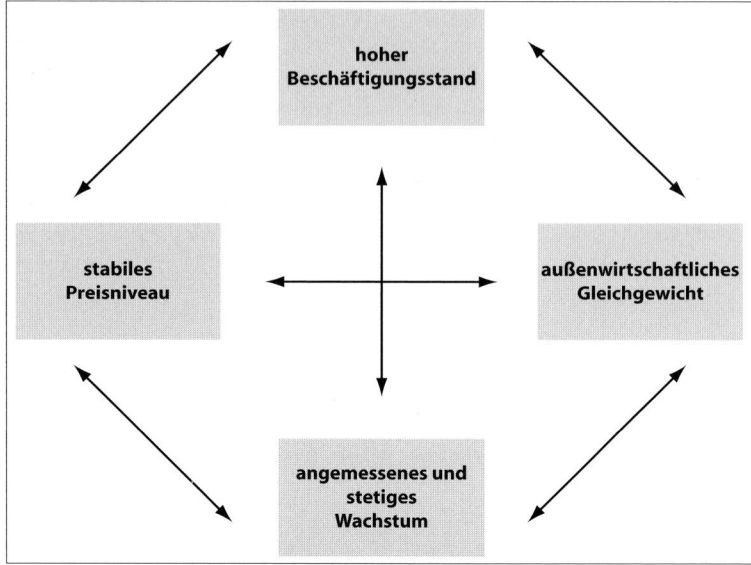

Gleichgewicht. Das Attribut „magisch" lässt es allerdings erahnen: dieses Gleichgewicht lässt sich realiter nur schwer, eigentlich nie herstellen. Insbesondere, wenn man noch weitere gesamtwirtschaftliche Ziele hinzu zählt, die für das Zusammenleben in einer Gesellschaft unabdingbar erscheinen, beispielsweise eine sozial verträgliche Einkommensverteilung und eine lebenswerte Umwelt. Das Viereck wird zum Sechseck wird zum Vieleck.

Abb. 42: Magisches Sechseck

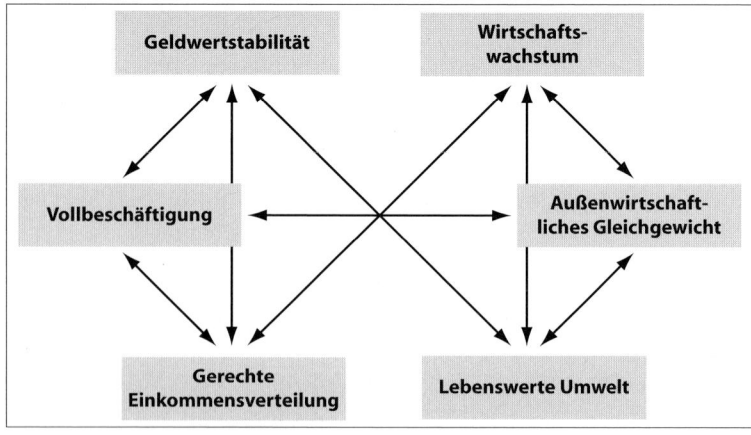

Die in Deutschland verfolgten wirtschaftspolitischen Ziele beruhen in weiten Teilen auf dem *Gesetz zur Förderung der Stabilität und des Wachstums der Wirtschaft*, dem so genannten *Stabilitätsgesetz* aus dem Jahr 1967. Darin steht in § 1: „Bund und Länder haben bei ihren wirtschafts- und finanzpolitischen Maßnahmen die Erfordernisse des gesamtwirtschaftlichen Gleichgewichts zu beachten. Die Maßnahmen sind so zu treffen, dass sie im Rahmen der marktwirtschaftlichen Ordnung gleichzeitig zur Stabilität des Preisniveaus, zu einem hohen Beschäftigungstand und außenwirtschaftlichem Gleichgewicht bei stetigem und angemessenem Wirtschaftswachstum beitragen."

Stabilitätsgesetz

Zudem fordert das Gesetz über die Bildung des Sachverständigenrats (1963) die Verbesserung der Einkommens- und Vermögensverteilung. Ein Ziel des Magischen Sechsecks fand im Sommer des Jahres 1994 Eingang ins Grundgesetz. Seither ist in Art. 20a der *Umweltschutz* als wirtschaftspolitisches Ziel verankert.

In der globalisierten Welt sind die Einflussmöglichkeiten des Nationalstaats auf das Wirtschaftsgeschehen geringer geworden, zumal in Deutschland seit dem Jahre 1993 mit Inkrafttreten der Maastrichter Verträge weitere Kompetenzen verloren gingen. Mehr noch als andere Politikfelder findet Wirtschaftspolitik damit auf vielen Ebenen statt: von kommunalen Gebietskörperschaften über die Bundesländer und den Bund bis hin zur Europäischen Union. So konstituieren auch die *Maastrichter Verträge* allgemeine wirtschaftspolitische Ziele für alle Mitgliedstaaten der EU (vgl. beispielsweise auch Läufer 1997):

Wirtschaftspolitische Ziele der EU

- eine harmonische und ausgewogene Entwicklung des Wirtschaftslebens innerhalb der Gemeinschaft,
- ein beständiges, nichtinflationäres und umweltverträgliches Wachstum,
- einen hohen Grad an Konvergenz der Wirtschaftsleistungen,
- ein hohes Beschäftigungsniveau,
- ein hohes Maß an sozialem Schutz,
- die Hebung des Lebensstandards und der Lebensqualität,
- den wirtschaftlichen und sozialen Zusammenhalt sowie
- die Solidarität zwischen den Mitgliedstaaten zu fördern.

5.2.1 Das Ziel der Geldwertstabilität

Der Geldwert entspricht der Menge an Gütern, die mit einer Geldeinheit erworben werden kann. Der Geldwert ist daher identisch mit der Kaufkraft des Geldes. Verringert sich die Menge an Gütern pro

Preisniveaustabilität

Geldeinheit (und damit der Geldwert), steigt das Preisniveau. Kurzum: Je höher das Preisniveau, desto niedriger der Geldwert. Bleibt der Geldwert jedoch stabil, ist auch die Menge an Gütern, die mit einer Geldeinheit erworben werden kann, gleich groß geblieben. Es herrscht Geldwert- und Preisniveaustabilität – und damit keine Inflation.

Inflation   Inflation hingegen ist der Prozess permanenter Preisniveauerhöhung. Ihre Ursachen sind vielschichtig und lassen sich in (1) monetäre (Geldmengenexpansion, die größer als das BIP-Wachstum ist; Staatsverschuldung), (2) importierte (z.B. durch sprunghaft steigende internationale Energiepreise) und (3) realwirtschaftliche Ursachen unterteilen.

Abb. 43: Systematik der Inflationsursachen

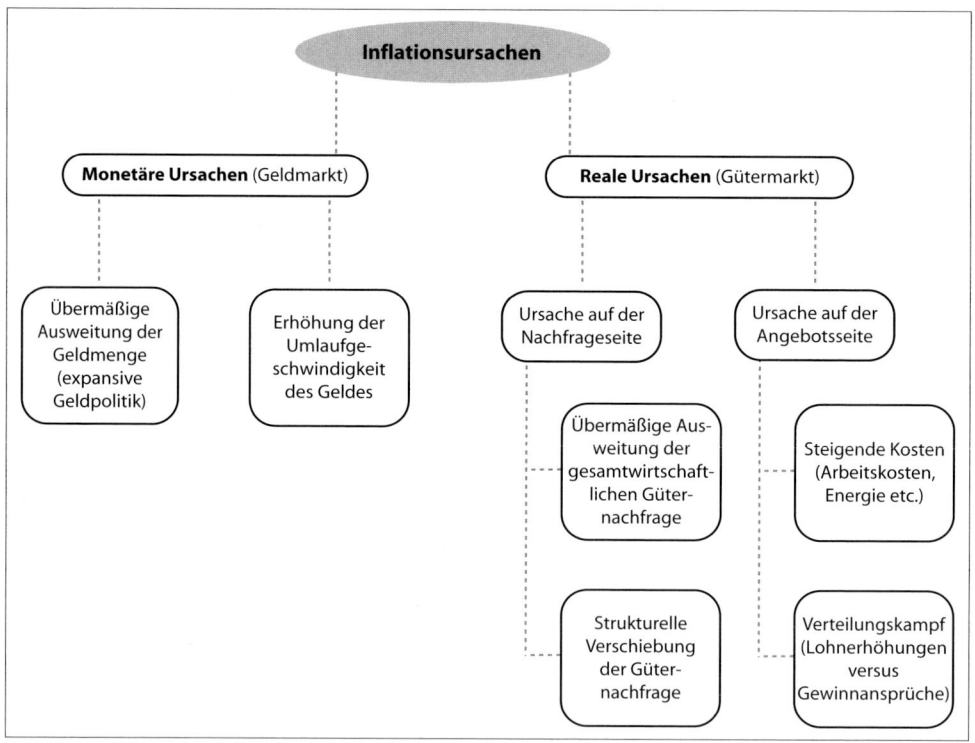

Quelle: nach Willke (Hrsg.) 2003: 250

Inflationsursachen   Realwirtschaftliche Inflationsursachen können auf der Nachfrage- und der Angebotsseite entstehen. *Nachfrageinduzierte Inflationsge-*

fahr besteht bei zu hoher Auslastung der Produktionsfaktoren während einer wirtschaftlichen Boomphase. Die Konjunktur ist überhitzt: Das gesamtwirtschaftliche Angebot stößt an seine objektiven Grenzen, während die Nachfrage weiter steigt, weil die privaten Haushalte weniger sparen oder die Unternehmen mehr investieren. So, wie auf den Gütermärkten steigende Nachfrage bei konstantem Angebot zu höheren Preisen führt, ist die Folge einer höheren gesamtwirtschaftlichen Nachfrage (über das bestehende Angebot hinaus) ein steigendes Preisniveau. *Angebotsinduzierte Inflation* kann dagegen entweder durch erhöhten Gewinndruck oder durch Kostendruck entstehen. Gewinne können Preis treibend wirken, wenn der Wettbewerb beschränkt wird. Erhöhte Kosten führen möglicherweise zu einem höheren Preisniveau, weil sich die Unternehmen an die veränderten Bedingungen anpassen. Ein klassisches Beispiel dafür ist die Lohn-Preis-Spirale:

> Höhere Löhne führen zu Kostensteigerung, führen zu Preissteigerung, führen zu Lohnerhöhung (und zu höherer Nachfrage).

Inflation kann offen (tatsächliche Erhöhung des Preisniveaus) oder verdeckt sein. Letztere ist eher fiktiv, sie ist nicht im Preisindex ablesbar, weil sie künstlich von staatlicher Seite eingedämmt wird – beispielsweise durch Preisobergrenzen oder Festpreise. Inflation kann aber auch nach ihrer Stärke unterschieden werden:

> Inflationsrate < 10%: „schleichende Inflation"
> Inflationsrate 10% bis 50%: „trabende Inflation"
> Inflationsrate > 50%: „galoppierende Inflation" (Hyperinflation)

Auch die Auswirkungen der Inflation sind vielfältig: (1) Zins-, (2) Lohn- und (3) Rentenlücke sowie (4) die Flucht in Sachwerte. Gewinnern auf der einen Seite stehen Verlierer auf der anderen Seite gegenüber.

(1) Zinslücke: Die Nominalzinsen folgen nur verzögert der Preisniveauerhöhung. Gläubiger verlieren, Schuldner gewinnen (zum Beispiel der Staat).

(2) Lohnlücke: Wenn die Lohnhöhe nur verzögert dem Preisniveau folgt, sinken die Reallöhne – das führt zu Verlusten auf der Arbeitnehmerseite.

(3) Rentenlücke: Auch die Renten können nur mit Verzögerung an das Preisniveau angepasst werden. Daher sinkt die Kaufkraft der Rentenempfänger; auch sie zählen zu den Inflationsverlierern.

(4) Flucht in Sachwerte: Wird Geld entwertet, ist es folglich als Anlageform nicht mehr lukrativ. Bei Inflation wird versucht, Geldvermögen in Sachvermögen zu wandeln (z.B. Immobilien).

Wahrgenommene Inflation mehr als viermal so hoch wie amtliche Inflationsrate

Im Rahmen der diesjährigen Statistischen Woche, die in diesem Jahr vom 26. bis 29. September in Braunschweig stattfindet, wurde der von Professor Brachinger von der Universität Fribourg (Schweiz) entwickelte und in Kooperation mit dem Statistischen Bundesamt berechnete „Index der wahrgenommenen Inflation (IWI)" heute bei einem Pressegespräch erstmals vorgestellt.

Dieser Index weist für die Zeit vom Januar 2001 bis zum Dezember 2002, das heißt in der Zeit ein Jahr vor bis ein Jahr nach Einführung des Euro-Bargelds in den Mitgliedstaaten der Eurozone, in Deutschland mit monatsdurchschnittlichen 7% eine Inflationsrate aus, die mehr als viermal so hoch war wie die vom amtlichen Verbraucherpreisindex ausgewiesene Rate. Das lässt sich damit erklären, dass in dieser Zeit überdurchschnittlich große Preiserhöhungen gerade bei solchen Gütern auftraten, die durch eine überdurchschnittlich hohe Kaufhäufigkeit gekennzeichnet sind.

„Mit dem IWI haben wir – ausgehend von Erkenntnissen der Wahrnehmungspsychologie – die subjektive Inflationswahrnehmung der Konsumenten nachgebildet", hielt Professor Brachinger fest. „Der IWI basiert auf drei wesentlichen Annahmen. Erstens werden Preissteigerungen höher bewertet als Preissenkungen. Zweitens schlägt es besonders zu Buche, wenn häufig gekaufte Produkte teurer werden. Und drittens orientiert sich die Wahrnehmung seit der Einführung des Euro-Bargeldes noch an einem mittleren letzten D-Mark-Preis, dessen Einfluss allerdings abnimmt."

Die Analysen zeigen ferner, dass die Inflationswahrnehmung auch 2005 auf einem Niveau von monatsdurchschnittlich 7,4% verharrt und damit in etwa auf dem Niveau der Zeit um die Euro-Bargeldeinführung. Es besteht also nach wie vor ein sehr deutlicher Unterschied zwischen wahrgenommener und amtlich ermittelter Inflation.

Quelle: http://www.destatis.de/presse/deutsch/pk/2005/dstatg_Brachinger_neu.pdf

---

5.2.2 Das Ziel Wirtschaftswachstum

Quellen des Wachstums

Wachstum gilt traditionell als ein erstrebenswertes Ziel volkswirtschaftlicher Entwicklung und wird meist an der Zunahme des realen Bruttosozialprodukts innerhalb eines bestimmten Zeitraums (pro Jahr) gemessen. Es ist die um die Preisniveauerhöhung bereinigte Produktionssteigerung.

Wachstum resultiert aus unterschiedlichen Quellen:

(1) Durch Vergrößerung des gesamtwirtschaftlichen Inputs (Faktoreinsatzmengen),
(2) technischen Fortschritt und
(3) Arbeitsteilung.

Abb. 44: Quellen des Wachstums

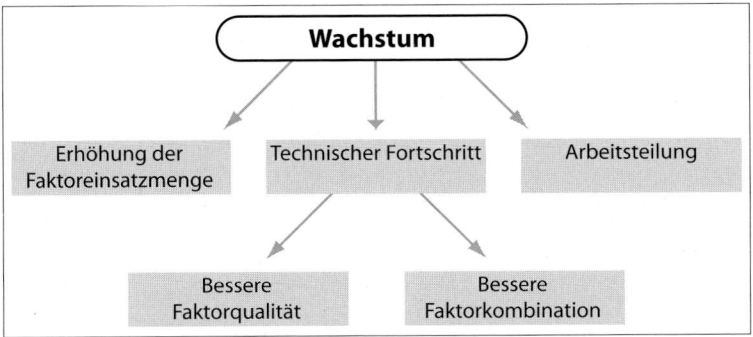

Quelle: nach Forner 1992

Der Einsatz der Faktormengen ist dabei allerdings meist begrenzt, vor allem der Faktor Arbeit lässt sich im extremsten Fall bei Vollbeschäftigung nur durch Bevölkerungszuwachs erzielen. Eine volle Kapazitätsauslastung vorausgesetzt, besteht noch die größte Reserve in der Erhöhung des Kapitalbestandes.

Die Faktor*qualität* hingegen lässt sich nahezu unbegrenzt verbessern. Das technische Niveau von Maschinen und Produktionsanlagen sowie Wissen und Qualifikation des Menschen stoßen bislang auf keine Schranken, sondern sind gerade in der jüngsten Vergangenheit sprunghaft gewachsen. Auch die Qualität des Faktors Boden kann erheblichen Einfluss auf das Wachstum einer Volkswirtschaft haben, vor allem in wirtschaftlich wenig entwickelten Ländern, die vom Agrarsektor besonders stark abhängen. Als „natürlicher" Produktionsfaktor kann der Boden beispielsweise durch eine regenreiche Periode enorm zum Wirtschaftswachstum beitragen. Neben diese natürlichen – nur bedingt beeinflussbaren – Faktorverbesserungen treten die gewollten, entweder durch veränderte (organisatorische)

Abb. 45: Pro und Contra Wachstum

Argumente „pro Wachstum"	Argumente „contra Wachstum"
„Bei gleich bleibender Bevölkerungszahl erhöht Wachstum den Lebensstandard (BIP pro Kopf) – zumindest statistisch"	„Wirtschaftswachstum vernichtet (natürliche) Ressourcen – auch die nicht reproduzierbaren, z.B. Erdöl."
„Wachstum sichert Beschäftigung"	„Wachstum schädigt die Umwelt."
„Wachstum schafft Mittel. Ein größerer Kuchen heißt: mehr Mittel zur Umverteilung. Mehr Soziales, mehr Kultur, mehr Umweltschutz"	„Wachstum von heute schädigt damit die Generation von morgen."

Produktionsabläufe oder schlicht durch technologische Neuerungen, Innovationen. Und nicht zuletzt sorgt die (weltweite) Arbeitsteilung für Wachstum, indem durch Spezialisierung mehr Output entstehen kann.

Bernd Senf: Wachsende Schulden – wachsende Geldvermögen – wachsende Spannungen
„[...] Aber warum eigentlich muss die Wirtschaft wachsen?
[...]Die Wirtschaft muss wachsen aufgrund einer wesentlichen tieferen Ursache, die weitgehend aus dem kollektiven Bewusstsein unserer Gesellschaft (und vieler anderer Gesellschaften) verdrängt ist und wie ein Tabu behandelt wird: Es ist die Dynamik des Zinssystems, insbesondere des Zinseszinses, die im Laufe mehrerer Jahrzehnte gesamtwirtschaftlich sowohl die Verschuldung als auch die Geldvermögen krebsartig anwachsen lässt. Und wachsende Verschuldung bedeutet jährlich wachsenden Schuldendienst in Form von Zinsen, der von den Schuldnern aufzubringen ist und an die Gläubiger fließt.
Fast jedes Kind weiß es: Geld wächst und wächst und wächst. Und in der Schule lernen die Jugendlichen die Zinseszinsformel kennen – und mit ihr das erstaunliche Phänomen, dass ein einmal fest angelegter Geldbetrag scheinbar ganz von selbst im Laufe von Jahren und Jahrzehnten immer schneller wächst. Man nennt das „exponentielles Wachstum".
Hätte Josef zu Christi Geburt 1 Pfennig zu 5 Prozent Zinseszins angelegt, so wären daraus bis 1990 in Gold umgerechnet 134 Mrd. Goldkugeln vom Gewicht der Erde geworden. Und das aus nur einem Pfennig! Wenn es sich demgegenüber um Geldvermögen in Milliardenhöhe handelt, dann reichen schon einige Jahrzehnte aus, um sie in gigantischem Maße anwachsen zu lassen. Eine feine Sache für die Vermögenden, so scheint es – aber eine verheerende Sache für viele Schuldner. Den wenigsten ist aber bewusst, dass die Geldvermögen nur wachsen können, wenn irgendwo im Gesamtsystem die Verschuldung spiegelbildlich wächst. Vereinfacht ausgedrückt:
Die Geldvermögen der einen sind die Schulden der anderen.
Denn Geldvermögen wachsen durch die Zinserträge, und das sind die Zinslasten der Schuldner. Letztere müssen den aufgenommenen Kredit nicht nur tilgen, sondern auch jährlich Zinsen zahlen – und außerdem den Gläubigern noch eine Kreditsicherung bieten, auf die diese im Ernstfall zurück greifen können, wenn Tilgung und Zinsen nicht vereinbarungsgemäß gezahlt werden. Die Schuldner verlieren dann in Höhe der Sicherung ihr Eigentum, und wenn es sich um Grund und Boden handelt, verlieren sie im wahren Sinne des Wortes den Boden unter den Füßen.
Insgesamt müssen die Schuldner also mehr zurückzahlen, als sie an Kredit aufgenommen haben. Und dieses Mehr muss irgendwo herkommen. Wenn es sich um verschuldete Unternehmen handelt, müssen sie jährlich mehr produzieren und absetzen, das heißt: gesamtwirtschaftlich muss das Sozialprodukt wachsen – auf Dauer und im Durchschnitt mindestens mit der Rate des Kreditzinses. Wächst es aber langsamer, dann brechen immer mehr Schuldner unter der wachsenden Schuldenlast zusammen. Schuldner können dabei sein:
- private Unternehmen
- private Haushalte
- öffentliche Haushalte (Bund, Länder, Gemeinden)
- das Ausland (z.B. die Dritte Welt)
Wegen der in wachsendem Maße aufzubringenden Zinslasten ist also ein entsprechendes Wirtschaftswachstum notwendig. Aber dies ist nicht nur aus ökologischer Sicht langfristig

unvertretbar, weil es die Lebensgrundlagen immer mehr zerstört – es ist auch bei größten Anstrengungen auf Dauer gar nicht durchzuhalten und fordert zudem immer mehr Opfer. Wenn aber das erforderliche Wachstum ausbleibt, kommt es zu Krisen, zu Firmen- und Bankenzusammenbrüchen und steigender Arbeitslosigkeit.[...]"
Quelle: http://www.ngo-online.de/ganze_nachricht.php?Nr=11630 (3.1.2006)

Die negativen Seiten des Wachstums – und wie sie bekämpft werden könnten: *Nullwachstum* – Die Wirtschaft reproduziert sich auf konstantem Niveau. Der Club of Rome hat seit seiner Gründung im Jahre 1968 eine Reihe von Vorschlägen gemacht, wie sich das Wachstum aus ihrer Sicht sinnvoll begrenzen ließe: Verminderung des Bevölkerungswachstums, drastische Reduzierung des Rohstoffverbrauchs, Beschränkung der Investitionen auf Ersatzinvestitionen etc. *Qualitatives Wachstum* – Abkehr vom rein quantitativen Wachstum, das vor allem die Ausstoßmenge erhöht. Höhere Bedürfnisbefriedigung bei verbesserter Umweltqualität. Nach diesem Konzept kann sich der Wohlstand auch dann vergrößern, wenn sich die Qualität, nicht aber die Menge der hergestellten Güter erhöhen (siehe Kühlschränke, Leuchtröhren etc.). Ein Anstieg des Dienstleistungsanteils am Bruttosozialprodukt, materialärmere und umweltfreundlichere Produkte oder Rohstoffwiederverwendung durch Recycling sind weitere Beispiele für qualitatives Wachstum.

Schattenseiten des Wachstums

5.2.3 Das Ziel Vollbeschäftigung

Vollbeschäftigung ist ein volkswirtschaftlicher Zustand, bei dem alle Arbeitswilligen (und Arbeitsfähigen) zum geltenden Lohn Arbeit finden. Wird ein vorhandener Produktionsfaktor nicht vollständig für die Produktion genutzt, so werden aus gesamtwirtschaftlicher Sicht Ressourcen verschwendet. Neben dem ökonomischen Aspekt der vollen Ressourcenauslastung gibt es aber noch weitere Argumente für Vollbeschäftigung. Arbeitslosigkeit verringert die Einnahmen (Steuern und Versicherungsbeiträge) und vergrößert zugleich die Ausgaben des Staates (Sozialhilfe, Arbeitslosengeld, Wohngeld, Renten- und Krankenversicherungsbeiträge für Arbeitslose). Arbeitslosigkeit ist für die Betroffenen mit geringeren Einkommen (und damit Kaufkraftverlust) verbunden, aber oft auch mit hohen psychischen Kosten und trägt somit die Gefahr sozialer Unruhen, die das gesamte politische System gefährden können.

Arbeitslosigkeit verursacht Kosten

> *Ursachen von Arbeitslosigkeit*
> *Saisonale Arbeitslosigkeit:* Jahreszeitlich bedingte und häufig wetterabhängige Arbeitslosigkeit (z.B. Baugewerbe, Gastronomie, Wintersport)
> *Friktionelle Arbeitslosigkeit:* „Such- oder Fluktuationsarbeitslosigkeit". Verlust/Aufgabe eines Arbeitsplatzes und Aufnahme einer neuen Beschäftigung fallen nicht zusammen, weil zum Beispiel wegen unvollständiger Markttransparenz Arbeitsangebot und Arbeitsnachfrage zunächst nicht zusammentreffen.
> *Strukturelle (regionale) Arbeitslosigkeit:* Entsteht bei Strukturwandel, zum Beispiel durch technischen Fortschritt. In sektoraler Hinsicht daher auch technologische Arbeitslosigkeit genannt.
> *Konjunkturelle Arbeitslosigkeit:* Arbeitslosigkeit wegen Nachfragemangels oder weil die Löhne höher als die Grenzproduktivität sind.

5.2.4 Das Ziel außenwirtschaftliches Gleichgewicht

Exporte und Importe halten sich die Waage

Wie wir in den Eingangskapiteln gelernt haben, ist die *Zahlungsbilanz* die systematische Aufzeichnung aller wirtschaftlichen Transaktionen zwischen in- und ausländischen Wirtschaftseinheiten innerhalb eines bestimmten Zeitraums. Außenwirtschaftliches Gleichgewicht besteht, wenn der Saldo aus Exporten und Importen – also der Außenbeitrag – gleich Null ist. Die im Inland geschaffenen Einkommen und die Wertsumme der bereitgestellten Konsum- und Investitionsgüter halten sich die Waage. Und was passiert, wenn sich dieses Gleichgewicht nicht einstellt? Ein permanenter Überschuss der Exporte (positive Außenhandelsbilanz) führt dazu, dass mehr Einkommen verteilt werden, als Güterangebot im Inland verbleibt. Die gesamtwirtschaftliche Nachfrage übersteigt das gesamtwirtschaftliche Angebot. Ein Überschuss der Importe (negative Handelsbilanz) hingegen muss durch künftigen Exportüberschuss, durch Abbau der Währungsreserven oder durch den Export von Kapital ausgeglichen werden.

Außenwirtschaftliches Gleichgewicht besteht aber auch, wenn die Zahlungsbilanz ausgeglichen ist, das heißt, wenn die Devisenströme vom Inland in das Ausland wertgleich mit den Devisenströmen vom Ausland in das Inland sind. In diesem Fall bleiben die Devisenreserven konstant. Sinken sie, sind sie bald aufgebraucht. Steigen sie, besteht Inflationsgefahr.

5.2.5 Wie ist es mit der Verträglichkeit?

Das Attribut „magisch" verrät es bereits – mit der uneingeschränkten Vereinbarkeit der vier hauptsächlichen gesamtwirtschaftlichen Ziele ist es nicht sehr gut bestellt. Das Verfolgen eines Zieles kann durchaus förderlich für das Erreichen eines anderen sein. Aber die unterschiedlichen Ziele stehen nicht nur in einem ständigen Wechselverhältnis *(mutatis mutandis)* sondern oft auch in Konflikt *(Inkompatibilität von Zielen)* zueinander.

Wenn das Erreichen eines Zieles das Erreichen eines anderen Zieles nicht behindert *(Neutralität)*, oder sogar fördert *(Komplementarität)*, sprechen wir von Zielverträglichkeit. Dieser Zustand trifft für das Verhältnis von Wachstum und Beschäftigung zu – ein höherer volkswirtschaftlicher Output führt in der Regel zu einem höheren Einsatz des Produktionsfaktors Arbeit. Der Satz „Wachstum schafft Arbeitsplätze" basiert auf dieser Erkenntnis und lässt sich im Konjunkturverlauf nachweisen. Allerdings muss, zumindest in Deutschland, das Wachstum signifikant sein. Die Beschäftigungsschwelle liegt derzeit bei etwa 2% Wirtschaftswachstum.

Auch zwischen Geldwertstabilität und außenwirtschaftlichem Gleichgewicht besteht Zielverträglichkeit. Wenn unter sonst gleichen Bedingungen *(ceteris paribus)* der Geldwert sinkt, verteuern sich die Exporte, während die Importe billiger werden. Dies führt zu Importüberschuss, Devisenabfluss und gestörtem außenwirtschaftlichen Gleichgewicht. Steigt der Geldwert (zumindest relativ zum Ausland), tritt das Gegenteil ein: Die Exporte verbilligen sich und übersteigen die Importe. Als Folge fließen der Volkswirtschaft per Saldo Devisen zu, und zusätzlich gelangt eigene Währung in den Umlauf. Auch dabei handelt es sich um eine Störung des außenwirtschaftlichen Gleichgewichts.

Zielkonflikte

> „Fünf Prozent Inflation sind leichter zu ertragen als fünf Prozent Arbeitslosigkeit ..." Helmut Schmidt

Das Stabilitätsgesetz verlangt zur Herstellung eines gesamtwirtschaftlichen Gleichgewichts das gleichzeitige Erreichen aller vier Ziele – in der Realität ist dies aber bisher kaum geschehen. Besonders die Beziehung zwischen Vollbeschäftigung und Preisniveaustabilität gilt seit jeher als konfliktbehaftet. So veröffentlichte im Jahre 1958 der Wirtschaftswissenschaftler Alban William Phillips die Ergebnisse einer Untersuchung, die feststellte, dass in England (über einen Zeitraum von 100 Jahren) bei Vollbeschäftigung höhere Lohnforderungen durchgesetzt wurden. Die grafische Darstellung dieser Korrelation bezeichnet man seither als Phillipskurve.

Obwohl in der Wirtschaftspraxis die *Phillipskurve* nur bedingt nachweisbar ist – weil andere Faktoren die Ergebnisse verwischen –, wird Phillips' Erkenntnis allgemein geteilt. Andere empirische Untersuchungen haben jedoch auch ergeben, dass die Phillipskurve nur kurzfristig gilt. Denn gerade in Deutschland kam es zu einem gleichzeitigen Auftreten von hohen Inflationsraten und hoher Arbeitslosigkeit (vor allem 1975 bis 1983, aber auch zu Beginn der 1990er Jahre). Das heißt: Langfristig ist die Phillipskurve offenbar nicht gültig, Arbeitslosigkeit kann dauerhaft nicht mit steigenden Inflationsraten bekämpft werden.

Übersteigt das Wirtschaftswachstum die Kapazitäten einer Volkswirtschaft, so steigt das Preisniveau – und der Geldwert sinkt. Wird umgekehrt versucht die Inflation zu bekämpfen, geht dies meist zu Lasten von Wachstum und Beschäftigung; die Wirtschaft wird gedrosselt: Verknappung des Geldangebots kann über höhere Zinsen erreicht werden, die wiederum die Kredite verteuern und damit die Investitionslaune dämpfen. Doch gerade Investitionen sind eine wichtige Voraussetzung für wirtschaftliches Wachstum.

Weil die Ziele gleichzeitig erreicht werden sollen, sind sie grundsätzlich gleichrangig. In der Theorie. Praktisch zwingt die Unverträglichkeit einzelner gesamtwirtschaftlicher Ziele die Wirtschaftspolitik häufig zu Kompromissen. Sollen Abstriche bei allen Zielen gemacht werden oder möchte man sich lieber mit seinen Maßnahmen auf ein bestimmtes Ziel (zum Beispiel das am stärksten gefährdete) konzentrieren?

„Wegen der Konkurrenzbeziehungen bei den wirtschaftspolitischen Zielen, aber auch bei Komplementarität, ist stets darauf zu achten, dass das *Ziel-Mittel-System* sachgerecht ist. Das hat einige grundsätzliche Implikationen: Für jedes unabhängige Ziel muss zumindest ein Mittel verfügbar sein, das für kein anderes Ziel benötigt wird. Diese Regel wird als Tinbergen-Prinzip bezeichnet (Tinbergen 1952). Bei Verletzung dieses Prinzips entstehen oft erst Zielkonflikte. So bringt die Entscheidung für einen festen Wechselkurs die Geldpolitik in die unangenehme Lage, entscheiden zu müssen, ob sie diesen Wechselkurs verteidigt und dann u.U. eine reale Aufwertung der Währung als Folge einer höheren Inflationsrate im Inland in Kauf nimmt. Durch eine reale Aufwertung entfernt sich die Wirtschaftspolitik vom Beschäftigungsziel und vom Wachstumsziel. Verteidigt sie den Wechselkurs nicht und stattdessen den Binnenwert der Währung, gibt es eine reale Abwertung der Währung als Folge des Stabilitätsvorsprungs gegenüber dem Ausland. In diesem Fall entfernt sich die Politik vom Ziel des außenwirtschaftlichen Gleich-

> gewichts, bis es dann doch über den internationalen Preiszusammen-
> hang im Inland zu einer Anpassungsinflation kommt."
> *Quelle: Donges, Juergen B./Freytag, Andreas, Allgemeine Wirtschafts-*
> *politik, Stuttgart 2001: 14*

Literatur:

Donges, Juergen B./Freytag, Andreas 2001: Allgemeine Wirtschaftspolitik, Stuttgart.
Läufer, Thomas (Hrsg.) 1997: Europäische Union – Europäische Gemeinschaft. Die Vertragstexte von Maastricht mit den deutschen Begleitgesetzen, Bonn.

Internetseiten:

Club of Rome: http://www.clubofrome.org/
Deutsches Institut für Wirtschaft (DIW): www.diw.de
Statistisches Bundesamt: www.destatis.de

5.3 Akteure und Institutionen der deutschen Wirtschaftspolitik

Leitfragen

Welche relevanten wirtschaftspolitischen Akteure lassen sich unter-
scheiden?
Über welche Kompetenzen verfügen sie und inwiefern sind sie Veto-
Spieler?
Welche Rolle spielen die Tarifparteien und die Bundesländer in der
Wirtschaftspolitik?
Wie funktioniert der Finanzausgleich und welche Bedeutung hat er?
Welche Steuerungsprobleme treten in der Wirtschaftspolitik auf?

5.3.1 Bereiche der Wirtschaftspolitik

Bei theoretischer Betrachtung erscheint es zunächst einfach, das Feld
der wirtschaftspolitisch relevanten Akteure und Institutionen abzu-
bilden. Ausgangspunkt der Überlegungen ist die Klärung der Frage,
was gemeinhin unter dem Begriff Wirtschaftspolitik zu verstehen ist,
um anschließend alle diejenigen Akteure und Institutionen zu be-

nennen, die entsprechend ihrer Tätigkeiten oder Zuständigkeit Wirtschaftspolitik im Sinne der aufgestellten Definition betreiben. Eine mögliche Definition von Wirtschaftspolitik bietet z.B. Zohlnhöfer (2003), der schreibt:

> „Wirtschaftspolitik ist die Gesamtheit aller Maßnahmen öffentlicher Entscheidungsträger, die den Zweck verfolgen, durch Beeinflussung einzelwirtschaftlichen Verhaltens den Ablauf (gesamt-) wirtschaftlicher Prozesse im Sinne deklarierter Ziele zu steuern (policy), sowie die Gesamtheit der Aktivitäten, die darauf abzielen, den Inhalt dieser gesellschaftlich verbindlichen Entscheidungen zu beeinflussen (politics)"

Instrumente und Handlungsfelder
Ausgehend von dem Begriff *Maßnahme* umfasst Wirtschaftspolitik zunächst insbesondere den Einsatz quantitativer Instrumente wie z.B. das Festlegen von Steuersätzen, aber auch qualitative Instrumente aus dem Bereich der Ordnungspolitik, beispielsweise die Ablehnung einer Unternehmensfusion, den Einsatz von finanziellen Mitteln z.B. im Rahmen der Mittelstandsförderung; Instrumente bei denen eine unmittelbare und direkte Wirkung angenommen werden kann (z.B. öffentlich finanzierte Beschäftigung) und Maßnahmen mit indirekter Wirkung, wie z.B. erhoffte positive Beschäftigungseffekte durch Senkung der Lohnnebenkosten. Auf der Ebene einzelner Politikfelder (Policies) lassen sich die einzelnen *Teilbereiche* der Wirtschaftspolitik wie folgt darstellen, wobei unter jedem der vier Bereiche eine Vielzahl weiterer Aktivitätsfelder verortet werden kann, zum Beispiel die Verbraucherpolitik, Geldpolitik, Fiskalpolitik, Arbeitsmarkt- und Beschäftigungspolitik, Außenwirtschaftspolitik, Regionalpolitik, Forschungspolitik, Technologiepolitik, Industriepolitik, sektorale Strukturpolitik (z.B. Agrar-), Bildungspolitik, Umweltpolitik etc.

Die Rolle von Akteuren
Das bisherige Bild bleibt allerdings unvollständig, wenn die in der obigen Definition zu Recht genannte Politics-Dimension ausgeblendet wird. Um zum wirtschaftspolitischen Akteurskreis hinzugerechnet zu werden, ist nicht nur die formale Kompetenz alleiniges Kriterium, sondern eben auch die Einflussnahme auf die Entscheidungsfindungsprozesse, wobei letztere auch indirekt und rechtlich nicht normiert sein können. Sie werden auch *„Vetospieler"* genannt (vgl. Zohlnhöfer 2003). Exemplarisch kann in diesem Zusammenhang auf den Bund der Deutschen Industrie (BDI) verwiesen werden, der bei formaler Betrachtung und im Gegensatz zum Bund deutscher Arbeitgeber (BDA) zunächst über keinerlei „harte" Kompetenzen verfügt, aber allein durch seine herausgehobene Stellung als Sprachrohr der deutschen Wirtschaft Zugang zu relevanten Einscheidungs-

Abb. 46: Bereiche der Wirtschaftspolitik

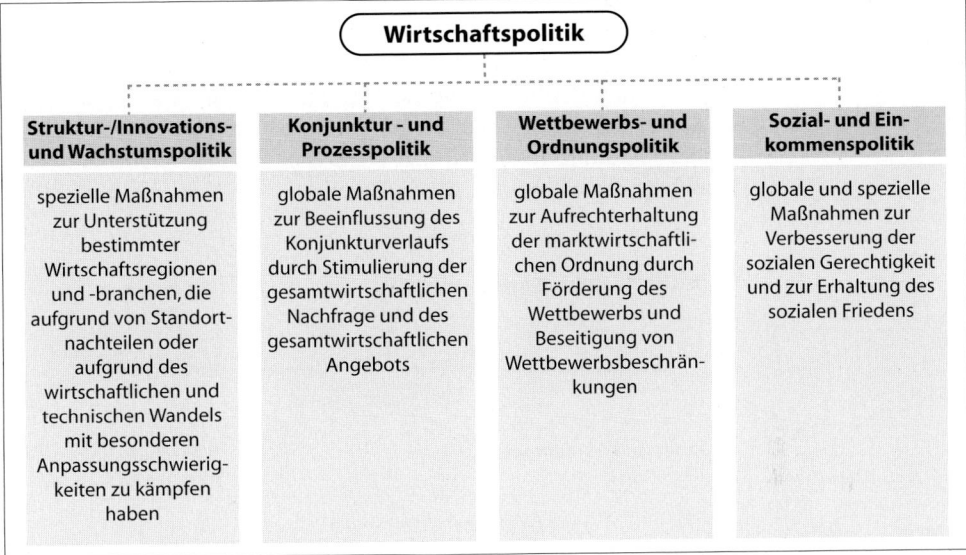

Wirtschaftspolitik

Struktur-/Innovations- und Wachstumspolitik	Konjunktur - und Prozesspolitik	Wettbewerbs- und Ordnungspolitik	Sozial- und Einkommenspolitik
spezielle Maßnahmen zur Unterstützung bestimmter Wirtschaftsregionen und -branchen, die aufgrund von Standortnachteilen oder aufgrund des wirtschaftlichen und technischen Wandels mit besonderen Anpassungsschwierigkeiten zu kämpfen haben	globale Maßnahmen zur Beeinflussung des Konjunkturverlaufs durch Stimulierung der gesamtwirtschaftlichen Nachfrage und des gesamtwirtschaftlichen Angebots	globale Maßnahmen zur Aufrechterhaltung der marktwirtschaftlichen Ordnung durch Förderung des Wettbewerbs und Beseitigung von Wettbewerbsbeschränkungen	globale und spezielle Maßnahmen zur Verbesserung der sozialen Gerechtigkeit und zur Erhaltung des sozialen Friedens

trägern hat (Lobbying). Bei systematischer Betrachtung der Akteure ist daher auch zu unterscheiden zwischen formaler Entscheidungsbefugnis, faktischer Entscheidungsgewalt, faktischer Durchsetzungsmacht und dauernden Einwirkungsmöglichkeiten.

Eine eher prozessbezogene Sichtweise weitet den Akteurskreis deutlich aus und veranschaulicht, dass sich wirtschaftspolitische Steuerung im Rahmen eines komplexen Geflechts von Institutionen und Akteuren bewegt – mit den entsprechenden Konsequenzen für die Steuerungsfähigkeit insgesamt. So sind nach der obigen Definition die Träger der Wirtschaftspolitik öffentlich (staatlich), aber in der Ausübung ihrer formalen Kompetenz eben nicht unabhängig von anderen relevanten (auch privaten) Akteuren oder Akteursgruppen. Hinzu kommt, dass einige Teilbereiche (Kompetenzen) der Wirtschaftspolitik quasi im halböffentlichen Bereich angesiedelt sind – ein besonders prominentes Beispiel ist die verfassungsrechtlich abgesicherte *Tarifautonomie* und das darauf basierende System der verbandlich geregelten Entgeltfindung (siehe unten) – während wiederum andere Bereiche dem Zugriff des Staates aufgrund von Selbstbeschränkungen komplett entzogen sind. So auch die Geldpolitik (und durch den Stabilitäts- und Wachstumspakt auch teilweise die Fiskalpolitik), die von der weisungsunabhängigen Europäischen Zentralbank wahrgenommen wird. Letztlich gilt im Bereich der Wirtschaftspolitik also genau wie in anderen Politikfeldern, dass das Zustandekommen einzelner Politiken ein vielschichtiger Prozess ist, der mit den Instrumentarien der Politikfeldanalyse rekonstruiert werden kann. Dabei sind nicht nur die Akteure und deren Interessen, sondern auch deren spezifische Einbettung in die jeweiligen handlungsrelevanten Institutionengefüge von hoher Erklärungskraft, weil letztere den Entscheidungsprozess im Sinne von „Restriktionen" und „Handlungsspielräumen" vorstrukturieren.

Abb. 47: Akteure der Wirtschaftspolitik

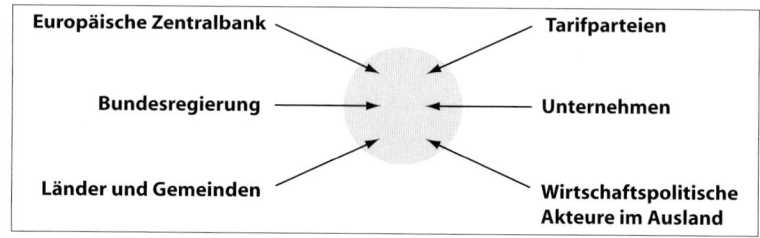

Quelle: nach http://www.adam-poloek.de

5.3.2 Bundesregierung/Ministerien/Verwaltung

Strukturprinzipien der Regierungsorganisation

Schon die zentralen Strukturprinzipien der Regierungsorganisation (Kanzlerprinzip, Kabinettsprinzip und Ressortprinzip) legen fest, dass der Bundeskanzler gemäß Artikel 66 des Grundgesetzes die Richtlinien der Politik und damit auch der Wirtschaftspolitik bestimmt. Die Fachressorts, also die zuständigen Bundesministerien, spielen ebenfalls eine wichtige Rolle, da unter ihrer Regie und unter Nutzung der ressortspezifischen Fachkompetenz Gesetzesentwürfe initiiert bzw. auch inhaltlich vorbereitet werden. Im Bereich der Wirtschaftspolitik sind

- das Finanzministerium (Haushalt, Steuern),
- das Wirtschaftsministerium (Wirtschaftsförderung) und
- das Arbeits- und Sozialministerium samt Bundesagentur für Arbeit (Arbeitsmarkt, Sozialpolitik)

von herausragender Bedeutung.

Restriktionen des policy-making

Die Arbeitsweise ist von einer eher *negativen Koordination* geprägt, die zu langfristigen bürokratischen Abstimmungen und Kompromissen zwischen den Häusern führt und zu einer parzellierten, kurzfristigen Problembearbeitung neigt. Zudem kommt der Verwaltung bei der Umsetzung der Beschlüsse von Regierung und Parlament eine große Rolle zu und nicht selten kommt es dabei zu erheblichen Verzerrungen und Implementationsdefiziten. Last but not least, wird die Handlungsfähigkeit einer Bundesregierung durch die „Hüter" des Geldes (Notenbank) und der Gesetze (Verfassungsgericht) begrenzt; zudem sind Großunternehmen aus dem In- und Ausland einflussreich und es gelten eine Reihe von internationalen Verträgen und Konventionen. Schließlich kommt es zunehmend auch in der Wirtschaftspolitik insgesamt – vor allem, aber nicht nur in der Geldpolitik – zu einer Europäisierung.

Struktur des Ministeriums nach dem Organisationserlass der Bundeskanzlerin vom 22.11.2005
Das BMWi ist gegliedert in Abteilungen und Unterabteilungen:
- Zentralabteilung - Z
- Europapolitik - E
- Wirtschaftspolitik - I
- Mittelstandspolitik - II
- Energiepolitik - III
- Industriepolitik - IV
- Außenwirtschaftspolitik - V
- IKT-Politik - VI

Der Organisationserlass der Bundeskanzlerin sieht für das BMWi einen Kompetenzwechsel vor. Während einerseits durch Neubildung des Bundesministeriums für Arbeit und Soziales entsprechende Zuständigkeiten dorthin verlagert wurden, werden aufgrund der Zuweisung von neuen Zuständigkeiten aus dem Bundesministerium der Finanzen (u.a. für Grundsatzfragen und die Koordinierung der Europapolitik, für Strukturpolitik, EU-Kohäsionsfonds, die Koordinierung der Lissabon-Strategie, für das Recht der Europäischen Union, Beihilfekontrollpolitik) und aus dem Bundesministerium für Bildung und Forschung (u.a. für Forschung und Entwicklung, die Innovation in der Wirtschaft, für Patente und Erfinderförderung sowie für die Raumfahrt) auch Umorganisationen innerhalb des BMWi vorgenommen, die derzeit laufen, aber noch nicht abgeschlossen sind.
Zum Geschäftsbereich des BMWi gehören 7 Behörden:
- Bundeskartellamt/BKartA (Bonn)
- Bundesamt für Wirtschaft und Ausfuhrkontrolle/BAFA (Eschborn, Bochum)
- Bundesnetzagentur für Elektrizität, Gas, Telekommunikation, Post und Eisenbahnen (BNetzA) (Bonn)
- Bundesagentur für Außenwirtschaft/bfai (Köln)
- Bundesanstalt für Materialforschung und -prüfung/BAM (Berlin)
- Physikalisch-Technische Bundesanstalt/PTB (Braunschweig, Berlin)
- Bundesanstalt für Geowissenschaften und Rohstoffe/BGR (Hannover, Berlin)

Ferner verfügt das Bundesministerium für Wirtschaft und Technologie über 4 Beiräte, die sich aus Sachverständigen zusammensetzen, die den Bundesminister in wirtschaftspolitischen Fachfragen beraten. Die Mitarbeit in den Beiräten erfolgt ehrenamtlich.
- Wissenschaftlicher Beirat
- Mittelstandsbeirat
- Außenwirtschaftsbeirat
- Tourismusbeirat

Bündelt man die verschiedenen Akteure unter dem Sammelbegriff „Bund", so wird schon allein anhand einer Auflistung der verabschiedeten Maßnahmen der letzten Jahre deutlich, dass trotz eines beschränkten Handlungskorridors – durch andere Akteure, Institutionen und Interdependenzen – der Bund schon allein deshalb eine gewichtige Rolle einnimmt, weil er sowohl das Initiativrecht als auch die Kompetenzkompetenz besitzt. Beispiele für bundesstaatliches Handeln in jüngster Zeit sind zum Beispiel die Steuer-, Arbeitsmarkt-, Gesundheits- und Rentenreform, aber auch ordnungspolitische Maßnahmen wie die Neuordnung der Ausbildungsberufe (Meisterordnung) oder eine Marktöffnungspolitik (Privatisierung). Der Bund ist zudem für die Konjunktur-, Stabilitäts-, Geld- und Außenhandelspolitik zuständig – ohne allerdings aufgrund vielfältiger Interdependenzen bestimmte Politikergebnisse erzwingen zu können. Insofern folgt die Wirtschaftspolitik auch dem Muster eines Verhandlungssystems, wobei neben den großen Verbänden (Korporatismus) auch den Bundesländern eine zentrale Rolle zukommt.

5.3.3 Bundesländer und Föderalismus

Kompetenzen der Bundesländer

Die Bundesländer – wiederum gegliedert in Ministerpräsident/in, Ressorts, Länderparlamente und Verwaltungen – sind zunächst in zweierlei Hinsicht als wirtschaftspolitischer Akteur zu verstehen:

- einerseits aufgrund verfassungsmäßiger Zuständigkeiten insbesondere in den Bereichen Strukturpolitik, Mittelstandsförderung, Innovationsberatung, Technologietransfer etc.
- andererseits betreiben die Länder auch flankierende Maßnahmen zur Bundespolitik z.B. im Bereich des Arbeitsmarktes (siehe Schmid u.a. 2004) oder Forschung und Entwicklung.

Ferner verfügen die Länder über erhebliche fiskalische Mittel (Länderhaushalte) und sind damit mitverantwortlich für die Begrenzung öffentlicher Verschuldung, Stimulierung der Konjunktur etc. Hinzu kommt ihre beschäftigungspolitische Funktion als Arbeitgeber. Gleiches gilt auch für die Kommunen, die als lokaler „Investor" ganz wesentlich zur Ausgestaltung von Standortbedingungen beitragen – diese Rolle aber wegen ihrer angespannten Haushaltslage in der jüngsten Vergangenheit immer weniger erfüllen konnten.

Ein bedeutender wirtschaftspolitischer Akteur sind die Bundesländer zudem, weil sie bei der Gesetzgebung des Bundes in vielen Fällen ein Mitsprache- und ggf. auch Vetorecht haben[4]. Beispielswei-

---

[4] Die Neuordnung der Bund-Länder Beziehungen wird gegenwärtig im Rahmen der Föderalismusreformkommission verhandelt

se sind Entscheidungen hinsichtlich der Verteilung von Steuergeldern auf die verschiedenen Gebietskörperschaften in den meisten Fällen zustimmungspflichtig. Die Verflechtung der Finanzen ist dabei auch Ausdruck der Komplexität der Entscheidungsstrukturen in vielen Bereichen der Wirtschaftspolitik.

Maßgeblich für die horizontale Verteilung der Steuereinnahmen unter den Ländern ist grundsätzlich das örtliche Aufkommen. Die Landessteuern sowie der Länderanteil an der Einkommen- und Körperschaftsteuer stehen den einzelnen Ländern insoweit zu, als die Steuern von den Finanzbehörden dieser Länder erhoben werden. Korrekturen über Zerlegungen werden bei der Lohn- und Körperschaftsteuer sowie beim Zinsabschlag vorgenommen, weil aus Gründen der Steuererhebungstechnik diese Steuern nicht in dem Land erhoben werden, dem sie nach der Steuersystematik zugeordnet werden müssen.

Exkurs: Länderfinanzausgleich

Der Länderfinanzausgleich soll die unterschiedliche Steuerverteilung und deren Folgen ausbalancieren, und die Finanzkraftunterschiede unter den Ländern angemessen ausgleichen, damit auch die finanzschwachen Länder in die Lage versetzt werden, den ihnen zugewiesenen Aufgaben nachzukommen. Das horizontale Ausgleichssystem ist durch folgende Elemente gekennzeichnet:

Arten des Ausgleichs

- die horizontale Umsatzsteuerverteilung,
- den horizontalen Finanzausgleich unter den Ländern,
- die den horizontalen Länderfinanzausgleich ergänzenden Bundesergänzungszuweisungen.

Die neuen Länder und Berlin sind seit dem Jahr 1995 vollständig und gleichberechtigt in den gesamtdeutschen Länderfinanzausgleich einbezogen. Davor erhielten diese Länder stattdessen vor allem Zuweisungen aus dem Fonds „Deutsche Einheit". Wie groß die Unterschiede hinsichtlich der Finanzkraft der einzelnen Ländern auch mehr als 15 Jahre nach der Vereinigung noch sind, lässt sich daran ablesen, dass die westdeutschen Flächenländer fast 70% ihrer Ausgaben aus Steuereinnahmen finanzieren können, während es in den neuen Bundesländern gerade einmal 43% sind (Bundesministerium der Finanzen 2004: Monatsbericht des BMF Mai 2004).

Die konkrete Ausgestaltung des Länderfinanzausgleichs verläuft entlang dreier Stufen. In der ersten Stufe weist das Grundgesetz dem Bund und den Ländern die Ertragshoheit für die einzelnen Steuerarten zu und gibt dabei teilweise genaue Quoten vor, nach denen sich das Aufkommen verteilt. Für bestimmte Steuern umfasst dies auch Vorgaben für die regionale Zuordnung des Steueraufkommens; so wird das örtliche Steueraufkommen bereinigt, indem die Lohnsteuer (Einkommenssteuer) bei Pendlern und die Körperschaftssteuer bei Unternehmen mit Niederlassungen in mehreren Bundesländern anteilig verrechnet wird, was im Jahr 2004 zu einer Gesamtumschichtung von ca. 6 Mrd. Euro geführt hat (Bayerisches Staatsministerium der Finanzen 2005).

Abb. 48: Verteilung der Steuerertragshoheit im Rahmen des Trenn- und Verbundsystems

Bundessteuern	Landessteuern	Gemeindesteuern
Verbrauchssteuern wie Mineralöl-, Tabak-, Kaffee-, Branntwein- und Stromsteuer	Erbschafts- und Schenkungssteuer	Örtliche Aufwands- und Verbrauchssteuern wie z.B. Hunde-, Getränke-, Jagd- und Fischerei-steuer
Versicherungssteuer	KFZ-Steuer	Grundsteuer
Solidaritätszuschlag	Biersteuer	Gewerbesteuer (Beteiligung des Bundes und Landes durch Umlage)
Finanzmonopole und Zölle	Rennwett-, Lotterie- und Sport-wettsteuer	Zweitwohnungssteuer
Abgaben im Rahmen der EU		

	Bundesanteil	Länderanteil	Gemeindeanteil
Einkommenssteuer	42,5 %	42,5 %	15 %
Körperschafts-steuer	50 %	50 %	-
Kapitalertrags-steuer	50 %	50 %	-
Zinsabschlag	44 %	44 %	12 %
Umsatzsteuer (tatsächlicher Anteil)	51,41 %	46,25 %	2,07 %

Quelle: nach Statistisches Bundesamt

In der zweiten Stufe wird die nach wie vor vorhandene Schieflage weiter korrigiert. Dazu werden zunächst die Länder in zwei Gruppen – ausgleichspflichtige und ausgleichsberechtigte – unterteilt. Erstgenannte sind momentan Bayern, Baden-Württemberg, Hessen, Nordrhein-Westfalen und Hamburg. Dabei kommen zwei Instrumente zum Einsatz, nämlich

- der Umsatzsteuerausgleich, bei dem finanzschwache Länder bei der Verteilung des Gesamtaufkommens begünstigt werden (Umverteilungseffekt 2004: 6,5 Mrd. Euro) und
- der Ausgleich hinsichtlich des Länderdurchschnitts bei den Steuereinnahmen zwischen den Ländern nach einem festgelegten Schlüssel.

So wurden bis zum Jahre 2004 Fehlbeträge bis 92% des durchschnittlichen Steueraufkommens voll ausgeglichen, danach (also von 92% bis 100%) mit 37,5%. Entsprechend wurden bei den finanzstarken Ländern Überschüsse abgeschöpft (von 101% bis 110%: 66%, über 110%: 80%), wobei dies solange erfolgte, bis die Ansprüche der ausgleichsberechtigten Länder erfüllt waren (Umverteilungseffekt 2004: 6,8 Mrd. Euro). Im Jahr 2005 erfolgten vor dem Hintergrund der Diskussion um mögliche Fehlanreize aufgrund des Nivellierungseffekts und eines Urteils des Bundesverfassungsgerichts einige Modifikationen, die im Wesentlichen eine Absenkung der Abschöpfungsgrenze bei den ausgleichspflichtigen Ländern und eine Art Prämienregelung für Länder mit überdurchschnittlich starken Einnahmezuwächsen beinhalten. In einer dritten Stufe schließlich weist der Bund einzelnen Ländern ergänzende Mittel zu (Gesamtvolumen 2004: ca. 15 Mrd. Euro), wenn das Ergebnis des Länderfinanzausgleichs (der zunächst unterschiedliche Bedarfe, die z.B. aus den Folgen der Teilung resultieren, nicht berücksichtigt) weiterhin korrekturbedürftig erscheint (Bundesergänzungszuweisungen). Die im Rahmen des Solidarpakts II beschlossenen Regelungen sehen allerdings vor, dass die Zuwendungen an die neuen Länder – die qualitativ am bedeutsamsten sind – bis zum Jahr 2019 schrittweise abgesenkt werden und schließlich auslaufen. Betrachtet man das Gesamtvolumen der Umschichtungen für das Jahr 2004 (letztes Jahr der alten Regelung), so ergibt sich die Summe von ca. 30,4 Mrd. Euro; die Hälfte hiervon im Rahmen der so genannten Bundesergänzungszuweisungen.

In der Öffentlichkeit weit weniger bekannt ist die Tatsache, dass der Ausgleich zwischen „armen" und „reichen" Regionen nicht ausschließlich über den staatlichen Finanzausgleich erfolgt, sondern in erheblichem Umfang auch Mittel der Sozialversicherungen umgelenkt werden. Dies trifft besonders für den Bereich der Arbeitslosenversicherung zu. Denn die unterschiedlichen Entwicklungen der Arbeitsmärkte in Ost und West haben dafür gesorgt, dass auch die Beitragszahler (West) von den Leistungsempfängern (Ost) meist räumlich getrennt sind. Im Jahr 2001 belief sich dieser Nettotransfer

Heimlicher
Finanzausgleich

Abbildung 49: Länderfinanzausgleich und Bundesergänzungszuweisungen

	Bundesergänzungs- zuweisungen		Ausgleichsberechtigte Länder		Ausgleichspflichtige Länder	
	2002	**2003**	**2002**	**2003**	**2002**	**2003**
			in Mill. EUR			
Ausgleichsvolumen	15.775	15.214	7.445	6.601	7.445	6.601
Baden-Württemberg	-	-	-	-	1.663	2.166
Bayern	-	-	-	-	2.047	1.858
Brandenburg	1.830	1.827	541	501	-	-
Hessen	-	-	-	-	1.910	1.874
Mecklenburg-Vorpommern	1.367	1.365	439	392	-	-
Niedersachsen	809	642	487	393	-	-
Nordrhein-Westfalen	-	-	-	-	1.628	50
Rheinland-Pfalz	579	546	419	259	-	-
Saarland	579	497	139	106	-	-
Sachsen	3.181	3.174	1.047	933	-	-
Sachsen-Anhalt	1.996	1.991	607	519	-	-
Schleswig-Holstein	286	131	112	16	-	-
Thüringen	1.829	1.825	571	498	-	-
Berlin	2.558	2.555	2.677	2.637	-	-
Bremen	760	661	407	347	-	-
Hamburg	-	-	-	-	179	654

Quelle: Statistisches Bundesamt Juli 2004

West-Ost auf ca. 12,5 Mrd. Euro, wobei allein aus Baden-Württemberg und Bayern 5,9 Mrd. Euro abflossen.[5]

5.3.4 Bundesverfassungsgericht und Bundesbank

Bundesverfas-
sungsgericht

Das Bundesverfassungsgericht (aber auch andere Bundesgerichte wie z.B. das Bundesarbeitsgericht) wird vielfach nicht als wirtschaftspolitischer Akteur begriffen, da es keine eigenen Interessen formuliert und nicht selbstständig tätig wird. Gleichwohl spielt es wegen seiner übergeordneten Funktion – Entscheidung verfassungsrecht-

---

[5] Inwieweit sich die Geldströme dieses „heimlichen Finanzausgleichs" mit der Einführung des Arbeitslosengelds II verändert haben, ist vorläufig schwer abzuschätzen, zumal hier teilweise gegenläufige Entwicklungen zum Tragen kommen. So deutet z.B. die faktische Abschaffung der Hilfe zum Lebensunterhalt und die damit einhergehende Rückverlagerung der finanziellen Verantwortung auf den Bund und der angestrebte Ausbau der Beratungsleistungen ein „Mehr" an horizontaler Umverteilung an (wenn auch finanziert aus Steuermitteln), während das Gesamtvolumen der Umverteilungsmasse durch Einschnitte (z.B. beim Übergang von ALG alt zu ALG II aber auch Wegfall von ABM) eher gesunken sein dürfte.

licher Streitigkeiten zwischen Staatsorganen und Bund und Ländern sowie die Normenkontrolle (Prüfung von Rechtsakten hinsichtlich deren Vereinbarkeit mit dem Grundgesetz) – eine gewichtige Rolle. Es schränkt durch Entscheidungen, anders als in Ländern ohne vergleichbare Rechtsinstanzen wie z.B. in Großbritannien, den Handlungs- und Entscheidungsspielraum von Akteuren ein und macht zum Teil auch Vorgaben bezüglich der weiteren Ausgestaltung von Gesetzen. Neben weit reichenden Grundsatzentscheidungen anlässlich des Investitionshilfegesetzes von 1957 gab es z.B. Urteile über die Ausgestaltung der Steuerpolitik, den Familienlastenausgleich, die Ausgestaltung des horizontalen Länderfinanzausgleichs etc. die allesamt mit mehr oder weniger konkreten Handlungsauflagen für die Politik verbunden waren.

Die Bundesbank als „Währungshüterin" zählt ähnlich wie das Bundesverfassungsgericht zu den konstitutionellen Besonderheiten des *„Modell Deutschland"*. Dies lässt sich zum einen unter dem Blickwinkel der Funktionalität und Legitimität eines markanten Elementes des politischen Systems analysieren und als „Semisouveränität" benennen; zum anderen kann besonders die ökonomische Wirkung dieser Institution untersucht werden. Gefragt wird dabei nach der Unabhängigkeit der Bundesbank (bzw. allgemeiner der Notenbank) und deren Funktion für die Stabilität der Währung. Unabhängigkeit bezieht sich dabei auf finanzielle, personelle, instrumentelle und funktionelle Merkmale. Die Ergebnisse einer Untersuchung von Caesar (Untersuchungszeitraum 1960-1977) werden in untenstehender Grafik kurz dargestellt (nach Rehm 1999, der die Forschungslage darstellt und kritisiert). Inzwischen haben sich die Verhältnisse erheblich angenähert – nicht zuletzt durch die Einführung des Euro und der EZB.

Bundesbank als „Währungshüterin"

Abb. 50: Politische/ökonomische Stellung der Bundesbank

Notenbank von		BRD	CH	USA	Frkr.	GB	Ital.
Gesamtbeurteilung	bis 1970	++	+	+	--	--	+
Politischer Handlungsspielraum	seit 1970	+	+	+	--	--	±
Gesamtbeurteilung	bis 1973	-	--	±	+	-	+
Ökonomischer Handlungsspielraum	seit 1973	+	+	±	++	-	±

Die Bewertungsskala umfasst fünf Stufen, dabei gilt (Caesar 1981: 462):

++	Indiz für eine sehr starke politische/ökonomische Stellung der Notenbank.
+	Indiz für eine eher starke als schwache politische/ökonomische Stellung der Notenbank.
±	Indiz für eine weder starke noch schwache politische/ökonomische Stellung der Notenbank.
-	Indiz für eine eher schwache als starke politische/ökonomische Stellung der Notenbank.
--	Indiz für eine sehr schwache politische/ökonomische Stellung der Notenbank.

Quelle: nach Rehm 1999

5.3.5 Gewerkschaften, Arbeitgeberverbände und Tarifautonomie

Gewerkschaften

Ein wesentliches Merkmal der politisch-ökonomischen Ordnung ist die Einbindung der großen wirtschaftlichen Interessenverbände, sprich der Gewerkschaften und Arbeitgeberverbände (Korporatismus). Gewerkschaften sind formal organisierte, freiwillige Zusammenschlüsse von abhängig Beschäftigten mit dem Ziel, deren ökonomische und soziale Lage zu sichern und zu verbessern. Sie agieren auf der betrieblichen, der branchenspezifischen und der gesamtwirtschaftlichen Ebene sowie in Bezug auf das politische System. Durch ihre starke (verfassungsrechtliche) Stellung im Rahmen der Tarifautonomie haben die Gewerkschaften nicht nur eine ökonomische Funktion des Aushandelns von Löhnen und Gehältern, sondern auch eine normsetzende Funktion bei der Gestaltung der Arbeitsbeziehungen. Ferner nehmen sie als Vertreter der Beitragszahler eine wichtige Rolle in der Selbstverwaltung der Sozialversicherungen wahr. Zudem betreiben sie Interessenpolitik, gestützt auf vielfältige Einflusskanäle. Im zentralen Dachverband, dem Deutschen Gewerkschaftsbund (DGB), sind die Einzelgewerkschaften organisiert (IG Metall, Verdi, IG BCE etc.), die wiederum Tarifvertragsparteien sind. Der DGB hat gegenwärtig ca. 6,7 Millionen Mitglieder und ist damit trotz deutlichen Mitgliederverlustes nach wie vor der mit Abstand größte private Verband der Bundesrepublik Deutschland.

Arbeitgeberverbände

Die vielfältigen Interessen der Unternehmen bzw. Arbeitgeber werden in erster Linie durch die Unternehmerverbände (BDI) und insbesondere die Arbeitgeberverbände (BDA) vertreten (daneben existiert auch ein Kammersystem wie z.B. Industrie- und Handelskammern, Handwerks- und Landwirtschaftskammern etc.) Die Arbeitgeberverbände sind die unternehmerische Antwort auf die Koalitionsbildungen der Arbeitnehmer. In Deutschland sind sie – als Gegenorganisation und Tarifpartner der Gewerkschaften – in der Bundesvereinigung der Deutschen Arbeitgeberverbände (BDA) zusammengeschlossen. Diese hat die Aufgabe, die gemeinschaftlichen sozialpolitischen und tarifpolitischen Interessen der privaten Arbeitgeber wahrzunehmen. Die BDA umfasst 54 Bundesfachverbände, die auf der Bundesebene die regionalen Arbeitgeberverbände eines Wirtschaftszweiges organisieren, sowie 14 überfachliche Landesvereinigungen, in denen die Arbeitgeberverbände des jeweiligen Bundeslandes organisiert sind. Die BDA schließt – wie der DGB auch – als Dachorganisation keine Flächentarifverträge ab. Als Tarifpartner der Einzelgewerkschaften (z.B. IG Metall) fungieren hier die regio-

nalen Arbeitgeberverbände eines Wirtschaftszweiges (z.B. Südwest-
metall).

Auch wenn das System der Flächen- oder treffender Branchenta-
rifverträge seit nunmehr einem Jahrzehnt deutlichen Erosionstendenzen ausgesetzt ist (Mitgliederschwund der Verbände, sinkende
Reichweite der getroffenen Regelungen etc.), finden in den wichtigsten Branchen Entgeltregelungen nach wie vor im Rahmen von
Aushandlungsprozessen zwischen Gewerkschaften und Arbeitgeber-
verbänden statt (z.B. in der Metall- und Elektroindustrie, Chemie,
Banken und Versicherungen). Dabei handelt es sich um ein weitgehend autonomes Teilsystem, indem staatliche Steuerung kaum möglich ist. Versuche von Bundesregierungen, die Tarifvertragsparteien
durch weiterreichende Einbindung in Entscheidungsabläufe auf das
„Allgemeinwohl" zu verpflichten, zum Beispiel im Rahmen der Konzertierten Aktion und des Bündnisses für Arbeit können bislang als
begrenzt wirksam erachtet werden.

*Merkmale der
Tarifautonomie*

Abb. 51: Konzertierte Aktion und Bündnis für Arbeit – Gemeinsamkeiten und Unterschiede

	Konzertierte Aktion	**Bündnis für Arbeit**
Makroökonomische Ausgangsbedingungen	Vollbeschäftigungspolitik/ Inflationsbekämpfung	Haushaltskonsolidierung/Rückbau des Sozial- staates
Strukturen (Teilnehmer, Arbeitsstruktur etc.)	Großer Teilnehmerkreis	Kleiner Teilnehmerkreis
Zentrale Politikfelder	Tarifpolitik	Tarif-/Sozial- und Arbeitsmarktpolitik
Rahmenbedingungen für Regierungshandeln	Nationalstaatliche Perspektive/geringe Arbeits- losigkeit/Inflationsangst/stabile Sozialver- sicherungssysteme	Europäisch-globalisierte Perspektive/Massenar- beitslosigkeit/Krise der Sozialversicherungen/ Hohe Staatsverschuldung
Wirtschafts- und sozialpolitische Leitideen	Dominanz keynesianistischer Steuerungsvor- stellungen: koordinierte Einkommenspolitik, Inflationsdruck abbauen	Angebotspolitik/differenzierte produktivitätsorientierte Lohnpolitik
Rolle des Staates und Rolle der Verbände	Staat als Steuerungsinstanz anerkannt/intakte Verbände	Handlungsfähigkeit von Staat und Verbänden reduziert: Europa/Mitgliederschwund
Autoritätsinstanz	Karl Schiller / Wirtschaftsministerium	Gerhard Schröder / Bundeskanzleramt

Quelle: nach Schroeder/Esser 1999

5.3.6 Fazit: Institutionen und Netzwerke wirtschaftspolitischer Steuerung

Merkmale politischer Steuerung

Die wirtschaftspolitische Steuerung vollzieht sich in Deutschland im Rahmen eines komplexen Geflechts von Institutionen. Besonders folgenreich ist in diesem Zusammenhang die Fragmentierung der Kompetenzen auf Seiten der Regierung, zumal zwischen Bund und Ländern, oder auch zwischen einzelnen Ressorts. So ist zwar beispielsweise der Bund für die Ausrichtung der Arbeitsmarktpolitik zuständig, verfügt aber nicht über entscheidende Schlüsselkompetenzen, um eine wie auch immer geartete makroökonomisch kohärente Beschäftigungspolitik zu betreiben. Der Bereich der Entgeltfindung ist auf die Tarifvertragsparteien ausgelagert, während Konjunktur stimulierende Impulse einerseits durch die Vorgaben des EU-Stabilitätspakts sowie durch die Verteilung der staatlichen Ein- und Ausnahmen auf die Gebietskörperschaften begrenzt sind. Entscheidungen im Steuerrecht unterliegen vielfach der Zustimmung des Bundesrates, weit reichende Reformvorhaben im Bereich der sozialen Sicherung stehen darüber hinaus unter dem Vorbehalt der Verfassungskonformität. Aus diesem Grunde spielen Verhandlungen der staatlichen Akteure und Institutionen untereinander sowie mit Großverbänden und Unternehmen eine wichtige Rolle.

Abb. 52: Institutionen und Handlungsfelder der deutschen Wirtschaftspolitik

	Arbeitsmarkt-politik	Sozialpolitik	Innovations-politik	Geldpolitik	Globalisier-ungspolitik
International	Konventionen der UN, ILO etc.	Konventionen der UN, ILO etc.			Transnationale Konzerne
EU	Monitoring und Benchmarking	Monitoring und Benchmarking		EZB	
Bund	Bundesagentur, BM Arbeit und Soziales	Sozialversicherung (als Parafiski), Ministerien, Großverbände	BM Forschung, BM Wirtschaft, DFG, Großforschungsinstitute	BM Finanzen	Bundesregierung (Außenhandelspolitik)
Länder/Kommunen	LM Wirtschaft und Arbeit, div. Träger und Netzwerke	Soziale Dienste (incl. Wohlfahrtsverbän -de)	LM Wirtschaft, LM Wissenschaft, Universitäten		

BM = Bundesministerium; LM = Landesministerium
DFG = Deutsche Forschungsgemeinschaft

Steuerung auf der Makroebene

Es ist in diesem Zusammenhang zweckmäßig, Steuerung auf der Makroebene der Wirtschaft von sektoraler Steuerung zu unterscheiden (Lehmbruch 2000; 2005). Steuerungsimpulse auf der Makroebene – zum Beispiel die Geldpolitik (Zinssätze), globale Steuersenkungen oder eine Steigerung der Lohnnebenkosten – wirken auf eine unbestimmte Vielzahl von wirtschaftlichen Adressaten ein. Diese Ebene dominieren die Europäische Zentralbank und die zentralen Akteure der Haushaltspolitik – vor allem das Finanzministerium. Die Steuerungsfunktion des Wirtschaftsministeriums ist demgegenüber sehr viel begrenzter, obwohl seine Grundsatzabteilung in der Vergangenheit als Hüterin marktwirtschaftlicher ordnungspolitischer Grundsätze ein hohes Ansehen genoss. Für diese zentralen Akteure der Makrosteuerung ist im Allgemeinen charakteristisch, dass sie weit weniger eng mit spezifischen gesellschaftlichen Interessen verflochten sind als die Akteure der sektoralen Steuerung. Andere Akteure der Makrosteuerung, die man in diesem Zusammenhang nennen kann, sind für die Wettbewerbspolitik das Bundeskartellamt oder auch – mit einer nicht lenkenden, sondern vorwiegend beobachtenden und „deutenden" Funktion – der „Sachverständigenrat für die Begutachtung der gesamtwirtschaftlichen Entwicklung".

Sektorale Steuerung durch strukturpolitische Förderung oder auch durch Regulierung – zum Beispiel in der Landwirtschaft, der Energiepolitik oder der Telekommunikationspolitik – wendet sich im Unterschied zur Makrosteuerung an einen selektiv umrissenen Adressatenkreis. Der Staat kann hier in der Regel nicht als der überlegene „Souverän" agieren, sondern ist auf intensive Rückkopplungsprozesse mit den Adressaten der geförderten bzw. regulierten Branchen angewiesen, wenn seine Intervention aussichtsreich sein soll. Hier bilden sich dann „Politiknetzwerke" aus, in denen staatliche Behörden (z.B. das zuständige Ressortministerium), gesellschaftliche Adressaten (insbesondere wichtige sektorale Interessengruppen), intermediäre Akteure (z.B. sektorspezifische wissenschaftliche Experten) und auch Parlamentsausschüsse miteinander verknüpft sind. Zum Politiknetzwerk der Landwirtschaftspolitik kann man z.B. die Landwirtschaftsministerien von Bund und Ländern, den Deutschen Bauernverband und die ihm eng verbundenen genossenschaftlichen Organisationen, die Agrarausschüsse der Parlamente, sowie auch staatliche Agrarforschungsanstalten (unter Umständen auch Experten aus dem Hochschulbereich) rechnen. Im Bezug auf industriepolitische Aktivitäten haben zudem die Länder seit einigen Jahren die Initiative übernommen und eine Reihe von Maßnahmen entwickelt und implementiert.

Sektorale Steuerung

Literatur:

Lampert, Heinz/Bossert, Albrecht 2004: Die Wirtschafts- und Sozialordnung der Bundesrepublik Deutschland im Rahmen der Europäischen Union, 15. völlig überarbeitete Auflage, München.

Sturm, Roland 2006: Stichworte Finanzplanung, öffentlicher Haushalt, Staatsverschuldung (mit M. Münter), in: Voigt, Rüdiger/Walkenhaus, Ralf (Hrsg.): Handwörterbuch zur Verwaltungsreform, Wiesbaden, S. 117-119, 170-175, 325-330.

Internetseiten:

Homepage Dr. Hermann Adam: http://www.adam-poloek.de
Bundesministerium de Finanzen: www.bundesfinanzministerium.de
Bundesministerium für Wirtschaft und Technologie:
http://www.bmwi.de

5.4 Phasen der Wirtschaftspolitik in Deutschland nach 1945

Leitfragen

Wie ist die Entwicklung der deutschen Volkswirtschaft in den einzelnen Phasen zu charakterisieren?
Inwieweit kann in der Phase von 1982 bis 1990 von einer (neoliberalen) wirtschaftspolitischen Wende gesprochen werden?
Welche Auswirkungen hatte die Wiedervereinigung auf die gesamtwirtschaftliche Entwicklung in Deutschland?
Inwieweit erklären einige Hypothesen wichtige Entwicklungslinien der deutschen Wirtschaftsgeschichte in der Nachkriegszeit?

5.4.1 Phasen und Indikatoren

Phasen

Die realwirtschaftliche Entwicklung der Bundesrepublik nach 1945 lässt sich in vier Phasen einteilen:
• Rekonstruktionsperiode der deutschen Wirtschaft nach 1949;
• Wirtschaftspolitik als „Krisenpolitik" (1973 bis 1982);
• Wirtschaftspolitische Wende (1982 bis 1990);
• Wirtschaftspolitische Entwicklung nach der Wiedervereinigung.

Indikatoren

Als Indikatoren für die Grenzziehung der einzelnen Phasen gelten in erster Linie die allgemeinen Wachstumsraten (BIP), die Entwicklung der Arbeitslosigkeit, die Verschuldung der öffentlichen Haushalte und die Preisniveaustabilität. Der Strukturwandel der Wirtschaft weg von der industriellen Fertigung hin zur so genannten Dienstleistungsökonomie, d.h. der Niedergang der klassischen Konsumgü-

Abb. 53: Entwicklung volkswirtschaftlicher Eckdaten 1965 bis 2003

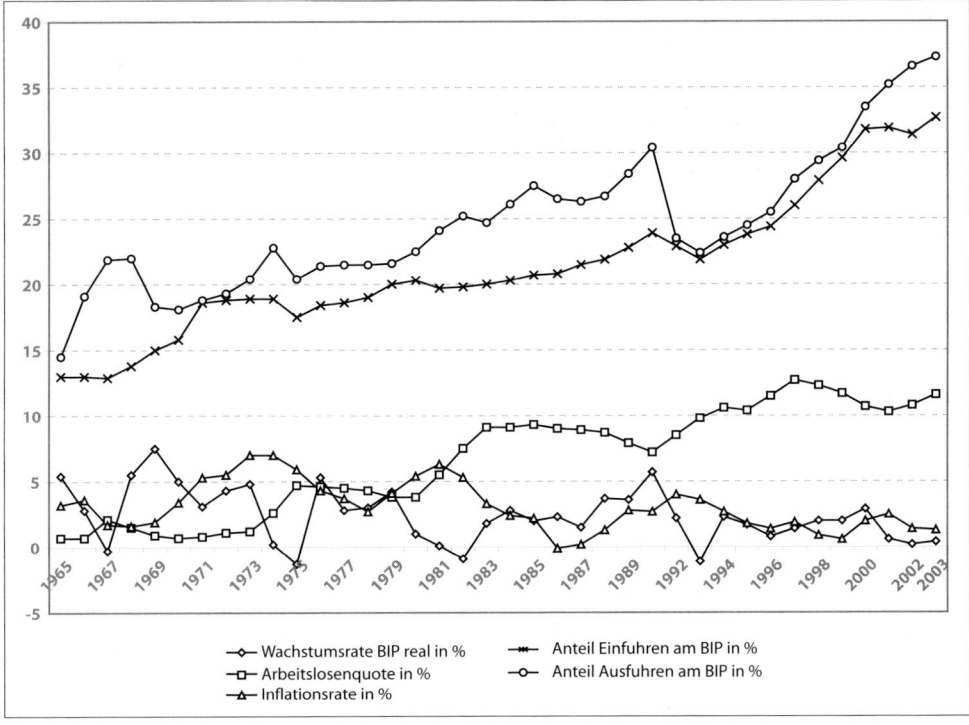

Quelle: nach Statistisches Bundesamt

terindustrie und das parallele Wachstum neuer Branchen (Finanzdienstleistungen, Gesundheitsökonomie, IuK etc.) bilden darüber hinaus die Hintergrundfolie für die langfristigen Entwicklungstrends der deutschen Wirtschaft. Dabei zeigt sich ferner, dass es zwar im konkreten Einzelfall schwierig ist, realwirtschaftliche Entwicklungen als direktes Ergebnis politischer Entscheidungen zu betrachten, doch korrespondieren diese durchaus mit übergreifenden Mustern der Problembearbeitung bzw. wirtschaftspolitischen Steuerung (Sturm 2001).

5.4.2 Rekonstruktionsperiode der deutschen Wirtschaft nach 1949

Nachdem die Wirren der unmittelbaren Nachkriegszeit überstanden waren, setzte von 1949 bis 1973 eine mehr als 20jährige Wachstums-

20jährige Wachstumsphase

phase (auch Rekonstruktionsperiode) ein, deren robuster Verlauf nur 1967 kurzzeitig unterbrochen wurde. So war nach Ende des zweiten Weltkrieges die Diskrepanz zwischen realer und potenzieller Leistung besonders groß. Dieser akkumulierte Fortschrittsüberschuss (gemessen am tatsächlichen Resultat des Produktionsprozesses) erlaubte weit überdurchschnittliche Zuwachsraten des Sozialprodukts – auch pro Kopf. Als weitere Ursachen für diesen Wachstumsschub können

- der wachsende Kapitalstock der deutschen Wirtschaft,
- die schnelle Anbindung an die Exportmärkte und die damit verbundene Möglichkeit der Realisierung von Skaleneffekten,
- die traditionelle Ausrichtung der deutschen Wirtschaft auf Investitionsgüter,
- die Etablierung neuer Produktionstechniken,
- der große Nachfrageüberhang im In- und Ausland,
- der Zufluss an qualifizierten Arbeitskräften aus der Deutschen Demokratischen Republik genannt werden.

Wirtschaftswunder in Zahlen

In Zahlen ausgedrückt, kam es in der ersten Phase der wirtschaftspolitischen Entwicklung zwischen 1950 und 1973 zu einer absoluten Vervierfachung und relativen (Pro-Kopf) Verdreifachung des Bruttoinlandsprodukts (durchschnittliches Wachstum von 5,9%); die Wachstumsrate der realen Pro-Kopf Produktion lag bei durchschnittlich 4,9% und damit deutlich über dem europäischen Durchschnittswert von 3,8%. Während die Wachstumsraten also steil nach oben zeigten, verhielt es sich mit der Arbeitslosenquote genau umgekehrt. Nach einem vorläufigen Höhepunkt von 12,2% (1950) sank die Zahl der Arbeitslosen Jahr für Jahr, um schließlich im Zeitraum von 1961 bis 1966 auf unter 1% zu fallen. Es wurde nicht nur Vollbeschäftigung erreicht, sondern es kam sogar zu einem Mangel an Arbeitskräften. Die Zahl der offenen Stellen überstieg die Zahl der Arbeitsuchenden bei weitem und bis zum offiziellen Anwerbestopp von 1973 wurden ca. 2.5 Millionen ausländische Arbeitnehmerinnen und Arbeitnehmer nach Deutschland „geholt", um dem Wachstum limitierenden Arbeitskräftemangel zu begegnen. Mit der Rezession von 1966/67 stieg die Arbeitslosenquote jedoch auf 2,1%, ehe sie anschließend bis Anfang der 70er Jahre erneut unter die 1% Grenze fiel (1971: 0,8%).

Natürlich ließen sich auch andere Indikatoren zur Erfassung des so genannten „Wirtschaftswunders" heranziehen. So stieg beispielsweise die Zahl der PKW zwischen 1951 und 1961 von 700.000 auf mehr als 5 Millionen. Besaßen Anfang der 1960er Jahre erst 34% der

Haushalte einen eigenen Fernseher, so konnten bereits 73% der Haushalte die Mondlandung (1969) am eigenen Gerät verfolgen. Verantwortlich für diese Entwicklung war die steigende Massenkaufkraft in Kombination mit gesunkenen Produktionspreisen. Auch Urlaubsreisen in das europäische Ausland wurden in dieser Zeit zum Massenphänomen. In diesem Zusammenhang spricht Abelshauser (2004) treffend von einer „Demokratisierung des Konsums", was einem Abschmelzen schichtspezifischen Konsumverhaltens gleichkommt. Gleichzeitig erfolgten auch massive gesellschaftliche Umwälzungen – beispielsweise die schwindende Bedeutung des Familienverbunds für die Altersversorgung aufgrund der Dynamisierung der Renten.

Entsprechend groß war der Schock, als sich 1966/67 und 1973 das Ende der „Rekonstruktionsperiode" ankündigte, was wiederum die relevanten Entscheidungsträger (Politik, Verbände, Wissenschaft) dazu veranlasste, die bisherige Zurückhaltung hinsichtlich staatlicher Steuerung der wirtschaftlichen Entwicklung aufzugeben und mit der Einberufung der Konzertierten Aktion den Versuch zu unternehmen, Wachstumsprozesse zu steuern bzw. Konjunkturschwankungen auszugleichen. Auch wenn zunächst alles darauf hindeutete, dass es sich bei der Rezession von 1967 (Wachstum BIP: -0,3%) um ein singuläres Ereignis handelte und die Krise alsbald überwunden schien (Wachstum 1968: 5,5%; 1969: 7,5%), zeigte sich bereits Anfang der 1970er Jahre, dass – allen Steuerungsbemühungen zum Trotz, die einmalig günstigen wirtschaftlichen Rahmenbedingungen ausliefen und in eine Phase der „Normalität" mündeten (vgl. Sturm 2001).

5.4.3 Wirtschaftspolitik als „Krisenpolitik" (1973 bis 1982)

Die zweite Phase der wirtschaftlichen Entwicklung der Bundesrepublik begann mit der Ölkrise von 1973 und dauerte bis zum Ende der sozialliberalen Koalition unter Bundeskanzler Helmut Schmid 1982. Innerhalb eines kurzen Zeitraums stieg der Ölpreis um ca. 400%, was sich sowohl Inflation treibend als auch, aufgrund der gestiegenen Energiepreise, Wachstum dämpfend auswirkte. In dieser Phase kam es zu einem deutlichen Abflachen der Wachstumskurve mit durchschnittlichen Raten von ca. 1,9% (real pro Kopf). Gleichzeitig stieg die Zahl der Arbeitslosen dramatisch an und erreichte 1975 erstmals die Grenze von einer Million (4,7%, 1982: 7,5%). Ein weiteres Kennzeichen dieser Phase war die schleichende Erosion

Ölkrise und wirtschaftliche Stagnation

der Geldwertstabilität. So stieg die Inflationsrate im genannten Zeitraum auf durchschnittlich 4,8%, was ganz wesentlich auf die Expansion der öffentlichen Ausgaben (Investitionsprogramme), den Zustrom ausländischer Währungen (importierte Inflation) und eine einsetzende Lohn-Preis-Spirale zurückzuführen war. Ende der 1970er Jahre mussten bereits ca. 20% des Bundeshaushalts für den Schuldendienst aufgewandt werden und mit einem Budgetdefizit von ca. 10% wurden die heutigen Maastricht Kriterien weit verfehlt. Berühmtheit erlangte in diesem Zusammenhang die von der Gewerkschaft Öffentliche Dienste, Transport und Verkehr (ÖTV) durchgesetzte Lohnsteigerung von 11% im Jahre 1974 (bei allerdings ca. 7,0% Inflation, was die reale Lohn- und Gehaltssteigerung deutlich absenkt).

Die Angst vor der Inflation — Wie stark die Preisniveauinstabilität – auch vor dem Hintergrund historischer Erfahrungen – als Bedrohung für die Wirtschafts- und Gesellschaftsordnung empfunden wurde, veranschaulicht der folgende Beitrag der Wochenzeitung „Die Zeit" vom März 1974. Der Autor zeichnet darin ein düsteres Bild der weiteren Entwicklung, da keinerlei Anzeichen für ein Umdenken der Gewerkschaften (niedrige Tarifabschlüsse) und der Politiker (drastische Sparmaßnahmen auch auf Kosten einer Verschärfung der Arbeitsmarktkrise) vorlägen und die Entwicklung des Preisniveaus dazu führen könne, dass grundlegende, konstitutive Elemente der marktwirtschaftlichen Ordnung übereilt außer Kraft gesetzt werden könnten (z.B. staatlich verordnete Lohnstopps, Preiskontrollen etc.) (vgl. dazu auch Abelshauser 2004).

Bleibt uns nur noch die Resignation? Die Preissteigerungen drohen unsere Wirtschaftsordnung zu zerstören

Es war einmal ein Wirtschaftsminister, der wollte Gewerkschaftsfunktionären das Gruseln lehren. Deshalb berichtete er Delegierten der IG Metall von schlimmen Zuständen in anderen Ländern: „Denken Sie an England. Dort gibt es Preissteigerungen von vier und fünf Prozent. Was nützt da eine Lohnerhöhung um acht Prozent?" Das war Karl Schiller im September 1968. Und vor Vertretern der Wirtschaft dozierte der Professor mit erhobenem Zeigefinger: „Eine mittelfristige Preissteigerungsrate für mehrere Jahre von 2 bis 2,5 Prozent ist für uns zu hoch." Das war 1970. Im Laufe des vergangenen Jahres sind in der Bundesrepublik die Preise um 7,2 Prozent gestiegen, und die Aussichten sind schlechter als je zuvor. Steigende Energiepreise bedeuten Öl ins Feuer der Inflation, und Kanzler Willy Brandt warnte vergebens davor, daß zweistellige Tarifabschlüsse zweistellige Preissteigerungsraten nach sich ziehen könnten. Die Gewerkschaften des öffentlichen Dienstes und die IG Metall bestanden dennoch auf deutlich über zehn Prozent liegenden Lohnerhöhungen für ihre Mitglieder. Für alle übrigen Wirtschaftsbereiche wurden damit die Signale gesetzt. „Wir haben an der Lohnfront eine Schlacht verloren", klagt Bundesbankpräsident Karl Klasen. Die damit für die Stabilität der Mark heraufbeschworene Gefahr vor Augen, warnte der oberste Währungshüter: „Mit der

Inflation leben, bedeutet für unser Wirtschaftssystem, mit der Inflation unterzugehen. Eine Inflation würde gerade für minderbemittelte Bevölkerungskreise so viele Ungerechtigkeiten mit sich bringen, daß dadurch unser Gesellschaftssystem kaputtginge ... Zweistellige Inflationsraten bedeuten für mich die allerhöchste Alarmstufe. Deshalb müssen wir mit allen Mitteln verhindern, daß sie überhaupt erreicht werden." ...

Noch lehnen der Bundeskanzler und alle sachkundigen Minister des Kabinetts ebenso wie Karl Klasen einen Lohn- und Preisstopp als letzte Waffe im Kampf gegen die Inflation nach wie vor kategorisch ab. Vor dieser und anderen „Extremlösungen" warnte sogar das Wirtschaftswissenschaftliche Institut des Deutschen Gewerkschaftsbundes (WWI) in einer Expertise, „weil – wie alle Erfahrung zeigt – das Preisproblem nur vordergründig und temporär gelöst wird". Doch je höher die Preisflut steigt, desto größer wird die Versuchung, die Flucht in den Dirigismus anzutreten. Der Ruf nach vorbeugender Preiskontrolle ist bereits salonfähig geworden. Er wird nicht nur von Mitgliedern des wirtschaftspolitischen Ausschusses im Bundestag erhoben, auch der Kanzler findet die Idee interessant. Er forderte bereits ein „geeignetes Genehmigungsverfahren bei Preiserhöhungen für Erdöl und Produkte von Schlüsselindustrien". Und Kurt Markert, Direktor beim Bundeskartellamt, fühlte sich berufen, „aus fachlicher Sicht" eine generelle Genehmigungspflicht für Preiserhöhungen durch marktbeherrschende Unternehmen anzuregen. Mit Blick auf die Misserfolge der Dirigisten hielten Bundesregierung und Bundesbank bisher an ihrer marktwirtschaftlich orientierten Stabilitätspolitik fest. Doch ob der Hinweis „im Ausland ist es noch schlimmer" auch dann noch zur Besänftigung der Bevölkerung ausreicht, wenn die Inflationsraten zweistellig werden, kann heute niemand in Bonn oder Frankfurt mit Sicherheit sagen. Auch die Japaner greifen jetzt zur Preisstopp-Notbremse – allerdings erst nachdem die Konsumgüterpreise im Januar um 24 Prozent gestiegen sind, die Großhandelspreise allein in den ersten zehn Februartagen um 36,7 Prozent in die Höhe schossen und die Gewerkschaften Lohnerhöhungen um 40 Prozent fordern. So argwöhnten denn die Wirtschaftsexperten des Deutschen Gewerkschaftsbundes schon vor Monaten, daß bei anhaltender Inflation auch in der Bundesrepublik wider bessere Einsicht „schließlich doch die Flucht in Extremlösungen – als scheinbar einzige Alternative zur Resignation – gewagt wird".

Quelle: Jungblut 1974 (in: Die ZEIT, Nr. 11/74)

5.4.4 Wirtschaftspolitische Wende (1982 bis 1990)

1982 kam es mit einem „negativen Wachstum" von − 0,9% des BIP schließlich zur dritten Rezession in der Nachkriegsgeschichte der Bundesrepublik (Weltwirtschaftskrise). Dabei lässt sich der Sprachgebrauch eines Krisenjahrs durchaus rechtfertigen, weil die Arbeitslosigkeit auf 7,5% anstieg und die Inflationsrate mit 5,3% ebenfalls hoch blieb (Stagflation). Diese drastische Verschlechterung der Wirtschaftslage und deren Bearbeitung im politischen System stellt das Ende der zweiten „sozialdemokratisch keynesianisch" inspirierten Phase der wirtschaftlichen Entwicklung der Bundesrepublik dar und damit auch den Beginn der dritten Phase, die sich auf den Zeitraum von 1982/83 bis zur Vereinigung von 1990 terminieren lässt.

Ende der Global-
steuerung und
Regierungswechsel

Der vom damaligen Wirtschaftsminister Otto Graf Lambsdorff (FDP) mit der Niederschrift des nach ihm benannten Papiers „Konzept zur Überwindung der Wachstumsschwäche und zur Bekämpfung der Arbeitslosigkeit" eingeleitete Koalitionswechsel der FPD von 1982 hatte seinen Ursprung in unvereinbaren wirtschaftspolitischen Konzeptionen der alten Koalitionspartner. Das *Lambsdorff-Papier* selber enthält dabei eine ganze Reihe von Diagnosen und Forderungen, die nicht nur einen Bruch mit der Vergangenheit darstellten, sondern auch insofern interessant erscheinen, als dass viele Punkte auch heute noch die Debatte um vermeintlich notwendige Reformschritte prägen. Exemplarisch kann in diesem Zusammenhang auf die Forderung nach „Zusammenlegung von Arbeitslosen- und Sozialhilfe", die Notwendigkeit der „Konsolidierung der sozialen Sicherung", „die Berücksichtigung des steigenden Rentneranteils in der Rentenformel", die Anhebung der Altersgrenze, die Kostendämpfung in der Krankenversicherung, strengere Zumutbarkeitsregeln für Arbeitslose etc. verwiesen werden (vgl. Abelshauser 2004; Adam 1995).

Wie Helmut Kohl in seiner Regierungserklärung von 1983 ausführte, ging es der neuen christlich-liberalen Regierung vor allem darum, „den Staat auf den Kern seiner Aufgaben zurückzuführen". Damit sollte – gewissermaßen als Reaktion auf die ökonomische Dauerkrise – eine angebotsorientierte, monetaristische und deregulierende Politik den stärker staatsinterventionistischen Keyesianismus ablösen und durch die Stärkung von Marktkräften Wachstum und Beschäftigung angeregt werden. Betrachtet man nun die reale Entwicklung, so bleibt es rückblickend umstritten, inwieweit von einer wirtschaftspolitischen Wende gesprochen werden kann. Vergleicht man z.B. die Entwicklung in Deutschland mit der Regierungszeit von Margret Thatcher in Großbritannien, so fällt die Reichweite der wirtschaftspolitischen „Wende" eher bescheiden aus. Gleichzeitig ist aber auch festzustellen, dass die Versuche der Globalsteuerung vorerst ein Ende gefunden hatten, also zumindest im Bereich der ordnungspolitischen Vorstellungen und Präferenzen eine Art Rückbesinnung auf Ludwig Erhard konstatiert werden kann.

Wirtschaftliche
Entwicklung in den
1980er Jahren

Bezüglich der Preisniveaustabilität ist ein deutlicher Rückgang der Inflationsrate zu erkennen, was allerdings zu großen Teilen einer Kursänderung der Bundesbank geschuldet ist, die seit Mitte der 70er Jahre verstärkt eine Politik der Geldwertstabilität verfolgte. Betrachtet man die Wirtschaftspolitik bis zur Vereinigung 1990 von der „Ergebnisseite", so lässt sich mit Zohlnhöfer resümieren, dass „die neue Regierung tatsächlich einen Politikwechsel durchsetzte" (Zohlnhöfer 1998: 8). In der Finanzpolitik etwa gelangen bis 1990 eine deutliche Senkung der Staatsquote und eine bemerkenswerte Konsolidierung des Bundeshaushalts. Es kam zu einer weit reichenden Steuerreform, zu einer Teilflexibilisierung im Arbeitsrecht und verschiedenen weiteren Reformen wie der Lockerung der Ladenöffnungszeiten oder der Postreform. Das durchschnittliche Wachstum in der genannten Periode lag bei durchaus beachtlichen 2,1%, ohne dass damit allerdings eine signifikante Senkung der Arbeitslosenzahlen erreicht werden konnte (Durchschnitt: 8,7%).

Zusammenfassend bleibt festzuhalten, dass von einem radikalen Bruch mit der Vergangenheit – im Sinne einer Abkehr vom Modell Deutschland bzw. des rheinischen Kapitalismus – gleichwohl nicht gesprochen werden kann. Vielmehr zeigte sich besonders in den weiten Bereichen des Arbeitsmarkts, der sozialen Sicherungssysteme und der Deregulierung bzw. Privatisierung, dass eher Kontinuität als Wandel vorherrschte, was angesichts der institutionellen Hemmnisse (Föderalismus, Parteienwettbewerb, Tarifautonomie, Bundesverfassungsgericht etc.) und der christdemokratischen bzw. christlich-sozialen Tradition der Partei mit einem zumindest zum damaligen Zeitpunkt noch starken Arbeitnehmerflügel (CDA) kaum verwundert. Zugleich lässt sich eine teilweise Neuausrichtung der Wirtschaftspolitik beobachten, die auf eine verbesserte Passgenauigkeit der deutschen Wirtschaftspolitik mit den sich abzeichnenden neuen Rahmenbedingungen (EU Binnenmarkt, Liberalisierung und Deregulierung der Finanzmärkte, steigende internationale Konkurrenz etc.) und eine verbesserte Problemlösungskapazität hinsichtlich der Krise am Arbeitsmarkt abzielte.

Wirtschaftspolitische Konsolidierung

5.4.5 Wirtschaftspolitische Entwicklung nach der Wiedervereinigung

Eine vierte Phase der Wirtschaftspolitik in der Bundesrepublik ist schließlich dem historischen Ereignis der deutschen Vereinigung geschuldet. So zeigen die Makrodaten, dass 1991 in vielerlei Hinsicht einen Einschnitt darstellt. So kam es nach dem Einmaleffekt des „Vereinigungsbooms" von 1990 (Wachstum 5,7%) bereits 1993 zu einer scharfen Rezession (-1,1%) und bezogen auf den Gesamtzeitraum zu einer deutlichen Wachstumsschwäche (Durchschnitt 1992-2003: 1,3%). Die Arbeitslosenrate stieg nach der Vereinigung insbesondere durch die massive „Deindustrialisierung" in den neuen Ländern stark an und erreichte 1997 bereits einen gesamtdeutschen Wert von 12,7% (neue Bundesländer: 19,5%).

Ökonomische Entwicklung nach der Wiedervereinigung

Abb. 54: Erwerbstätige nach Wirtschaftsbereichen

Wirtschafts-bereiche	Früheres Bundesgebiet					Neue Länder und Berlin-Ost	
	1960	1970	1980	1991	2003	1991	2003
Primärer Sektor	3 541	2 402	1 437	1 045	695	530	200
Sekundärer Sektor	12 807	13 005	12 174	12 065	9 445	3 285	1 819
Tertiärer Sektor	9 846	10 937	13 263	16 574	19 707	3 947	4 306
Insgesamt	26 194	26 344	26 874	29 684	29 847	7 761	6 325

Quelle: nach Datenreport 2004

Folgen für den Arbeitsmarkt

Die Ursachen für die hohe Arbeitslosigkeit in den neuen Ländern resultiert aus drei Faktoren:

- dem Zusammenbruch der Absatzmärkte in den östlichen Nachbarstaaten,
- einer völlig unzureichenden Wettbewerbsfähigkeit der ehemaligen Staatsunternehmen auf den freien Weltmärkten und
- der drastischen Verteuerung der Produkte durch die Umstellung der Ost- in Westmarkt im Verhältnis 1:1 (bezogen auf Löhne etc.).

Gemessen an der Zahl der Beschäftigten im sekundären Sektor kann man davon sprechen, dass 40 Jahre Industrialisierung in wenigen Jahren rückgängig gemacht wurden. Allein in den Treuhandunternehmen und Ex-Treuhandunternehmen sind in den ersten vier Jahren nach der Wiedervereinigung rund 2,95 Millionen Arbeitnehmer entlassen worden (vgl. Abelshauser 2004).

Folgen für die öffentlichen Haushalte

Gleichzeitig kam es zu einem weitgehend vereinigungsinduzierten, sprunghaften Anstieg der öffentlichen Verschuldung. Allein der Nettotransfer in die neuen Länder seit der Einheit beläuft sich bis Ende 2003 auf ca. 950 Mrd. Euro, wobei die reinen Aufbauhilfen im engeren Sinne nur ca. 250 Mrd. Euro ausmachen. Der Anteil der öffentlichen Verschuldung am BIP stieg von 41,6% im Jahr 1989 auf 59,8% im Jahr 1997. Dass mit den Sonderbelastungen auch ein Anstieg der Beitragssätze der Sozialversicherungen einherging (1990: 17,8%; 1998: 20,2%), ergibt sich angesichts der Systemarchitektur von selbst. Zumal ein Großteil der einigungsbedingten Sonderlasten eben nicht über das Steuersystem, sondern über die sozialen Sicherungssysteme finanziert wurde. Dies ist im Nachhinein unter Verweis auf die gesamtgesellschaftliche Aufgabe und die negativen Effekte für den Arbeitsmarkt kritisiert worden (vgl. Czada 1995; Sturm 2006).

Ökonomische Probleme der Wiedervereinigung

Bis heute kann nicht davon gesprochen werden, dass in den neuen Ländern ein sich selbst tragender Aufholprozess stattgefunden hat, in dessen Verlauf die Lücke zwischen Ost und West geschlossen worden wäre. Nach einer anfänglich fulminanten Entwicklung hat das Wachstum in den neuen Ländern stark nachgelassen. Während zwischen 1991 und 1996 ein durchschnittliches Wachstum von 7,7% realisiert worden war, erfolgte ab diesem Zeitpunkt ein rapider Einbruch mit durchschnittlichen Raten von 1,1%, was nur etwa der Hälfte der westdeutschen Wachstumsrate entspricht. Daher droht, dass sich die Schere zwischen Ost und West weiter öffnet – mit entsprechenden Folgen für die politische Ökonomie der Bundesrepublik (vor allem den Finanzausgleich und die Arbeitsmarkt- und Sozialpolitik) (vgl. Immerfall/Franz 1998).

Exkurs: 1989 – der vereinigungsbedingte Abbruch eines stabilen Wachstumspfads?
Eine Analyse der wirtschaftlichen Rahmenbedingungen des Jahres 1989 lässt den Schluss zu, dass – hinsichtlich der zukünftigen Problemlösungskapazität – Anlass zu verhaltenem Optimismus gerechtfertigt erschien. Diese Einschätzung kann anhand mehrerer Entwicklungen anschaulich gemacht werden. So lag die Arbeitslosenquote im Referenzjahr bei 7,9% und damit unter dem europäischen Durchschnitt; seit Mitte der 1980er Jahre war sie kontinuierlich gefallen (1985: 9,3%). Auch das allgemeine Wirtschaftswachstum erwies sich in den Jahren 1988 und 1989 mit 3,7 und 3,6% als sehr robust. Der Bundeshaushalt war soweit konsolidiert, dass sowohl Steuererleichterungen (bereits von der Regierung angekündigt), eine Senkung der Staatsquote und ein Abbau der öffentlichen Verschuldung möglich erschienen. Die Kassen der Sozialversicherungen waren vergleichsweise gut gefüllt; so hatte z.B. die Schwankungsreserve der Rentenversicherung einen Höchststand von 40 Mrd. DM erreicht, was in Kombination mit ähnlich soliden Finanzen der Arbeitslosen- und Krankenversicherung Spielräume für (wachstums- und beschäftigungsfördernde) Beitragssenkungen eröffnet hätte (– die ebenfalls bereits geplant waren). Dementsprechend empfahl der Sachverständigenrat (SVR) zur Begutachtung der wirtschaftlichen Entwicklung, die Gewerkschaften sollten nach Jahren lohnpolitischer Zurückhaltung wieder von qualitativen auf quantitative Forderungen übergehen, um die Arbeitnehmer/innen angemessen am Aufschwung zu beteiligen.
Roland Czada (1998: 57-58) stellt vor diesem Hintergrund die Frage, „ob das westdeutsche Modell ohne dieses singuläre Ereignis in der Lage gewesen wäre, die weltwirtschaftlich induzierten Probleme der neunziger Jahre zu meistern. Ohne die Sonderaufgaben und Kosten der deutschen Einheit wären immerhin zusätzliche sozialpolitische Verteilungsspielräume von nicht weniger als 700 Milliarden DM zur Lösung wirtschaftlicher Anpassungsprobleme verfügbar (...)". Gleichzeitig weist er darauf hin, dass aufgrund der Einheit nicht nur die ökonomischen und finanziellen, sondern auch die politischen Gestaltungsspielräume verengt wurden, letzteres durch die Verschärfung des ohnehin schon vorhandenen Gefälles hinsichtlich der Wirtschaftskraft (Ergänzung des Nord-Süd Gefälles um ein Ost-West Gefälle), die immer komplexeren Entscheidungsstrukturen durch 16 anstelle von 11 Bundesländern und die nur sehr eingeschränkt funktionierenden Muster und Mechanismen der Konfliktregulierung der Arbeitsmarktparteien und des alten westdeutschen Korporatismus.

Rückblickend lässt sich feststellen, dass die ursprünglich von der Politik genährten Hoffnungen auf ein „zweites Wirtschaftswunder" einer empirischen Überprüfung nicht standhalten. Vielmehr wird deutlich, dass der überstrapazierte Begriff der „blühenden Landschaften" wohl einerseits politischen Wahlkampfkalkülen als auch einer profunden Unterschätzung der wirtschaftlichen Lage der neuen Länder bzw. einer Fehleinschätzung der ökonomischen Ausnahmesituation der Nachkriegszeit geschuldet war. Abelshauser (2004) spricht in diesem Zusammenhang davon, dass die Mystifizierung des Wirtschaftswunders der Nachkriegszeit paradoxerweise dazu beigetragen habe, dass entscheidende Weichenstellungen politisch und nicht wirtschaftlich motiviert waren, wie z.B. der Wechselkurs bei der Währungs-, Wirtschafts- und Sozialunion (1990). Eine einfache Reproduktion der Erfolgsgeschichte der 50er und 60er Jahre war schon allein deshalb kaum vorstellbar, weil diese Dekaden in allen Bereichen von radikal anderen Rahmenbedingungen geprägt waren.

5.4.6 Fazit: Wachstum und Wandel

Gründe für die anhaltende Wachstumsschwäche

Die Ursachen für das Abflachen der Wachstumskurve nach Ende der Rekonstruktionsperiode bzw. die anhaltenden Probleme bei Wachstum und Beschäftigung lassen sich durch einige Hypothesen fokussiert darstellen. Wachstum entsteht bei rein „technischer" Betrachtung durch eine quantitative Ausdehnung der Produktionsfaktoren (Steigerung des Inputs) und/oder durch eine verbesserte Auslastung der Produktionsfaktoren (Steigerung der Auslastung). Inwieweit beides zum Tragen kommt, ist von einer Vielzahl an Faktoren abhängig. Zur Erklärung des Wachstumsschubs nach Ende des zweiten Weltkrieges bzw. auch dessen Auslaufen zu Beginn der 1970er Jahre sind insbesondere drei Hypothesen entwickelt worden, namentlich die (1) Strukturbruchhypothese, die (2) Lange Wellen-Hypothese und (3) die Aufholhypothese. Auch wenn keiner der drei Erklärungsansätze der Komplexität des Einzelfalls gerecht wird, so ist deren Betrachtung dennoch instruktiv. Im Einzelnen

1 geht die *Strukturbruchhypothese* davon aus, dass der Rückgang der Wachstumsraten seit den 1970er Jahren vor allem eine Reaktion auf Abweichungen vom Weg der (neo-)liberalen Reformen in Richtung Dirigismus, Regulierung und staatlicher Intervention sei,

2 begründet die *Lange-Wellen-Hypothese* (vgl. Kondratieff) das wirtschaftliche Auf und Ab als Resultat von Innovationszyklen und Basiserfindungen, deren „Lebensdauer" wirtschaftliche Dynamik determiniert,

3 rekurriert die *Aufhol-Hypothese* auf den Aufholprozess bzw. das Schließen von technologischen Lücken zu den am weitesten ent-

wickelten Ländern. Ist die Lücke weitgehend geschlossen, so erlahmt diese Triebfeder wirtschaftlicher Dynamik.

In Bezug auf die staatliche Wirtschaftspolitik lässt sich bei einigen wichtigen Veränderungen der politisch-ökonomischen Rahmenbedingungen (zum Beispiel Globalisierung und Europäisierung) auch eine gewisse Rückkehr zu den Ursprüngen feststellen. Roland Sturm (2001: 429) fasst die Entwicklung so zusammen: „Der Staat in der Wirtschaft hat sich vom punktuell intervenierenden über den Wohlfahrtsstaat zum kooperativen Staat entwickelt. Hinsichtlich seiner Instrumente ist eine Entwicklung vom sozialprotektionistischen über den globalsteuernden bis hin zum regulatorischen Eingriff zu beobachten. Die Eingriffsdichte lässt ebenso wie die Eingriffstiefe staatlicher Steuerung, zumindest was den Kern des Wirtschaftsgeschehens betrifft, in den letzten beiden Jahrzehnten merklich nach. Dies spiegelt zum einen die schlichte Tatsache des Funktionsverlustes des Staates in einer sich globalisierenden und europäisch integrierenden Wirtschaft wider. Zum anderen aber auch einen Anpassungsprozess der deutschen Wirtschaftspolitik an die dominante Logik internationaler Märkte. Wie weit dieser Anpassungsprozessgehen kann und soll ist durchaus eine politisch noch nicht entschiedene Frage, die nicht zuletzt im Zusammenhang von Konzepten des „dritten Weges" (...) kontrovers diskutiert wird."

Entwicklungspfad staatlicher Wirtschaftspolitik

Literatur:

Abelshauser, Werner 2004: Deutsche Wirtschaftsgeschichte seit 1945, München.

Sturm, Roland 2001: Steuerungsansätze in der Wirtschaftspolitik. Von der Ordnungspolitik zum regulatorischen Staat, in: Burth, H.-P./Görlitz, A. (Hrsg.): Politische Steuerung in Theorie und Praxis, Baden-Baden, S. 417-431.

Zohlnhöfer, Reimut 2001: Die Wirtschaftspolitik der Ära Kohl. Eine Analyse der Schlüsselentscheidungen in den Politikfeldern Finanzen, Arbeit und Entstaatlichung, 1982-1998, Opladen.

Internetseiten:

Institut für Wirtschafts- und Sozialgeschichte (Göttingen): http://wiwi.uni-goettingen.de/wsg/Links.html

Lehrstuhl für Wirtschaftsgeschichte (Tübingen):www.uni-tuebingen.de/uni/wwl/index.html

6 Handlungsfelder der Wirtschaftspolitik

6.1 Soziale Sicherung

Leitfragen

Was sind die zentralen Linien sozialstaatlicher Entwicklung in Deutschland?
Welche Zielvorstellungen des Sozialstaates ergeben sich aus dem Grundgesetz?
Auf welchen Gestaltungsprinzipien basiert die Sozialpolitik?
Wie ist das soziale Sicherungssystem in Deutschland aufgebaut?
Vor welchen aktuellen Herausforderungen steht der Sozialstaat?
Welche Auswirkungen haben diese auf das ökonomische System?

Mit der Sozialen Sicherung – oder in anderen Begriffen: dem Wohlfahrtsstaat, Sozialstaat oder der Sozialpolitik – wird in diesem Kapitel ein Bereich dargestellt, der für den modernen liberalen Rechts- und Verfassungsstaat äußerst wichtig und charakteristisch ist. Das System der sozialen Sicherung im engeren Sinne und die Sozialpolitik in einem weiteren Sinne prägen die Struktur des Staates in seinen Institutionen, seinen Steuerungsformen und der Verwendung seiner Ressourcen. Der Sozialstaat verändert die Lebenschancen vieler Menschen, erzeugt politische Legitimation, ist Gegenstand großer politischer Kontroversen. Schlagworte aus der aktuellen politischen Diskussion decken ein breites Spektrum ab, das von Renten- und Gesundheitsreform über Massenarbeitslosigkeit und Versagen der Politik bis zu Fragen der sozialen Gerechtigkeit reicht. Dahinter steht vielfach die Frage nach dem Wechselverhältnis von Wirtschaft und Politik im Spannungsverhältnis der Grundprinzipien des Liberalismus; insbesondere von Eigentum und Gleichheit. Zugespitzt formuliert heißt das: Können wir uns in einer globalisierten Ökonomie noch den Sozialstaat bisheriger Prägung leisten, oder sind nicht weit reichende Einschnitte in das soziale Netz erforderlich, um die Wirtschaft wieder in Schwung zu bringen? (vgl. dazu auch Schmid 2005a)

Unabhängig davon, wie man sich zu diesen Fragen positioniert, verdeutlichen sie, dass der Sozialstaat in enger spannungsvoller Verbindung steht:

Soziale Sicherheit im Spannungsverhältnis von Eigentum und Gleichheit

- einerseits mit einer Marktwirtschaft als einer Form der Ökonomie, die auf *(Privat-)Eigentum* und *Leistung* aufbaut, sowie
- andererseits mit einem modernen Rechts- und Verfassungsstaat, der auf der Vorstellung von Selbstverwirklichung des Menschen (*Freiheitspostulat*) und der Gewährleistung gleicher Lebenschancen aller Gesellschaftsmitglieder (*Gleichheitspostulat*) basiert.

6.1.1 Entwicklung des Sozialstaates

Entstehungs-
kontext

Deutschland zählt zu den Pionierländern sozialstaatlicher Sicherung, deren Anfänge bis ins 19. Jahrhundert zurückreichen: 1883 entstand die Krankenversicherung, ein Jahr später die Unfallversicherung und 1889 die Alters- und Invalidenversicherung. Die Arbeitslosenversicherung wurde erst 1927 gegründet. Die Absicherungen durch die Sozialversicherungen reichten in ihren Anfängen nicht einmal aus, um die grundlegenden Lebensbedürfnisse zu befriedigen. Auch waren sie nicht als eine Art sozialer Mindestsicherung für alle Bürger gedacht; vielmehr wurden die Versicherungsstrukturen allein für die Arbeitnehmer entworfen. Dies erzeugt einen engen Bezug zwischen Beitragshöhe und Leistung, was größere umverteilende Elemente oder gar eine Mindestsicherung für alle Staatsbürger weitgehend ausschließt. Daran hat sich bis heute nichts geändert. Deutschland zählt deshalb nach der *Klassifikation Esping-Andersens* (1990) zu den „konservativen Wohlfahrtsstaaten" bzw. ist in anderer Terminologie ein „Bismarck-Modell".

Typen des Sozialstaates

Der liberale oder angelsächsische Sozialstaatstypus beinhaltet einen vergleichsweise geringen Grad an arbeitsmarktpolitischen Regulierungen. Zugleich kombiniert er vergleichsweise niedrige Leistungsniveaus in den staatlichen Sicherungssystemen mit umfangreichen Fürsorgeleistungen und großer Verarbeitung individueller Bedürftigkeitsprüfungen. Soziale Sicherung ist damit nahezu ausschließlich auf den Schutz vor Armut beschränkt, während weitergehende Sicherungsbedürfnisse an den freien Markt verwiesen sind. Der sozialdemokratische oder skandinavische Sozialstaattypus umfasst universalistisch ausgerichtete, primär steuerfinanzierte Sicherungssysteme mit hohem Sicherungsniveau, bei denen das Ziel der Armutsbekämpfung mit dem der Lebensstandardsicherung verknüpft ist. Der hohe Stellenwert des Ziels einer Integration in den Arbeitsmarkt verbindet weitgehende Sicherungsrechte mit entsprechenden Pflichten zur Teilnahme am Beschäftigungssystem. Der konservative oder kontinentaleuropäische Sozial- bzw. Wohlfahrtsstaat, dem auch die Bundesrepublik zuzurechnen ist, weist ebenfalls ein hohes Leistungsniveau sozialer Sicherung auf und verbindet das Ziel der Lebensstandardsicherung gleichermaßen mit dem der Armutsverhinderung. Dabei bilden lohnarbeitszentrierte und beitragsfinanzierte Sozialversicherungssysteme den Kernbereich sozialer Sicherung. Diese werden ergänzt durch weitgehende Regulierungen des

Arbeitsmarkts durch den Staat und die Sozialpartner. Wenn heute [...] über die Zukunft des Sozialstaats im Zeitalter der Globalisierung diskutiert wird, so steht zumeist die Frage im Vordergrund, ob und inwieweit die kontinentaleuropäische und/oder die skandinavische Variante von Sozialstaatlichkeit unter den veränderten weltwirtschaftlichen Rahmenbedingungen noch eine Zukunft hat; demgegenüber steht die Vereinbarkeit des angelsächsischen Modells mit einer globalisierten Wirtschaft in der Regel außer Frage.
Quelle: Hanesch, Walter: Der Sozialstaat in der Globalisierung (in: Aus Politik und Zeitgeschichte, B 49/99: 3f)

Besonders in den Jahrzehnten nach dem Zweiten Weltkrieg erfuhr das System der Sozialen Sicherung in Deutschland eine beträchtliche Erweiterung in Bezug auf die Art und den Umfang der Leistungen sowie den Adressatenkreis. Das ursprüngliche System mit den vier Stützpfeilern Rentenversicherung, Krankenversicherung, Unfallversicherung und Arbeitslosenversicherung ist dabei in seinen Grundzügen bis heute bestehen geblieben. Erst 1995 erfolgte eine – freilich durchaus systemkonforme – Erweiterung durch die Pflegeversicherung.

Sozialpolitische Entwicklung

Trotz aller Wandlungen im Detail (vgl. auch die Zeittafel wichtiger sozialpolitischer Gesetze) wird die Kontinuität des deutschen Wohlfahrtsstaates betont. Die Sozialversicherungen als dem institutionellen Kern des Bismarck-Modells bleiben von den politischen Regimewechseln (Kaiserreich, Weimarer Republik, Nationalsozialismus und Bundesrepublik) weitgehend unberührt. Neuere sozialpolitische Entwicklungen geben jedoch ein widersprüchliches Bild ab:

- die soziale Pflegeversicherung ist am 01.01.1995 als eigenständige Säule der sozialen Sicherheit und als Stärkung des Sozialversicherungsprinzips in Kraft getreten und der gesetzlichen Krankenversicherung angegliedert worden;
- die Reform des Arbeitsförderungsgesetzes 1997 brachte Verschärfungen der Zumutbarkeitsbedingungen und erhebliche Kürzungen der Bezugsdauer des Arbeitslosengeldes für über 45 Jahre alte Arbeitslose mit sich;
- das GKV-Gesetz vom 01.01.2001 hat zu einem umfangreichen Qualitätssicherungssystem im Gesundheitswesen und einer stärkeren Budgetdeckelung (Plafondierung) für Krankenhäuser und Ärzte geführt;
- in der Rentenpolitik besteht seit dem Altersvermögensgesetz 2001 eine freiwillige, kapitalgedeckte, ergänzende Altersvorsorge für alle in der Rentenversicherung Pflichtversicherten („Riester-Rente");
- in die Arbeitsmarktpolitik ist durch das Job-AQTIV-Gesetz (2001) und die vier Gesetze für moderne Dienstleistungen am Arbeits-

Abb. 55: Zeittafel wichtiger sozialpolitischer Gesetze

Phasen deutscher Sozialpolitik	Kaiserreich Anfänge und Aufbau 1871-1918	Weimarer Republik Krise und Aufbau 1918-1933	National- sozialismus Persistenz trotz Staatspolitisierung 1933-1945	Nachkriegszeit „Golden Age" und Grundkonsens 1945-1989	Nachwendezeit Sicherung und Umbau 1989-2003
Arbeitsmarkt- politik		1918: Verordnung über Tarifverträge 1927: Gesetz über Arbeits- vermittlung und Arbeits- losenversicherung (AVAVG)	1933: Gesetz über Treuhändler der Arbeit 1934: Gesetz zur Regelung des Arbeitseinsatzes	1949: Tarifvertragsgesetz 1969: Arbeitsförder- ungsgesetz 1985: Beschäftigungsför- derungsgesetz	1997: 3. Buch des SGB - Arbeitsförderung 2001: Job-Aqtiv-Gesetz 2002-2005: Hartz- Reformen am Arbeitsmarkt
Sozialversicherung	1883: Gesetz betr. die Krankenversicherung der Arbeiter 1884: Unfallversiche- rungsgesetz 1889: Gesetz, betr. die Invaliditäts- und Alter- sicherung 1911: Sozialversiche- rung für Angestellte 1911: Reichsversiche- rungsordnung	1923: Reichsknappschafts- gesetz	1933: Gesetz über den Aufbau der Sozialversi- cherung 1938: Gesetz über die Altersversorgung für das deutsche Handwerk	1955: Kassenarztrecht 1957: Neuregelungsge- setz der Rentenversicher- ung 1968: Versicherungspflicht für Angestellte 1971: Schüler-, Studenten- und Kindergartenunfall- versicherungsgesetz 1975: Gesetz zur Sozialversicherung der Behinderten 1981: Künstlersozialversi- cherung 1988: Gesundheitsre- formgesetz	1989: Rentenreformgesetz 1992: Gesundheitsstruk- turgesetz 1995: Pflegeversiche- rungsgesetz 1998: Rentenreformgesetz 2000: Gesetz zur Reform der GKV 2001: Altersvermögensge- setz
Fürsorge und Sozialhilfe		1922: Jugendwohlfahrts- gesetz 1924: Reichsfürsorge- ordnung	1938: Jugendschutzgesetz	1961: Bundessozialhil- fegesetz 1961: Jugendwohl- fahrtsgesetz 1974: Schwerbehinder- tengesetz	1990: Kinder- und Jugendhilfegesetz 1996: Sozialhilfereform- gesetz
Familienpolitik			1935: Verordnung über die Gewährung von Kinderbeihilfen an kinderreiche Familien	1954: Kindergeldgesetz 1985: Erziehungsgeld- gesetz	1995: Neuordnung des Familienlastenausgleichs 1999: Erstes Gesetz zur Familienförderung 2000: Zweites Gesetz zur Familienförderung

Quelle: nach Bäcker/Bispinck/Hofemann/Naegele 2000

markt (Hartz-Reformen) in den Jahren 2002 bis 2005 ein Spektrum verschiedener Instrumente der Vermittlung, Anreize und Sanktionierungsformen für die Arbeitsaufnahme sowie privatwirtschaftliche Elemente eingeführt worden, die in einem grundlegenden Umbau von Arbeitslosenversicherung und Sozialhilfe mündeten.

Widersprüchlich ist dieses Bild vor allem deswegen, weil es zum einen der Tendenz einer Transformationsbewegung weg vom Sozialstaat hin zum Sicherungsstaat entspricht. Zum anderen zeigen jedoch Beispiele wie die intensivierte Familienpolitik, die Pflegeversicherung oder die möglicherweise gravierenden Veränderungen im Bereich der Arbeitsmarkt- oder auch der Gesundheitspolitik, dass es sich eher um einen Umbau als einen Abbau des Sozialstaates handelt. Zu erwarten ist daher weniger die stellenweise befürchtete neoliberale Wende, sondern eher eine „Rekonstruktion von Sozialstaatlichkeit" auf der Basis des institutionellen Kernbestands – inklusive jener langfristigen Wandlungsdynamiken, die kumulative Prozesse durchaus entwickeln können (Schmid 2002a; Schmid 2005a).

6.1.2 Zielvorstellungen und Gestaltungsprinzipien

Einige der Konstruktionsprinzipien des Bismarckschen Modells sind bis heute noch gültig und für die Bundesrepublik charakteristisch. Es handelt sich v.a. um die Beitragsfinanzierung bzw. das Versicherungsprinzip, die Konzentration auf die Arbeiterschaft sowie die daraus resultierende Trennung der Arbeiter- von der Armenfrage bzw. die „Spaltung des Sozialstaats". Ungeachtet der im Laufe der mehr als einhundertjährig erfolgten Ausweitung der Sozialpolitik hat sich besonders der *Bezug auf die Erwerbsarbeit* als zentrales Merkmal des deutschen Sozialstaatsmodells erhalten. Es ist also nicht wie in anderen Ländern zu einer Verankerung sozialer Rechte am Status als Staatsbürger gekommen. Die Sozialpolitik funktioniert damit als traditionelles Instrument der Integration der Arbeiterschaft in die Gesellschaft, was durch die Bindung des sozialen Fortschritts an den wirtschaftlichen Erfolg fortgesetzt wird, so dass die abstrakte Funktionslogik des „Modells Deutschland" auch beim „kleinen Mann" konkret spürbar wird. Vor allem in ökonomischen Krisenzeiten ergeben sich hieraus typische Muster sozialpolitischer Unterversorgung, Verarmung und sozialer Spaltung, was freilich nicht nur Funktionsdefiziten, sondern auch inhärenten Selektivitätsmechanismen der deutschen Sozialpolitik entspricht.

Konstruktionsprinzipien des Bismarck-Modells

Sozialpolitik
Sozialpolitik sind die institutionellen, prozessualen und inhaltlichen Aspekte sozialen Handelns, das darauf gerichtet ist, Konflikte über die Verteilung begehrter Güter und Werte in den Bereichen Arbeit und soziale Sicherung auf staatlicher, verbandlicher, betrieblicher oder privater Basis mit Anspruch auf gesamtgesellschaftliche Verbindlichkeit zu regeln.

> *Sozialstaat*
> Sozialstaat im weiteren Sinne bezeichnet einen Staatstypus der, um des sozialen Friedens willen, auf den Schutz gegen die Risiken des Einkommensausfalls durch Alter, Invalidität, Krankheit, Arbeitslosigkeit oder Mutterschaft, Wohlfahrtssteigerung und die Unterstützung der Selbsthilfe- und Selbstregulierungsfähigkeit der Wirtschaftssubjekte ausgerichtet ist. Im engeren Sinne bezeichnet Sozialstaat vor allem die Institutionen und Inhalte der Staatstätigkeit in den Arbeitsbeziehungen und der sozialen Sicherung.
> *Wohlfahrtsstaat*
> Wohlfahrtstaat bezeichnet im Allgemeinen einen Staat, dessen Tätigkeit dem Anspruch nach in großem Umfang auf die Förderung der ökonomischen, sozialen und gesundheitlichen Wohlfahrt seiner Bürger gerichtet ist. Während Wohlfahrtsstaat im konservativen und politischen Sprachgebrauch vor allem abwertend verwendet wird, dient er in der Politikwissenschaft als neutrale Alternative zum Sozialstaat.
> *Quelle: Schmid 2005a: 202ff.*

Sozialstaatsprinzip im Grundgesetz

Das Grundgesetz bestimmt, dass die Bundesrepublik einen „*sozialen Bundesstaat*" bzw. einen „*sozialen Rechtsstaat*" darstellt (Art. 20 Abs. 1, Art. 28 Abs. 1). In diesem Sinne ist der Gesetzgeber verfassungsrechtlich verpflichtet, sich um einen „erträglichen Ausgleich der widerstreitenden Interessen und um die Herstellung erträglicher Lebensbedingungen für alle zu bemühen" (BverfGE 1, 97 (105)). Konkretisiert wird das Sozialstaatsprinzip durch die beiden zentralen Rechtsbegriffe der „*sozialen Gerechtigkeit*" und der „*sozialen Sicherheit*". Daneben existieren eine Reihe von Leitprinzipien und ordnungspolitischen Ideen, die für die handelnden Akteure ebenfalls wichtige Orientierungs- und Legitimationsfunktionen sind. Zu den relevanten sozialethischen Formeln zählt in diesem Zusammenhang vor allem die Trias aus Freiheit, Gleichheit und Solidarität bzw. sozialer Gerechtigkeit. Sie begründet und reguliert ein komplexes Geflecht gegenseitiger Pflichten und Rücksichtnahmen, grenzt Kollektiv- von Individualverantwortlichkeiten ab und bildet die ethische Grundlage für Umverteilungsmaßnahmen bzw. für Tauschgerechtigkeit. Ergänzt wird diese Trias um das Prinzip der Subsidiarität, wonach der „Vorrangigkeit der kleineren Einheit" Rechnung zu tragen sei (Blüm/Zacher 1989) und ein Spannungsverhältnis zwischen den Pflichten der individuellen Selbstverantwortung und der kollektiven Fremdhilfe definiert wird.

Kernprinzipien der sozialen Sicherung

Für die spezifische Ausgestaltung der Sozialen Sicherungssysteme können drei Kernprinzipien herangezogen werden: Versicherung, Fürsorge, Versorgung (Lampert/Althammer 2001). Sie regeln die Art der Risikovorsorge, das heißt den Schutz der Bevölkerung vor sozialen Notfällen und Lebensrisiken sowie die Art und Weise der Finanzierung.

- Das Prinzip der *statussichernden Versicherung* ist für das deutsche Modell charakteristisch und bildet die Grundlage für die typologische Verortung als konservativer Wohlfahrtsstaat. Es beinhaltet den Gedanken der Berechenbarkeit von sozialen Risiken und ihre Abdeckung durch Beiträge. Die Versicherungen sind aber nicht individuell, sondern kollektiv ausgerichtet. Deshalb gibt es z.B. (bisher) in Deutschland keine dem Versicherten „gehörenden" öffentlichen Rentenfonds, sondern nur eine Rentenkasse (sog. „Pay-as-You-Go" System). Die Leistungen sind nicht strikt an die Beitragshöhe gekoppelt, was kleinere Umverteilungsspielräume eröffnet. Dies wird jedoch durch das Element der Beitragsobergrenzen relativiert.
- Die *Fürsorge* – bis 2005 die Sozialhilfe und jetzt das Arbeitslosengeld II – basiert auf einem Rechtsanspruch der Betroffenen. Dieser tritt dann ein, wenn sie sich nicht selbst helfen können oder die erforderlichen Leistungen nicht von anderer Seite zur Verfügung gestellt werden. Das Fürsorgeprinzip berücksichtigt, dass nicht nur gruppenspezifische Notsituationen, sondern auch individuelle Notfälle existieren. Da es sich dabei um steuerfinanzierte Mittel handelt, findet hier zugleich ein sozial motivierter Einkommenstransfer statt.
- Das Prinzip der *Versorgung* schließlich beinhaltet die Entschädigungen aus Steuermitteln für besondere Opfer, die dem Staat erbracht wurden (z.B. bei Kriegsfolgen und bei Beamten).

Diese drei Gestaltungsprinzipien der Sozialpolitik sind unterschiedlich moralisch und politisch anspruchsvoll, wobei das kollektive Versicherungsprinzip die geringsten Akzeptanz- und Legitimationsprobleme aufwirft (vgl. dazu Offe 1990). Freilich tendiert es gerade deshalb auch angesichts der aktuellen Problemlagen (massenhafte und lang andauernde Arbeitslosigkeit) zur Privatisierung und somit zur Ausgrenzung bestimmter Kategorien von Personen und Bedürfnissen aus der Sozialpolitik.

6.1.3 Die Struktur des sozialen Sicherungssystems

Das deutsche Sozialversicherungssystem ist nicht nur eines der ältesten, sondern auch relativ umfangreich; wenn man etwa die Sozialleistungsquote heranzieht, liegt die Bundesrepublik im oberen Mittelfeld der europäischen Fälle. Im Längsschnitt zeigt sich ferner, dass der Umfang und die Ausdifferenzierung der Sozialpolitik in Deutschland in den Jahrzehnten nach dem Zweiten Weltkrieg erheblich angestiegen sind. Die Gestaltungsprinzipien und Entwicklungen des deutschen Sozialsystems lassen sich einschlägig in der Struktur der öffentlichen Sicherungssysteme verdeutlichen:

Abb. 56: Die Struktur des deutschen sozialen Sicherungssystems

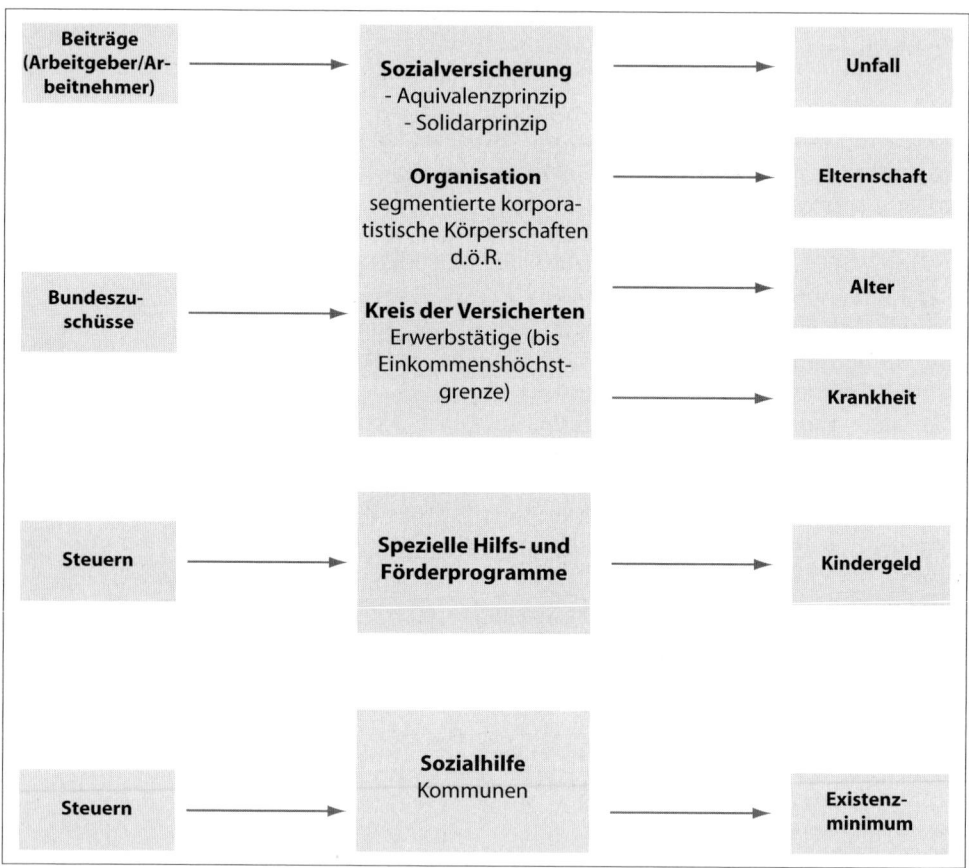

Quelle: nach Schmid 2002a: 116

Strukturmerkmale   So umfasst infolge der Orientierung auf die arbeitstätige Bevölkerung der Kreis der Versicherten in den Versicherungsbereichen Arbeitslosigkeit, Alter, Krankheit, Unfall und Elternschaft in erster Linie die

Erwerbstätigen und erst in zweiter Linie ihre Angehörigen. Entsprechend sind diese Bereiche (paritätisch) *beitragsfinanziert*. Die Leistungen sind – abgesehen von der Krankenversicherung – zudem aufgrund der im Versicherungsprinzip verankerten Logik des Statuserhalts stark an den Beiträgen orientiert (= Äquivalenzprinzip). Das *Solidarprinzip* (Stichwort „Generationenvertrag") wiederum ermöglicht die direkte Verwendung der eingezahlten Beiträge für die aktuell Empfangsberechtigten. Die mit Erwerbsarbeit nur schwerlich in Verbindung zu bringenden Leistungen der (bedürftigkeitsgeprüften) Mindestsicherung (= Arbeitslosengeld II) und das familienpolitisch motivierte Kindergeld sind dagegen erwerbsunabhängig (anders als das Familiengeld) und steuerfinanziert. Das Organisationsprinzip der *Subsidiarität* wiederum ist die Ursache dafür, dass vor allem die Systeme der Renten- und der Krankenversicherung hochgradig fragmentiert sind. Neben diesem öffentlichen Sicherungssystem bestehen Möglichkeiten zur privaten Vorsorge in den Bereichen der Krankenversicherung und der Altersvorsorge. Diese private Vorsorge entspricht nur teilweise nicht den Gestaltungsprinzipien, da sie zwar Status erhaltend wirken, aber auf das Individuum und nicht das Kollektiv ausgerichtet sind. Im Folgenden werden die wichtigsten Säulen des Sozialversicherungssystems näher vorgestellt.

Die Rentenversicherung ist mit ihrem Leistungsvolumen von 137 Mrd. € (32,2% des Gesamtsozialbudgets) im Jahr 2001 das größte Sozialversicherungssystem Deutschlands – dies entspricht 12,6% des Bruttoinlandsproduktes. Seit der Rentenreform 1957 hat sich die Rente zu einem System der Lebensstandardsicherung entwickelt, dessen Kern ein dynamisches Umlageverfahren auf Basis des so genannten Generationenvertrages ist. Der Grundgedanke des Generationenvertrages besteht darin, dass ebenso wie die derzeitigen Rentner durch ihre Erwerbstätigkeit die Altersversorgung ihrer Eltern gesichert haben, auch die heutigen Erwerbstätigen durch ihre Beiträge die gegenwärtigen Renten sichern. Sie erhalten dafür einen Anspruch auf Rente, welche dann wiederum später durch die derzeit noch im Unterhalt stehende Generation finanziert wird. Die Renten erhalten ihre Dynamik seit 1957 durch ihre Anpassung an die Lohn- und Preisentwicklung, sie werden also am gesellschaftlichen Produktivitätsfortschritt beteiligt. Bei ihrer Berechnung wird das durch Beiträge versicherte frühere Einkommen zugrunde gelegt und sein Verhältnis zum gegenwärtigen Durchschnittslohn ermittelt. Die Rente ist insofern nicht nur beitragsbezogen, sondern auch lohnbezogen, weil sie die durchschnittlichen Lohnsteigerungen nachvollzieht. Versichertenrenten treten also bei Alter oder Invalidität an Stelle des versicherten Lohnes (Lohnersatzfunktion) bzw. bei Hinterbliebenen

Alterssicherung

an Stelle des früher gezahlten Unterhalts (Unterhaltsersatzfunktion).

Die Gruppe der Versicherten setzt sich aus den Versicherungspflichtigen (Angestellte, Arbeiter, Auszubildende) und den freiwillig Versicherten (Selbständige und Hausfrauen) zusammen. Finanziert wird die Rentenversicherung hauptsächlich durch Beiträge. Arbeitgeber und Arbeitnehmer tragen die Beiträge (2006: 19,5% des Bruttogehalts) je zur Hälfte. Hinzu kommen zunehmend bedeutsame Bundeszuschüsse. Die Höhe der Rente wird durch drei Faktoren bestimmt:

Abb. 57: Die neue Rentenformel

Die neue Rentenformel	
PEP	*Persönliche Entgeltpunkte* Versichertes Arbeitsentgelt (bis zur Beitragsbemessungsgrenze) für jedes Kalenderjahr geteilt durch das Durchschnittsentgelt aller Versicherten für dasselbe Kalenderjahr, aufsummiert für das gesamte Versicherungsleben und multipliziert mit dem Zugangsfaktor (ZF).
RAF	*Rentenartfaktor* Ein nach dem jeweiligen Sicherungsziel festgelegter Faktor.
AR	*Aktueller Rentenwert* Beitrag, der einer monatlichen Rente wegen Alters entspricht, die sich aus Beiträgen aufgrund eines Durchschnittsentgelts für ein Kalenderjahr ergibt (2006: 26,13 in Westdeutschland, 22,97 in Ostdeutschland).
Monatsrente = PEP x RAF x AR	

Quelle: nach Schmid 2002a

Rentenreformgesetz von 1999

Aufgrund der weiteren demographischen Entwicklung und vor dem Hintergrund einer sich intensivierenden Standortdebatte, die im Kern die langfristige Stabilisierung der Beitragssätze zum Inhalt hatte, wurde 1997 das Rentenreformgesetz 1999 verabschiedet, dass einen demographischen Faktor vorsah, um das Rentenniveau der steigenden Lebenserwartung anzupassen. Dieser demographische Faktor wurde jedoch im Zuge des Gesetzes zu Korrekturen in der Sozialversicherung 1998 wieder ausgesetzt, weil man das Absinken eines Teils der Renten unter die Sozialhilfeschwelle befürchtete. Mit der Rentenreform 2001 wurden zur Stabilisierung der Beitragssätze unter anderem folgende Elemente verankert:

- Verwendung des Aufkommens aus der Ökosteuer;
- Moderate Absenkung des Rentenniveaus anhand der Lebenshaltungskosten (nicht des Lohnniveaus) und dann modifizierte Form der Rentenanpassung am Nettolohnniveau;

- Aufbau einer staatlich geförderten, freiwilligen, ergänzenden und kapitalgedeckten Altersvorsorge (Riester-Rente).

Allerdings wäre die Strategie, das Umlageverfahren durch ein Kapitaldeckungsverfahren komplett zu ersetzen, mit erheblichen Risiken behaftet. So entstünde zum einen mindestens für einige Jahrzehnte eine doppelte Belastung der Erwerbstätigen, die neben dem Aufbau eines Kapitalstocks auch die Rentenansprüche der vorherigen Generation erfüllen müssten. Zum anderen wäre ein weitergehendes Vertrauen in die Stabilität und Rentabilität der Kapitalmärkte gerade vor dem Hintergrund der gegenwärtigen Situation wenig gerechtfertigt. Momentan zeigt die aktuelle Diskussion um die Zukunft der Rente eher in die Richtung einer schrittweisen Anhebung der Regelaltersgrenze verbunden mit einem dem demographischen Faktor ähnlichen Nachhaltigkeitsfaktor, der dem Verhältnis von Beitragszahlern und Rentnern Rechnung trägt.

Das deutsche Krankenversicherungssystem ist hochgradig fragmentiert. Gegenwärtig gibt es über 1200 finanziell und organisatorisch unabhängige Krankenkassen (AOKs, Betriebskrankenkassen, Ersatzkassen, etc.); allerdings kommt es zwischen diesen zu gewissen Ausgleichszahlungen („Risikostrukturausgleich"). Damit sollen regionale und soziale Disparitäten verringert und eine gleichmäßige Versorgung gewährleistet werden. Neben den gesetzlichen Krankenkassen existieren private Krankenversicherungen. Seit 1996 ist für Mitglieder ein Wechsel der Krankenkassen möglich.

Auch die Krankenversicherung ist hauptsächlich beitragsfinanziert, wobei Arbeitgeber und Arbeitnehmer je die Hälfte der Beiträge tragen. Die Versicherten haben Anspruch auf Maßnahmen zur Vorsorge und Früherkennung und eine freie Wahl unter den zugelassenen Ärzten. Inzwischen müssen sich die Versicherten jedoch an bestimmten Leistungen finanziell beteiligen, z.B. an Arzneimitteln, Zahnersatz und Krankenhausaufenthalten. Ursache hierfür ist die so genannte „Kostenexplosion" im Gesundheitswesen. Seit 1995 schließt die gesetzliche Krankenversicherung eine Pflegeversicherung ein, um der Zunahme der Pflegebedürftigen Rechnung zu tragen. Privat Krankenversicherte müssen eine zusätzliche private Versicherung abschließen.

Bereits seit 1977 versucht man, durch Kostendämpfungsgesetze die Ausgaben der GKV zu begrenzen und vor dem Hintergrund des Grundsatzes „einnahmeorientierter Ausgabenpolitik" die Beitragssätze stabil zu halten. In den drei Stufen der Gesundheitsreformen zwischen 1988 und 1997 kamen folgende Maßnahmen zur Anwendung:

Gesundheit

Abb. 58: Gesundheitsausgaben 1993 und 2003

	1993		2003	
	in Mio. Euro	in %	in Mio. Euro	in %
Gesundheitsausgaben insgesamt	168.118	100	239.703	100
nach Ausgabenträgern				
öffentliche Haushalte	22.700	13,5	18.786	7,8
Gesetzliche Krankenversicherung	99.210	59,0	136.031	56,7
Gesetzliche Pflegeversicherung	-	-	16.499	6,9
Gesetzliche Rentenversicherung	4.114	2,4	4.344	1,8
Gesetzliche Unfallversicherung	3.230	1,9	4.097	1,7
Private Krankenversicherung	12.875	7,7	20.612	8,6
Arbeitgeber	7.372	4,4	9.923	4,1
private Haushalte	18.616	11,1	29.409	12,3
nach Einrichtung		100		
Prävention/Gesundheitsschutz	2.931	1,7	4.520	1,8
ambulante Einrichtungen	74.898	44,6	111.896	46,7
stationäre/teilstationäre Einrichtungen	67.377	40,1	91.027	37.9
Krankentransporte	1.527	0,9	2.452	1,0
Verwaltung	9.189	5,5	14.166	5,9
private Haushalte	5.123	3,0	9.059	3,8
Ausland	374	0,2	419	0,2
Investitionen	6.700	4,0	6.136	2,6
Gesundheitsausgaben				
in Relation zum Bruttoinlandsprodukt	10,2	-	11,3	-
je Einwohner	2.070	-	2.900	-
Einkommensersatzleistungen	61.369	-	65.264	-

Quelle: nach Statistisches Bundesamt, Gesundheitsausgabenrechnung

- Budgetierung einzelner Leistungsbereiche;
- Einführung von Wettbewerbselementen innerhalb der GKV und der Leistungsanbieter;
- Ausbau von Zuzahlungsregeln als Instrument der Ausgabebegrenzung;
- Ausgrenzung von Versicherungsleistungen aus dem Leistungskatalog der GKV;
- Übertragung von Strukturmerkmalen der Privaten Krankenversicherung (PKV) in das System der GKV.

Das Recht der GKV ist vor allem im V. Sozialgesetzbuch geregelt. Der größte Teil der Bevölkerung, rund 72 Mio. Menschen bzw. fast 90%, gehört der GKV an, der Rest ist über private Krankenkassen abgesichert[6]. Der Leistungskatalog der GKV umfasst mittlerweile folgende Aufgaben: Verhütung und Früherkennung von Krankheiten, Behandlung, medizinische Rehabilitation, Zahlung von Krankengeld und Sterbegeld.

Für die GKV gelten eine Reihe von Strukturprinzipien und Leitbilder einer als gerecht empfundenen Gesundheitsversorgung, die größtenteils bis zur Entstehung der Sozialversicherungssysteme zurückreichen.

Strukturprinzipien und Leitbilder der Gesundheitspolitik

- Das *Sachleistungsprinzip* gewährleistet im Krankheitsfall die Verfügung über alle erforderlichen medizinischen Dienste und Leistungen ohne besondere Zahlungsverpflichtungen. Zur Verwirklichung dieses Prinzips schließen die Krankenkassen mit allen medizinischen Leistungserbringern wie Ärzten, Krankenhäusern usw. Verträge ab und verpflichten sich die Lasten einer Behandlung zu übernehmen.
- Nach dem Gegenprinzip, der *Kostenerstattung*, verfahren hauptsächlich die privaten Krankenkassen. Danach strecken die Patienten die Kosten für eine entsprechende Heilbehandlung vor und erhalten später von der Krankenkasse eine Rückerstattung je nach vertraglicher Vereinbarung.
- Prägend für die GKV ist das *Solidarprinzip*, bei dem jeder Patient Beiträge entsprechend seiner am Einkommen orientierten Leistungsfähigkeit entrichtet und dafür die volle medizinisch notwendige Behandlung erfährt; besonderer Ausdruck des Solidarprinzips ist die beitragsfreie Familienmitversicherung.
- In der privaten Krankenversicherung gilt demgegenüber das *Äquivalenzprinzip*, also die Wechselseitigkeit von Leistungen und Gegenleistungen und die Berechnung der Beiträge je nach jeweiligem Risiko und Wert des Versicherungsschutzes (Schmid 2002a; Schmid 2005a).

Gegenwärtige Reformvorschläge laufen auf eine intensivere Qualitätskontrolle durch unabhängige Stellen, obligatorische Fortbildungsmaßnahmen für Ärzte, die Einführung einer elektronischen Gesundheitskarte, die Stärkung des Hausarztes als „Lotse" für die Weiterbehandlung sowie eine Verstärkung einzelvertraglicher und wettbewerblicher Elemente hinaus.

Reformvorschläge für das Gesundheitswesen

Weitere Reforminitiativen, die mit den Begriffen *„Bürgerversicherung"* und *„Kopfpauschale"* umschrieben werden, zielen auf die Senkung der Beitragssätze und die Senkung der Lohnnebenkosten.

---

[6] Nach Schätzungen des Mikrozensus gab es im Jahre 2003 bundesweit 188 000 Nicht-Versicherte (Vgl. dazu Greß/Walendzik/Wasem 2005)

Seit den 1970er Jahren steigt der Krankenkassen-Beitragssatz: 8,2 Prozent betrug er für Arbeitnehmer und Arbeitgeber zusammen im Jahr 1970, rund 14 Prozent sind es im Schnitt heute. Der Anteil der Gesundheitsausgaben am Volkseinkommen hat sich allerdings nicht wesentlich verändert. Bei der Bürgerversicherung soll der Kreis derjenigen, die versicherungspflichtig sind, auf alle – also auch Selbstständige und Beamte – erweitert werden. Außerdem sollen bei der Berechnung des Krankenversicherungs-Beitrages alle Einkünfte einbezogen werden, also auch Miet-, Zins- und Kapitaleinkünfte. Ob es eine Beitragsbemessungsgrenze geben und wie hoch die sein soll, ist noch umstritten. Auch wie hoch die Beiträge sein könnten, kann noch niemand genau vorher sagen. Favorisiert wird dieses Modell insbesondere von der SPD. Bei der Kopfpauschale soll jeder Versicherte (jeder Erwachsene also auch Ehepartner) den gleichen Beitrag bezahlen. Im Gespräch sind Summen zwischen 170 und 260 Euro pro Monat, wobei das Krankentagegeld extra und privat versichert werden muss. Geringverdiener sollen einen Zuschuss erhalten. Insbesondere die Unionsparteien machen sich für diesen Vorschlag stark. Ob sich eines dieser Modelle politisch durchsetzen kann, ist im Moment völlig offen.

Arbeitslosigkeit   Die Arbeitslosenversicherung ist das Sozialleistungssystem zum Schutz der Arbeitnehmer vor den wirtschaftlichen Folgen von Arbeitslosigkeit. Als Teil des umfassenderen Systems der Arbeitsförderung ist sie im Dritten Buch Sozialgesetzbuch (SGB III) zugleich in arbeitsmarkt- und beschäftigungspolitische Ziele und Aufgabenstellungen eingebunden. Träger ist die Bundesagentur für Arbeit in Nürnberg. Die Arbeitslosenversicherung finanziert sich hälftig durch die Beiträge der Arbeitgeber und Arbeitnehmer; zurzeit beträgt der Satz jeweils 3,25% des Bruttoverdienstes des Arbeitnehmers. Zur Finanzierung der versicherungsfremden Aufgaben, die der Bundesagentur übertragen sind, zahlt der Bund gem. § 363 SGB III einen Bundeszuschuss. Seit Februar 2006 wird das Arbeitslosengeld, das aus der Arbeitslosenversicherung stammt (Arbeitslosengeld I), maximal 12 Monate gezahlt (vorher: 32 Monate). Ausnahme: Arbeitslose, die älter als 55 Jahre sind, erhalten 18 Monate Arbeitslosengeld I. Die Beitragsbemessungsgrenze beträgt seit 2006 in den alten Bundesländern 5.250 und in den neuen Bundesländern 4.400 Euro. Ab dieser Bruttoeinkommenshöhe steigt der abzuführende Betrag nicht mehr. Bei einem Einkommen von 6.000 Euro werden dementsprechend 341,25 Euro fällig; also 6,5% von 5.250 Euro. Das Arbeitslosengeld beträgt 67% (mit Familie) bzw. 60% (allein stehend) des letzten Nettoverdienstes (Schmid 2002a; Frevel 2004).

Während der Zeit, in der ein Arbeitsloser Arbeitslosengeld bezieht, entrichtet das Arbeitsamt für ihn die Beiträge an die gesetzlichen Kranken-, Pflege- und Rentenversicherungen. Zur Vermittlung und Beratung, aber auch zu so genannten „leistungsrechtlichen Überprüfungen" hat sich der Arbeitslose nach Aufforderung beim Arbeitsamt zu melden. Kommt er dieser Aufforderung nicht nach, droht Aussetzung des Arbeitslosengeldes. Im Übrigen muss der Leistungsempfänger eine Beschäftigung akzeptieren, sofern diese bestimmte Zumutbarkeitskriterien erfüllt. So gilt eine Arbeit auch dann als zumutbar, wenn sie im ersten Monat ein bis zu 20%, in den Folgemonaten ein bis zu 30% niedrigeres Arbeitsentgelt als das der Bemessung zugrunde liegende bedeutet; nach sieben Monaten muss der Arbeitssuchende jede Beschäftigung annehmen, sofern sie nicht unter dem Arbeitslosengeld liegt. Außerdem sind bei einer Arbeitszeit von mehr als sechs Stunden Fahrzeiten von zweieinhalb Stunden zumutbar, ferner befristete Beschäftigungen und solche, die eine doppelte Haushaltsführung notwendig machen.

Das *Arbeitslosengeld II* (auch kurz ALG II genannt) ist seit dem 1. Januar 2005 in Kraft und beinhaltet die Zusammenlegung von Arbeitslosenhilfe und Sozialhilfe. Betroffen sind alle (bisherigen) Arbeitslosenhilfe- und Sozialhilfeempfänger. Das neue Arbeitslosengeld II greift nach einem Jahr Arbeitslosigkeit; bei über 55-jährigen nach 18 Monaten. Der Regelsatz für Alleinstehende beträgt 345 Euro pro Monat. Zusätzlich werden Zahlungen für angemessene Kosten für Miete und Heizung (Strom nicht extra) gewährt. Paare erhalten 90 Prozent des Regelsatzes (= 311 Euro pro Person). Das Arbeitslosengeld II wird nicht aus der Arbeitslosenversicherung gezahlt, sondern ist steuerfinanziert.

Vorrang vor diesen Maßnahmen einer kompensatorischen Arbeitsmarktpolitik hat die aktive Arbeitsförderung. Im Mittelpunkt stehen dabei Beratung und Vermittlung durch die Arbeitsämter oder entsprechende Stellen wie Job-Center, Job-Service-Stellen oder Personal Service Agenturen. Sonstige Leistungen der aktiven Arbeitsförderung sind:

Aktive Arbeitsförderung als neues Leitbild

- Eingliederungshilfen,
- die Förderung der beruflichen Aus- und Weiterbildung sowie Ausbildungs- oder Lohnkostenzuschüsse,
- Förderungen behinderter Menschen zur Teilhabe am Arbeitsleben,
- Kurzarbeitergeld,
- Wintergeld und Winterausfallgeld in der Bauwirtschaft,

- Zuschüsse zu Eingliederungsmaßnahmen auf der Basis eines Sozialplans,
- Darlehen und Zuschüsse zu Arbeitsbeschaffungsmaßnahmen (ABM), zu Strukturanpassungsmaßnahmen (SAM) oder zu beschäftigungsschaffenden Infrastrukturmaßnahmen.

Abb. 59: Gesamtfiskalische Kosten der Arbeitslosigkeit, 2003

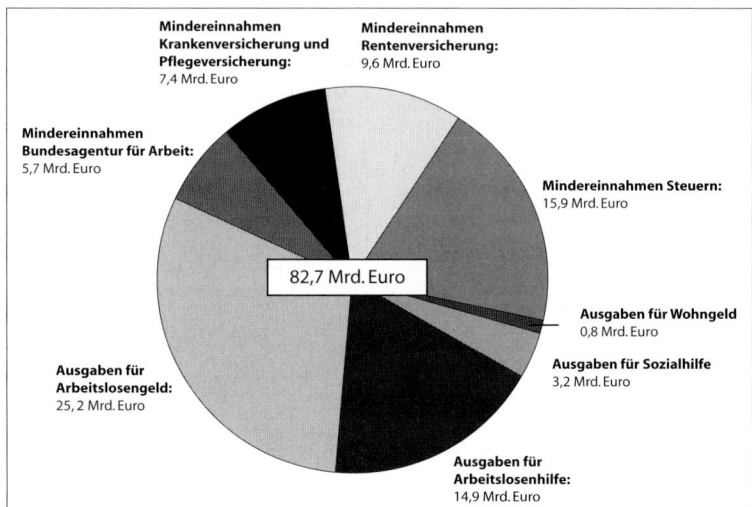

Quelle: nach Institut für Arbeitsmarkt- und Berufsforschung (IAB)

In der Arbeitsmarktpolitik kam es zuletzt vor allem durch die Hartz-Gesetze zu einer verstärkten Hinwendung zu dem Leitbild *„Fördern und Fordern"*, also zu einer Modernisierung der aktiven Arbeitsmarktpolitik. Diese verfolgt im Wesentlichen zwei Ziele: Erstens soll mehr Effizienz im Hinblick auf die Arbeitsvermittlung Betroffener hergestellt, also die Implementation verbessert werden. Zweitens sollen mittelfristig die Kosten für die Lohnersatzleistungen gesenkt werden.

6.1.4 Neue Herausforderungen für den Sozialstaat

Sozialstaat unter Anpassungsdruck

Die Veränderung der sozialen Wirklichkeit, die die Krise des Wohlfahrtsstaats und die Debatten über dessen Reform ausgelöst hat, besteht in folgenden Punkten:

1) der demographischen Herausforderung,
2) der sozialen Herausforderung,
3) der kulturellen Herausforderung,
4) der ökonomischen Herausforderung,
5) der internationalen Herausforderung,
6) sowie den Folgen der deutschen Einheit.

1) Die *demographische Herausforderung* lässt den Generationenvertrag bei Rente und Pflege brüchig werden; das Verhältnis zwischen beitrags- und Steuer zahlenden Erwerbspersonen und Rentnern gerät aus dem Gleichgewicht. Zugleich entstehen wegen der unterschiedlichen Belastungen bzw. Leistungen neue politische Konfliktzonen zwischen Jungen und Alten sowie zwischen familialen und nicht-familialen Lebensformen, die wiederum zu neuem Handlungsbedarf für die Sozialpolitik führen.

2) Die *soziale Herausforderung* beruht auf der drastischen Veränderung der Familienstrukturen und kleinräumigen Gemeinschaften, was durch Stichworte wie Pluralisierung und Individualisierung der Lebenslagen plastisch dargestellt wird. Hieraus resultiert zweierlei: Zum einen nehmen die Leistungen der informellen Wohlfahrtsproduktion in Familie und Nachbarschaft massiv ab, zum anderen sind nicht mehr länger „großflächige" staatliche Maßnahmen, die sich auf Kollektive mit ähnlichen sozialen Problemen richten, gefragt.

3) Die *kulturelle Herausforderung* bezieht sich auf die normativen Fundamente des Wohlfahrtsstaates, besonders die Fragen der Solidarität, der Gerechtigkeit und des Gemeinsinns. Hier zeigen sich erhebliche Erosionstendenzen und eine Zunahme der Konfliktbereitschaft sowie eine Tendenz zum „moral hazard". Der homo oeconomicus nimmt lieber, als er gibt.

4) Bei *geringem Wirtschaftswachstum* und *hoher Arbeitslosigkeit* sowie erheblicher Staatsverschuldung verstärkt sich die Schieflage in den Sozialversicherungen. Die Tendenz in konservativen Wohlfahrtsstaaten, und besonders im deutschen Fall, angesichts der ökonomischen Schwierigkeiten das Angebot an Arbeitskräften durch Frühverrentung und den massiven Ausschluss von Frauen aus dem Arbeitsmarkt zu reduzieren, kann in dieser Situation nicht länger weiter finanziert werden. Auch vor dem Hintergrund der demographischen Entwicklung, die zu einer Knappheit an Arbeitskräften (ab 2010) führt, sowie wegen der Gleichberechtigung erscheint diese Strategie „in the long run" wenig sinnvoll.

5) Die gestiegene *Globalisierung der Güter- und Finanzmärkte* erzeugt einen „Fallen"-Effekt, wonach die Konsumentennachfrage wie

die Investitionsmöglichkeiten von Kapital weltweit streuen. Einerseits kommt es dadurch in Deutschland zu ökonomischen Verwerfungen wie Arbeitslosigkeit und Wachstumsschwäche, andererseits reduziert sich unter den Bedingungen der Globalisierung die Möglichkeit zur politischen Steuerung und Bewältigung der nationalen ökonomischen Probleme.

6) Ferner kommen als Besonderheit in Deutschland die *Folgelasten der Einheit* hinzu. Insgesamt, so zeigen neuere Daten des Instituts für Wirtschaftsforschung Halle (IWH), sind von 1991 bis 2003 etwa 1,3 Billionen Euro nach Ostdeutschland geflossen, wobei die Nettotransfers bei rund 900 Mrd. € liegen (nach Frankfurter Allgemeine Sonntagszeitung vom 19.09.2004: 6). Dies ist eine immense Herausforderung für Wirtschaft und Wohlfahrtsstaat – und eine Besonderheit, die den deutschen Fall im internationalen Vergleich abhebt (vgl. Schmid 2002b).

6.1.5 Fazit: Ökonomische Perspektiven

Überlastungsthese In der gegenwärtigen Debatte um die ökonomischen Auswirkungen des Wohlfahrtsstaats wird vielfach eine Überlastung postuliert. Statt Probleme zu lösen, würden neue erzeugt. Demnach hat der Ausbau eines starken Wohlfahrtsstaats in der Bundesrepublik die Leistungsfähigkeit der privaten Wirtschaft überlastet und die Arbeits- und die Steuermoral erodieren lassen. Argumentiert wird dabei folgendermaßen: Weil die Finanzierung der Sozialpolitik höhere Steuern, Sozialabgaben oder Staatsverschuldung nach sich ziehe, sei sie wirtschaftlich kontraproduktiv, da dies den Anreiz zu sparen und zu investieren mindern würde. Wachstumsschwäche und Beschäftigungsprobleme sind die Konsequenz. Hohe Sozialabgaben und weit reichende Bestimmungen im Sozialschutz führen ferner dazu, dass Unternehmen im Ausland investieren. Zudem trieben – so ein weiteres Argument – die hohen Steuern und Sozialabgaben einen Keil zwischen Bruttoverdienst einerseits und Nettoeinkommen bzw. verfügbares Einkommen andererseits und minderten dadurch die Leistungsbereitschaft der wirtschaftlich Handelnden, was dann zu einem Ausweichen in die Schattenwirtschaft führen könne. Schließlich gelten staatliche Systeme des Transfers von finanziellen Leistungen und der Produktion von Dienstleistungen als notorisch ineffizient, weil Markt-, Konkurrenz- und Leistungsprinzipien zu kurz kämen.

Sozialstaat als Stabilisierungsfaktor Auf der anderen Seite weist der Wohlfahrtsstaat wichtige positive Effekte auf: Er wirkt befriedigend auf soziale Konflikte ein, stabilisiert in Krisenzeiten die Nachfrage und kann selbst als Arbeitgeber auftreten. Zugleich dienen viele staatliche Einrichtungen der Infrastruktur eines modernen Kapitalismus. Die wesentlichen Argumente Für und Wider den Wohlfahrtsstaat hat Schmidt (1998: 294) zusammengefasst.

Abb. 60: Argumente Für und Wider den Wohlfahrtsstaat

Problembewältigung in der Wirtschaft	Problemerzeugung in der Wirtschaft
Der Zielkonflikt zwischen Sozialschutz und wirtschaftlicher Leistungskraft ist eine beeinflussbare Variable.	Je stärker die Sozialpolitik, desto größer die Gefährdung des Wirtschafts- und Beschäftigungsstandortes, v.a. wegen hoher Belastung von Unternehmen und Steuerzahlern.
Der Sozialstaat hat beträchtlichen „wirtschaftlichen Wert", vor allem durch Schutz, Reproduktion und Reparatur der Arbeitskraft, Konfliktkanalisierung und Anreiz zur Einführung arbeitssparenden technischen Fortschritts.	Hohe Leistungen und lange Bezugsdauer der Arbeitslosenversicherung erhöhen die Sucharbeitslosigkeit und die inflationsstabile Arbeitslosenquote; dies vergrößert die Kosten makroökonomischer Stabilisierungspolitik und verfestigt die Arbeitslosigkeit.
Starke Sozialpolitik ist mit makroökonomischer Stabilisierung prinzipiell verträglich und oft Voraussetzung für diese, z.B. durch Kompensierung von Kosten gesamtwirtschaftlicher Stabilisierungspolitik.	Je weiter die Sozialpolitik ausgebaut ist, desto größer die Neigung der Unternehmen und der Arbeitnehmer zur Abwanderung in die Schattenwirtschaft.
Hohe und lange gewährte Leistungen der Arbeitslosenversicherung stabilisieren die Konsumgüternachfrage und halten Arbeitslose und deren Humankapital am Markt.	Je stärker die Sozialpolitik, desto größer der Anreiz zur missbräuchlichen Inanspruchnahme von Sozialleistungen.
Der Sozialstaat ist ein konjunkturresistenter Arbeitgeber.	Ein entwickelter Sozialstaat vermindert die internationale Wettbewerbsfähigkeit der Wirtschaft.

Quelle: nach Schmidt 1998

Zugleich hat Schmidt einige der aufgeworfenen Fragen empirisch geprüft. Er fragt, ob die Sozialpolitik die Dynamik wirtschaftlicher Entwicklung gebremst hat – und gibt folgende Antwort:

„Die Befunde sind nicht eindeutig, vor allem wenn man andere Bestimmungsfaktoren wirtschaftlicher Entwicklung mitberücksichtigt. Andererseits deutet manches auf einen Konflikt von starker Sozialpolitik und wirtschaftlicher Entwicklung". Und: Die vorliegenden Daten deuten auf beträchtliche ökonomische Kosten der Sozialpolitik hin. Ferner zeigen sie obere Grenzen des Sozialstaats an, deren Überschreitung in die wirtschaftliche Stagnation oder die Rückentwicklung der Ökonomie führen kann, sofern nicht andere Faktoren entgegenwirken. Die Daten zeigen allerdings auch, dass die Höhe dieser Kosten von vielen Konstellationen abhängt und von Land zu Land variiert. Überdies enthüllen die Zahlen, dass eine relativ niedrige Sozialleistungsquote keine Garantie für dynamische Wirtschaftsentwicklung ist (Schmidt 1998: 262f.).

Auch die These von den negativen Effekten auf den Arbeitsmarkt findet bei ihm keine eindeutige Bestätigung: Gegen diese These spricht die Tatsache, dass die Sozialpolitik die Arbeitslosigkeit vermindert, etwa durch Frühverrentung, oder durch Arbeitsmarkt- und Bildungspolitik. Andererseits findet er aus dem internationalen Vergleich auch Hinweise für eine beschäftigungsabträgliche Wirkung des Wohlfahrtsstaats, denn je höher die Sozialleistungsquote in einem bestimmten Zeitraum, desto tendenziell schwächer ist das Beschäftigungswachstum in der nachfolgenden Periode. Er kommt zu folgendem Fazit: „Diese Beobachtungen erhärten die These der Doppelfunktion: die Sozialpolitik ist eine wichtige Funktionsvoraussetzung einer komplexen leistungsfähigen Wirtschaft; zugleich steht sie jedoch in einem Spannungsverhältnis zu den Rationalitätskriterien unternehmerischen Handelns und zur Beschäftigung. Diese Spannung ist in den 80er und 90er Jahren vor allem in Ländern mit starker Sozialpolitik größer geworden" (Schmidt 1998: 265).

Literatur:

Frevel, Bernhard/Dietz, Berthold 2004: Sozialpolitik kompakt, Opladen.

Schmid, Josef 2002a: Wohlfahrtsstaaten im Vergleich, 2. Auflage, Opladen.

Schmidt, Manfred G. 2005: Sozialpolitik in Deutschland. Historische Entwicklung und internationaler Vergleich, 3. überarbeitete und erweiterte Auflage, Opladen.

Internetseiten:

Lerneinheit Sozialpolitik in Deutschland (PolitikON): http://www.politikon.org/ilias2/course.php?co_id=60&co_inst=935&acct_name=&acct_pass=

Sozialpolitik aktuell: http://www.sozialpolitik-aktuell.de (wird laufend aktualisiert)

Zentrum für Sozialpolitik: http://www.zes.uni-bremen.de

6.2 Arbeitslosigkeit und Beschäftigung

Leitfragen

Welche Auswirkungen haben strukturelle Wandlungsprozesse auf den Arbeitsmarkt?

Warum konnten in Deutschland in den vergangenen Jahrzehnten nicht genug Arbeitsplätze geschaffen werden?

Welche Instrumente und Maßnahmen stehen zur Bekämpfung der Arbeitslosigkeit zur Verfügung?

Welche neueren Lösungsansätze wurden in der Arbeitsmarkt- und Beschäftigungspolitik implementiert bzw. diskutiert?

Mit welchen Schwierigkeiten ist man bei einer erfolgreichen Implementation von Arbeitsmarkt- und Beschäftigungspolitik konfrontiert?

Die Bekämpfung der Massenarbeitslosigkeit und die Förderung von Beschäftigung stehen schon seit zwei Jahrzehnten ganz oben auf der politischen Agenda jeder Bundesregierung. Und obwohl die Anzahl

Arbeitslosigkeit als politische Herausforderung

Abb. 61: Entwicklung der Arbeitslosenquote 1965-2003

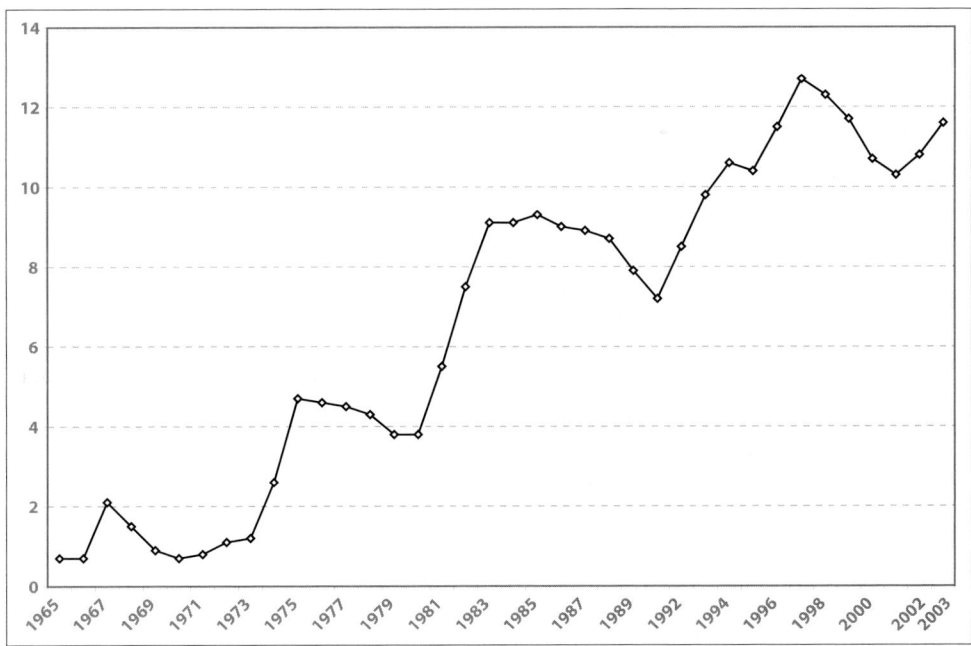

Quelle: nach Statistisches Bundesamt

der Arbeitslosen längst als wichtigstes Kriterium für eine erfolgreiche oder weniger erfolgreiche Wirtschaftspolitik gilt, stieg sie seit dem Ende der siebziger Jahre immer weiter an und verdreifachte sich im Verlauf von nur zwanzig Jahren. Ende des Jahres 2005 erreichte die Arbeitslosenquote – zum Teil auch wegen neuer Messverfahren – einen neuen Höchststand von 13%. Auffällig für Deutschland ist, dass sich die Arbeitslosigkeit auf einem immer höheren Niveau verfestigt hat. Der treppenförmige Anstieg der Arbeitslosenzahlen wird insbesondere in den Folgejahren der Rezessionen 1974/75, 1981/82, 1993 und 2001 deutlich (vgl. Friedrich/Wiedemeyer 1998).

6.2.1 Problemkontext

Problemstruktur

Mit der Entwicklung hin zu flexibilisierten Arbeitsmärkten im Zusammenhang mit Globalisierungsprozessen und der Durchsetzung neuer wissensintensiver Technologien gehen tief greifende Umstrukturierungsprozesse in Produktion und Organisation einher, deren Verlauf für einzelne Arbeitnehmer, Unternehmen, Branchen und Regionen nicht immer optimal und schmerzfrei ist.

- So sind Verschiebungen individueller Arbeitsmarktchancen, Ungleichheiten und Ungleichzeitigkeiten kaum vermeidbar und können zu einer „new division of labour" führen, für ganze Arbeitnehmergruppen gar den Ausschluss aus den Arbeitsmärkten bedeuten.
- Auf Unternehmerseite können Innovationsblockaden verschiedener Art die technologischen und strukturellen Modernisierungsprozesse ins Stocken bringen oder gar ihre Einleitung verhindern.

Auffallend auf den Arbeitsmärkten ist generell der Bedeutungsgewinn höherer Qualifikationen in Industrie und Dienstleistung. Die Prognosen für die nächsten Jahre lassen einen sehr deutlichen Rückgang der Nachfrage nach gering qualifizierten Arbeitskräften vermuten.

	Begriffserläuterungen
Erwerbspersonen	Personen im erwerbsfähigen Alter (16-64), die einer Erwerbsarbeit nachgehen oder Arbeit suchen.
Erwerbsquote	Anteil der Erwerbspersonen an der jeweiligen Bevölkerungsgruppe im erwerbsfähigen Alter.
Arbeitslosenquote	Anteil der registrierten Arbeitslosen an den Erwerbspersonen insgesamt.

Langzeitarbeitslosigkeit	Anteil der Arbeitslosen, die mehr als ein Jahr lang arbeitslos sind.
Frauenarbeitslosigkeit	Anteil der Frauen an allen Arbeitslosen.
Jugendarbeitslosigkeit	Anteil der Arbeitslosen unter 25 Jahren.
AL mit geringer Qualifikation	Anteil der Arbeitslosen, die keinen formalen beruflichen Bildungsabschluss und maximal nur einen Pflichtschulabschluss haben.

Quelle: Roth 2002: 15

Anhand der Daten zu Erwerbsbeteiligung, Arbeitslosigkeit, Einkommen und Weiterbildungschancen wird zudem deutlich, dass die Personengruppen mit geringen Qualifikationen am stärksten von der Exklusion (im Sinne von unfreiwilliger „Trennung von Bevölkerungsgruppen vom Gros der Gesellschaft") und Arbeitslosigkeit betroffen sind. Im Übrigen deutet auch die hohe und anhaltende Langzeitarbeitslosigkeit auf besondere Schwierigkeiten für jene Gruppen hin, deren Qualifikationen niedrig bzw. bei denen davon ausgegangen wird, dass ihre Qualifikationen veraltet sind. Diese problematische Situation für niedrig qualifizierte Personen wird sich angesichts der wachsenden Qualifikationsanforderungen wahrscheinlich noch verschärfen.

Nadelöhr Qualifikation

Ein weiteres Problem in diesem Zusammenhang dürfte der sich zunehmend verschärfende Wandel der Erwerbsformen sein: Bei einer zunehmenden Flexibilisierung der Personalpolitik und den sich daraus ergebenden Brüchen in den Erwerbsverläufen werden gerade diejenigen Personen zu Verlierern, die wegen ihrer geringen, veralteten oder inadäquaten Qualifikationen nicht mehr in den Arbeitsmarkt (rück-)vermittelbar sind. Jedoch ist gleichzeitig anzunehmen, dass die Veränderungen auch nicht spurlos an denjenigen Personen vorbeigehen, die vergleichsweise hohe Qualifikationen besitzen. Die Dynamik, in der sich Technologie und Produktion (ob Güter oder Dienstleistungen) weiterentwickeln, lässt die individuellen Qualifikationen schneller veralten. Und der Wandel der Erwerbsformen berührt sie gleichermaßen – damit tragen auch sie zunehmend ein Arbeitsmarktrisiko.

Wandel der Erwerbsarbeit

Die Tatsache, dass in Deutschland nicht genügend Arbeitsplätze geschaffen werden können, hat vor allem zwei Gründe (vgl. dazu auch Schmid 2002b):

Zu wenig Arbeitsplätze – Gründe

Erstens, die *Unfähigkeit, makroökonomische Krisen zu bewältigen.* Im Laufe der letzten 35 Jahre stieg die Arbeitslosigkeit an, und zwar infolge von zwei Ölpreisschocks – in den 1970er und 80er Jahren – und der Währungskrisen Anfang der 90er Jahre. Deutschland konnte die daraus resultierenden Arbeitsplatzverluste nicht verhindern.

Zweitens, die *Unfähigkeit dem Strukturwandel in der Wirtschaft und auf dem Arbeitsmarkt zu begegnen.* Die Funktionsweise unserer Arbeitsmarktstrategien und Sozialschutzsysteme erklärt weitgehend, warum Arbeitslosigkeit in Langzeitarbeitslosigkeit umgeschlagen ist. Wir haben ein tragfähiges soziales Netz, das Einkommensverluste bei Arbeitslosigkeit auffängt. Wir neigen allerdings dazu, passive Einkommensunterstützung zu leisten und abzuwarten, bis die Betroffenen in die Langzeitarbeitslosigkeit abdriften, bevor entsprechende Maßnahmen ergriffen werden. Wir haben jedoch keine Patentlösungen, um sie an neue Qualifikationen und Arbeitsplätze heranzuführen. In Deutschland werden zwar Arbeitsplätze geschaffen, aber nicht in ausreichender Zahl. Es besteht ein großes ungenutztes Potential der Arbeitsplatzschaffung im Dienstleistungssektor, besonders in den neu entstehenden Tätigkeitsfeldern. Doch sind viele Arbeitslose aufgrund niedriger oder veralteter Qualifikationen für die neu geschaffenen Arbeitsplätze nicht geeignet. Gleichzeitig passt sich Deutschland den neuen Technologien nur relativ langsam an. Diese Feststellung bezieht sich sowohl auf die Arbeitsorganisation als auch auf die fehlenden Möglichkeiten für Berufstätige und Arbeitslose, ihre Qualifikationen während des gesamten Erwerbslebens weiterzuentwickeln und zu erneuern.

6.2.2 Instrumente und Maßnahmen

Arbeitsmarkt- und Beschäftigungspolitik

Den Begriffen der Arbeitsmarkt- und Beschäftigungspolitik liegen keine allgemein anerkannten Definitionen zugrunde.

Prinzipiell lässt sich aber sagen, dass von Arbeitsmarktpolitik dann die Rede ist, wenn Maßnahmen sich auf die Gestaltung der Arbeitsmärkte und ihrer Rahmenbedingungen richten und wenn Arbeitkräfteangebot und -nachfrage quantitativ und qualitativ beeinflusst werden sollen – sei es durch staatliche Arbeitsvermittlung und Lohnersatzleistungen (kompensatorische Arbeitsmarktpolitik), sei es durch Prävention und Förderung der beruflichen Mobilität (aktive Arbeitsmarktpolitik).

Beschäftigungspolitik hingegen zielt auf das Gesamtniveau der Beschäftigung und verwendet dabei all jene Maßnahmen, die sowohl die Höhe der Beschäftigung als auch die regionale und sektorale Beschäftigungsstruktur durch wirtschafts- und wachstumsfördernde Instrumente bis hin zum kommunalen Quartiersmanagement verbessern sollen. Grundlage der Arbeitsmarktpolitik ist das Dritte Buch des Sozialgesetzbuches zur Arbeitsförderung (SGB III) mit der Bundesagentur für Arbeit als zuständiger Behörde. Zu den zahlreichen ergänzenden Gesetzen gehören beispielsweise das Arbeitnehmerüberlassungsgesetz (AÜB) oder das Altersteilzeitgesetz.

Zur Beseitigung der Massenarbeitslosigkeit und Förderung von Beschäftigung werden eine Vielzahl von Wegen und Instrumenten diskutiert. Grob kann zwischen drei beschäftigungs- bzw. arbeitsmarktpolitischen Strategien unterschieden werden (Blancke/Schmid/Roth 2000: 6ff; Schmid 1998c):
(1) Nachfrageorientierte Globalsteuerung,
(2) Angebotsorientierte Wirtschaftspolitik sowie
(3) Maßnahmen der aktiven Arbeitsmarktpolitik.

Die nachfrageorientierte Globalsteuerung (Keynesianismus) zielt auf die Belebung der Binnennachfrage durch staatliche Maßnahmen mit Impulswirkung auf Produktion und Beschäftigung. Dahinter verbirgt sich die Auffassung, dass das Beschäftigungsvolumen vom Niveau der Gesamtnachfrage nach Gütern und Dienstleistungen bestimmt wird. Kommt es zu einem Nachfrageausfall und damit zu Arbeitslosigkeit, ist der privatwirtschaftliche Sektor alleine nicht in der Lage, ohne staatliche Unterstützung das Vollbeschäftigungsziel wieder zu erlangen. Eine Senkung der Preise (aufgrund gesunkener Nachfrage) würde von Arbeitgebern als Reallohnsteigerung interpretiert werden und damit der Schaffung neuer Stellen im Wege stehen. Und eine Senkung der Löhne (die nach keynesianischer Auffassung wegen des Gewerkschaftseinflusses ohnehin kaum möglich wäre) würde an die Senkung der Güterpreise weitergegeben – womit der Reallohn konstant bleiben würde und Arbeitgeber wiederum keinen Anreiz hätten, mehr Arbeitskräfte einzustellen. Der Staat soll daher die ausgefallene private Nachfrage ersetzen. Die Konsequenz dieser Strategie ist ein staatliches *deficit-spending*, weil die Einnahmen des Staates aufgrund der nachlassenden Wirtschaftstätigkeit sinken, gleichzeitig die Ausgaben aber steigen. Dieses zwangsläufig entstehende Haushaltsdefizit wird jedoch nur als vorübergehender Effekt betrachtet. Langfristig, so wird angenommen, steigen durch die Belebung der Nachfrage und der Wirtschaftstätigkeit die Steuereinnahmen und das Defizit kann abgebaut werden.

Strategie 1: nachfrageorientierte Globalsteuerung

Eine solche Haushaltsstrategie ist nicht beliebig ausbaubar. Denn obwohl es keine objektiven Grenzen für eine Höhe der Staatsverschuldung gibt, ist diese doch möglichst niedrig zu halten, um die Neuverschuldungen nicht zum größten Teil zur Zinstilgung einsetzen zu müssen. Betrug die Staatsverschuldung im Zeitraum von 1975-1979 noch 29,9% des Bruttoinlandsproduktes, stieg sie bis 1998 auf 60,3%. Dies ist zwar zu einem großen Teil auf die Belastungen durch die deutsche Vereinigung zurückzuführen, dennoch bleibt das Argument bestehen: Die Zins- und Schuldentilgung verschlingt einen wachsenden Teil der Staatsausgaben, was den finanziellen Spielraum des Staates drastisch einschränkt.

Obwohl die keynesianische Globalsteuerung der Fiskalpolitik Priorität einräumt, sieht sie eine weitere und flankierende Möglichkeit zur Steuerung des Arbeitsmarktes im Einsatz geldpolitischer Instrumente: Durch die Senkung der Kreditzinsen sollen die Notenbanken die Kreditaufnahme der Unternehmen und ihre Investitionsbereitschaft verstärken und die Nachfrage nach Investitionsgütern anregen. Jedoch besteht hierbei die Gefahr, dass eine Zinssenkung ohne Wirkung bleibt, wenn die Unternehmen an zusätzliche Investitionen keine Gewinnerwartungen knüpfen – z.B. wenn aufgrund des Nachfragemangels die Kapazitäten ohnehin nicht ausgelastet sind; eine expansive Geldpolitik würde dann folgenlos bleiben.

Dem Einsatz des geldpolitischen Instrumentariums sind zudem auch institutionelle Grenzen gesetzt. So ist die Europäische Zentralbank in ihrem Handeln autonom, damit weitgehend frei von staatlicher Einflussnahme und orientiert sich stärker am Ziel der Preisstabilität als an arbeitsmarktpolitischen Zielsetzungen. Aber selbst wenn eine Notenbank zu einer expansiveren Geldpolitik bereit sein sollte, sind ihr aufgrund der internationalen Verflechtungen Grenzen gesetzt: Eine Senkung der Zinsen in Deutschland könnte z.B. zur Folge haben, dass Kapital (in andere Länder) abwandert, damit eine Verknappung des Geldangebotes verursacht wird, was zum erneuten Zinsanstieg führt.

Strategie 2: angebotsorientierte Wirtschaftspolitik

Während die keynesianisch orientierte Globalsteuerung auf die Anregung der Nachfrage durch fiskal- und geldpolitische Maßnahmen abzielt, sucht die angebotsorientierte Wirtschaftspolitik die Ertragskraft der Privatwirtschaft durch die Schaffung günstiger Rahmenbedingungen für Produktion und Investitionen zu stärken. Die der Strategie zugrunde liegenden neoklassisch-liberalen Theorien interpretieren dabei Arbeitslosigkeit als Störung der Angebotsbedingungen von Arbeit und nicht, wie Keynes, als Folge des Nachfragerückgangs nach Gütern und Dienstleistungen. Ausgangspunkt ist die Annahme, dass sich in marktwirtschaftlichen Systemen Angebot und Nachfrage grundsätzlich im Gleichgewicht befinden. Das Angebot, also das Produzieren, schafft über das Einkommen, welches beim Produzieren erzielt wird, seine Nachfrage selbst (Say'sches Theorem). Gleichzeitig wird davon ausgegangen, dass höhere Unternehmensgewinne automatisch zu höheren Investitionen führen, was die Produktion und wiederum die Nachfrage ankurbelt und damit zur Schaffung von Arbeitsplätzen führt.

Die zentralen Regelungsmechanismen, die aus diesen Überlegungen folgen, konzentrieren sich dementsprechend vor allem auf die Verbesserung der Gewinnerwartungen der Unternehmen und die Erhöhung ihrer Investitionstätigkeit. Dies kann zum einen durch eine zurückhaltende Lohnpolitik geschehen, die unter dem Produktivitätszuwachs stehen soll, um die Lohnstückkosten zu senken und die Gewinnspannen zu erhöhen. Des Weiteren soll über die Senkung der Sozialversicherungsbeiträge und Steuern die Abgabenlast der Unternehmen gesenkt werden. Die Deregulierung des Arbeitsmarktes, der Abbau von Investitionshemmnissen und eine niedrige Inflationsrate sollen zudem stabile und investitionsfreundliche Rahmenbedingungen für die Wirtschaft setzen.

Einer solchen angebotsorientierten Strategie stellen sich naturgemäß insbesondere die Gewerkschaften entgegen, deren Klientel sich dem Verzicht auf Reallöhne bzw. auf Reallohnzuwächse nicht beugen wollen und die soziale Sicherung gefährdet sehen. Gegen eine solche angebotsorientierte Strategie wird von den Gewerkschaften auch das Argument ins Feld geführt, dass sie in der jüngsten Vergangenheit durchaus eine sehr zurückhaltende Lohnpolitik verfolgt haben, (dadurch) die Gewinne der Unternehmen stiegen – die Arbeitsmarkteffekte jedoch ausgeblieben sind. Als Ursachen hierfür werden zum einen die hohen Kosten genannt, die bei Investitionen in neue Arbeitsplätze entstehen (Maschinen etc.), zum anderen die Tatsache, dass sich Finanzanlagen für Unternehmen oftmals weit rentabler erweisen als Investitionen in die Produktion.

Zu den zentralen Strategien zur Erreichung des Vollbeschäftigungsziels gehören die Maßnahmen der aktiven Arbeitsmarktpolitik.

Strategie 3: aktive Arbeitsmarktpolitik

> Unter *aktiver Arbeitsmarktpolitik* versteht man einerseits aktive Maßnahmen wie Arbeitsvermittlung, Arbeitsbeschaffung und Qualifizierung, mit denen das Ziel einer bestmöglichen Beschäftigung jedes Arbeitswilligen bzw. einer Aufrechterhaltung eines hohen Beschäftigungsstandes erreicht werden soll; andererseits werden zur passiven Arbeitsmarktpolitik die Lohnersatzleistungen, also Arbeitslosengeld (ALG I), das aus Beiträgen der Arbeitgeber und Arbeitnehmer finanziert wird und somit Teil des Sozialversicherungssystems ist, gerechnet (Das ALG II ist steuerfinanziert). Zudem sind Maßnahmen zur Arbeitszeitverkürzung, Veränderungen im Arbeitsrecht und die allgemeine Wirtschaftspolitik für die Situation am Arbeitsmarkt von Bedeutung; ebenso industrie-, regional- und strukturpolitische Programme von Bund, Ländern und Europäischer Union.

Aktive Arbeitsmarktpolitik zielt vorrangig darauf ab, Arbeitslose über die Arbeitsvermittlung, Mobilitätshilfen, verschiedene Maßnahmen der Qualifizierung, Weiterbildung und auch der Beschäftigung in das Arbeitsleben zu reintegrieren und Struktureffekte zu erzielen. Trotz ihrer unumstritten großen Bedeutung sollte ihr Einsatz nicht mit Erwartungen überfrachtet werden. Die Leistungsfähigkeit der Instrumente kann dabei nicht vorrangig an der Senkung der Arbeitslosigkeit gemessen werden. Zwar lassen sich so sicherlich Entlastungsziele erreichen (z.B. durch die Beschäftigung Arbeitsloser auf dem „zweiten Arbeitsmarkt"), die Nachfrage nach Arbeitskräften erhöht dies jedoch nicht. Die aktive Arbeitsmarktpolitik ist also nicht an der konjunkturellen Arbeitslosigkeit orientiert, sondern ihr kommt vor allem die Rolle der Umverteilung von Arbeitslosigkeitsrisiken (zugunsten der Arbeitslosen bzw. Problemgruppen) zu, zum anderen soll sie dazu beitragen, die Arbeitslosen an veränderte Strukturbedingungen anzupassen, den Markt mit qualifiziertem Humankapital zu versorgen und den Strukturwandel zu antizipieren.

Kritik an der aktiven Arbeitsmarktpolitik

Die aktive Arbeitsmarktpolitik steht immer wieder im Kreuzfeuer der Kritik. Nicht zuletzt spielen dabei die Finanzierungsmodi eine wichtige Rolle: Die Maßnahmen der aktiven Arbeitsmarktpolitik werden aus dem Budget der BA finanziert, also aus Versicherungsbeiträgen. Im Falle hoher Arbeitslosigkeit bleibt der Behörde nur wenig finanzieller Spielraum für aktive Maßnahmen, weil die Kompensationsleistungen (Arbeitslosengeld) schon den größten Teil des Budgets verbrauchen. Auch wenn der Bund Defizite der BA ausgleichen muss, so hat dieser doch selten die Transferleistungen im Falle hoher Arbeitslosigkeit stark ausgeweitet. Dies führt zu einer prozyklischen Haushaltspolitik der BA, die bei steigender Arbeitslosigkeit die Ausgaben für aktive Arbeitsmarktpolitik senkt und bei sinkender Arbeitslosigkeit erhöht. Weitere Kritik an der aktiven Arbeitsmarktpolitik bezieht sich auf die mangelnde Marktnähe der Maßnahmen (insbesondere der Arbeitsbeschaffungsmaßnahmen), die weitgehend den Voraussetzungen der Gemeinnützigkeit und Zusätzlichkeit entsprechen müssen, um nicht im Wettbewerb mit der privaten Wirtschaft zu stehen und um Verdrängungseffekte auf dem regulären Arbeitsmarkt zu vermeiden. Auch die mangelnde Verknüpfung der Maßnahmen mit den regionalen und kommunalen Investitionen und Entwicklungsprogrammen, die mangelnde betriebliche Nähe der Weiterbildungsmaßnahmen und die strengen Fördervoraussetzungen sind wiederholt skeptisch bewertet worden. Obwohl mit der Reform des Arbeitsförderungsrechts einige dieser Schwachstellen angegangen wurden, bleibt auch das SGB III von dieser Kritik nicht ausgenommen.

6.2.3 Neuere Lösungsansätze

Die im vorangegangenen Abschnitt beschriebenen Handlungsstrategien gegen Arbeitslosigkeit weisen – so die Kritik – zwei grundlegende Defizite auf: Zum einen sind die Anstrengungen vor allem von Bund und Ländern zu gering und zu passiv ausgerichtet, zum anderen erweisen sich viele Instrumente angesichts der rapiden technischen, ökonomischen und sozialen Veränderungen als immer weniger wirkungsvoll. Das Resultat: Die Arbeitslosigkeit bleibt auf hohem Niveau, das Ziel der Vollbeschäftigung, so scheint es, rückt in weite Ferne. In diesem Zusammenhang werden einige innovative Konzepte in der Arbeitsmarktpolitik diskutiert, die im Folgenden kurz skizziert werden sollen (Blancke/Schmid/Roth 2000: 9ff).

Defizite der „klassischen" Strategien

Seit Ende der 1990er Jahre wird weniger von aktiver Arbeitsmarktpolitik als von *Aktivierung* gesprochen (vgl. Schmid 2005b; Heinelt/ Weck 1998). Der Begriff Aktivierung zielt auf die Steigerung der Erwerbs- oder auch Beschäftigungsquote durch politische Maßnahmen. Präziser ist damit gemeint, dass die Berechtigung zum Bezug wohlfahrtsstaatlicher Leistungen (grundsätzlich oder über eine bestimmte Dauer oder Höhe hinaus) an die Bedingung einer nach bestimmten Kriterien definierten aktiven Arbeitssuche, Teilnahme an (Qualifizierungs-)Maßnahmen oder die Annahme einer subventionierten Beschäftigung im Niedriglohnsektor geknüpft ist. Mit dem Ziel der Steigerung der Erwerbsquote sollen aus passiven Empfängern wohlfahrtsstaatlicher Leistungen aktive Erwerbstätige werden.

Agendawechsel in der Arbeitsmarktpolitik

Gründe für die Verfolgung einer Aktivierungsstrategie sind doppelter Natur:

* zum einen sind sie sozialökonomischer Art, da im Falle einer Wirksamkeit die Steuer- und Beitragseinnahmen zu- und wohlfahrtsstaatliche Ausgaben abnehmen;
* zum anderen wird das Motiv der sozialen Inklusion durch die (Re-)Integration der aktivierten Personen in den Arbeitsmarkt betont, da sich Aktivierungsprogramme meist auf Problemgruppen wie Langzeitarbeitslose beziehen.

Vertreter einer solchen Strategie der Aktivierung sind seit den 90er Jahren Großbritannien, die Niederlande und Dänemark, teilweise wird sie als Element von „New Labour" betrachtet und mit „Welfare-to-Work"-Konzepten verbunden. Ihre Beschäftigungspfade enthalten mit einem hohen Teilzeitanteil (Niederlande) und Jobrotation (Dänemark) stark ausgeprägte Arbeitsteilungselemente. Die Strategie umfasst vor allem drei Maßnahmen:

- Senkung der passiven Leistungen bzw. Anreize zur Nicht-Arbeit;
- Aktivierung der einzelnen Arbeitslosen und eine stärkere Orientierung auf den ersten Arbeitsmarkt;
- Verbesserung der Organisation und Arbeitsweise der Arbeitsmarktbehörden.

Umsetzung der Aktivierungsstrategie in Deutschland

Auch in Deutschland wurde mit neuen Regelungen am Arbeitsmarkt und insbesondere mit der Umsetzung der Hartz-Reformen unter der rot-grünen Koalition dieser Weg eingeschlagen (vgl. Buhr 2003). Die wichtigsten arbeitsmarktpolitischen Reformen der letzten Jahre sind in der folgenden Synopse zusammengefasst.

Abb. 62: Arbeitsmarktpolitische Reformen in Deutschland

Gesetz	Wichtige Inhalte
Erstes Gesetz für moderne Dienstleistungen am Arbeitsmarkt (Hartz I)	• Einrichtung von Personal-Service-Agenturen • Reform des Arbeitnehmerüberlassungsgesetzes • Änderungen im Leistungsrecht (Wegfall der Dynamisierung, Flexibilisierung der Sperrzeiten, leichte Verschärfung der Zumutbarkeit) • Einführung von Bildungsgutscheinen
Zweites Gesetz für moderne Dienstleistungen am Arbeitsmarkt (Hartz II)	• Existenzgründerzuschuss (Ich-AG) • Reform der geringfügigen Beschäftigungsverhältnisse (Mini-Job) • Einführung einer Gleitzone • Förderung haushaltsnaher Dienstleistungen
Gesetz zu Reformen am Arbeitsmarkt	• Reform des Kündigungsschutzes • Anhebung der maximalen Befristungsdauer bei befristeten Beschäftigungsverhältnissen in neu gegründeten Unternehmen • Verkürzung der Bezugsdauer des Arbeitslosengeldes • Neuregelung (Renten-) Erstattungspflicht des Arbeitgebers
Gesetz zur Änderung der Handwerksordnung und zur Förderung von Kleinunternehmen (kleine Handwerksnovelle)	• Ausübung einfacher Tätigkeiten, die nicht zum Kernbereich eines Handwerks gehören, durch Nichthandwerksbetriebe.
Drittes Gesetz für moderne Dienstleistungen am Arbeitsmarkt (Hartz III)	• Reform der Bundesanstalt für Arbeit • Änderung der Altersteilzeit
Drittes Gesetz zur Änderung der Handwerksordnung und anderer handwerklicher Vorschriften (große Handwerksnovelle)	• Vereinigung der Zahl der Gewerbe mit Meisterzwang • Erleichterung der Übernahme eines Handwerkbetriebs durch erfahrene Gesellen • Aufgabe des Inhaberprinzips
Viertes Gesetz für moderne Dienstleistungen am Arbeitsmarkt (Hartz IV)	• Zusammenlegung der Arbeitslosen- und Sozialhilfe, Arbeitslosengeld II.

Übergangsarbeitsmärkte

Das zentrale Anliegen des Ansatzes der Schaffung von „Übergangsarbeitsmärkten" (Schmid, G. 1994; Raabe/Schmid 1999) ist es, die reguläre Erwerbsarbeit mit anderen gesellschaftlichen oder persönlichen Aktivitäten wie Lernen, sozialem Engagement, Erziehen etc.

zu kombinieren, um einen „Elastizitätspuffer" zu schaffen, der in Rezessionsphasen expandiert und in Expansionsphasen kontrahiert. Die vorgeschlagenen Wege beziehen sich letztlich auf die starke Ausweitung der aktiven Arbeitsmarktpolitik. Der Unterschied zu den bisherigen Ansätzen der aktiven Arbeitsmarktpolitik besteht vor allem in ihrer Sichtweise, die weg von einer Trennung zwischen „erstem" und „zweitem" Arbeitsmarkt weist und hin zu einer dynamischeren Verbindung zwischen dem Arbeitsmarkt und (a) Bildungssystem, (b) dem privaten Haushaltssystem, (c) dem Güter- und Dienstleistungsmarkt und (d) dem sozialen Sicherungssystem, vor allem der Rentenversicherung, orientiert ist.

Die „reguläre" Erwerbsarbeit wird so zeitlich flexibilisiert, die Arbeitnehmer pendeln zwischen Erwerbsarbeit und anderen gesellschaftlich und persönlich sinnvollen Tätigkeiten. Dabei beziehen Arbeitnehmer in „Übergangsarbeitsmärkten" tariflich ausgehandelte Vergütungen und Transferzahlungen. Die Finanzierung soll über eine Kombination verschiedener Finanzierungsquellen und -maßnahmen (Mittel der Bundesagentur; regelgebundener, progressiver Bundeszuschuss; beschäftigungsorientierte Besteuerung) erfolgen. Damit soll auch den Defiziten in der bisherigen „Finanzierungslogik" der aktiven Arbeitsmarktpolitik entgegengewirkt werden, nämlich dass die Ausgaben für aktive Arbeitsmarktpolitik mit steigender Arbeitslosigkeit tendenziell eher rückläufig sind – und eben nicht ausgeweitet werden.

Obwohl dem Modell einige Aufmerksamkeit entgegengebracht wird und es durchaus Problemlösungskapazität besitzt, erhebt der Vorschlag nicht den Anspruch, Vollbeschäftigung herzustellen. Vielmehr bedarf es zusätzlich einer koordinierten Geld-, Finanz- und Lohnpolitik, um Wachstum und Beschäftigung zu stimulieren. In einer noch weiterreichenden Perspektive geht es darum, den Wandel zur Informationsgesellschaft für Innovation und Beschäftigung zu nutzen: Arbeitsmarkt- und Beschäftigungspolitik werden um Forschungs-, Entwicklungs- und Technologieförderung ergänzt, und statt der Sicherheit der Arbeitsplätze wird die Sicherung der Beschäftigungsfähigkeit angestrebt.

Damit ist eine innovative Arbeitsmarktstrategie angesprochen (vgl. Blancke/Roth/Schmid 2000; 2001), die aus dem angelsächsischen Raum stammt und im Rahmen der gemeinschaftlich koordinierten Beschäftigungsstrategie von der EU aufgriffen worden ist. Dabei geht es um lebenslanges Lernen, Flexibilität und die Bereitschaft zur Abkehr vom „Normalarbeitsverhältnis" (d.h. reguläre, unbefristete Anstellung in einem Unternehmen und lebenslange Beschäftigung in einem Beruf). Lernen soll dabei als permanenter Prozess begriffen

Förderung von Beschäftigungsfähigkeit

werden – durchaus auch im „Übergang" zwischen zwei Beschäftigungsverhältnissen –, für den das Individuum, die Unternehmen und der Staat gleichermaßen verantwortlich sind. Übergeordnetes Ziel ist es, möglichst allen Erwerbspersonen das „Rüstzeug" an fachlichen, kognitiven und sozialen Kompetenzen für die Beschäftigung in einem Beruf, bei einem Arbeitgeber, bei wechselnden Arbeitgebern oder auch als Selbständige mitzugeben. Beschäftigungsfähigkeit soll damit zur „Flexibilisierung" der Arbeitsmärkte beitragen und zugleich neue Beschäftigungsfelder eröffnen – indem die Erwerbspersonen ihre Leistungen selbständig anbieten, sich Arbeit suchen und Nachfrage nach ihren Leistungen schaffen.

Die Schaffung von Beschäftigungsfähigkeit hat allerdings vielfältige Implikationen und verlangt Reformen, Reorganisationen und Reorientierungen – angefangen bei der stärkeren Verantwortung des Individuums beim „Kampf" um die Ausgestaltung des individuellen Lebenslaufs, über die Finanzierung und Organisation von Bildung, das System der industriellen Beziehungen bis hin zur Reform des Wohlfahrtsstaats, der bisher stark an „Normalarbeit" orientiert war und der nach diesem Konzept eine drastische Ausweitung der Selbständigkeit und Brüche in den Erwerbsbiografien (z.B. für „Lernphasen") berücksichtigen müsste. Die Umsetzung einer solch weit reichenden Beschäftigungsstrategie hängt somit stark vom Reformwillen der Mitgliedstaaten und der beteiligten Akteure ab; darüber hinaus konzentriert sie sich arbeitsmarktpolitisch in erster Linie auf die im Dienstleistungssektor neu entstandenen und entstehenden Berufsfelder der computergestützten Telekommunikationstechnologien.

Negative Einkommenssteuer

Auf den Ausbau insbesondere des Dienstleistungssektors zielen die Vorschläge zur Einführung einer „Negativsteuer". Ausgegangen wird dabei von der Annahme, dass im Dienstleistungssektor zwar Arbeit vorhanden ist, diese aber oftmals aufgrund der geringen Produktivität außerordentlich niedrig entlohnt wird und somit Arbeitsuchenden keinerlei Anreize zur Arbeitsaufnahme bietet. Das Prinzip der Negativsteuer ist einfach: Wer einer Erwerbsbeschäftigung nachgeht, die nicht die Höhe eines definierten Einkommens erreicht, erhält einen staatlichen Zuschuss. Andere Modelle organisieren die Transferleistungen nicht über das Steuersystem, sondern als Lohnzuschüsse oder erhöhte Sozialleistungen. Hiermit sollen Anreize zur Arbeitsaufnahme im Niedriglohnsektor und neue Stellen geschaffen werden. Gleichzeitig soll der Niedriglohnsektor auch als „Sprungbrett" in den Arbeitsmarkt und in besser entlohnte Arbeit dienen: Während derzeit Erwerbspersonen mit wachsender Dauer der Arbeitslosigkeit ihre Qualifikationen verlieren, sinkende Chancen auf dem Arbeitsmarkt haben und zu Sozialfällen werden, die an den Rand der Gesellschaft gedrängt worden sind, soll durch die Arbeit im Niedriglohnsektor der Wiedereinstieg in den Arbeitsmarkt erleichtert, Kompetenz und Selbstvertrauen (zurück-)gewonnen und schließlich auch besser bezahlte Arbeit gesucht werden.

Über die Höhe der daraus entstehenden Kosten besteht erhebliche Uneinigkeit. Doch selbst wenn das hiermit entstehende Finanzierungsproblem z.B. durch Umschichtungen aus der Sozial- und Arbeitslosenhilfe beseitigt werden könnte, ist eine solche Strategie nicht einfach durchsetzbar. Notwendig wäre etwa die Bereitschaft der Gewerkschaften, Einkommen unterhalb der derzeit geltenden Tarifgruppen zuzulassen bzw. die Gewähr, dass Unternehmen dieses nicht zum „Lohndumping" und als reine Mitnahmeeffekte missbrauchen. Das stellt an die Tarifparteien erhebliche Anforderungen, die oft den engen Organisationsinteressen zuwiderlaufen.

6.2.4 Fazit: Politische Perspektiven

Die im vorhergehenden Abschnitt vorgestellten Veränderungen in den Zielen und Mitteln der Arbeitsmarktpolitik werden durchaus kontrovers diskutiert. Vor allem die Gewerkschaften, die Linkspartei/WASG und Teile der SPD stehen diesem *Paradigmenwechsel* vom „versorgenden" zum „aktivierenden" Staat skeptisch gegenüber; umgekehrt gehören die Unternehmerverbände und Teile der „neuen" Sozialdemokratie zu den treibenden Kräften. Die Kritiker sehen etwa in der negativen Einkommenssteuer (d.h. die Subventionierung von schlecht bezahlten Arbeiten) und anderen Formen einer Ausweitung des Niedriglohnsektors als eine mehr oder weniger verdeckte Form des Sozialabbaus. Für die Befürworter dieser Strategie vollzieht sich mit dem Ziel „Arbeit für alle" eine Radikalisierung des älteren Vollbeschäftigungsgedankens, und in ihm wird eine angemessene Antwort auf die neuen Herausforderungen der globalisierten Wissensgesellschaft (Stichwort: Employability) gesehen. Zielte die alte Konzeption vor allem auf relativ gut qualifizierte Männer (als Ernährer der Familie), so sind nun alle Menschen, die zumindest teilweise und einfach arbeiten können, gemeint. Zugespitzt formuliert: Die Erwerbsquote soll von 50-60% auf über 80% steigen. Dies hat natürlich weit reichende Implikationen, zu denen zweifelsohne der Rückgang der Rolle der (passiven) Sozialpolitik gehört. „Arbeit für alle" gilt demnach als beste Sozialpolitik.

Der zentralstaatlichen Politik stehen unterschiedliche Wege zur Verfügung, um die Arbeitsmärkte positiv zu beeinflussen. Die Pro-

Kontroversen über die Arbeitsmarktreform

Koordinierungsprobleme

blem- und Akteurskonstellationen unterscheiden sich zwar je nach Maßnahmenbereich, doch zeigt sich durchgängig erheblicher Koordinierungs- und Kooperationsbedarf. Besitzen allerdings die beteiligten Akteure Blockademacht (wie z.B. im Bundesrat), so ist die Politik oftmals zu Kompromisslösungen auf dem „kleinsten gemeinsamen Nenner" gezwungen. Sind gar Akteure und Entscheidungsprozesse der Kontrolle der Politik entzogen (wie z.B. im Falle der Geld- und Tarifpolitik), dann verbleiben dem Staat allenfalls Koordinierungsfunktionen. Wenn dabei noch Besitzstandswahrung im Vordergrund steht und die Interessenlagen der Akteure massiv kollidieren, versanden selbst diese zarten Koordinationsversuche.

Rolle des Staates

Soll Arbeitslosigkeit nachhaltig abgebaut und Beschäftigung gesichert werden, befindet sich der Staat also auf einem schmalen Handlungspfad, der auf einer auf Ausgleich und Kooperation bedachten Politik basieren muss, um die Zielsetzung nicht zu gefährden. Dass damit oftmals aber gerade diese Ziele nicht erreicht und suboptimale Politikergebnisse begünstigt werden, ist keine zwangsläufige, jedoch eine durchaus wahrscheinliche Folge der Kompetenzverflechtungen in komplexen Mehrebenensystemen. Die fortschreitende Globalisierung der Güter- und insbesondere der Kapitalmärkte unterwirft dabei die Wirtschafts- und Arbeitsmarktpolitik der Bundesrepublik in wachsendem Maße den Entwicklungen auf dem Weltmarkt und auch in diesem Falle ist die Wirkung ambivalent: Einzelne Maßnahmen und Strategien könnten somit, selbst wenn sie von einem innenpolitischen Konsens getragen würden, immer wieder durch Weltmarktentwicklungen konterkariert werden, wie auch umgekehrt der externe Druck die Kooperationsbereitschaft erhöhen kann. Insofern überrascht es nicht, dass vieles in der Arbeitsmarktpolitik in der Schwebe ist und schnelle Erfolge ausbleiben.

Literatur:

Blancke, Susanne/Schmid, Josef/Roth, Christian 2000: Aktiv und koordiniert? Arbeitsmarktpolitik auf verschiedenen Ebenen, in: SOWI – Sozialwissenschaftliche Informationen, Jg. 29, Nr. 1, S. 6-17.

Friedrich, Horst/Wiedemeyer, Michael 1998: Arbeitslosigkeit – ein Dauerproblem. Dimensionen. Ursachen. Strategien, 3. Auflage, Opladen.

Heinelt, Hubert/Weck, Michael 1998: Arbeitsmarktpolitik. Vom Vereinigungskonsens zur Standortdebatte, Opladen.

Schmid, Günther 1998: Arbeitsmarkt und Beschäftigung, in: Schäfers, Bernhard/Zapf, Wolfgang (Hrsg.): Handwörterbuch zur Gesellschaft Deutschlands, Opladen, S. 22-34.

Internetseiten:

Bundesagentur für Arbeit: Daten zum Arbeitsmarkt in Deutschland: www.
pub.arbeitsamt.de/hst/services/statistik/000000/html/start/index.shtml
Institut für Arbeitsmarkt- und Berufsforschung (IAB): http://iab.de/iab/default.htm
Statistisches Bundesamt: Daten zum Arbeitsmarkt: www.destatis.de/indicators/d/arbueb.htm

6.3 Geld und Haushalt

Leitfragen

Was sind die charakteristischen Merkmale der Wirtschaftsverfassung der EU?
Was ist das wichtigste Strukturmerkmal der Europäischen Zentralbank (EZB)?
Was sind die wichtigsten geldpolitischen Instrumente der europäischen Währungspolitik?
Welches Ziel verfolgt der Europäische Stabilitätspakt und wie ist dieser hinsichtlich seiner Wirksamkeit zu bewerten?
Welche Ursachen und Wirkungen hat die Staatsverschuldung in Deutschland?
Was können Instrumente der Fiskalpolitik bei der Bekämpfung des Haushaltsdefizits leisten?
Wie ist die Koordinierung der Wirtschaftspolitik in der EU zu beurteilen?

Die politischen Rahmenbedingungen für die Geld- und Fiskalpolitik in Deutschland haben sich mit der Europäischen Wirtschafts- und Währungsunion grundlegend verändert. Einerseits wurden die Kompetenzen in der Währungspolitik von der Bundesbank auf die Europäische Zentralbank verlagert, andererseits mit dem Europäischen Stabilitätspakt ein Koordinationsinstrument der nationalen Fiskalpolitiken geschaffen, welches die Mitgliedstaaten unabhängig von konjunkturellen Gegebenheiten auf eine strikte Haushaltsdisziplin verpflichtet. *Stabilität* ist das Schlagwort, das man mit dem Euro in Verbindung bringt. Letztlich geht es um die Sicherung eines gesamtwirtschaftlichen Gleichgewichts, insbesondere der Wahrung der Preiswertstabilität, die von einer angemessenen wirtschaftlichen Stabilitätspolitik, insbesondere der Fiskalpolitik, flankiert werden soll.

6.3.1 Wirtschaftspolitik der EU zwischen geldpolitischer Integration und fiskalpolitischer Koordinierung

Asymmetrische und fragmentierte Struktur der EWWU

Als mit Beginn des neuen Jahrhunderts die europäische Wirtschafts- und Währungsunion die mitgliedstaatlichen Geldpolitiken ablöste, sprachen Optimisten bereits vom finalen Akt der ökonomischen Integration der EU. Diese vollzog sich im Einzelnen über die Montanunion (EGKS) in den 1950er Jahren, die Bildung einer Zollunion im Rahmen der EWG in den 1960 Jahren, die Implementierung eines gemeinsamen Binnenmarktes in den 1990er Jahren bis zur EWWU. Was jedoch oft vergessen wird, ist die Tatsache, dass das Europäische System der Zentralbanken lediglich für eine einheitliche Geldpolitik zuständig ist, während Kompetenzen für die anderen Bereiche der Wirtschaftspolitik, insbesondere der Fiskalpolitik, weiterhin bei den Mitgliedstaaten verbleiben. Für die Wirtschafts- und Währungsunion ergibt sich somit insgesamt eine asymmetrische und fragmentierte Struktur, die durch drei Merkmale gekennzeichnet ist:

1. eine einheitliche vergemeinschaftete Geldpolitik mit einer unabhängigen Zentralbank;
2. von den Mitgliedstaaten betriebene dezentrale Wirtschaftspolitiken (z.B. Fiskalpolitik) unter der Einhaltung bestimmter Gemeinschaftsregeln (insbesondere die Bestimmungen des Europäischen Stabilitätspaktes);
3. die Anerkennung der einzelstaatlichen Wirtschaftspolitiken als eine Angelegenheit von „gemeinsamen Interesse" (Zusammenarbeit im Europäischen Rat).

Koordinierung der Wirtschaftspolitik in der EU

Insgesamt erhöht sich dadurch der Koordinationsaufwand für die Wirtschaftspolitik im Allgemeinen und die Geldpolitik im Besonderen, wobei die Grundzüge und Ziele der gemeinschaftlichen Wirtschaftspolitik das Herzstück der Koordination darstellen – und darunter, als ein Hauptinstrument der Überwachung der mitgliedstaatlichen Fiskalpolitik, der so genannte Europäische Stabilitätspakt.

Regelungen im Vertragswerk

Maßgeblich für die Wirtschaftspolitik der Europäischen Union ist der *Artikel 2 des EG-Vertrages*, welcher die Vertragsziele definiert und die Mittel zu ihrer Verwirklichung nennt: Aufgabe der Gemeinschaft sei es, durch die Errichtung eines gemeinsamen Marktes und einer Wirtschafts- und Währungsunion eine harmonische und ausgewogene Entwicklung des Wirtschaftslebens innerhalb der Gemeinschaft, ein beständiges nichtinflationäres und umweltverträgliches Wachstum, einen hohen Grad an Konvergenz der Wirtschaftsleistun-

Abb. 63: Koordinierung der Wirtschaftspolitik zwischen Mitgliedstaaten

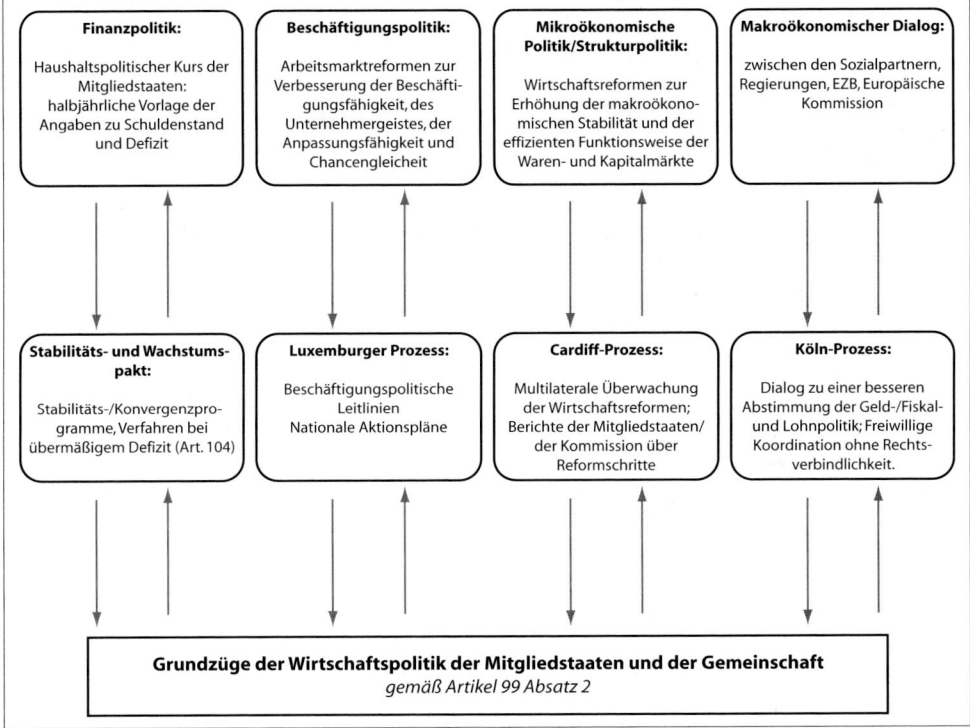

Finanzpolitik:	**Beschäftigungspolitik:**	**Mikroökonomische Politik/Strukturpolitik:**	**Makroökonomischer Dialog:**
Haushaltspolitischer Kurs der Mitgliedstaaten: halbjährliche Vorlage der Angaben zu Schuldenstand und Defizit	Arbeitsmarktreformen zur Verbesserung der Beschäftigungsfähigkeit, des Unternehmergeistes, der Anpassungsfähigkeit und Chancengleicheit	Wirtschaftsreformen zur Erhöhung der makroökonomischen Stabilität und der effizienten Funktionsweise der Waren- und Kapitalmärkte	zwischen den Sozialpartnern, Regierungen, EZB, Europäische Kommission

Stabilitäts- und Wachstumspakt:	**Luxemburger Prozess:**	**Cardiff-Prozess:**	**Köln-Prozess:**
Stabilitäts-/Konvergenzprogramme, Verfahren bei übermäßigem Defizit (Art. 104)	Beschäftigungspolitische Leitlinien Nationale Aktionspläne	Multilaterale Überwachung der Wirtschaftsreformen; Berichte der Mitgliedstaaten/ der Kommission über Reformschritte	Dialog zu einer besseren Abstimmung der Geld-/Fiskal- und Lohnpolitik; Freiwillige Koordination ohne Rechtsverbindlichkeit.

Grundzüge der Wirtschaftspolitik der Mitgliedstaaten und der Gemeinschaft
gemäß Artikel 99 Absatz 2

Quelle: nach Europäische Kommission, DG ECFIN

gen, ein hohes Beschäftigungsniveau und ein hohes Maß an sozialem Schutz zu fördern, die Lebenshaltung und Lebensqualität zu verbessern, sowie den wirtschaftlichen und sozialen Zusammenhalt und die Solidarität zwischen den Mitgliedstaaten zu unterstützen. Der angestrebte Idealzustand, in dem alle wirtschaftspolitischen Ziele angemessen zur Geltung kommen, kann als gesamtwirtschaftliches Gleichgewicht bezeichnet werden. Der *Artikel 105 Abs. 1 EGV* legt dagegen das Ziel der Geldpolitik eindeutig fest: Das vorrangige Ziel des ESZB ist es, die Preisstabilität zu gewährleisten. Zudem unterstützt das ESZB die allgemeine Wirtschaftspolitik in der Gemeinschaft, um zur Verwirklichung der in Artikel 2 festgelegten Gemeinschaftsziele beizutragen.

Die Wirtschaftsverfassung der EU schränkt die einzelstaatliche Gestaltung der Wirtschaftsordnung kaum ein und lässt den Mitglied-

Merkmale der Wirtschaftsverfassung

staaten einen großen Spielraum für ordnungs- und prozesspolitische Gestaltung. Ausgeschlossen ist lediglich eine generelle Aufhebung der Wettbewerbsordnung, wie auch die generelle Aufhebung der marktwirtschaftlichen Selbstregelung im Widerspruch zu den Verträgen stünde. Der Gemeinsame Markt wurde von Anfang an als Wettbewerbswirtschaft konzipiert, und auch die Wirtschafts- und Währungsunion kann als weiterer Schritt zur Stärkung der marktwirtschaftlichen Ordnung verstanden werden. Was sich letztlich in der Europäischen Union herausgebildet hat, ist so etwas wie ein *Dualismus von marktwirtschaftlicher Selbstregelung und flankierender bzw. korrigierender Koordination und Intervention.* Dieser kann von den Mitgliedsländern jeweils im Sinne ihres eigenen traditionellen wirtschaftlichen Handelns und ihres politischen Selbstverständnisses ausgelegt werden. Die Entscheidung zwischen „mehr Markt oder mehr Staat" in der EU wurde also nie einseitig als Entscheidung zwischen zwei Steuerungsprinzipien gesehen. Immer dominierte die Marktlogik, wenn auch in unterschiedlichem Maße modifiziert – durch verschiedene Formen der gemeinschaftlichen Koordination und des staatlichen Interventionismus.

6.3.2 Geldpolitik

6.3.2.1 Struktur, Aufgaben und Ziele des Europäischen Systems der Zentralbanken (ESZB)

Mit der Einführung des Euro als gemeinsamer Währung von 12 Mitgliedstaaten der Europäischen Union – durch das Inkrafttreten der dritten Stufe der Europäischen Wirtschafts- und Währungsunion (EWWU) am 1. Januar 1999 –, wurden der Europäischen Zentralbank mit Sitz in Frankfurt a.M. folgende geldpolitischen Aufgaben übertragen:
1. die Festlegung der Geldpolitik innerhalb der Währungsunion;
2. die Durchführung von Devisengeschäften;
3. die Verwaltung der Währungsreserven der Euro-Staaten;
4. die Förderung der Zahlungssysteme innerhalb der Währungsunion.

Damit gaben die nationalen Zentralbanken ihre Souveränität auf. Geldpolitische Entscheidungen treffen ihre Präsidenten heute nur noch gemeinsam mit dem Direktorium der EZB im EZB-Rat. Die nationalen Zentralbanken und ihre Zweigstellen, in Deutschland die Landeszentralbanken, setzen seither die Entscheidungen des EZB-Rates um.

Abb. 64: Das Europäische System der Zentralbanken (ESZB)

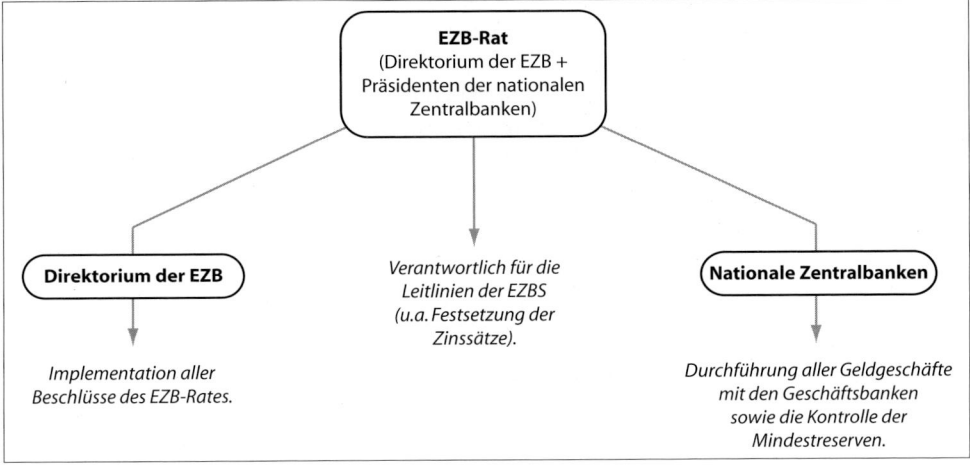

Quelle: nach Beike/Schlütz 2001

Maßgeblich für die Funktionsweise der Währungsunion ist die Unabhängigkeit der Geldpolitik. In *Artikel 108 des EG-Vertrages* heißt
es, dass weder die EZB noch die nationalen Zentralbanken bei der
Ausübung der ihnen übertragenen Aufgaben Weisungen von Einrichtungen der Gemeinschaft oder von nationalen Regierungen ent-
gegennehmen dürfen. Der *Autonomiebegriff* geht für eine Zentralbank jedoch über die in Artikel 108 niedergelegte Unabhängigkeit
von Weisungen hinaus. Sie beinhaltet zudem eine personelle, finanzielle und operative Autonomie (Weber 2006):

- Die personelle Unabhängigkeit der geldpolitischen Akteure im
  europäischen System der Zentralbanken zeigt sich insbesondere
  darin, dass die Mitglieder des EZB-Direktoriums für eine einmalige
  Periode von acht Jahren berufen werden und ihre Wiederernen-
  nung nicht zulässig ist. Damit wurde ein Mechanismus geschaffen,
  welcher die persönliche Autonomie der geldpolitischen Entscheidungsträger vor möglichen politischen Einflüssen stärkt.
- Die finanzielle Unabhängigkeit der europäischen Geldpolitik wird
  erstens dadurch sichergestellt, dass ihre Ausgaben nicht aus staatlichen Haushalten finanziert werden. Zweitens ist es den Zentralbanken des Eurosystems untersagt, Kredite an öffentliche Einrichtungen der EU und der Mitgliedstaaten zu vergeben.
- Schließlich genießen die Zentralbanken der Eurozone Autonomie
  hinsichtlich ihrer operativen Tätigkeit. Das europäische System

Unabhängigkeit der
Geldpolitik

der Zentralbanken verfügt über alle Instrumente und Kompetenzen, die für eine effiziente Geldpolitik erforderlich sind, und kann selbständig über deren Einsatz entscheiden.

Autonomie der
Europäischen
Zentralbank

Wie die Deutsche Bundesbank bis zum Jahre 1999 ist somit auch die EZB durch eine dreidimensionale Unabhängigkeit gekennzeichnet. Gründe, die für eine Autonomie der Zentralbank sprechen, sind ökonomischer, politischer und technischer Natur. Erstens würde die Vereinigung des Notenausgabe- und Steuererhebungsmonopols zur Fiskalinflation führen; zweitens ist die Notenbank nicht von aktuellen politischen Kontroversen betroffen, kann dementsprechend auch unpopuläre, aber stabilisierende Maßnahmen durchsetzen; drittens schließlich kann die Zentralbank in kleinen Gremien effizienter Entscheidungen treffen, wodurch die „decision lags" verkürzt werden. Die Argumente gegen eine autonome Zentralbank sind staats- und wirtschaftspolitischer Natur. Zum einen wird angeführt, dass die Zentralbank als Nebenregierung fungiere und die Handlungsfähigkeit der Regierungen einschränke und zum anderen, dass die Wirtschaftspolitik durch zwei Träger (bzw. den zwölf Staaten der Währungsunion und der EZB) nicht homogen sei (vgl. Böhlich 2002, S. 13).

Preisstabilität als
gesamtwirtschaft-
liches Ziel

Das Europäische System der Zentralbanken (ESZB) ist nach *Artikel 105 EGV* zuallererst der Preisstabilität verpflichtet. Ähnlich wie im Falle der Bundesbank wird ein positiver institutioneller Effekt auf die Preisstabilität postuliert (als Überblick und Kritik Rehm 1999). Darüber hinaus unterstützt das ESZB die allgemeine Wirtschaftspolitik und die damit verbundenen Ziele, wie z.B. ein hohes Beschäftigungsniveau oder ein kontinuierliches Wachstum. Dies allerdings nur soweit das Ziel der Preisstabilität und die Autonomie der EZB gewährleistet bleiben. Mit dem Kölner Gipfel im Jahre 1999 hat der Europäische Rat den Makroökonomischen Dialog als Koordinierungsverfahren etabliert, in dem die Europäische Zentralbank, die Europäische Kommission, die nationalen Regierungen und die Sozialpartner versuchen, die Geldpolitik und die wirtschaftspolitischen Rahmenbedingungen in den Mitgliedstaaten aufeinander abzustimmen.

Makroökonomischer Dialog
Ins Leben gerufen als dritter Pfeiler des Europäischen Beschäftigungspakts soll er durch einen vertraulichen Gedankenaustausch über aktuelle Entwicklungen und Probleme zu einer besseren Abstimmung der Europäischen Geldpolitik, der Fiskal- und Budgetpolitik und der Lohnentwicklung beitragen. Da die Träger dieser Politiken (Europäische Zentralbank,

Europäische Kommission, nationale Regierungen, Gewerkschaften und Arbeitgeber) voneinander unabhängige Gestalter der makroökonomischen Rahmenbedingungen sind, kann und soll dieser Dialog keine Vereinbarungen zum Ziel haben, sondern der Entwicklung einer gemeinsamen Problemsicht, eines besseren Verständnisses für die Maßnahmen der anderen Teilnehmer und damit dem Abbau von Unsicherheit dienen. Dieser Dialog findet sowohl auf politischer als auch auf technischer (Experten) Ebene zweimal im Jahr statt.
Quelle: UEAPME-Plattform der Wirtschaftskammer Österreich (http://wko.at)

Das Gremium ist jedoch angesichts der vertretenen stark divergierenden wirtschafts- und sozialpolitischen Positionen sowie der Tatsache, dass die Wirtschaftspolitik ganz allgemein dem Koordinationsbereich der Gemeinschaftätigkeit zuzuordnen ist, kaum handlungsfähig und effektiv. Der Makroökonomische Dialog kann lediglich zu einer Annäherung der unterschiedlichen Positionen beitragen – die relevanten Entscheidungen fallen aber letztlich in die Zuständigkeit der Nationalstaaten (vgl. dazu Niechoj 2004).

Die geldpolitische Strategie der Währungsunion besteht aus zwei Komponenten: der monetären und wirtschaftlichen Analyse als qualitativem Element im Rahmen des so genannten „*Zwei-Säulen Konzeptes*" und der Wahrung der Preisniveaustabilität als festgelegtem quantitativen Element.

Die geldpolitische Strategie

Die erste Säule beinhaltet einen festgelegten quantitativen Referenzwert für das Wachstum der Geldmenge M3. Das Aggregat M3 umfasst den Bargeldumlauf, täglich fällige Einlagen, Einlagen mit vereinfachter Laufzeit von bis zu zwei Jahren, Einlagen mit vereinbarter Kündigungsfrist von bis zu drei Monaten, Geldmarktfondsanteile, Geldmarktpapiere, Repogeschäfte und Schuldverschreibungen bis zu zwei Jahren. Zudem werden noch die engeren Geldmengenaggregate M1 und M2 herangezogen. Die monetäre Analyse hat den Vorteil, dass Inflationsprognosen über einen Zeitraum von bis zu zwei Jahren erstellt werden können, wobei eine stabile positive Beziehung zum nominalen Wachstum des Produktionspotentials und eine negative Beziehung zur Zinsentwicklung besteht. Für die Bestimmung des Referenzwertes werden das reale Wirtschaftswachstum, das Inflationsziel und die Umlaufgeschwindigkeit herangezogen. Weil zudem mit Potentialwerten gerechnet wird, besteht gleichzeitig die Möglichkeit, der wirtschaftlichen Entwicklung antizyklisch entgegenzusteuern.

1. Säule: monetäre Analyse

2. Säule: wirtschaft-
liche Analyse

Die zweite Säule basiert auf einer umfassenden wirtschaftlichen Analyse der zukünftigen Preisentwicklung und der Risiken für die Preisstabilität im Euroraum in einer mittel- bis langfristigen Perspektive. Dabei werden kurzfristige Konjunkturindikatoren, wie z.B. Löhne, Wechselkurs, Anleihenkurse und verschiedene Messgrößen für die reale Wirtschaftstätigkeit, Preis- und Kostenindizes beobachtet, sowie Branchen- und Verbraucherumfragen durchgeführt. Zusammenfassend lässt sich zur geldpolitischen Strategie der Währungsunion sagen, dass es sich um einen diversifizierten Ansatz handelt, weil durch die Gegenprüfung zwischen den beiden Säulen sichergestellt wird, dass keine relevanten Informationen über die zukünftige Preisentwicklung unbeachtet bleiben.

Harmonisierter
Verbraucherpreisin-
dex (HVPI)

Die *Preisstabilität* schließlich ist gleichsam der Anker der geldpolitischen Strategie der EZB und das vorrangige Ziel der einheitlichen Geldpolitik. Er ist quantitativ definiert als der Anstieg des Harmonisierten Verbraucherpreisindex (HVPI) für das Euro-Währungsgebiet von unter zwei Prozent gegenüber dem Vorjahr – wobei die Preisstabilität mittelfristig beibehalten werden muss.

> *Harmonisierter Verbraucherpreisindex (HVPI)*
> Er ist der in der Eurozone am häufigsten verwendete Indikator zur Messung der Kerninflation. Ausdrücklich ausgenommen sind die Produktgruppen Energie und unverarbeitete Nahrungsmittel. Begründet wird das damit, dass diese stark von Angebotsschocks beeinflusst werden, die auf die Inflationsrate nur kurzfristig wirken. Somit entspricht der HVPI nicht der Kerninflation.

Die Orientierung der Preisstabilitätsdefinition am HVPI ist aber nicht unumstritten. Denn allgemeine Teuerungsraten wie der HVPI werden sowohl von dauerhaften und allgemeinen als auch von vorübergehenden und sektorspezifischen Preisbewegungen beeinflusst. Daher gibt es auch getrimmte Mittelwerte und variabilitätsbereinigte Indizes, mit denen die jeweils volatilsten Komponenten entweder herausgerechnet werden bzw. nur mit einem geringen Gewicht eingehen.

6.3.2.2 Geldpolitische Instrumente

Mindestreserven

Erkennen die monetären und wirtschaftlichen Analysen der EZB einen Handlungsbedarf, stehen eine Reihe von geldpolitischen Instrumenten zur Verfügung. Aufgrund der zunehmenden wirtschaftlichen Interdependenz im Rahmen der Globalisierung verlieren geldpolitische Instrumente mit administrativ-regulierendem Charakter, beispielsweise die Mindestreservepolitik, bei der die Geschäftsbanken einen bestimmten Anteil des Guthabens bei der EZB halten müssen, zunehmend an Bedeutung.

> *Mindestreserven*
> Beim geldpolitischen Instrument der Mindestreserven schreibt die EZB den Kreditinstituten vor, Mindesteinlagen, die verzinst werden, auf Konten der nationalen Zentralbanken zu halten. Die Höhe dieser Mindesteinlagen hängt von bestimmten Prozentsätzen der Verbindlichkeiten der Banken ab. Diese werden als Mindestreservesätze bezeichnet. Durch die Heraufsetzung bzw. Herabsetzung dieser Sätze, kann die EZB die Liquiditätsknappheit im Euroraum beeinflussen (Grill/Perczynski 1999: 39).

Sie werden daher durch die marktkonforme und wettbewerbsneutrale Offenmarktpolitik ersetzt, bei der die Zentralbank Wertpapiere kauft oder verkauft. Dies hat den Vorteil, dass die geldpolitische Initiative von der EZB ausgeht sowie eine relativ genaue und flexible Steuerung der Geldmenge erreicht werden kann. Den Geschäftsbanken wird Geld insbesondere in Form von Repogeschäften zur Verfügung gestellt. Die *Offenmarktgeschäfte der EZB* lassen sich in vier Kategorien einteilen:

Offenmarktpolitik

1. das Hauptrefinanzierungsinstrument mit befristeten liquiditätszuführenden Transaktionen in wöchentlichem Abstand mit zweiwöchiger Laufzeit;
2. längerfristige Refinanzierungsgeschäfte mit liquiditätszuführenden Transaktionen in monatlichem Abstand mit dreimonatiger Laufzeit;
3. Feinsteuerungsoperationen mit befristeten Transaktionen, Devisenswapgeschäfte und durch definitive Käufe bzw. Verkäufe zur Steuerung der Marktliquidität und der Zinssätze;
4. Strukturelle Operationen über die Emission von Schuldverschreibungen, befristete Transaktionen und definitive Käufe bzw. Verkäufe zur Anpassung der strukturellen Liquiditätsposition des Finanzsektors gegenüber dem Eurosystem.

Neben der Offenmarktpolitik gehört eine direkt von der EZB offerierte Kreditaufnahmemöglichkeit sowie eine direkt von ihr angebotene Geldanlagemöglichkeit zum geldpolitischen Instrumentarium. Die EZB spricht in diesem Zusammenhang von Fazilitäten. Sie können durch befristete Transaktionen über Nacht, mit einer Gültigkeit von nur einem Tag, in Anspruch genommen werden. Unterscheiden lässt sich:

Fazilitäten

- (1) Die Spitzenrefinanzierungsfazilität, die den Geschäftsbanken die Möglichkeit gibt, bei Hinterlegung ausreichender Sicherheiten (Wertpapiere), Tagesgeld zu einem festen Zinssatz in Anspruch zu nehmen. Die Spitzenrefinanzierungsfazilität entspricht dem bisherigen deutschen Lombardkredit.
- (2) Die Einlagefazilität, bei der die Geschäftsbanken überschüssige Liquidität über Nacht bei der EZB zu einem festen Zinssatz anlegen können. Diese bildet im Allgemeinen auch die Untergrenze des Tagesgeldsatzes.

Abb. 65: Instrumente der Geldpolitik

	Transaktionsart		Laufzeit	Rhythmus
	Liquiditätsbereitstellung	Liquiditätsabschöpfung		
Offenmarktgeschäfte				
Hauptrefinanzierungsinstrumente	Befristete Transaktionen		Zwei Wochen	Wöchentlich
Längerfristige Refinanzierungsgeschäfte	Befristete Transaktionen		Drei Monate	Monatlich
Feinsteuerungsoptionen	Befristete Transaktionen	Devisenswaps	Nicht standardisiert	Unregelmäßig
	Devisenswaps	Hereinnahme von Termineinlagen		Unregelmäßig
		Befristete Transaktionen		
	Definitive Käufe	Definitive Verkäufe		Unregelmäßig
Strukturelle Operationen	Befristete Transaktionen	Emission von Schuldverschreibungen	Standardisiert/nicht standardisiert	Regelmäßig und unregelmäßig
	Definitive Käufe	Definitive Verkäufe		Unregelmäßig
Ständige Fazilitäten				
Spitzenrefinanzierungsfazilität	Befristete Transaktionen		Über Nacht	Inanspruchnahme auf Initiative der Geschäftspartner
Einlagefazilität		Einlagenannahme	Über Nacht	Inanspruchnahme auf Initiative der Geschäftspartner

Quelle: nach Beike/Schlütz 2001

6.3.2.3 Stabilitätspolitische Instrumente

Relevanz des europäischen Stabilitätspakts

Die Währungsunion ist mit der institutionellen Balance zwischen einer einheitlichen Geldpolitik und den nationalen Finanzpolitiken in besonderem Maße auf eine stabilitätsorientierte Grundausrichtung der Finanzpolitik angewiesen. Denn die Stabilität einer Währung hängt unter anderem von der Haushaltsdisziplin ab. Als problematisch in diesem Zusammenhang erweist sich die Tatsache, dass trotz Einführung des Euros die Mitgliedstaaten weiterhin die Hoheit über ihren Staatshaushalt behalten haben. Somit drohte von Anfang an die Gefahr, dass die gemeinsame europäische Währung instabil bzw. „weich" würde, wenn einzelne Staaten ihre Verschuldung stark erhöhten. Daher ist auf Initiative des ehemaligen Bundesfinanzministers Theo Waigel im Jahre 1997 der Europäische Stabilitätspakt geschaffen worden.

Der Stabilitätspakt verpflichtet die Eurostaaten zu einer strikten Haushaltsdisziplin. Diese orientiert sich in Anlehnung an die Maastrichter Konvergenzkriterien an zwei Referenzwerten. Einerseits darf die Neuverschuldung eines Mitgliedslandes pro Jahr maximal 3% des Bruttoinlandsprodukts betragen (*Defizitkriterium*). Andererseits darf die Gesamtverschuldung eines Staates, gemessen am Verhältnis zwischen öffentlicher Bruttoverschuldung und Bruttoinlandsprodukt zu Marktpreisen, 60% nicht übersteigen (*Schuldenstandskriterium*). Diese Kriterien werden dann zeitweise außer Kraft gesetzt, wenn besondere Ereignisse in den Mitgliedstaaten (z.B. Naturkatastrophen) zu erhöhten finanziellen Belastungen führen oder eine wirtschaftliche Rezession das BIP eines Landes um mindestens 2% schrumpfen lässt.

Kriterien des Stabilitätspaktes

Die Nichteinhaltung dieser Kriterien setzt einen zweistufigen Sanktionsmechanismus in Gang. Bei drohendem Verstoß erfolgt zunächst einmal eine Abmahnung („*Blauer Brief*") aus Brüssel. Diese ist verbunden mit konkreten Handlungsempfehlungen der Europäischen Kommission hinsichtlich möglicher Schritte für eine Konsolidierung des Haushaltes in dem betroffenen Land. Bei Verstoß droht dann in einem zweiten Schritt eine Geldstrafe von bis zu 0,5% des jährlichen BIP. Der Mitgliedstaat hinterlegt im ersten Jahr eine festgelegte unverzinsliche Einlage bei der EU, die im zweiten Jahr in eine Geldbuße umgewandelt wird, sofern das übermäßige Haushaltsdefizit nicht abgebaut wurde. Die Strafe wird in jedem Überschreitungsjahr aufs Neue erhoben und die Zinserträge der Einlagen werden unter den Euro-Staaten verteilt, die sich an die Vorgaben des Europäischen Stabilitätspaktes im zurückliegenden Zeitraum gehalten haben.

Der Sanktionsmechanismus

Zunächst einmal scheint der Pakt geeignet, die Mitgliedstaaten durch die Festsetzung von Obergrenzen und die Einführung von Sanktionen auf eine strikte Haushaltsdisziplin zu verpflichten. Jedoch entscheidet letztlich der Europäische Rat, ob Sanktionen ergriffen werden. Dieser Rat wird von den nationalen Regierungen gebildet, die ja selbst die Staatsverschuldung erzeugt haben! So hat die Bundesregierung zusammen mit der französischen Regierung seit 2002 den Stabilitätspakt erheblich beschädigt, weil sie gegen die Vorgaben des Paktes die Neuverschuldung des Bundeshaushaltes in den Jahren 2002 bis 2005 über die zulässige Höhe hinaus anwachsen ließ. Durch politischen Druck gegenüber der Europäischen Kommission und den anderen Mitgliedstaaten hat sie zudem im Jahre 2003 entsprechende Sanktionsmaßnahmen unterbunden. Diese Entwicklungen

Umsetzungsprobleme und Reformanstrengungen

führten dazu, dass seit 2004 eine Diskussion um die Lockerung des Stabilitätspaktes entbrannt ist. Die beschlossene Reform des Stabilitätspaktes im März 2005 beinhaltet sogar eine vorsichtige Abkehr von der Stabilitätsorientierung. Sie sieht vor, dass die Eurostaaten Faktoren benennen können, die bei der Bewertung der Neuverschuldung angerechnet werden, so dass auf diese Weise eine Neuverschuldung von mehr als 3% des BIP pro Haushaltsjahr akzeptiert werden kann. Im deutschen Fall könnten das beispielsweise die Kosten für die deutsche Wiedervereinigung sein oder die Nettobeiträge Deutschlands an den Haushalt der EU (Schwarzer/Richter 2005: 8f.).

Durch den Stabilitätspakt soll ferner die Autonomie der Europäischen Zentralbank bestärkt werden. Ohne ihn bestünde prinzipiell die Möglichkeit, dass ein Eurostaat mit hohem Haushaltsdefizit versuchen könnte, die EZB zu einer Niedrigzinspolitik anzuhalten – denn hoch verschuldete Staaten haben ein natürliches Interesse an einer inflationsbedingten Verringerung ihrer Verbindlichkeiten. Ein weiteres Ziel ist implizit auch, die so genannten *„Crowding out-Effekte"* hoher Staatsverschuldung in den Mitgliedstaaten zu beschränken, um beispielsweise die Gefahr einer Überschuldung eines Mitgliedsstaats zu reduzieren. Die ist notwendig, da in einer Währungsunion die Finanzmärkte das Fehlverhalten eines Mitglieds nicht mehr sanktionieren und dadurch die Gefahr besteht, dass alle Mitglieder der Union insgesamt für die Schulden dieses Landes gerade stehen müssen: in Form höherer Zinsen (vgl. Stabilitäts- und Wachstumspakt; in: http://de.wikipedia.org/wiki/Hauptseite).

6.3.2.4 Die „interne" und „externe" Stabilität des Euros

Interne Stabilität

Die Entwicklung der Inflationszahlen seit 1999 zeigt, dass die EZB ihren Auftrag erfüllt. Das Preisniveau ist stabil – und auch die interne Stabilität des Euros ist gewährleistet. Analog zu den Maastrichter Konvergenzkriterien definiert die EZB eine jährliche durchschnittliche Inflationsrate von 2,0 Prozent als Obergrenze für die Mitgliedstaaten. Diese wurde im Jahr 1999 deutlich unterschritten, stieg dann bis zum Jahre 2001 auf 2,5 Prozent an und liegt seit dem Jahr 2004 knapp über zwei Prozent. Der zwischenzeitliche Anstieg der Inflationsrate war insbesondere durch den Ölpreisanstieg zwischen 1999 und 2001 sowie die starke Abwertung des Euro gegenüber dem Dollar begründet.

Preisentwicklung im Euroraum

Zwar wurde von Kritikern der Währungsunion immer wieder der fehlende Stabilitätskonsens der Euro-Länder angemahnt. Tatsache ist aber, dass die Maastrichter Konvergenzkriterien den erfolgreichen

Abb. 66: Durchschnittliche jährliche Inflationsrate in der EU 1997 bis 2005 (in %)

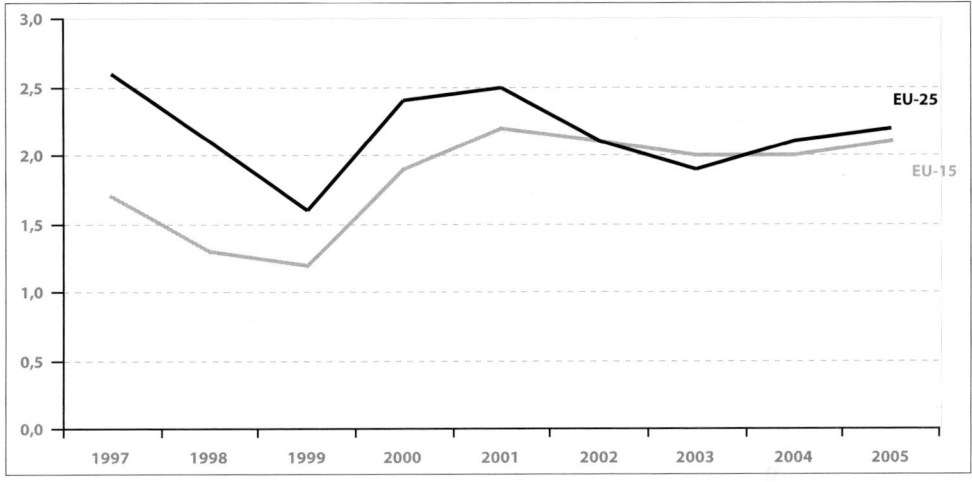

Quelle: nach Eurostat

Übergang vieler früherer Hochinflationsländer (z.B. Griechenland, Italien) zur fast völligen Preisstabilität beförderten. Insgesamt reichte die Spannweite der Inflationsraten in den EWU-Ländern im Jahre 2004 von 0,2% in Finnland bis 3,2% in Spanien. Während fünf Länder eine Inflationsrate unter 2% aufwiesen, schlugen bei sieben Mitgliedstaaten Preissteigerungsraten von mehr als 2% zu Buche. In den Jahren 1999 bis 2004 lag die jahresdurchschnittliche Inflation bei sieben der zwölf Mitgliedstaaten der Eurozone über 2%. In diesem Zeitraum betrug die Inflationsrate im Jahresdurchschnitt nur in Deutschland durchgängig weniger als 2%.

Die Ursachen für die unterschiedliche Preisentwicklung innerhalb des Euroraums sind vielfältig. Einer der Gründe ist der unterschiedliche sozioökonomische Entwicklungsstand in den Mitgliedstaaten. Der durch den Beitritt zur Währungsunion geförderte realwirtschaftliche Konvergenzprozess bringt für die Aufholländer höhere reale Wachstumsraten, aber auch tendenziell höhere Preissteigerungsraten mit sich. Auch länderspezifische Faktoren haben zu den divergierenden Inflationsraten im Euroraum beigetragen. Neben staatlichen Preiserhöhungen – wie einer Anhebung der Tabaksteuern oder der Erhöhung der Gesundheitskosten –, spielen hier auch regionale Angebots- und Nachfrageschocks eine Rolle. Bei einer geringen Arbeitskräftemobilität innerhalb der EU obliegt es gerade den Preisen, Angebot und Nachfrage wieder in Übereinstimmung zu bringen.

Dabei hat es in der EU aber auch Preisschocks gegeben, die zwar alle Mitgliedstaaten trafen, sich teilweise jedoch unterschiedlich auf die nationalen Preissteigerungen auswirkten. Hier ist zum einen an die Energiepreise, insbesondere den Ölpreis, zu denken. Je nach Produktionsstruktur und Energiebedarf der privaten Haushalte fiel der Effekt auf die Verbraucherpreise in den einzelnen Ländern unterschiedlich stark aus. Gleiches gilt beispielsweise für die Auswirkungen von Tierkrankheiten wie der Maul- und Klauenseuche oder BSE. Entsprechend der Konsumgewohnheiten in den Mitgliedsländern dürfte deren Effekt auf die nationale Preisentwicklung ebenfalls verschieden ausgefallen sein. Auch der Preiseffekt der Euro-Bargeldeinführung war von Volkswirtschaft zu Volkswirtschaft unterschiedlich (vgl. Remsberger 2004).

Externe Stabilität

Mit einem Kurs von 1,1789 US-Dollar wurde am 04.01.1999 der Devisenhandel mit dem Euro begonnen. Die internationalen Devisenmärkte begegneten der neuen Währung jedoch zunächst mit Skepsis und es begann ein Abwärtstrend des Euros, der erst im Jahre 2001 auf niedrigem Niveau gestoppt werden konnte. Gründe für den Wertverfall des Euros dürfte im mangelnden Vertrauen in die neue Gemeinschaftswährung und dem damaligen starken Wachstum der US-Wirtschaft gelegen haben, bei einer gleichzeitigen wirtschaftlichen Stagnation in Europa. Das mangelnde Vertrauen der Anleger in den Euro resultierte in erster Linie aus der fehlenden politischen Flankierung der Wirtschafts- und Währungsunion sowie den zweifelhaften Methoden, die manche Länder anwandten, um die Maastrichter Konvergenzkriterien zu erfüllen und damit der Eurozone beitreten zu können. Zudem wurden letztlich auch Staaten aufgenommen (hier sind Italien, Belgien und Griechenland zu nennen), die die Aufnahmekriterien eindeutig verfehlt hatten. Der Euro hat jedoch mittlerweile nicht nur seine Abwertung völlig aufgeholt, sondern sich in den Jahren 2004/2005 im Vergleich zum US-Dollar und dem Ausgangsjahr 1999 auf hohem Niveau konsolidiert. Zurückzuführen ist dies auf die lahmende US-Konjunktur, aber auch auf eine allgemeine Flaute in der Weltwirtschaft, die seit der Asienkrise bis heute latent angehalten hat. Verantwortlich für diese Entwicklung sind aber auch die im Vergleich zu den USA höheren Zinsen in der Eurozone und die stabilitätsorientierte Geldpolitik der EZB.

Wie ist die externe Stabilität des Euro im Verhältnis zum US-Dollar vor dem Hintergrund dieser Entwicklung zu bewerten? Hervorzuheben ist zunächst einmal der *psychologische Effekt*, denn der Wechselkurs hat in der öffentlichen Meinung vor allem eine Indikatorfunktion für die Stärke eines Landes. Ökonomisch betrachtet fällt die Bewertung jedoch weniger eindeutig aus (vgl. Heinemann 2001).

Abb. 67: Tageskurse EURO/USD seit Einführung des EURO

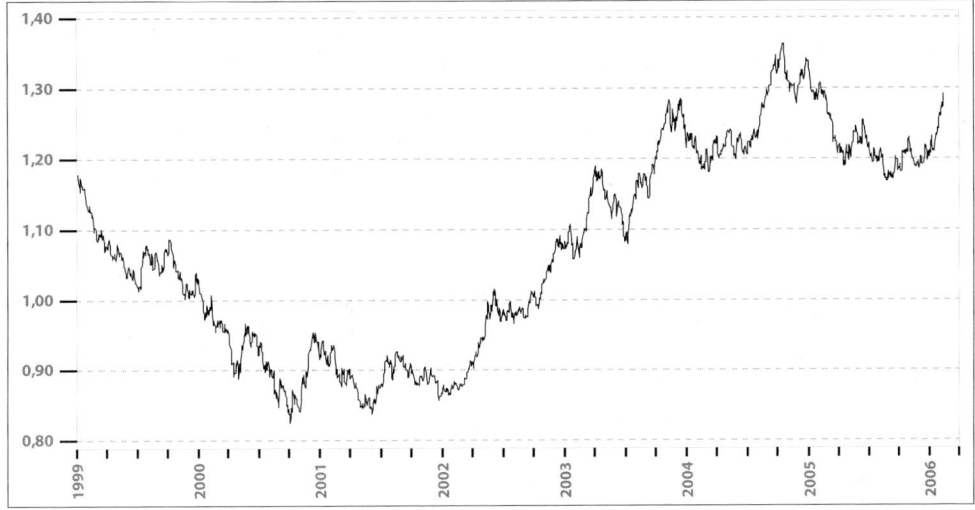

Quelle: Europäische Zentralbank

Eine Abwertung des Euro gegenüber dem US-Dollar hat lediglich indirekte Folgen, wenn zum Beispiel die Abwertung über die Verteuerung von Importgütern die Inflation anheizt oder wenn ein schwacher Euro zu einem Zinsanstieg führt. Diese negativen Folgen sind jedoch im Zeitraum 1999 bis 2001 weitgehend ausgeblieben. Es konnte lediglich ein schwacher Anstieg der Inflationsrate konstatiert werden. Bedeutsamer waren die positiven Auswirkungen der Euroschwäche. Die europäische Exportwirtschaft und insbesondere Deutschland (aufgrund der schwachen Binnennachfrage) hatten von der niedrigen Euro-Bewertung profitiert.

Gerade umgekehrt ist die Situation bei einem verhältnismäßig hohen Außenwert des Euros zum US-Dollar. Die Aufwertung kann über die Verbilligung von Importgütern deflatorische Tendenzen befördern, wenn diese den Wettbewerbsdruck auf die Wirtschaft in der Eurozone erhöhen; insbesondere auch deshalb, weil die Verteuerung des Euros auch zu einem Rückgang der Exporte führen kann. Ein möglicher Vorteil einer starken Währung ist der damit verbundene Kapitalimport ins Land, der zu Zinssenkungen führt und die Investitionsbereitschaft von Unternehmen fördert.

Insofern fällt also die ökonomische Bewertung ambivalent aus. Festzuhalten bleibt, dass sich der Euro mittlerweile als Weltreserve-Währung durchgesetzt hat. Die internationalen Finanzmärkte haben

Folgen einer Abwertung

Folgen einer Aufwertung

ihn als Konkurrenz zum Dollar wahrgenommen und akzeptiert. Zudem sollte man bei der Bewertung auch die Erfahrungen aus der DM-Vergangenheit heranziehen. Auch die DM hat immer wieder sehr starke Auf- und Abwertungsphasen gegenüber dem Dollar durchlaufen. Zudem vollzieht sich ein Großteil des Handels der Mitglieder der Eurozone innerhalb des gemeinsamen Binnenmarktes, so dass hier die Entwicklungen an den Devisenmärkten ohnehin ohne Konsequenzen bleiben.

6.3.3 Haushalt

Der Haushalt unter Konsolidierungszwang

Die Haushaltspolitik Deutschlands befindet sich in einem Spannungsverhältnis zwischen einerseits den Anforderungen des Europäischen Stabilitätspaktes, die Maastrichter Defizitkriterien zu erfüllen, und andererseits der Notwendigkeit, die Investitionsbereitschaft der Wirtschaft zu fördern sowie die Verbraucher steuerlich zu entlasten, um Wachstum und Beschäftigung in Deutschland zu fördern. Der Versuch der rot-grünen Bundesregierung in den Jahren 1998 bis 2005 eine entsprechende Politik zu implementieren, erwies sich gleichsam als „Quadratur eines Kreises". Zunächst sollte der Haushalt mit einem mittelfristigen „Sparpaket" saniert, die öffentlichen Ausgaben zurückgeführt, bis zum Jahre 2006 sogar ein ausgeglichener Haushalt vorgelegt werden, und – gewissermaßen als Krönung – eine Steuerreform obendrauf gesetzt werden; ein Modell, das so in Neuseeland in den neunziger Jahren mit Erfolg praktiziert worden war. Allerdings war die reale Entwicklung des Bundeshaushaltes eine gegenläufige. Festgemacht wurde das Scheitern der Haushaltspolitik der rot-grünen Koalition an der Tatsache, dass Deutschland – als Initiator des Europäischen Stabilitätspaktes – seit dem Jahr 2002 nicht mehr in der Lage ist, die Maastrichter Defizitkriterien zu erfüllen. Zudem legte die Bundesregierung im Jahre 2005 zum vierten Mal in Folge einen verfassungswidrigen Haushalt vor, d.h. die Neuverschuldung ist höher als die Summe der Investitionen.

Abb. 68: Entwicklung des Maastricht-Defizits

Maastrichter Defizitkriterien	2002	2003	2004	2005	2006 (Prognose)	2007 (Prognose)
Gesamtschuldenstand in % des BIP	61,2	64,8	66,4	68,6	70,0	71,4
Staatsdefizit in % des BIP	3,5	3,8	3,6	3,5	3,5	unter 3,0

Quelle: nach Eurostat, BMF

6.3.3.1 Die Haushaltslage

Im Jahr 2004 lag die Neuverschuldung des Bundes bei 39,5 Mrd. Euro, und für das Jahr 2005 summiert sie sich auf 32 Mrd. Euro. Seit 1998 sind 200 Milliarden Euro zusätzliche Schulden hinzugekommen. Die Gesamtverschuldung des Bundes belief sich Ende 2005 auf 882,7 Mrd. Euro.

Das Missverhältnis zwischen Einnahmen und Ausgaben verfestigt sich immer mehr. Im Haushalt 2005 beanspruchten die Ausgaben für die sozialen Sicherungssysteme mit 128,1 Mrd. Euro zum ersten Mal in der Geschichte der Bundesrepublik mehr als die Hälfte des gesamten Haushaltsvolumens, nämlich 50,4%. Im Jahr 1999 lag dieser Anteil noch bei 40,6%. Zusammen mit den Zinsausgaben in Höhe von 38,9 Mrd. Euro verbrauchten die Sozialausgaben damit im Jahr 2005 rund zwei Drittel des Haushaltsvolumens. Noch niemals waren so viele Haushaltsmittel durch diese beiden Ausgabenbereiche gebunden. Setzt man diese Zahlen ins Verhältnis zu den Steuereinnahmen, so wird das Ungleichgewicht noch deutlicher. Denn man muss feststellen, dass im Jahre 2005 mehr als 90 Prozent der Steuereinnahmen für Sozial- und Zinsausgaben verwendet wurden. Dagegen

Problem: Wachsendes Haushaltsdefizit

Abb. 69: Entwicklung des Bundeshaushaltes nach Ausgabearten 2000 bis 2005

Bundeshaushalt Ausgabearten	2000	2001	2002	2003	2004	2005
Ausgaben in Mrd. Euro						
Sozialausgaben (gesamt)	100,8	102,0	111,9	118,3	120,6	128.1
darunter:						
- Rente	65,0	69,1	72,9	77,3	77,4	77,9
- Arbeitsmarkt	15,5	15,4	21,0	23,7	25,0	33,6
Zinsen	39,9	38,3	37,4	37,0	36,5	38,9
Personal	26,5	26,8	27,0	27,2	27,2	26,9
Investitionen	28,1	27,3	24,1	25,7	22,4	22,7
Sonstige Ausgaben	49,1	48,7	48,9	48,5	44,9	37,7
Gesamtausgaben	244,4	243,1	249,3	256,7	251,6	254,3
Ausgabenanteile in Prozent						
Sozialausgaben	41,2	42,0	44,9	46,1	47,9	50,4
Zinsen	16,3	15,8	15,0	14,4	14,5	15,3
Personal	10,9	11,0	10,8	10,6	10,8	10,6
Investitionen	11,5	11,2	9,7	10,0	8,9	8,9
Sonstige Ausgaben	20,1	20,0	19,6	18,9	17,8	14,8

Quelle: Bundesrechnungshof

flossen nicht einmal 9 Prozent der Gesamtausgaben in den Investitionsbereich. Der Bundesrechnungshof stellte unlängst fest, dass dem Bund ein weitgehender Verlust seiner Handlungsfähigkeit drohe, wenn nicht unverzüglich gegengesteuert würde (Winterstein 2006).

6.3.3.2 Ursachen und Wirkungen der Staatsverschuldung

Ursachen des Haushaltsdefizits

Die wachsende Staatsverschuldung ist eine Konsequenz aus den Jahr für Jahr akkumulierten Defiziten aller öffentlichen Haushalte, also von Bund, Ländern und Kommunen. Die immer größere Deckungslücke resultiert einerseits aus fehlenden Steuereinnahmen, andererseits aus steigenden Ausgaben insbesondere im Bereich der sozialen Sicherungssysteme. Ursachen hierfür sind auf der Einnahmenseite, das auch im internationalen Vergleich schwache Wachstum der deutschen Volkswirtschaft seit den neunziger Jahren, und der starke Anstieg der Arbeitslosigkeit, was zu erheblichen Steuerausfällen geführt hat. Auf der Ausgabenseite sind es insbesondere die finanziellen Belastungen der deutschen Wiedervereinigung, die Kostenexplosion im Gesundheitswesen, die demographische Entwicklung und die Massenarbeitslosigkeit, die bei Bund und Ländern zu jährlichen Mehrausgaben in zweistelliger Milliardenhöhe führten. Das hohe Haushaltsdefizit bringt gewaltige Zinsverpflichtungen mit sich und eine Tilgung der Schulden findet kaum noch statt, weil fällige Kredite durch neue Kredite abgelöst werden. Im Bundeshaushalt 2005 waren 38,9 Mrd. Euro für Zinszahlungen vorgesehen, das entspricht mehr als 15% der Gesamtausgaben des Bundes (vgl. Willke 2004).

Wirkungen des Haushaltsdefizits

Gegen eine steigende Staatsverschuldung wird generell eingewendet, dass der Staat durch eine unsolide Haushaltspolitik seine eigene politische Handlungsfähigkeit einschränkt. Die wachsende Zinsbelastung beschneidet den finanziellen Handlungsspielraum für wichtige gesellschaftspolitische Aufgaben des Staates und gefährdet dadurch langfristig die Stabilität unseres Sozialstaates. Gerade die aktuelle Diskussion um die notwendigen sozialpolitischen Reformen zeigt, wie eng der Handlungsspielraum des Staates eigentlich ist. Die Leitplanken bilden einerseits das Postulat der „sozialen Gerechtigkeit" und andererseits die Notwendigkeit, den Staatshaushalt finanziell zu konsolidieren. Weitere Argumente gegen den „Schuldenstaat" betreffen finanz- und wirtschaftspolitische Implikationen. So würde beispielsweise die Verschuldung des Staates durch Kreditaufnahme bei der Zentralbank zu inflatorischen Wirkungen führen und die Geldwertstabilität gefährden. Gegen eine Verschuldung bei privaten

Abb. 70: Die Schulden der Länder

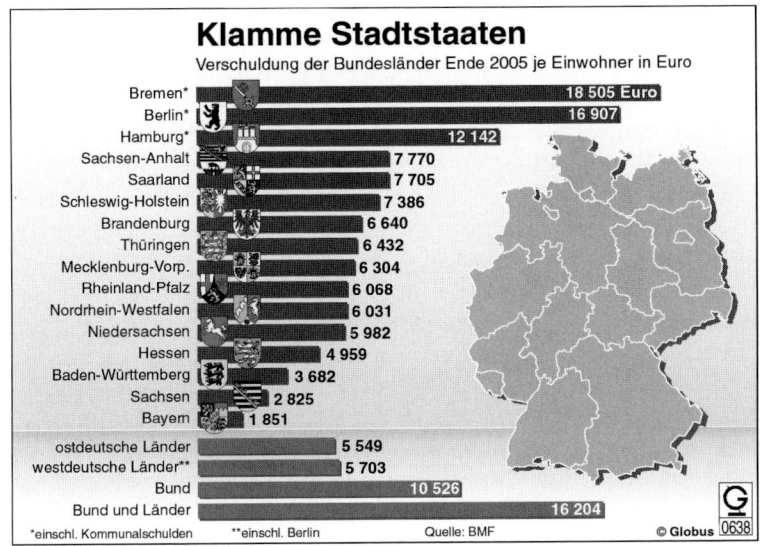

Wirtschaftssubjekten (den Banken, dem Bürger beispielsweise durch Bundesschatzbriefe) werden mögliche Zinserhöhungen ins Feld geführt. Mit der Folge, dass die private Investitionstätigkeit zurückgeht und damit die Binnenkonjunktur entscheidend geschwächt wird. Andere kritische Punkte der Staatsverschuldung beziehen sich auf die Belastung zukünftiger Generationen, die schließlich die Schulden zurückzahlen müssten, und den befürchteten Verlust der internationalen Kreditwürdigkeit (Staatsbankrott).

Befürworter einer kreditfinanzierten Ausweitung des Staatshaushalts (*„deficit spending"*) verweisen darauf, dass durch die steigenden öffentlichen Ausgaben des Staates das Wirtschaftswachstum angekurbelt werde und aufgrund dann steigender Steuereinnahmen und Ausgabenentlastungen eine spätere Rückführung des Schuldenstaates möglich sei. Gegner dieser stark nachfrageorientierten Wirtschaftspolitik bezweifeln generell diesen Ankurbelungseffekt. Und führen als Beleg das Scheitern der von der Sozialdemokratie in den siebziger Jahren verfolgten Strategie der keynesianischen Globalsteuerung ins Felde, welche weder die Binnennachfrage nachhaltig stärken, noch Vollbeschäftigung herstellen konnte und zu wachsender Staatsverschuldung und Inflation geführt hatte.

Meinungen pro und contra Staatsverschuldung sind wenig hilfreich, solange sie so gegensätzlich sind wie bisher. Der Zwang zur Rückführung der öffentlichen Verschuldung ist unausweichlich, da-

Pro und Contra
Haushaltsdefizit

mit Deutschland nicht noch tiefer in die Schuldenfalle abgleitet und die Stabilität des EURO nicht gefährdet wird. Dabei geht es primär nicht um Schuldenabbau, sondern um eine kurzfristige Begrenzung der jährlichen Neuverschuldung auf 3% des BIP; und es geht darum, so schnell wie möglich ausgeglichene Haushalte ohne Neuverschuldung zu erzielen bzw. Haushaltsüberschüsse zu erwirtschaften, um diese in konjunkturell schlechteren Zeiten anstelle einer Neuverschuldung für zusätzliche staatliche Aufgaben einsetzen zu können (überschussorientierte und nicht defizitorientierte antizyklische Haushalts- und Finanzpolitik). Steuerentlastungen und Mehrausgaben für Bildung, öffentliche Sicherheit, Bundeswehr, Arbeitsbeschaffung, Verkehr usw. – so wünschenswert und notwendig die Erreichung dieser von den Parteien propagierten Ziele auch ist, sie stehen im Zielkonflikt mit dem Zwang zur Rückführung der Neuverschuldung. Eine nachhaltige Finanzierung solcher Vorhaben ist nur möglich, wenn das jährliche Haushaltsdefizit als Hauptursache für die zinslastbedingt wachsenden Haushaltslöcher nachhaltig auf null zurückgeführt worden ist (Meyer 2005).

6.3.3.3 Automatische Stabilisatoren und Instrumente der Fiskalpolitik

Automatische Stabilisatoren

Der Einsatzbereich einer ökonomisch gerechtfertigten Staatsverschuldung liegt im Wesentlichen auf dem Gebiet der Stabilitätspolitik. Wenn die Auswirkungen der konjunkturellen Entwicklung auf den Staatshaushalt passiv hingenommen werden, kommt es in der Rezession automatisch zu konjunkturbedingten Defiziten. Sie wirken noch nicht expansiv, verhindern aber immerhin eine Verschärfung der konjunkturellen Situation durch eine Parallelpolitik, die auf konjunkturelle Haushaltsbelastungen mit Ausgabenkürzungen und Abgabenerhöhungen reagiert. Konjunkturbedingte Defizite gelten nicht zuletzt deshalb als unbedenklich, weil man davon ausgehen kann, dass die konjunkturellen Mindereinnahmen und Mehrausgaben im Aufschwung von selbst wieder entfallen und in der Hochkonjunktur durch Budgetüberschüsse abgelöst werden.

> *Automatische Stabilisatoren*
> Als automatische Stabilisatoren werden Einnahme- und Ausgabekomponenten des öffentlichen Haushalts bezeichnet, die antizyklisch wirken, ohne dass die Politik mit diskretionären konjunkturabhängigen Maßnahmen eingreift: auf der Einnahmenseite zählen dazu vor allem einkommensabhängige Steuern und Sozialabgaben und in geringerem Maße Verbrauchssteuern, auf der Ausgabenseite verschiedene Transferzahlungen (insb. Sozialleistungen) an private Haushalte.

Die automatischen Stabilisatoren verbessern damit ganz entscheidend die Voraussetzungen für einen Aufschwung. Sparen zum konjunkturell falschen Zeitpunkt destabilisiert dagegen die Wirtschaft, verursacht zusätzliche Produktions- und Beschäftigungsverluste und reißt damit neue Löcher in den öffentlichen Haushalt (vgl. Staatsverschuldung; in: http://de.wikipedia.org/wiki/Hauptseite). *Antizyklische Fiskalpolitik*, die das Wirken der automatischen Stabilisatoren unterstützt, sollte daher auf wenige Ausnahmefälle beschränkt bleiben.

Expansive (Nachfrage steigernde) fiskalpolitische Instrumente sind z.B.:

Fiskalpolitische Instrumente

- Senkung von Steuersätzen;
- Sonderabschreibungsmöglichkeiten;
- Investitionszulagen und Subventionen;
- Vergabe von öffentlichen Aufträgen;
- Ausbau von Sozialleistungen;
- Förderung von Beschäftigungsprogrammen.

Restriktive (Nachfrage senkende) fiskalpolitische Instrumente sind z.B.:

- Erhöhung von Steuersätzen;
- Abbau von Abschreibungsmöglichkeiten;
- Subventionsabbau;
- Verringerung öffentlicher Aufträge;
- Abbau von Sozialleistungen.

Alleine aus der Betrachtung der Höhe und der Veränderung des Haushaltes ist nicht ersichtlich, ob die automatischen Stabilisatoren oder der bewusste Instrumenteneinsatz für den aktuellen Zustand verantwortlich sind. Auch kann der Einsatz der fiskal- und geldpolitischen Instrumente in der Regel nicht voneinander getrennt werden. Das Haushaltsdefizit, das infolge einer expansiven Fiskalpolitik entsteht, kann nur über die Kreditaufnahme (Erhöhung der Zinsen), oder die Erhöhung der Geldmenge finanziert werden. In beiden Fällen ist die Geldpolitik unmittelbar betroffen. Umgekehrt wird die Wirksamkeit der Fiskalpolitik stark von der eingeschlagenen Geldpolitik bestimmt. Weil zwischen der Geldpolitik der EZB und der Fiskalpolitik der Euro-Länder praktisch keine enge Koordination vorgesehen ist, ist letztendlich die Geldpolitik das einzige Instrument, das schnell und möglicherweise effektiv zur Stabilisierung der Volkswirtschaften der Eurozone eingesetzt werden kann.

Wirksamkeit geld- und fiskalpolitischer Instrumente

Ausweg aus der Schuldenfalle
Erklärte Ziele der Euro-Staaten sind ein stabiler Staatshaushalt und ein kräftiges Wirtschaftswachstum. Mit den Regeln des Stabilitäts- und Wachstumspakts lassen sich diese Ziele jedoch nicht erreichen, analysiert das Institut für Makroökonomie und Konjunkturforschung (IMK). Es fordert eine grundlegende Reform des Pakts.
Seit Mitte der 90er-Jahre, spätestens jedoch seit dem Wachstumseinbruch der Jahre 2000 und 2001, entwickelt sich die US-Wirtschaft besser als die Europas. Ein wesentlicher Unterschied: Während die USA den Abschwung mit zusätzlichen Staatsausgaben bekämpfte, sparten viele europäische Länder sogar in der Krise – und verstärkten damit den Konjunktureinbruch. Innerhalb der vergangenen fünf Jahre gingen von der Finanzpolitik der Euroländer über den Konjunkturabschwung hinaus bremsende Impulse in Höhe von 0,5 Prozent des Bruttoinlandsprodukts (BIP) aus. In Deutschland waren es sogar 1,1 Prozent. [...]
Damit die europäische Finanzpolitik in Zukunft stabilisierend auf die Konjunktur wirken kann, sollte an die Stelle des Stabilitäts- und Wachstumspakts ein Ausgabenpfad-Konzept treten, empfehlen die Forscher. Dies schreibt den öffentlichen Haushalten verbindliche Ausgabenpfade für konjunkturunabhängige Staatsausgaben vor – Staatskonsum, Subventionen und öffentliche Investitionen. Für Euro-Staaten mit einem Schuldenstand oberhalb von 60 Prozent des BIP sollte der Pfad leicht unterhalb des nicht preisbereinigten Trends des Wirtschaftswachstums – dem nominalen BIP-Trend – angesetzt werden. Die konjunkturabhängigen Ausgaben – in der Hauptsache also die Sozialtransfers – sollten dagegen ohne Defizitvorgaben um den Ausgabenpfad schwanken können. So können die Mitglieder der Währungsunion ihre Haushalte gleichsam automatisch konsolidieren. Allerdings: Ohne Unterstützung seitens der Geld- und Lohnpolitik wird auch dieses Pfad-Konzept nicht erfolgreich sein.
Quelle: Böckler Impuls Nr. 09/2006: 1; nach Eckhard Heim/Achim Truger: Europäische Finanzpolitik: Ausgabenpfade als konjunkturgerechte Alternative zum Stabilitäts- und Wachstumspakt, IMK Report Nr. 10, Mai 2006

6.3.4 Fazit: Koordinationsprobleme europäischer Wirtschaftspolitik

Offene
Koordination

Nach Scharpf (2002) kann man die „offene Koordination" der Wirtschaftspolitik insgesamt und der nationalstaatlichen Fiskalpolitiken im Rahmen des Europäischen Stabilitätspaktes im Besonderen, zwischen dem Modus der Politikverflechtung und der wechselseitigen Anpassung („geschlossene Koordinierung") einordnen. Sie entspricht der wechselseitigen Anpassung insofern, als die Regelungskompetenzen in der Fiskalpolitik vollständig auf der nationalen Ebene verbleiben und weiterhin von den nationalen Regierungen gegenüber ihren Wählern verantwortet werden müssen. Gleichzeitig können die nationalen Entscheidungen aber nicht länger nur für sich getroffen werden. Indem sie die Konsolidierung der Haushalte zur Wahrung der Preiswertstabilität innerhalb der Währungsunion zu einer „Angelegenheit gemeinsamen Interesses" erklärten, haben die

Regierungen die Verpflichtung akzeptiert, ihre darauf gerichteten Maßnahmen zu koordinieren. Die „offene Koordination" stellt für Scharpf, aufgrund der Flexibilität des Steuerungsinstrumentes, eine wichtige Ergänzung der bisherigen Modalitäten europäischer Politik dar. Seiner Meinung nach könnte die „offene Koordinierung" sich zu einer wichtigen Reaktion auf die Anpassungszwänge entwickeln, denen die nationalen Volkswirtschaften durch die ökonomische Integration ausgesetzt sind (vgl. Scharpf 2002: 86f.).

Allerdings fehlt es an einem wirkungsvollen Instrument, welches die Geldpolitik der EZB und die Fiskalpolitiken der Euroländer strategisch zusammenbindet. Der „Makroökonomische Dialog" erweist sich in diesem Zusammenhang als unbrauchbares Steuerungsinstrument. Zu stark divergieren die Interessen der EZB, der Sozialpartner und der Mitgliedstaaten. Zudem sind die Beschlüsse weder für die EZB noch für die Euroländer rechtlich bindend. Weitere mögliche Koordinationsprobleme ergeben sich hinsichtlich der in *Artikel 99 EGV* niedergelegten Grundzüge einer gemeinsamen Wirtschaftspolitik. Zu ihrer Implementation wurde ein komplexes System offener Koordinierungsmechanismen geschaffen. Diese sollen weit reichende Empfehlungen für die wirtschaftspolitischen Akteure in der EU auf dem gesamtwirtschaftlichen Gebiet, aber auch speziell für die Strukturpolitik geben und einen Maßstab für eine Ex-post Bewertung der nationalen Wirtschaftspolitiken im Rahmen der multilateralen Überwachung liefern. Selbstverständlich sind auch diese Empfehlungen für die Mitgliedstaaten rechtlich nicht bindend.

steuerungspolitische Probleme

Die Bewährungsprobe für die Wirtschaftspolitik der EU im Allgemeinen und die Wirtschafts- und Währungsunion im Besonderen steht noch aus. So lange die EU an ihrer Politik des wirtschaftlichen und sozialen Zusammenhalts festhält, die wirtschaftliche Entwicklung in der EU gleichförmig verläuft, der sozioökonomische Problemdruck sich für alle Mitgliedstaaten ähnlich darstellt und exogene Schocks alle Volkswirtschaften gleichermaßen treffen, wird der Nutzen „offener Koordination" für alle nicht in Frage gestellt werden. Allerdings zeigt gerade die Diskussion um die Reform des Europäischen Stabilitätspaktes, dass Staaten, die sich als „Verlierer" der stabilitätsorientierten Geld- und Fiskalpolitik sehen, den gemeinschaftlichen Konsens auch ganz schnell aufkündigen könnten. Es ist daher zu erwarten, dass die wirtschaftliche Integration mit der Einführung einer gemeinsamen Währung bei weitem nicht abgeschlossen ist. Bereits im so genannten Wernerplan, der die Möglichkeiten einer Wirtschafts- und Währungsunion bereits zu Beginn der 1970er Jahre auslotete, wird darauf hingewiesen, dass diese zwingend einer Harmonisierung der Fiskalpolitik bedürfe und die nationalen Regierungen ihre Befugnisse schrittweise an ein „Gemeinschaftsorgan" übertragen sollten.

Literatur:

Friedl, Sven 2003: Die europäische Wirtschafts- und Währungsunion. Die Gewährleistung der Stabilität des Euro durch das Recht, Duisburg.

Hermes, Thorsten 2006: Geld- und Fiskalpolitik in einem asymmetrischen Mischwechselkursmodell der Neuen Makroökonomik offener Volkswirtschaften, Aachen.

Konow, Christian 2002: Der Stabilitäts- und Wachstumspakt. Ein Rechtsrahmen für Stabilität in der Wirtschafts- und Währungsunion, Baden-Baden.

Wagner, Helmut 2004: Stabilitätspolitik. Theoretische Grundlagen und institutionelle Alternativen, 7. Auflage, München/Wien.

Internetseiten:

Bundesministerium de Finanzen: www.bundesfinanzministerium.de

Europa – das Portal der Europäischen Union: http://europa.eu/index_de.htm (wird laufend aktualisiert)

Europäische Zentralbank: www.ecb.int/home/html/index.en.html (wird laufend aktualisiert

6.4 Globale Märkte

Leitfragen

In welchen Dimensionen spielen sich Globalisierungsprozesse ab?
Was versteht man unter wirtschaftlicher Globalisierung?
Was sind wichtige Indikatoren der globalen Ökonomie?
Was ist dran an der Standortdebatte?
Was ist unter dem Begriff „Global Governance" zu verstehen?
Welche Aufgaben nehmen die WTO, die Weltbank und der IWF wahr?
Was versteht man unter regionaler Integration?
Ist die Globalisierung politisch steuerbar?

Die Globalisierung ist zu einem der wichtigsten politischen Themen geworden. Denn erst die Prozesse der globalen Vernetzung der Ökonomie schufen die Voraussetzung für eine globale Ökonomie, deren Struktur sich in einem Mehrebenensystem abbildet und dessen

Verhandlungssystem als „Global Governance" bezeichnet werden kann.

Gleichermaßen diskutiert in der Politik und der interessierten Öffentlichkeit, polarisiert der Begriff „Globalisierung" – und die Diskurse darüber werden oft sehr emotional geführt. Der Streit um die beste Strategie zur Bekämpfung der Arbeitslosigkeit und Hebung des Wirtschaftswachstums, über die Reform der sozialen Sicherungssysteme und die Senkung der Lohnnebenkosten, über die optimale Steuerpolitik, über die Verschuldung von Entwicklungsländern oder über Klimaschutz und Atomausstieg: fast alles wird heute im Zusammenhang der Globalisierung gesehen und diskutiert. Kein Wunder, dass die Globalisierung zu einem *Schlagwort* mit höchster Medienwirksamkeit geworden ist. Jedoch ist in der Debatte nicht immer klar, was mit Globalisierung gemeint ist, wenn Globalisierung gesagt wird. Der Begriff ist vielschichtig und komplex, wird oft ideologisch missbraucht und anscheinend trifft auf ihn das charakteristische Merkmal der *„Entgrenzung"* gleichermaßen zu, wie auf den Gegenstand, mit dem er sich beschäftigt.

<aside>vielschichtig und komplex: Globalisierung</aside>

6.4.1 Dimensionen der Globalisierung

Mit dem Begriff Globalisierung werden ganz allgemein Tendenzen einer zunehmenden weltweiten wirtschaftlichen, politischen und gesellschaftlichen Interdependenz beschrieben, die weit reichende Veränderungen der Rahmenbedingungen nationaler wie internationaler Politik zur Folge haben. Charakteristisch für Globalisierungsprozesse ist, dass durch die wachsende Verflechtung in den unterschiedlichen Bereichen die Handlungsautonomie des Nationalstaates eingeschränkt wird und politische Handlungsräume in zunehmendem Maße funktional bestimmt sind. Das heißt, es muss immer wieder neu überlegt werden, auf welcher politischen Ebene ein Problem am besten gelöst werden kann. Der Soziologe Ulrich Beck (1997) bezeichnet in diesem Zusammenhang Globalisierung als einen Prozess, der zur Globalität führe. Globalität meint, dass wir längst in einer Weltgesellschaft leben, und zwar in dem Sinne, dass die Vorstellung geschlossener Räume fiktiv wird. Kein Land, keine Gruppe kann sich gegenseitig abschließen.

<aside>Globalität</aside>

Bei der Globalisierung müssen vier Dimensionen unterschieden werden, nämlich die kommunikationstechnische, die ökonomische, die politische und gesellschaftliche Dimension.

<aside>Dimensionen der Globalisierung</aside>

Die Fokussierung der Globalisierungsdiskussion auf eine, nämlich die wirtschaftliche Dimension, liegt nicht zuletzt darin begründet,

<aside>Globalisierung und Ökonomie</aside>

Abb. 71: Dimensionen der Globalisierung

Kommunikation	Ökonomie	Politik	Gesellschaft
„Vernetzte Welt"	„Weltbinnenmarkt"	„Welt als Risikogesellschaft"	„Welt als globales Dorf"
Merkmale			
Innovationen in den Transport- und Kommunikationstechnologien	Abbau von Handlungsschranken, internationale Arbeitsteilung, Mobilität des Kapitals	Globale Probleme (u.a. Klima, Migration, Armut, Terrorismus), Internationale Organisationen und Verträge	Nationalstaaten und kulturelle Eigenheiten verlieren an Bedeutung
Chancen (+) und Gefahren (-)			
+ Teilhabe an weltweiter Kommunikation + Vertiefung internationaler Kontakte und Beziehungen + mehr Wissen über die Welt und rasche Verbreitung von Informationen + sinkende Transportkosten - Entstehung einer Informationselite - Überflutung mit Informationen	+ Schaffung neuer Arbeitsplätze im Weltmaßstab + Verbilligung der Produktionskosten - Konkurrenzdruck auf dem Weltmarkt - Verlust von Arbeitsplätzen in Regionen und Branchen - Soziale Unsicherheit in den Industriestaaten - Vertiefung der Ausbeutung in den Entwicklungsländern	+ Zwang zur Kooperation + Stärkung internationaler Organisationen - Komplexität der Probleme - Überforderung nationalstaatlicher Politik - Delegation von Verantwortung	+ Demokratisierung + globale Handlungsmöglichkeiten gesellschaftlicher Gruppen - Verlust von Identität und Heimat - neuer Nationalismus als Gegenbewegung zur Globalisierung - starker Einfluss der Wirtschaft auf politische Entscheidungen - Unkontrollierbarkeit politischer Entscheidungen auf globaler Ebene

Quelle: nach Jäger 2003

dass die kommunikationstechnologische, gesellschaftliche und politische Dimension in vielfältiger Art und Weise mit der globalen Ökonomie verknüpft sind:

- Die *Innovationen in den Transport- und Kommunikationstechnologien* schufen erst die notwendigen Voraussetzungen für die Intensivierung des Freihandels und die internationale Arbeitsteilung. Sie fungieren als Motor der wirtschaftlichen Globalisierung und beschleunigen durch weiteren technischen Fortschritt den Strukturwandel hin zur Informations- und Dienstleistungsgesellschaft.

- Die *weltumfassende Verbreitung von Informationen durch die Massenmedien* führen darüber hinaus zu einer weltweiten Annäherung der Konsumentenpräferenzen und Nachfragestrukturen.

- Schließlich fördern auch *weltweite politische Lösungsansätze* die wirtschaftliche Dynamik der Globalisierung. Als Beispiel sei hier die internationale Klimapolitik aufgeführt. „Sustainable Development" ist hier eng verbunden mit Innovationen in der Umwelttechnologie und der Implementierung eines weltweiten Emissionshandels. Ferner wird auch die Entwicklungszusammenheit und die Förderung marktwirtschaftlicher Strukturen mehr und mehr mit dem Prinzip der Nachhaltigkeit verknüpft.

6.4.2 Wirtschaftliche Globalisierung

Obwohl der Begriff Globalisierung sich auf unterschiedliche Bereiche internationaler Verflechtung von Politik und Gesellschaft bezieht, wird er im Alltagsverständnis vor allem für die Bezeichnung der globalisierten Ökonomie verwendet und fasst oft die Ängste all derjenigen zusammen, die in der Globalisierung einer immer weiter wachsenden weltweiten wirtschaftlichen Interdependenz mehr Nach- als Vorteile sehen. Der Begriff Globalisierung wird zudem als „*Containerbegriff*" bezeichnet – in der Wissenschaft fehlt es an einer allgemein anerkannten Definition. Ferner war er bis zu Beginn der 1990er Jahre in keinem deutschen Lexikon zu finden.

Wirtschaftliche Globalisierung

Der Wirtschaftswissenschaftler Moritz Julius Bonn benutzte den Begriff Globalisierung bereits im Jahre 1912 als Synonym für die Weltwirtschaft. In den 1980er Jahren fand er dann eine breitere Verwendung, um die zunehmende wirtschaftliche Verflechtung in der Welt zu umschreiben. Heute wird der Begriff „Globalisierung" in einem engeren betriebswirtschaftlichen Sinne als Form internationaler Arbeitsteilung bezeichnet, bei der Wettbewerbsvorteile der Unternehmen weltweit durch die Ausnutzung von Standortvorteilen und Erzielung von „economics of scale" aufgebaut werden sollen. In einer weiter gefassten volkswirtschaftlichen Perspektive versteht man darunter die weltweite Verflechtung nationaler Ökonomien durch die Entstehung globaler Kapital-, Güter und Dienstleistungsmärkte und die weltweite Verbreitung transnationaler Konzerne. (vgl. Greve 2000)

Entstehungskontext

Die Globalisierung der Ökonomie ist kein neues Phänomen. Sie begleitet uns schon seit Jahrhunderten. Bereits Adam Smith (1776) führte den Wohlstand auf Arbeitsteilung und internationalen Handel zurück. Im Zuge der Industrialisierung am Ende des 18., Anfang des 19. Jahrhunderts kam es bis heute durch technische Innovationen (Stichwort: Strukturwandel und Kondratieff-Zyklus) immer wieder zu Globalisierungsschüben, in deren Verlauf der weltweite Handel immer stärker anstieg. Jedoch schufen erst die Entwicklungen der modernen Informations- und Kommunikationstechnologien sowie der Verkehrsmittel in den 1980er Jahren die Voraussetzung für die globale Vermarktung und Beschaffung hochwertiger Güter- und Dienstleistungen.

Wirtschaftliche Globalisierung
Auf die Wirtschaft bezogen, bedeutet Globalisierung einen Prozess, durch den die Produktion und die Arbeitsteilung in verschiedenen Län-

> dern immer mehr voneinander abhängig werden. Wirtschaftspolitisch findet dabei außenwirtschaftliche Liberalisierung und innerstaatliche Deregulierung statt. Wichtige Indikatoren für die ökonomische Globalisierung sind:
>
> - der voranschreitende Wegfall von Handelsschranken (insbesondere von Zöllen);
> - steigende weltweite wirtschaftspolitische Interdependenz (gemessen an der zunehmenden Bedeutung und Anzahl an Wirtschaftsorganisationen und NGOs);
> - zunehmende internationale Arbeitsteilung und damit die Globalisierung der Produktion (gemessen an der Anzahl multinationaler Konzerne);
> - das ständige Anwachsen des Welthandelsvolumens (gemessen an Exporten und Importen im globalen Maßstab);
> - die steigende Mobilität des Kapitalverkehrs (gemessen an der Zunahme der Direktinvestitionen und der weltweiten Kapitalströme).

Internationale Arbeitsteilung als Strukturprinzip

Es ist zunächst einmal wichtig zu begreifen, dass wirtschaftliche Globalisierung nicht einfach mehr internationalen Handel bedeutet. „Wer sich in jüngster Zeit ein neues Auto gekauft hat, wird wahrscheinlich feststellen, dass die Airbags seines Wagens durch einen Computerchip namens Accelerometer gesteuert werden, also durch einen Sensor auf einem Chip. Dieses 50 Dollar teure Stück ersetzt die mechanischen Sensoren, die rund 650 Dollar kosten. Der Accelerometer wurde in Boston erfunden. In Boston wird noch immer ein großer Teil der Accelerometer produziert, die jedoch anschließend zum Testen auf die Philippinen geschickt werden. Zur Verpackung werden sie von dort nach Taiwan reexportiert, von Taiwan wiederum nach Deutschland zur Installation in einen BMW, um dann von neuem exportiert zu werden: nach Brasilien, wo jemand den BMW seiner Tochter oder seinem Sohn zum Studienabschluss schenkt. Ein Facharbeiter in Boston arbeitet mit einem unausgebildeten Arbeiter auf den Philippinen zusammen, der seinerseits mit einem halbausgebildeten Arbeiter auf Taiwan kooperiert; und sie alle arbeiten zusammen mit der weltweit höchstbezahlten Arbeitskraft in den bayerischen BMW-Werken. Alle arbeiten für ein Teilchen, das 50 Dollar kostet. Und sie alle sind abhängig von einem Absatzmarkt in Brasilien. Das ist globale Ökonomie. Und eben nicht einfach internationaler Handel. [...]" (Thurow 1999).

Anpassungszwänge für die nationalen Volkswirtschaften

Des Weiteren sind mit der Globalisierung der Wirtschaft erhebliche Anpassungen der nationalen Volkswirtschaften verbunden. Denn die Globalisierungsprozesse führen zu einer steigenden Markttransparenz der Arbeitskosten von erzeugten Gütern und Dienstleistungen auf dem Weltmarkt und damit zu einer Verschärfung des internationalen Wettbewerbs. Die Nutzung von Standortvorteilen und die Sicherung bzw. Eroberung von Absatzmärkten werden zu wichtigen Erfolgsfaktoren der Unternehmen im globalen Wettbewerb. Um hier bestehen zu können, bedarf es nicht nur eines weltweiten Abbaus von Zöllen und Handelshemmnissen, sondern – im nationalstaatlichen Kontext – einer Anpassung des Sozialstaats, der nationalen Arbeitspolitik und der wirtschaftspolitischen Rahmenbedingungen an die neuen Marktmechanismen der globalen Ökonomie.

Für das Verständnis der globalen Wirtschaft ist schließlich wichtig zu verstehen, dass es sich hierbei um einen grundlegenden Strukturwandel handelt, der den Übergang von der Industriegesellschaft, die auf natürlichen Ressourcen aufbaut, zu künstlichen, wissensbasierten Technologien (u.a. Internetökonomie und Biotechnologie) beschreibt. Antriebsfeder für diesen Wandel sind die dafür notwendigen Innovationen in den Transport- und Kommunikationstechnologien, die mit dem Siegeszug von PC und Internet seit den achtziger Jahren erst die notwendigen Voraussetzungen für die globalisierte

Globalisierung als Katalysator für den Strukturwandel

Abb. 72: Wirkungszusammenhänge der wirtschaftlichen Globalisierung

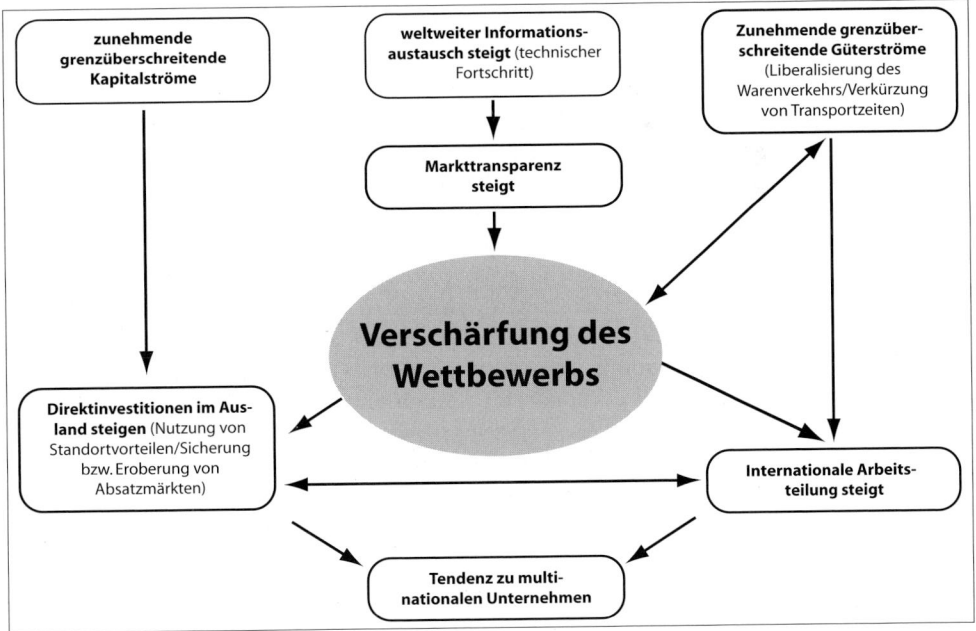

Quelle: nach Messner 1998

Ökonomie schufen. Im 21. Jahrhundert sind damit Wissen und Fertigkeiten der einzige Weg zum Erfolg, die einzige Möglichkeit, um als Einzelperson, als Unternehmen oder als Land konkurrenzfähig zu sein. Rohstoffe lassen sich kaufen. Kapital kann man aufnehmen. Wer jedoch nicht über das richtige Wissen und die richtigen Fähigkeiten verfügt, kann in einem globalisierten Weltmarkt nicht bestehen.

Indikatoren der wirtschaftlichen Globalisierung

Es sind insbesondere drei Indikatoren, an denen man die wirtschaftliche Globalisierung festmachen kann; zu nennen wären hier die weltweite Zunahme des internationalen Handels und der Direktinvestitionen, schließlich die Expansion des internationalen Finanzsektors.

internationaler Handel

Der internationale Handel hat seit dem Zweiten Weltkrieg stark zugenommen. Verantwortlich dafür ist die Entwicklung der modernen Informations- und Kommunikationstechnologien sowie der Transportmittel, die zu einer starken Verbilligung der Transportkosten und der durch räumliche Distanz bedingten Transaktionskosten führten, ferner die fortschreitende Liberalisierung des Handels mittels internationaler Verträge (z.B. GATT). Das Welthandelsvolumen nahm im Durchschnitt jährlich doppelt so stark zu wie das Weltsozialprodukt, mit dem die Gesamtmenge der weltweit produzierten Güter und Dienstleistungen erfasst wird. Seit 1950 stieg das nominale Welthandelsvolumen um mehr als das 60-fache. Im Jahr 2000 wurden weltweit Waren und Dienstleistungen im Wert von mehr als 5,7 Billionen US-Dollar exportiert. Gemessen am Weltsozialprodukt beträgt der Anteil des Welthandels circa 20% (Fischer Weltalmanach 2002: 1087, 1215)

grenzüberschreitende Investitionen

Beträchtlich schneller noch als der Handel expandieren seit geraumer Zeit die grenzüberschreitenden Investitionen. Als Direktinvestitionen bezeichnet man die Gründung oder den Erwerb von Unternehmen im Ausland sowie Unternehmensfusionen. Direktinvestitionen finden im Wesentlichen zwischen den Industrieländern statt. Etwa 85% der Direktinvestitionen entfallen auf die USA, Japan, Großbritannien, Deutschland, Frankreich, Niederlande und Kanada. Die mittel- und osteuropäischen Transformationsländer, Schwellenländer und die Entwicklungsländer profitierten bisher aufgrund ökonomischer und politischer Risiken weniger von Direktinvestitionen. Zugespitzt formuliert: Die wirtschaftliche Globalisierung war also bisher in erster Linie durch eine wachsende Interdependenz der Wirtschaftsräume Nordamerika, Europa und Japan gekennzeichnet. Jedoch zeichnet sich zu Beginn des neuen Jahrhunderts eine Trendwende ab. Betrugen die ausländischen Direktinvestitionen in den OECD-Ländern im Rekordjahr 2001 1,3 Billionen US-Dollar, so sanken diese im Jahre 2003 aufgrund der stagnierenden Konjunktur in den westlichen Industriestaaten im Vergleich zum Jahre 2001 um 70 Prozent. Im Gegensatz dazu investierten die 30 OECD-Länder im Jahre 2003 den Rekordwert von 192 Milliarden US-Dollar in den Entwicklungs- und Schwellenländern. China, das aus OECD- und Nicht-OECD-Ländern 2003 insgesamt 53 Milliarden Dollar an ausländischen Direktinvestitionen ins Land holte, zog erstmals an den USA, dem bis dahin größten Empfängerland von Direktinvestitionen, vorbei. Vor allem die Größe der Binnenmärkte in den großen aufstrebenden Volkswirtschaften, insbesondere China, ist es, die ausländische Unternehmen anzieht. Dies steht im Kontrast zu früheren Jahrzehnten, als Unternehmen aus OECD-Ländern vorwiegend aus finanziellen Gründen (niedrige Lohn- und Produktionskosten) in Entwicklungsländern investierten.

Mit der steigenden Bedeutung internationaler Gütermärkte ist zwangsläufig ein Anwachsen der globalen Kapitalströme verbunden. Der Abbau von Beschränkungen und Kontrollen im Kapitalverkehr in den 1970er Jahren und der rasante Fortschritt im Bereich der Informations- und Kommunikationstechnologie ermöglichen es Verbrauchern und Unternehmen heute, ihr Vermögen weltweit dort zu investieren, wo es die höchsten Renditen verspricht. Kein anderer Bereich ist durch die Globalisierung der Ökonomie in den vergangenen dreißig Jahren so expandiert wie der internationale Kapitalverkehr. Täglich kommt es zu internationalen Kapitalströmen in einer kaum vorstellbaren Höhe. So betrugen die täglichen Devisenhandelsumsätze Mitte der 1990er Jahre ca. 1000 Milliarden US Dollar weltweit, während im Vergleich dazu die täglichen Devisenhandelsumsätze Ende der 1970er Jahre bei ca. 75 Mrd. US Dollar und Mitte der 1980er Jahre bei 150 Mrd. US Dollar täglich lagen. Ein weiterer Indikator für die stetig wachsenden Kapitalströme ist ihr Verhältnis zum Wachstum der Handelsströme. So waren 1986 die Umsätze auf den Devisenmärkten das 25fache des Welthandelsvolumens. 1990 ist diese Relation auf das 70fache angestiegen (Mildner 2004; Osterhammel/Peterson 2003).

Bei der Analyse der Folgen der zunehmenden wirtschaftlichen Globalisierung ergeben sich zwei Lager: Auf der einen Seite stehen diejenigen, die von einer „Globalisierungsfalle" reden und die fehlende Wachstumsdynamik und die hohen Arbeitslosenzahlen in vielen westlichen Industriestaaten der Globalisierung anlasten, schließlich sogar einen Angriff auf die Demokratie und den Sozialstaat fürchten. Auf der anderen Seite finden wir die Position, dass gerade die globale Ökonomie die Grundlage und die Ursache des hohen Lebensstandards in den wirtschaftlich entwickelten Staaten der Welt

Anwachsen der globalen Kapitalströme

Folgen: Die „Standortdebatte" in Deutschland

sei. Unumstritten bei der Bewertung der Folgen wirtschaftlicher Globalisierung ist, dass sich global die Produktionskosten für Güter und Dienstleistungen erheblich verbilligt haben und im Weltmaßstab durchaus mehr Arbeitsplätze geschaffen wurden als verloren gingen. Problematisch für die westlichen Industriestaaten erweist sich dabei allerdings die Tatsache, dass die verschärfte Konkurrenzsituation auf dem Weltmarkt, insbesondere verursacht durch die hohen Arbeitskosten, hier den Verlust von Arbeitsplätzen in einzelnen Regionen und Branchen nach sich zieht und eine zunehmende soziale Unsicherheit für den Einzelnen zur Folge hat. Insofern ist es nur eine logische Konsequenz, dass hierzulande die Diskussion um die Attraktivität des Standorts Deutschland die Globalisierungsdebatte dominiert. Im Kern dreht sich die Diskussion um die Reform bzw. Reformierbarkeit der sozialen Sicherungssysteme, die eine der entscheidenden Kostenfaktoren für Arbeit sind.

Standortnachteile In der so genannten „Standortdebatte" wird insbesondere aus der Perspektive der Unternehmen angesichts veränderter weltwirtschaftlicher Rahmenbedingungen eine ungünstige Position Deutschlands im globalen Wettbewerb formuliert. Die Gründe dafür werden in den Arbeitskosten, Arbeitszeiten, Betriebszeiten und in der Unternehmensbesteuerung gesehen. Die Unternehmen würden darauf verstärkt mit der Auslagerung von Produktion ins kostengünstigere Ausland reagieren. Diese Debatte folgert (verbunden mit der Warnung vor Arbeitsplatzverlusten) als politische Empfehlung die *Deregulierung* bisheriger Entwicklungen deutscher Arbeitsmarkt-, Steuer- und Sozialpolitik. Insbesondere in moderaten Lohnerhöhungen und der Senkung der Lohnnebenkosten und, damit einhergehend, einer Entlastung der Arbeitgeber von Sozialabgaben wird ein Lösungsansatz gesehen.

Bewertung der Standortqualität Deutschlands Allerdings bedarf diese Position einer Relativierung. So finden Produktionsverlagerungen deutscher Unternehmen primär in Europa statt, also im gemeinsamen Wirtschaftsraum. Ferner sind die Auswirkungen auf den deutschen Arbeitsmarkt eher als gering zu betrachten, da kaum Arbeitsplätze ins Ausland verlagert werden. Die Expansion der Unternehmen vollzieht sich im Ausland vorrangig durch Übernahmen und weniger durch Auslagerung. Schließlich ist in der jüngeren Vergangenheit ein zunehmender Trend zur Rückverlagerung von Standorten aus den Entwicklungs- und Schwellenländern nach Deutschland beobachtbar. Dieser Umstand verweist darauf, dass neben den Arbeitskosten andere Standortfaktoren wie die Arbeitsproduktivität, das Arbeits- und Tarifrecht, die Infrastruktur, die Qualifikation der Arbeitnehmer wie der Unternehmer und Manager, das Niveau von Forschung und Wissenschaft und der soziale

Frieden eine viel entscheidendere Rolle bei der Wahl des Standortes spielen. Das Forbes Magazine stufte im Frühling 2004 Deutschland als drittbesten Wirtschaftsstandort der Welt hinter den USA und China und mit Abstand vor anderen EU-Staaten ein. Gründe dafür waren unter anderem die hoch qualifizierten Arbeitskräfte sowie die gut ausgebaute Infrastruktur.

Standortdebatte: *Muskelprotz Deutschland*

Man mag es kaum glauben: Der Standort Deutschland gewinnt im Ausland an Ansehen. Während sich im Land angesichts des Nullwachstums Pessimismus breit macht, loben ausländische Investoren die Vorzüge des „Standortes D."

Das einflussreiche Wirtschaftsmagazin „Economist" begeistert sich in seiner jüngsten Ausgabe für „Deutschlands überraschende Wirtschaft". Als Symbol für die deutsche Stärke prangt auf dem Titelblatt der Bundesadler, der die Arme spannt und seine Muskeln spielen lässt. „Deutschland ist superwettbewerbsfähig", lautet das Urteil des renommierten Magazins. Angloamerikanische Ökonomen halten das Potential der deutschen Wirtschaft für unterschätzt.

„Viele Vorteile als selbstverständlich betrachtet"

Tatsächlich haben die Reformen der vergangenen Jahre den Standort attraktiver gemacht. Lange Zeit war Deutschland der teuerste Wirtschaftsplatz Europas. Seit Ende 90er Jahre sind die Lohnstückkosten aber um zehn Prozent gefallen, weil die Löhne kaum noch stiegen. „Deutschland hat im Vergleich zu anderen europäischen Ländern wie Frankreich, Italien und Großbritannien aufgeholt und einen Wettbewerbsvorteil erzielt", sagt der Chefvolkswirt der amerikanischen Citigroup, Jürgen Michels.

Für ausländische Unternehmen gehört Deutschland zu den attraktivsten Standorten der Welt. Nach einer Umfrage des Wirtschaftsprüfungsunternehmens Ernst & Young unter 670 ausländischen Firmen belegt Deutschland in diesem Jahr den fünften Platz in der Welt. In Europa erfreue sich nur Polen größerer Beliebtheit als Germany. Gute Noten erteilten die Investoren der Infrastruktur, der Ausbildung von Arbeitskräften und der Rechtssicherheit. „Viele Vorteile werden in Deutschland als selbstverständlich betrachtet. Da ist man betriebsblind", sagt Peter Englisch von Ernst & Young.

„Patient Deutschland ist immer noch krank"

Einen großen Vorteil hat nach Expertenansicht in den vergangenen Jahren die Lohnzurückhaltung gebracht. Die umstrittenen Hartz-IV-Reformen brachten den Arbeitsmarkt in Schwung. Die Arbeitnehmer plagt die Angst vor Jobverlust. „Das hat die Verhandlungsposition der Firmen bei neuen Tarifabschlüssen gestärkt und die Macht der Gewerkschaften geschmälert", schreibt der „Economist". Die Dax-Unternehmen konnten ihre Bilanzen sanieren, und der über Jahre kränkelnde Bankensektor habe seine Kosten unter Kontrolle gebracht.

Ökonomen warnen aber vor zu viel Euphorie. „Der Patient Deutschland ist auf dem Weg der Genesung, aber er ist immer noch krank", sagt der Europa-Chefvolkswirt der Bank of America, Holger Schmieding. „Deutschland muss noch lange die Medizin nehmen, um wirklich gesund zu werden." Notwendig sei ein zweiter kräftiger Reformschub. Die Löhne müssten weiter niedrig bleiben. Auf der Wunschliste stehen auch eine Lockerung des Arbeitsrechts, Öffnungsklauseln für Tarifverträge und eine Steuerreform.

„Wir können noch nicht vorne mitspielen"

Es bleibt noch viel zu tun. „Auch wenn Deutschland nicht mehr das Schlusslicht in Europa ist, können wir noch nicht vorne mitspielen", sagt Chefvolkswirt Michels. Im Wettbewerb um Investitionen aus den Vereinigten Staaten verliert Deutschland als Produktionsstandort gegenüber den osteuropäischen Nachbarn rapide an Boden. Das ist das Ergebnis einer Studie der amerikanischen Handelskammer in Deutschland. Danach plant in diesem Jahr die Hälfte der in Deutschland aktiven amerikanischen Unternehmen eine Verlagerung einzelner Geschäftstätigkeiten nach Osteuropa. „Die Firmen würden stärker in Deutschland investieren, wenn die Binnennachfrage anspringen würde", heißt es. Der private Konsum bleibt aber im vierten Jahr in Folge schwach.

Als große Gefahr für den Standort sehen Ökonomen die Pläne der Unions-Parteien, die Mehrwertsteuer im Fall eines Wahlsieges von 16 auf 18 Prozent zu erhöhen. „Eine isolierte Anhebung würde den Konsum dämpfen und die Preise erhöhen - das wäre rein kontraproduktiv", sagt der Chefvolkswirt der Dekabank, Ulrich Kater. Notwendig sei eine umfassende Reform auch der Einkommens- und Unternehmenssteuer. Nur die Politik kann dem Aufschwung in Deutschland laut „Economist" noch im Weg stehen: „Die Nachrichten aus Deutschland könnten überraschend gut werden, vorausgesetzt die Politiker vermasseln es nicht nach der Wahl im nächsten Monat."

Quelle: FAZ, 20.08.2005

Bei der Beurteilung der Folgen wirtschaftlicher Globalisierung für den Wirtschaftsstandort Deutschland kann zwar konstatiert werden, dass die deutsche Wirtschaft einem erheblichen Anpassungsdruck ausgesetzt ist, um ihre Wettbewerbsfähigkeit zu halten, doch ist sein Ruf im Ausland wesentlich besser, als es die innenpolitische Diskussion vermittelt. Dies hat zwei Gründe: Erstens werden die Begriffe „Standortdebatte" und „Standortkonkurrenz" gerne als Kampfbegriffe eingesetzt, vor allem zur Durchsetzung spezifischer wirtschaftlicher Interessen der Arbeitgeber. Zweitens gibt es die Tendenz, generell die Globalisierung für die Wachstumsschwäche der deutschen Wirtschaft und die hohen Arbeitslosenzahlen verantwortlich zu machen. Tatsache ist allerdings, dass viele unserer ökonomischen Probleme hausgemacht sind. Diese betreffen unter anderem die hohe Staatsverschuldung, die schwache Binnennachfrage, die hohe Steuerquote oder auch die geringe Investitionsbereitschaft der Unternehmen.

6.4.3 Die Struktur der globalen Ökonomie

Global Governance als Strukturmerkmal

Eine der Lieblingsthesen der Globalisierungskritiker lautet, dass die Nationalstaaten ihre Gestaltungsmacht in der Wirtschaftspolitik verloren haben, die globale Ökonomie sich entsprechend der Marktgesetze zügellos in einem grenzüberschreitenden, rechtsfreien Raum entfaltet und den negativen Folgen zunehmender wirtschaftlicher

Interdependenz politisch nicht entgegen gesteuert werden kann. Diese Sicht auf die globale Ökonomie ist sehr eindimensional. Längst haben sich im internationalen System politische und wirtschaftliche Strukturen etabliert, die mit dem Begriff „Global Governance" beschrieben werden. „Global Governance" bedeutet, dass angesichts zunehmender weltwirtschaftlicher Verflechtung und damit einhergehender staatlicher Autonomieverluste die Trennung zwischen Staaten- und Gesellschaftswelt zunehmend aufgeweicht wird und eine Reorganisation von Politik in einer entgrenzten Welt von Politik und Ökonomie stattfindet.

Kennzeichnend für die Funktionsweise von Global Governance ist das Prinzip „*governance without government*". Dabei sollen weltweit operierende Netzwerke verschiedener staatlicher und nichtstaatlicher Akteure zusammenwirken. „Global Governance" beruht auf unterschiedlichen Strukturen und Handlungsebenen der internationalen Koordinierung, Zusammenarbeit und kollektiven Entscheidungsfindung. Internationale Organisationen übernehmen diese Koordinationsfunktion, und die Nationalstaaten übersetzen den Willen zur Zusammenarbeit in verbindliche Vereinbarungen.

Dieses neue Governance-Muster in der Weltwirtschaft hat folgende Merkmale:

Governance-Muster

- In der globalen Ökonomie agieren und interagieren nicht nur autonome Unternehmen sowie Nationalstaaten und die von ihnen getragenen internationalen Organisationen, sondern eine Vielzahl weiterer privater Akteure (NGOs, Gewerkschaften, Wissenschaftlervereinigungen etc.).
- Die Weltwirtschaft wird nicht nur durch Marktsteuerung sowie intergouvernementale Verhandlungssysteme geprägt, in denen internationale Vereinbarungen entstehen, sondern darüber hinaus durch verschiedene Formen privater oder privat-öffentlicher Netzwerksteuerung.
- Die Interaktionen zwischen globalen, regionalen, nationalen und lokalen Governance-Mechanismen zeigen, dass die globale Ökonomie nicht als Schichtenmodell, sondern nur als verflochtenes Mehrebenensystem darstellbar ist.
- Ein weiteres Wesensmerkmal der globalen Ökonomie ist die regionale Integration größerer Wirtschaftsräume. Diese sind in sehr spezifische Global-Governance-Strukturen und Regelsysteme eingebunden.

Im Folgenden sollen zentrale wirtschaftliche Institutionen der Global-Governance-Architektur kurz vorgestellt werden (vgl. Weber 2003). Im Einzelnen handelt es sich um die Welthandelsorganisation

Governance-Architektur

Abb. 73: Handlungsebenen und Akteure in der Global Governance Architektur

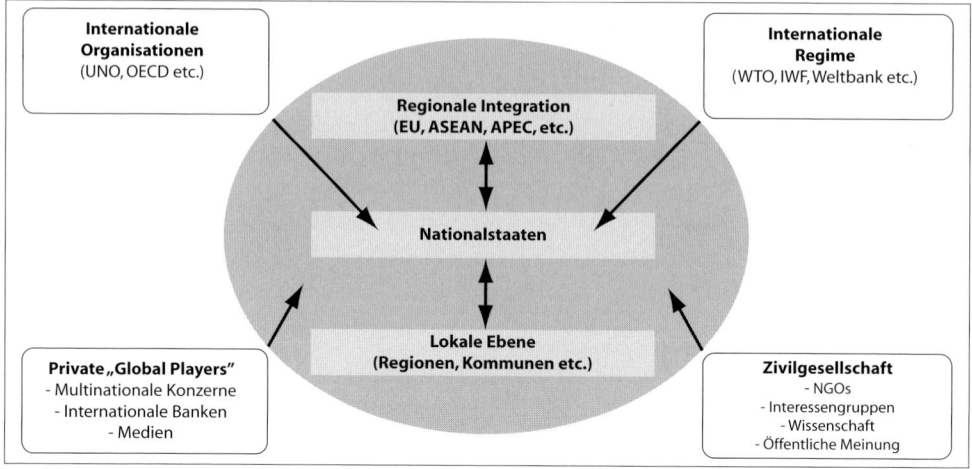

Quelle: nach Messner 1998

Welthandelsorgani-
sation (WTO)

(WTO), die Weltbank und den Internationalen Währungsfonds (IWF).

Die WTO hat gegenwärtig 146 Mitgliedstaaten und regelt als UN-Sonderorganisation den internationalen Handel. Angestrebt wird, in den Mitgliedstaaten die Wohlfahrt zu steigern und die Löhne zu erhöhen, Vollbeschäftigung zu erreichen und sichern, zu diesem Zweck den Handel auszuweiten und jede Form des Protektionismus zu bekämpfen. Des Weiteren fungiert sie als Schlichtungsinstanz bei Handelskonflikten. Grundlegend für die Arbeit der WTO und die Liberalisierung des Welthandels sind drei Abkommen:

- Das *Güter- und Zollabkommen (GATT)* regelt den Warenverkehr von Industriegütern mit der Absicht, die weltweiten Zölle drastisch zu senken, Landwirtschaft mit dem Ziel Abbau von Subventionen und den Textilhandel mit der Absicht eines Abbaus von Exportbeschränkungen.

- Das *Dienstleistungsabkommen (GATS)* regelt den Handel mit Dienstleistungen. Es verfolgt das Ziel der Öffnung der Märkte und dem Abbau von Handelshemmnissen in den Bereichen Telekommunikation, Banken und Versicherungen, Transport und Tourismus.

- Das *Abkommen über geistiges Eigentum (TRIPS)* regelt den Schutz des geistigen Eigentums in den Bereichen Patente, Marken, Urheberrecht, Industriedesign und Computerprogramme.

Die Weltbank ist ebenfalls eine Sonderorganisation der Vereinten Nationen und hat mehr als 180 Mitgliedstaaten. Die Weltbank ist – wie der IWF – aus dem Bretton Woods-Abkommen hervorgegangen. Ihre Aufgabe besteht darin, Entwicklungsländern Kapital für die wirtschaftliche Entwicklung zur Verfügung zu stellen. Förderte die Weltbank bis in die 1970er Jahre insbesondere die wirtschaftliche Infrastruktur, so liegt der Schwerpunkt heute eher bei Maßnahmen der ländlichen Entwicklung und der Armutsbekämpfung unter Einbeziehung umweltpolitischer Aspekte. Die projektgebundenen Darlehen und Strukturanpassungskredite haben eine Laufzeit von 15 bis 20 Jahren und werden zu den an internationalen Finanzmärkten üblichen Zinsen vergeben.

Weltbank

Der IWF wurde gegründet, um das internationale Währungssystem zu stabilisieren. Die Organisation hat 182 Mitgliedstaaten. Die wichtigsten Ziele des Internationalen Währungsfonds sind:

Internationaler Währungsfonds

- Förderung der internationalen Zusammenarbeit auf dem Gebiet der Währungspolitik;
- Unterstützung eines ausgewogenen Wachstums und Liberalisierung des Welthandels;
- Förderung der Stabilität der Wechselkurse;
- Mitwirkung bei der Errichtung eines multilateralen Zahlungssystems;
- Vergabe von Krediten an Mitgliedstaaten zur Überbrückung von kurzfristigen Zahlungsbilanzschwierigkeiten; schließlich
- Verringerung der Dauer und des Ausmaßes der Ungleichgewichte der internationalen Zahlungsbilanzen der Mitgliedsländer.

Neben diesen wichtigen Akteuren der globalen Ökonomie sei noch auf zwei weitere hingewiesen: (1) die G7 bzw. G8 als das informelle Forum des Weltwirtschaftsgipfels, in dem die sieben größten Wirtschaftsnationen (Deutschland, Frankreich, Großbritannien, Italien, Japan, Kanada und USA) ihre globalen Interessen koordinieren (seit 2002 durch Russland zur G8 erweitert) und (2) die OECD (Organization for Economic Cooperation and Development). Sie ist der organisatorische Zusammenschluss der führenden Industrieländer für wirtschaftliche Zusammenarbeit und Entwicklungshilfe.

Betrachtet man die Struktur der globalen Ökonomie seit Beginn der 1980er Jahre so zeigen sich nur auf den ersten Blick zwei widersprüchliche Entwicklungen: Einerseits haben durch die wirtschaftliche Globalisierung internationale Organisationen, wie beispielsweise die Welthandelsorganisation (WTO), eine erhebliche Aufwertung erfahren. Andererseits haben die unbestrittenen wirtschaftlichen Erfolge der Europäischen Union die Attraktivität zur

regionale Integration

Bildung regionaler Wirtschaftsräume erheblich gesteigert. Ersteres impliziert eine Machtverschiebung zwischen Nationalstaat und nationaler Wirtschaft zugunsten der transnationalen Wirtschaft, während die regionale Integration als eine Antwort auf diese Entwicklung betrachtet werden kann – ein Versuch der Staaten in einem regionalen Bezugskontext politische Handlungsspielräume zurück zu gewinnen.

Mit der Errichtung einer Zollunion, eines gemeinsamen Binnenmarktes sowie einer Wirtschafts- und Währungsunion wurde seit Beginn der Integration in den 1950er Jahren bis heute im Rahmen der Europäischen Gemeinschaft/Europäischen Union ein hoch vergemeinschafteter Wirtschaftsraum geschaffen, der innerhalb seiner Grenzen alle Handelsschranken beseitigt hat, gegenüber Drittstaaten eine gemeinsame Zoll- und Handelspolitik betreibt und dem Gemeinsamen Markt eine einheitliche Währung gibt. Dabei wird für die Beseitigung der innergemeinschaftlichen Handelshemmnisse sowohl die Harmonisierung nationaler Regelungen durch europäische Gesetzgebung vorangetrieben, als auch die gegenseitige Anerkennung unterschiedlicher mitgliedstaatlicher Bestimmungen und Standards. Neben der so genannten negativen Integration (Lösung von integrationsbedingten Problemen) findet ferner eine positive Integration in einer Reihe flankierender Binnenmarktbereiche statt, beispielsweise der Sozial-, Umwelt- oder Regionalpolitik.

In den vergangenen Jahrzehnten sind nun – gleichsam als Gegenbewegung zur wirtschaftlichen Globalisierung – eine Menge weiterer regionaler Integrationsprojekte entstanden, die dem Vorbild der Europäischen Union nacheifern. Zu nennen sind hier insbesondere:

- die „Association of South East Asian Nations" (ASEAN), gegründet im Jahre 1967;
- die „Asia-Pacific Economic Cooperation" (APEC), 1989 gegründet;
- in Südamerika der „Mercado del Sur" (MERCURSOR), gegründet 1991;
- die „North American Free Trade Area" (NAFTA); gegründet 1992
- die „Organization of African Unity" (OAU), gegründet im Jahre 2001.

Während die OAU, die NAFTA und die APEC sich der Idee einer Freihandelszone verpflichtet sehen, strebt der MERCURSOR langfristig eine Zollunion an. Die ASEAN dagegen plant, ähnlich wie die EU, eine weitergehende wirtschaftliche Integration ihrer Mitgliedstaaten. Die Erfolgsaussichten dieser wirtschaftlichen Integrationsprojekte müssen jedoch skeptisch beurteilt werden. Zu groß erscheinen vielfach die sozioökonomischen Unterschiede zwischen den Mitgliedstaaten in den einzelnen Wirtschaftsräumen und die Verpflichtung auf Marktwirtschaft und Demokratie ist ebenso nicht überall gleichermaßen gegeben. Politische Stabilität, eine wettbewerbsfähige Marktwirtschaft in den Mitgliedstaaten und die gemeinsame Verpflichtung zur Förderung des wirtschaftlichen und sozialen Zusammenhalts in der EG/EU waren aber die entscheidenden Gründe für den Erfolg des europäischen Integrationsprozesses.

6.4.4 Fazit: Globalisierung – Auswirkungen auf Markt und Staat

Die Dimensionen und Strukturen der Globalisierung zeichnen sich durch eine kaum noch zu überblickende Vielschichtigkeit und teilweise Widersprüchlichkeit aus. Entscheidend ist die Erkenntnis, dass Globalisierung sich weder auf ein eindimensionales Modell abbilden noch in das Gebäude einer alles erklärenden Theorie stecken lässt. Es gibt keine *„Globallösungen"* für die wirtschaftlichen, sozialen und ökologischen Problemlagen, Krisen und Katastrophen zu Beginn dieses Jahrhunderts. Wichtiger aber ist, dass Globalisierung kein Naturereignis ist, dem die Politik und die Gesellschaften hilflos ausgesetzt wären: Globalisierung wird gemacht, und damit ist Globalisierung auch (in Grenzen) steuerbar (Beck 1997).

Problem: Steuerung der Globalisierung

Dies erscheint auf den ersten Blick schwierig, da der Handlungsrahmen des Staates und der Wirkungsbereich der Wirtschaft nicht mehr identisch sind. Während die nationalstaatliche Politik versucht, trotz steigenden Anpassungsdrucks an die neuen Rahmenbedingungen der globalen Ökonomie, die Errungenschaften des Sozialstaates zu verteidigen, agieren Unternehmen zunehmend international unter primär wirtschaftlichen Effizienzkriterien. Es beginnt ein regelrechtes „Wettrennen" um Standortattraktivität. Die Politik muss darauf bedacht sein, möglichst günstige Bedingungen für Unternehmen zu schaffen, um einer Abwanderung derselbigen in so genannte „Billiglohnländer" vorzubeugen. Ein regelrechtes Tauziehen um die Unternehmen beginnt, verbunden mit einer starken Tendenz zur weiteren wirtschaftlichen Liberalisierung und Deregulierung (*„race to the bottom"*).

Die Lösung kann nicht darin bestehen, diesem Druck permanent nachzugeben. Ein hoch industrialisiertes Land wie Deutschland wird, was z.B. den Primären Sektor betrifft, niemals mit „Billiglohnländern" wie Indien oder Taiwan mithalten können. Wettbewerbsfähigkeit in einer globalisierten Ökonomie erfordert daher zweierlei:

Anforderungen an Markt und Staat

1. Es müssen für alle Staaten auch vergleichbare Wettbewerbsbedingungen gelten. Weltweite soziale Mindeststandards würden z.B. einerseits viel Konkurrenzdruck von den Industriestaaten nehmen und andererseits die Lebens- und Arbeitsbedingungen von Arbeitnehmern in Entwicklungs- und Schwellenländern verbessern.
2. Es geht darum, die Stärken des Standorts Deutschlands, wie z.B. die gute Infrastruktur, die Qualität von Forschung und Entwicklung sowie die gute Ausbildung der Arbeitskräfte zu mobilisieren, um den modernen Dienstleistungssektor auszubauen und in hochtechnologische Produktionsvorgänge zu investieren.

Zwei zentrale Voraussetzungen müssen jedoch erfüllt sein, um diese Ziele durchzusetzen. Einmal müssen notwendige innenpolitische Reformen angegangen werden. Dabei geht es nicht nur um die Senkung der Lohnnebenkosten, sondern um eine Politik, die die Investitions- und Innovationsbereitschaft von Unternehmen fördert. Eine andere auf der Hand liegende Voraussetzung besteht darin, die Regelungsreichweite der Politik an die Ausdehnung der Handlungszusammenhänge anzupassen. Global Governance ist jedoch voraussetzungsvoll: So muss hinreichende Gewissheit darüber bestehen, dass die Beteiligten die ausgehandelten Regeln auch einhalten, damit die Kooperation funktionieren kann. Weil kein Staat formal berechtigt ist, die Nichteinhaltung international vereinbarter Regeln zu sanktionieren, besteht ein grundsätzliches Vertrauensproblem im internationalen System. Dies kann zwar durch Selbstbindungen – wie etwa durch zwischenstaatliche Verträge und Institutionen – reduziert, aber nicht aufgehoben werden. Ein Ausweg aus dieser Situation kann nur in der Stärkung der Vereinten Nationen gesehen werden.

Literatur:

Beck, Ulrich 1997: Was ist Globalisierung?, Frankfurt a.M.
Osterhammel, Jürgen/Peterson, Niels P. 2003: Geschichte der Globalisierung. Dimensionen, Prozesse, Epochen, München.
Thurow, Lester C. 2004: Die Zukunft der Weltwirtschaft, Frankfurt a.M.

Internetseiten:

GERM – Studien- und Forschungsgruppe Mondialisierung: www.mondialisierung.org (mehrsprachige Seite mit zahlreichen wissenschaftlichen Texten zum Thema Globalisierung)

Handbuch der Globalisierung: www.handbuchderglobalisierung.de
  (wird laufend aktualisiert)
KOF – Konjunkturforschungsstelle der ETH Zürich: www.kof.ch/globalization (Daten zum Ausmaß der Globalisierung in einzelnen Ländern;
  wird laufend aktualisiert)

6.5 Struktureller Wandel und Innovation

Was versteht man unter Innovation und Innovationspolitik?
Welches sind die wichtigsten Determinanten systemischer Wettbewerbsfähigkeit?
Wie ist Industriepolitik in Abgrenzung zur Strukturpolitik zu definieren?
Was sind die wichtigsten Instrumente der Industrie- sowie Forschungs- und Technologiepolitik.
Wie ist der Standort Deutschland zu bewerten hinsichtlich seiner ökonomischen und technologischen Leistung?
Welche Steuerungs- und Koordinationsprobleme können bei der Implementation von Innovationspolitik im europäischen Mehrebenensystem entstehen?

Drei Ereignisse von weit reichender Bedeutung haben in den letzten Jahren in Deutschland eine Politik zur Förderung von strukturellem Wandel und Innovationen insbesondere mit den Instrumenten der Strukturpolitik erneut in das Blickfeld einer breiten Öffentlichkeit gerückt. Mit dem Zusammenbruch des sozialistischen Gesellschafts- und Wirtschaftsmodells in Ostdeutschland sowie den mittel- und osteuropäischen Staaten und deren Einbindung in das marktwirtschaftliche System der Bundesrepublik Deutschland und der Europäischen Union, sind enorme ökonomische Umstrukturierungsprozesse zu bewältigen. Daneben unterliegen die westlichen Industriegesellschaften durch die wachsende Interdependenz der globalen Ökonomie einem steigenden Anpassungsdruck, ihre internationale Wettbewerbsfähigkeit sicherzustellen. Schließlich wurden mit dem Vertrag von Maastricht der Europäischen Union weit reichende Ziele und Befugnisse in diesem Bereich zugewiesen. Wirtschaftstheoretisch bilden technische Innovationen nach der so genannten Neuen Wachstumstheorie eine zentrale Quelle des Wachstums und somit auch der Beschäftigung. Eine weitere bildet das Humankapital, der Faktor Wissen. Erfolgreiche Forschung und Entwicklung, die durchaus staatlich unterstützt werden kann, ermöglicht es zudem, Monopolrenten zu generieren und sich so einen Wettbewerbsvorteil zu verschaffen.

6.5.1 Innovation und Wettbewerbsfähigkeit im Kontext der Strukturpolitik

Innovation

In einem engeren Sinne beschreibt man Innovationen ganz allgemein als technische Neuerungen. In einem breiteren Sinne nach Schumpeter beinhalten Innovationen die Entwicklung und Vermarktung eines neuen Produktes (*Produktinnovation*), die Entwicklung eines neuen Produktionsverfahrens (*Prozessinnovation*) oder neuartiger Managementformen (*organisatorische Innovation*) auf der Unternehmensebene. Im Rahmen der neuen Innovationsökonomie (vgl. u.a. Nelson 1993) wurde systematisch die Funktionslogik von Innovationsprozessen und Innovationssystemen erforscht. Innovationen werden hier als ein Prozess beschrieben, der im Rahmen von Entwicklungskorridoren abläuft. Dies impliziert immer eine bewusste Entscheidung für und wider eine technologische Option, die spezifische historische Konstellationen widerspiegelt, in denen sich wirtschaftliche, politische und andere Logiken, aber auch Zufälle, vermischen. Wenn Entwicklungskorridore erst einmal etabliert sind, sind die technologiepolitischen Steuerungsmöglichkeiten begrenzt (Pfadabhängigkeit). Der Innovationsprozess fußt auf kontinuierlichen Lernprozessen, die meist interaktiv sind (zwischen Unternehmen sowie zwischen diesen und Forschungs- und Technologieeinrichtungen) und sich in horizontalen Netzwerken vollziehen. (Eßer/Hillebrand/Messner/Meyer-Stamer 2001: 148).

Systemische Wettbewerbsfähigkeit

Innovationsprozesse befördern die Wettbewerbsfähigkeit von Industriestaaten. Diese entsteht jedoch nicht allein durch die Stabilisierung makroökonomischer Bedingungen und die Schaffung entsprechender Anreizstrukturen, sondern sie basiert auf der Schaffung eines leistungsfähigen Umfelds, bei dem auch verschiedene nicht-staatliche Akteure (Unternehmen, Verbände, Gewerkschaften, die technologische community u.a.) mitwirken, um gemeinsam mit dem Staat die notwendigen Anstrengungen zur Verbesserung der Standortbedingungen zu unternehmen. Wettbewerbsfähigkeit ist in diesem Verständnis *„systemisch"*, weil ihre Bestimmungsfaktoren nur im Wechselspiel zwischen Elementen und Faktoren, die auf vier unterschiedlichen Ebenen verortet werden, verstanden werden können (Eßer/Hillebrand/Messner/Meyer-Stamer 2001: 152f.; vgl. dazu auch Barrios 2005).

Abb. 74: Bestimmungsfaktoren systemischer Wettbewerbsfähigkeit

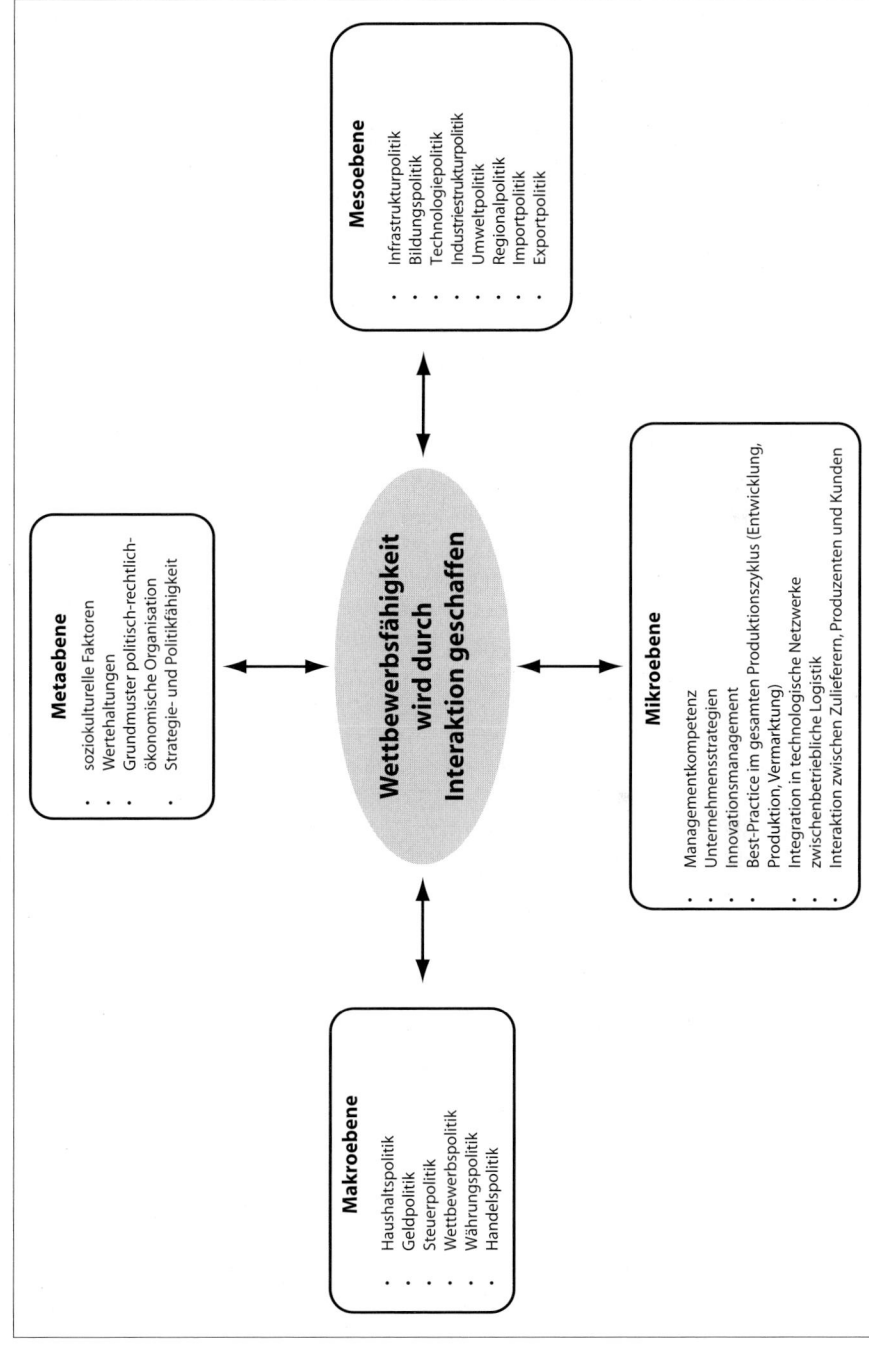

Metaebene

- soziokulturelle Faktoren
- Wertehaltungen
- Grundmuster politisch-rechtlich-ökonomische Organisation
- Strategie- und Politikfähigkeit

Mesoebene

- Infrastrukturpolitik
- Bildungspolitik
- Technologiepolitik
- Industriestrukturpolitik
- Umweltpolitik
- Regionalpolitik
- Importpolitik
- Exportpolitik

Makroebene

- Haushaltspolitik
- Geldpolitik
- Steuerpolitik
- Wettbewerbspolitik
- Währungspolitik
- Handelspolitik

Mikroebene

- Managementkompetenz
- Unternehmensstrategien
- Innovationsmanagement
- Best-Practice im gesamten Produktionszyklus (Entwicklung, Produktion, Vermarktung)
- Integration in technologische Netzwerke
- zwischenbetriebliche Logistik
- Interaktion zwischen Zulieferern, Produzenten und Kunden

Wettbewerbsfähigkeit wird durch Interaktion geschaffen

Quelle: nach Eßer/Hillebrand/Messner/Meyer-Stamer 2001: 153

Die Förderung von Innovation ist somit in eine multidimensionale Politikstrategie eingebettet und setzt auf unterschiedlichen Ebenen an. Sie ist Bestandteil einer umfassenden Wirtschaftspolitik des Staates, insbesondere der Ordnungs- und Prozesspolitik, aber auch der Strukturpolitik als dritten Parameter. Eine erste konstitutive Aufgabe der Wirtschaftspolitik ist die Ordnungspolitik. Sie setzt beispielsweise über das Wettbewerbsprinzip, die Gewerbefreiheit, das Stabilitäts- und Wachstumsgesetz, in einer langfristigen Perspektive die wirtschaftlichen Rahmenbedingungen und steckt damit auch den Korridor für wirtschaftspolitische Aktivitäten des Staates ab. Diese vollziehen sich zweitens im Rahmen der Prozesspolitik, die eine stabilisierungspolitische Funktion hat und kurzfristige Interventionen zur Aufrechterhaltung des wirtschaftlichen Gleichgewichts beinhaltet. Beispiele hierfür sind die Geld- und Fiskalpolitik sowie die Arbeitsmarktpolitik. Einen dritten wichtigen Bestandteil der Wirtschaftspolitik stellt schließlich die Strukturpolitik dar.

Strukturpolitik Unter Strukturpolitik versteht man ganz allgemein staatliches Handeln im Rahmen der Wirtschaftspolitik, um den Strukturwandel zu beeinflussen. Unterschieden wird im Einzelnen in (Sturm 1991: 15; vgl. dazu auch Brösse 1996):

- Erhalt, Ausbau und Anpassung von Industriestrukturen (*Wirtschaftsstrukturpolitik*);
- Geographische Neuverteilung von Industriestrukturen (*Regionalpolitik*);
- Stärkung von kleinen und mittleren Unternehmen (*Mittelstandspolitik*);
- Förderung von industriellen Innovationen (*Forschungs- und Technologiepolitik*).

Industriepolitik Industriepolitik kann als ein Ausschnitt der Wirtschaftsstrukturpolitik betrachtet werden, der insbesondere den sekundären und tertiären Sektor umfasst.

> *Industriepolitik*
> Darunter wird die Summe aller staatlichen Maßnahmen verstanden, die auf die Gestaltung industrieller Strukturen gerichtet sind. Darunter fällt ein breites Spektrum an Strategien, die sich von der Privatisierung und Deregulierung über Unternehmensgrößenstruktur- und Wettbewerbspolitik, regional und sektoral spezifische Unterstützungsmaßnahmen bis hin zu korporatistischen Ansätzen einer konzentrierten Steuerung des Strukturwandels und im Extremfall der Verstaatlichung oder Kontrolle von Betrieben und ganzen Branchen erstrecken. Es bestehen fließende Übergänge zu anderen Politikfeldern, wie beispielsweise zur Regional-

politik, zur Forschungsförderung oder zur Wirtschaftsstrukturpolitik sowie zur Umwelt- und Handelspolitik. Staatliche Industriepolitik richtet sich in erster Linie an Unternehmen mit dem Ziel, deren Wettbewerbsfähigkeit zu steigern.

Nach Charakter und Intensität des staatlichen Eingriffs unterscheidet man drei Varianten der Industriepolitik:

- Eine *Strukturerhaltungspolitik* beinhaltet entgegen dem Trend des Strukturwandels und den Tendenzen des Marktes eine Erhaltung bestehender Branchenstrukturen und Arbeitsplätze. Es geht letztlich um die bewusste Verzögerung marktbedingter Anpassungsprozesse und ist in der Regel sozialpolitisch motiviert.
- Eine *Strukturanpassungspolitik* ist auf die Förderung von Marktprozessen angelegt, bemüht den Strukturwandel zu erleichtern und von Friktionen frei zu halten. Im Mittelpunkt steht dabei die Beschleunigung von Marktprozessen unterstützt von der Wettbewerbspolitik.
- Eine *Strukturgestaltungspolitik* intendiert die Lenkung von Marktprozessen auf zukunftsträchtige Branchen und Technologien, um wettbewerbsfähige Arbeitsplätze zu schaffen.

Abb. 75: Instrumente der Industriepolitik

Strukturerhaltungspolitik	Strukturanpassungspolitik	Strukturgestaltungspolitik
Erhaltungssubventionen	Forschungs- und Technologieförderung	Strukturplanung
Administrative Preisfestsetzungen	Zeitlich begrenzte Anpassungshilfen	Regulierungen
	Abbau von Anpassungshemmnissen	Entflechtungen
Anbieterschutzverordnungen	Mobilitätsprämien	Fusionsförderungen
Protektionismus	Rationalisierungs- und Umstellungshilfen	Privatisierungen
	Abbauprämien	Verstaatlichungen
	Strukturkrisenkartelle	
	Investitionshilfen	

Quelle: nach Peters 1996: 138

Vorrangige Ziele der Industriepolitik sind daher die Erhöhung des Wachstums-, Beschäftigungs- und Innovationspotenzials einer Volkswirtschaft. Mit der wachsenden Bedeutung neuer wissensbasierter Technologien richtet sich das Augenmerk der Strukturpolitik generell mehr und mehr auf die Innovationsfähigkeit der Wirtschaft und wird heutzutage immer häufiger mit der Forschungs- und Technologieförderung gleichgesetzt. Forschungs- und Technologiepolitik wird als Querschnittsaufgabe verstanden, die neben der Förderung von

Industriepolitik als Innovationspolitik

Forschung und Entwicklung auch die vielfältigen Maßnahmen zur Diffusion und Anwendung von neuen Technologien zur Unterstützung des Strukturwandels und der Bearbeitung von ökonomischen Folgeproblemen umfasst. Eng verknüpft wird die Forschungs- und Technologiepolitik daher auch mit dem Konzept der nachhaltigen Entwicklung. Außerdem wird seit den achtziger Jahren auch von Forschungs- und Technologiepolitik als einer Innovationspolitik gesprochen (vgl. dazu Martinsen et al. 2000).

Abb. 76: Instrumente der Forschungs- und Technologiepolitik

Instrumente im engeren Verständnis	Instrumente im weiteren Verständnis
1. Institutionelle Förderung von öffentlichen Forschungseinrichtungen • Hochschulen • sonstige öffentliche Forschungseinrichtungen	**6. Innovationsmanagement** • Unterstützung organisatorischer Anpassungen in Industrie (und öffentlichen Instituten) • Unterstützung der Absorptionsfähigkeit • Innovations- und Forschungsberatung
2. Finanzielle Anreize zur Forschung, insbesondere in der Industrie • direkte finanzielle Anreize zur Forschung und experimentellen Entwicklung (Förderprogramme) • Steuererleichterungen	**7. Bewusstseinsbildung und wissenschaftliche Beratung** • Technikbewertung, Vorausschau etc. • Targeting, Langfristvisionen • Wissenschaftliche Beratungsgremien
3. Infrastrukturmaßnahmen • Technologieparks • Förderung von Technologieclustern	**8. Unterstützung der Marktumsetzung von Innovationen** • Risikokapital, Start-Ups • öffentliche Nachfrage • Beeinflussung der privaten Nachfrage
4. Maßnahmen zur Steigerung und Verbesserung des Technologietransfers • Programm zur vertikalen und horizontalen Kooperation • Netzwerke • Intermediäre	**9. Regulative bzw. ordnungspolitische Maßnahmen** • Regulative Politik (Schutzrechte, Standards, Normen, Dienstrecht etc.) • innovationsfreundlicher bürokratischer und ordnungspolitischer Rahmen
5. Aus- und Fortbildung • universitäre Ausbildung • Fachhochschulen, Berufsakademien • berufliche Weiterbildung	**10. Innovationskatalysator in weiteren Politikfeldern** • Wettbewerbs-, Sozial-, Gesundheits-, Verbraucher-, Energiepolitik etc.

Quelle: nach BMBF 2004: 90

6.5.2 Industriepolitik als wirtschaftspolitische Aufgabe

Instrumente der Industriepolitik

Industriepolitik wird auf allen staatlichen Ebenen der Bundesrepublik, also Bund, Länder und Gemeinden betrieben. Die dabei eingesetzten Instrumente sind vielfältig.

1. Der Bund und die Länder gewähren Subventionen an Unternehmen sowie im Rahmen der Gemeinschaftsaufgaben nach Art. 91 GG Zuschüsse zu Investitionen in Infrastruktur.

2. Der Bund kann zudem durch protektionistische Maßnahmen Industriepolitik betreiben.
3. Auf der Ebene der Länder konzentriert sich Industriepolitik seit den 1980er Jahren auf die Förderung von kleinen und mittleren Unternehmen, von Neugründungen und technologieintensiven Betrieben, die über halböffentliche Einrichtungen abgewickelt wird und die verschiedene Informations-, Beratungs- und Finanzierungsdienstleistungen umfasst.
4. Die Gemeinden fördern die Gewerbeansiedlung neben infrastrukturellen Maßnahmen durch die (günstige) Erschließung von Grundstücken.
5. In Ostdeutschland hatte ferner die Treuhandanstalt nach der Wende weit reichenden Einfluss auf die regionalen und Branchenstrukturen ausgeübt.
6. Darüber hinaus entfalten auch zusätzliche gesetzliche Regelungen bzw. der Abbau bestehender gesetzlicher Vorgaben eine entsprechende Steuerungswirkung.

Zunehmenden Einfluss auf die industriepolitischen Gestaltungsmöglichkeiten von Bund, Ländern und Gemeinden haben die Regelungen der EU, insbesondere die Europäischen Strukturfonds. Im Mittelpunkt der *Strukturfondsförderung* steht die Entwicklung und strukturelle Anpassung von Regionen mit Entwicklungsrückstand („Ziel 1"), die wirtschaftliche und soziale Umstellung von Gebieten mit Strukturproblemen („Ziel 2") sowie die Anpassung und Modernisierung der Bildungs- und Beschäftigungspolitiken („Ziel 3"). In der nächsten Finanzperiode 2007-2013 werden in der Strukturpolitik hauptsächlich drei Ziele gefördert: (1) Konvergenz, (2) regionale Wettbewerbsfähigkeit und (3) Beschäftigung sowie die europäische territoriale Zusammenarbeit. Diese Fonds stellten für den Zeitraum 2000-2006 rund 213 Mrd. EUR bereit, das entspricht etwa einem Drittel der gesamten EU-Ausgaben in diesem Zeitraum.

Mit dem Vertrag von Maastricht wurden der EU weitere industriepolitische Kompetenzen übertragen. In *Artikel 3 EGV* wird die „Stärkung der Wettbewerbsfähigkeit der Industrie der Gemeinschaft" ausdrücklich zum Vertragsziel erklärt und *Artikel 130* legt die entsprechenden Aufgaben und Kompetenzen fest. Um die Wettbewerbsfähigkeit der EU sicherzustellen, sollen

- die Anpassungsfähigkeit der Industrie an strukturelle Veränderungen,
- die Weiterentwicklung insbesondere der kleinen und mittleren Unternehmen,
- die Zusammenarbeit zwischen Unternehmen und

Industriepolitik im Kontext der EU

- die bessere Nutzung des Potentials in den Bereichen von Innovationen, Forschung und technologischer Entwicklung gefördert werden.

Europäische Industriepolitik umfasst direkte und indirekte wirtschaftspolitische Instrumente. Sie setzt auf makroökonomischer, sektoraler, mikroökonomischer und auch auf Unternehmensebene an. Weitere wichtige Eckpfeiler waren in den letzten Jahren das Weißbuch „Wachstum, Wettbewerbsfähigkeit, Beschäftigung" (1993) und der Bangemann-Bericht „Europa und die globale Informationsgesellschaft" (1994) sowie die *Lissabon-Strategie* (2000), die das Ziel verfolgt, die EU bis zum Jahre 2010 zum wettbewerbsfähigsten und dynamischsten Wirtschaftsraum der Welt zu machen. Insofern kann die europäische Industriepolitik als eine am technischen Fortschritt orientierte und auf die wirtschaftliche Modernisierung ausgerichtete Politik begriffen werden.

Industriepolitik als Mehrebenen-phänomen

Industriepolitik bildet ein klassisches Mehrebenensystem, in dem die Verflechtung verschiedener Entscheidungsebenen (EU, Bund, Länder und Kommunen) und die Ausdifferenzierung der Entscheidungsverfahren dazu führen, dass es immer schwieriger wird, die einzelne Verantwortung zuzuordnen.

- Die verschiedenen staatlichen Akteure koordinieren ihre Aktivitäten nicht bzw. nicht in ausreichendem Maße; es herrscht eine große Vielfalt an Maßnahmen, die für die Adressaten nicht überschaubar sind und zudem teilweise nicht kumuliert werden dürfen. Daraus ergibt sich eine breite Vielfalt an industriepolitischen Maßnahmen, die in sich keine Konsistenz aufweisen.
- Entbürokratisierung, Auflösung von Mittelbehörden, Dezentralisierung der staatlichen Aufgabenwahrnehmung und Funktionalreformen führen zu einer Stärkung der regionalen Ebene.
- Gleichwohl werden gegenläufig hierzu die Vorgaben der EU in zunehmendem Maße die regionalen Gestaltungsmöglichkeiten beeinflussen. Vor allem durch die Strukturfonds werden erhebliche Mittel zur Verfügung gestellt, was zur Folge hat, dass die Bundesländer so ihre Autonomie gegenüber dem Bund stärken können.

industriepolitische Maßnahmen in Deutschland

Traditionell wurden in Deutschland die so genannten „alten Industrien", wie Kohle und Stahl, Schiffbau, Papier, Textil und Bekleidung sowie die Luft- und Raumfahrttechnik durch staatliche Subventionen gefördert. Die Notwendigkeit zur Konsolidierung öffentlicher Haushalte stellt zunehmend diese vorrangig monetär ausgerichtete Industriepolitik in Frage. Das gilt insbesondere für reine Subventionstatbestände. Aber auch direkte bzw. indirekte nicht-monetäre Strategien (z.B. Finanzierung von Beratung oder Infrastruktur) geraten politisch zunehmend unter Rechtfertigungsdruck. In den Bundesländern bestehen inzwischen erste Ansätze, staatliche Wirtschafts- und Strukturförderprogramme in ein Kontraktmanagement zu integrieren, in dem mit Hilfe von Zielvereinbarungen, Controlling und Berichtswesen die industriepolitische Förderung stärker an Effizienzkriterien ausgerichtet werden soll. Die sozialpolitische Komponente der Industriepolitik wird durch diese Betrachtungsweise in den Hintergrund gedrängt (Brösse 1996).

Privatisierung öffentlicher Aufgaben hat darüber hinaus neue Politikfelder für eine staatliche, nicht monetär ausgerichtete Industriepolitik eröffnet. „Moderne Industrien" werden wesentlich durch Maßnahmen zur staatlichen Deregulierung bzw. Privatisierung gefördert. Maßnahmen, die das Ziel haben, freien Wettbewerb zu schaffen bzw. zu stärken und Innovationen zu fördern. Beispiele hierfür sind die Energiepolitik, das Postwesen, Telekommunikation, Banken oder Verkehr. Neben der Deregulierung bestehen auch industriepolitische Ansätze, die sich durch staatliche Neuregelungen auszeichnen, beispielsweise der Umweltbereich oder die Internetökonomie.

Strategiewechsel in der Industriepolitik

Mit diesem Strategiewechsel auf dem Feld der Industriepolitik nimmt der Staat nicht Abschied von seinem ursprünglichen Ziel einer starken, wettbewerbsfähigen Wirtschaft. Doch können in Zukunft die bisher übernommenen Aufgaben mit den zur Verfügung stehenden staatlichen Ressourcen und etablierten Instrumenten nicht mehr angemessen erfüllt werden. Strategien zur Modernisierung setzen daher stärker auf die Selbstregelungskräfte der Gesellschaft. Im Mittelpunkt der Betrachtung steht der Staat in der Rolle des regulierenden, koordinierenden und aktivierenden Staates. Selbstregelung ist nicht risikofrei, das zeigt die breite Diskussion über das Versagen des Marktes. In vielen Bereichen ist weiterhin staatliche Infrastruktur (etwa wissenschaftliche Forschung) ebenso nötig wie Institutionen und Regelungen zur Senkung von Transaktionskosten und Bildung von Netzwerken. Das Verhältnis von gesellschaftlicher Selbstregulierung und staatlicher Steuerung bleibt prekär. Es geht also nicht um ein Vermeiden von staatlicher oder Marktsteuerung, sondern vielmehr um den Ausgleich von bestehenden Steuerungsdefiziten und einen effizienten Mix an Steuerungsinstrumenten.

6.5.3 Internationale Wettbewerbsfähigkeit: Der Standort Deutschland im internationalen Vergleich

Benchmarking der internationalen Wettbewerbsfähigkeit Deutschlands

Es gibt zahlreiche Studien, die sich mit der internationalen Wettbewerbsfähigkeit Deutschlands auseinandersetzen. Bei der Bewertung der ökonomischen und technologischen Performanz Deutschlands ergibt sich letztlich kein einheitliches Bild. Im Kapitel Globale Märkte wurde bereits auf internationale Studien verwiesen, die der Wirtschaft Deutschlands einen weit besseren Zustand bescheinigen, als es die Problemwahrnehmung durch die nationale Politik und Wirtschaft vor Ort vermuten lässt. Gleichzeitig gibt es zahlreiche Studien, etwa den Competetiveness Report des World Economic Forum, den europäischen Innovationsanzeiger, das Bertelsmann Beschäftigungsranking oder auch den Bericht des BMBF „Technologie und Qualifikation für neue Märkte", die die ökonomische und technologische Leistungsfähigkeit des Standorts Deutschlands sehr skeptisch beurteilen. Dies liegt nicht zuletzt an der Auswahl der Indikatoren, die den unterschiedlichen Rankings zugrunde liegen.

Global Competetiveness Report

Eine wesentliche Voraussetzung, den „Wohlstand der Nationen" zu mehren, liegt in der Wettbewerbsfähigkeit einer Volkswirtschaft. Hieraus ergeben sich positive Impulse für Wachstum, Beschäftigung, Einkommen bzw. Gewinne und Sozialleistungen. Der „Global Competetiveness Report 2002-2003" (Fendel/Frenkel 2003) des World Economic Forum verwendet eine breite Palette von makro- und mikroökonomischen Indikatoren sowie Umfragen bei 4800 weltweit führenden Unternehmen, um die Dynamik einer Volkswirtschaft und ihre Wachstumspotenziale abzuschätzen. Für die Bundesrepublik ergibt sich in diesem Bericht ein uneinheitliches Bild: Einerseits schneidet das Land auf den mikroökonomischen Dimensionen wie Unternehmensstrategien, Innovationskapazität, Wertschöpfung, Qualität der Produkte, Zuliefernetzwerke und Geschäftsumfeld mit einem vierten Platz gut ab. Andererseits liegt Deutschland beim makroökonomischen Index der Growth Competetiveness mit Rang vierzehn relativ weit abgeschlagen im Mittelfeld; hier schlagen vor allem die hohen Staatsausgaben, die öffentliche Verschuldung, die Massenarbeitslosigkeit und die dichte Regulation im Allgemeinen sowie Rigiditäten auf den Arbeitsmärkten im Besonderen negativ zu Buche. Mäßig ist ferner – was etwa durch die PISA-Studie bestätigt wird – die Qualität der mathematisch-naturwissenschaftlichen Ausbildung und die Einschreibungen in tertiären Bildungseinrichtungen. Besser sieht es hingegen mit der vorhandenen Infrastruktur und der inneren Sicherheit aus.

Abb. 77: Stärken- und Schwächen-Profil der deutschen Volkswirtschaft

Hervorzuhebende Wettbewerbsvorteile		Hervorzuhebende Wettbewerbsnachteile	
Individuelle Merkmale	*Rang*	*Individuelle Merkmale*	*Rang*
Growth Competitiveness		**Growth Competitiveness**	
Wertschöpfungsprozess	1	Staatsausgaben (2001)	71
Markenvielfalt	1	Einschreibung in tertiäre Bildungseinrichtungen	24
Mikroökonomische Wettbewerbsfähigkeit		**Mikroökonomische Wettbewerbsfähigkeit**	
Einzigartigkeit der Produkte	1	Ausmaß verzerrender Subventionen	71
Präsenz auf den Weltmärkten	1	Qualität der mathematischen und wissenschaftlichen Ausbildung	47
Qualität lokaler Zulieferer	1	Verwaltungsaufwand bei Firmengründungen	36
Allgemeine Qualität der Infrastruktur	3		
Sonstige Merkmale		**Sonstige Merkmale**	
F+E Ausgaben	8	Arbeitslosenrate (2000)	50
Kosten durch Gewalt und Verbrechen	7	Regulatorische Hindernisse für Unternehmen	53
Präsenz anspruchsvoller Standards	1	Effizienz des Steuerungssystems	75
		Einstellungs- und Entlassungspraxis	79
		Flexibilität der Lohnsetzung	79

Quelle: nach Fendel/Frenkel 2003: 35

Fendel/Frenkel kommen daher zum Ergebnis: „Betrachtet man das etwas gespaltene Abschneiden Deutschlands, muss man den Schluss ziehen, dass das sehr gute Abschneiden beim mikroökonomischen Kriterium im Wesentlichen durch erfolgreiche Unternehmensstrategien, funktionierende Arbeitsteilung und qualitativ hochwertige Infrastruktur bedingt ist. Daran hat sicherlich auch die Wirtschaftspolitik der vergangenen Jahrzehnte einen erheblichen Anteil, die es unter anderem den Unternehmen ermöglichte, jene gesunden Strukturen zu schaffen. Dass es allerdings keinen Anlass für die Wirtschaftspolitik gibt, sich noch länger auf den Errungenschaften der Vergangenheit auszuruhen, wird ebenfalls deutlich. Letztendlich ist das unbefriedigende Abschneiden beim Growth Competetiveness Index eine gelbe Karte für die deutsche Wirtschaftspolitik" (Fendel/Frenkel 2003: 35).

In eine ähnliche Richtung zielt der Europäische Innovationsanzeiger der Europäischen Union (Europäische Kommission 2001). Ausgehend von den Herausforderungen der Globalisierung und der Wissensgesellschaft wird im Rahmen des Lissabon-Prozesses versucht, einen europäischen Forschungs- und Innovationsraum zu

Europäischer Innovationsanzeiger

schaffen. Durch die Erfassung von Stärken und Schwächen, zumeist auf Basis amtlicher Statistiken, wird der Weg einer offenen Koordinierung beschritten, um die Mitgliedsländer bei der Entwicklung wirkungsvoller Maßnahmen zu unterstützen. Die herangezogenen Indikatoren decken dabei vier Felder ab:

- Humanressourcen (z.B. Beschäftigte in Branchen mit hohem Technologieniveau; Teilnahme an lebenslangem Lernen),
- Schaffung von Wissen (z.B. öffentliche und private Forschungs- und Entwicklungsausgaben, Patente),
- Übertragung und Anwendung neuen Wissens (vor allem auf kleine und mittlere Unternehmen),
- Innovationsfinanzierung, Output und Märkte im Hochtechnologiebereich (z.B. Risikokapital, Internetzugang, Wertschöpfung).

Die Momentaufnahme zeigt für Deutschland einige wichtige relative Stärken wie die Größe des verarbeitenden Gewerbes mit mittlerem und hohem Technologieniveau – was sich auch positiv im Export niederschlägt – und die Vielzahl an Patenten. Andererseits weist der Standort Schwächen im Bereich des lebenslangen Lernens und der High-tech Dienstleistungen auf. Im Vergleich zu den anderen Staaten liegt Deutschland – wie die anderen größeren europäischen Länder – im Mittelfeld.

Neben dem Innovationsanzeiger macht die EU auf der Basis von Strukturindikatoren, Beobachtungen und Beratungen mit den Regie-

Abb. 78: Zusammenfassender Innovationsindex

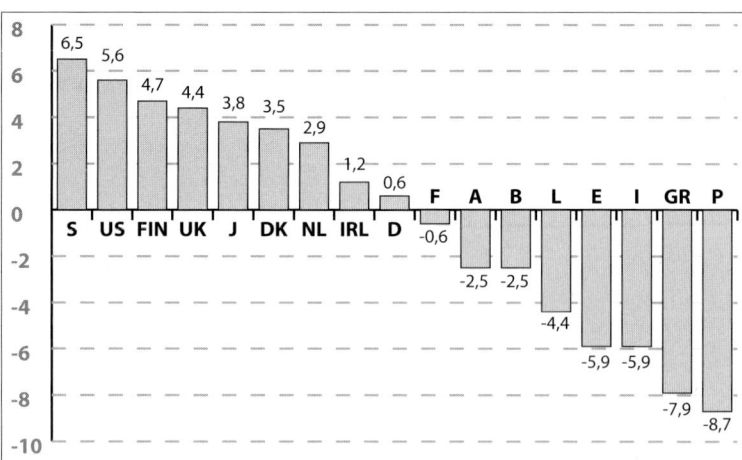

Quelle: nach Europäischer Innovationsanzeiger 2001: 12

rungen eigene Empfehlungen für die Grundzüge der Wirtschaftpolitik ihrer Mitgliedsländer (Europäische Kommission 2002). Im Falle der Bundesrepublik wird auf die Verringerung der Staatsverschuldung, die Verbesserung der Arbeitsmarktpolitik (etwa in Bezug auf Frauen und die Effizienz der Maßnahmen), Stärkung des Wettbewerbs (bei Gas und Strom) sowie auf eine Anhebung des Bildungsniveaus gedrängt.

Das Bertelsmann Beschäftigungsranking macht ebenfalls die Beobachtung, dass viele der erfolgreichen Nachbarländer von den Reformen profitieren, die sie in den 80er und 90er Jahren auf den Weg gebracht haben. Zugleich wird betont, dass bemerkenswerte Länderunterschiede bestehen: Während in einigen Ländern wie der Schweiz, den Niederlanden und in Norwegen inzwischen Vollbeschäftigung erreicht wird, hinken andere – insbesondere die großen Länder wie Deutschland, Italien und Frankreich – hinterher. Besonders Deutschland zeichnet sich durch eine hohe Arbeitslosigkeit mit starken Problemen bei den älteren Arbeitnehmern, Frauen und Langzeitarbeitslosen sowie einer niedrigen Innovationstätigkeit und Wachstumsrate aus. Zentrale Probleme sind aus Sicht der Autoren die Überregulierung des Arbeitsmarkts und – wegen der hohen Lohnnebenkosten besonders drängend – das Fehlen einer umfassenden konzertierten Reform von Wirtschafts-, Arbeitsmarkt- und Sozialpolitik; statt dessen dominierten „Stückwerk und Scheinreformen" (vgl. Bertelsmann Stiftung/Suntum, Ulrich van/Schlotböller, Dirk et al 2002) Günstiger ist hingegen die Lage beim sozialen Frieden (d.h. niedrige Streikaktivität) und der Lohnentwicklung. Insgesamt führt das zu einer 16. Position im Ranking.

Bertelsmann Beschäftigungsranking

Die Spitzenposition nimmt dabei Norwegen ein; hier ist nicht nur die Arbeitslosigkeit niedrig, sondern es gibt ebenfalls keine nennenswerte Zahl an Langzeitarbeitslosen und die (Frauen-)Erwerbsquote ist hoch. Lohnentwicklung, Inflationsrate, Arbeitsmarktprogramme werden ebenfalls günstig bewertet. Bei ihrer Analyse weisen die Autoren auf zwei weitere interessante Aspekte hin:

- Erstens haben wir es inzwischen mit einer veränderten Problemlage zu tun: Gravierende Verteilungskonflikte, harte Arbeitskämpfe und hohe Inflationsraten gehören in allen untersuchten Ländern der Vergangenheit an, wenngleich hierbei nationale Unterschiede existieren. Die Probleme von heute liegen auf der mikroökonomischen Ebene, in der hohen Regulierung der Güter- und Arbeitsmärkte, Fehlanreizen in der Sozial- und Arbeitsmarktpolitik, einer fehlenden Beschäftigungsdynamik sowie teilweise im Bildungs- und Qualifizierungswesen. Dies schränkt die Fortschreibung tradierter Problemlösungsstrategien ein; die Erfolgs-

Abb. 79: Rankingposition und Ländergruppen

Rang	Land	Bertelsmann Beschäftigungsindex	Gruppe
	Rankingposition und Ländergruppen		
1	Norwegen	7,98	II
2	Schweiz	7,94	I
3	Japan	7,92	II
4	Niederlande	7,70	III
5	USA	7,01	I
6	Portugal	6,97	IV
7	Österreich	6,92	II
8	Dänemark	6,50	II
9	Großbritannien	6,40	I
10	Neuseeland	6,20	I
11	Irland	6,06	I
12	Australien	6,03	I
13	Schweden	5,60	III
14	Kanada	5,47	I
15	Belgien	5,17	III
16	Deutschland	4,80	III
17	Frankreich	4,38	III
18	Italien	4,25	III
19	Finnland	4,17	III
20	Spanien	3,98	IV
21	Griechenland	3,77	IV

Gruppe I: wettbewerbsorientierte Marktwirtschaften
Gruppe II: korporatistische Leistungsgesellschaften
Gruppe III: verteilungsorientierte Wohlfahrtsstaaten
Gruppe IV: Transformationsökonomien

Quelle: Bertelsmann Stiftung/Suntum, Ulrich van/Schlotböller, Dirk et al 2002: 29.

rezepte von gestern erweisen sich – so die Vermutung für den deutschen Fall – mittlerweile vielfach als Hindernisse oder als weitgehend funktionslos.

• Zweitens erweist es sich für die Übertragung von Good Practices aus anderen Ländern als problematisch, dass sich diese in ihren politisch-ökonomischen Grundstrukturen unterscheiden. Demnach differenzieren die Autoren des Beschäftigungsrankings zwischen wettbewerbsorientierten Marktwirtschaften, korporatistischen Leistungsgesellschaften, verteilungsorientierten Wohlfahrtsstaaten und Transformationsökonomien im Aufholprozess. Im Großen und Ganzen spiegelt diese Reihung zugleich die Leistungsfähigkeit bzw. den Erfolg der Länder wider.

Unabhängig von den Details der Studien ist das Bild des Wirtschaftsstandorts Deutschlands sehr durchwachsen. Auf den ersten Blick ergibt sich eine Position im europäischen Mittelfeld, was für die größte und ehemals erfolgreichste Volkswirtschaft unbefriedigend ist. Zugleich machen alle Rankings, Berichte und Vergleiche deutlich, dass vieles an den Problemen hausgemacht ist (eben „Made in Germany") und sich nicht – wie gerne entschuldigend behauptet wird – aus der Globalisierung ergibt, denn dieser sind auch die anderen Länder ausgesetzt. Dieses Bild spiegelt sich auch in der folgenden differenzierten Bewertung der technologischen Leistungsfähigkeit Deutschlands wider.

6.5.4 Technologische Leistungsfähigkeit Deutschlands im internationalen Vergleich

Grundlage für die Bewertung bildet die im Auftrag des Bundesministeriums für Bildung und Forschung verfasste Studie „Technologie und Qualifikation für neue Märkte. Ergänzender Bericht zur technologischen Leistungsfähigkeit Deutschlands 2003-2004" (Bundesministerium für Bildung und Forschung 2004). Aus ihr werden zunächst die wichtigsten Ergebnisse zitiert und abschließend auf die Frage eingegangen, in welchen Bereichen Innovationspotentiale für den Wirtschaftsstandort Deutschland bestehen.

Der Strukturwandel der globalen Ökonomie ist durch drei Entwicklungslinien gekennzeichnet:

Strukturwandel der globalen Ökonomie

1. Hinsichtlich Produktion und Wertschöpfung, Export und Beschäftigung haben sich forschungsintensive Güter und wissensintensive Dienstleistungen durchgehend positiver entwickelt als andere.
2. Parallel dazu absorbieren Dienstleistungssektoren immer stärker die verfügbaren Produktionsfaktoren, fragen verstärkt akademische Qualifikationen nach und stimulieren das Innovationsgeschehen insbesondere in der Spitzentechnologie.
3. Beides hat Konsequenzen für das Innovationssystem: Hochwertige akademische Ausbildung auf der einen Seite, Spitzentechnologieorientierung in der Wirtschaft und exzellente Forschung in öffentlich geförderten Wissenschafts- und Forschungseinrichtungen auf der anderen Seite gewinnen an Bedeutung.

Diese Trends gelten zwar durchgängig für alle westlichen Industriestaaten, Deutschland lebt jedoch in besonderem Maße von Forschung und Innovation. Allerdings verliert Deutschland bezogen auf seine technologische Leistungsfähigkeit Schritt für Schritt an Boden, weil die Entwicklung sich in vielen Ländern dynamischer vollzieht als in Deutschland.

Abb. 80: Rangplatz Deutschlands unter ausgewählten Ländern* nach wichtigen Kriterien der technologischen Leistungsfähigkeit

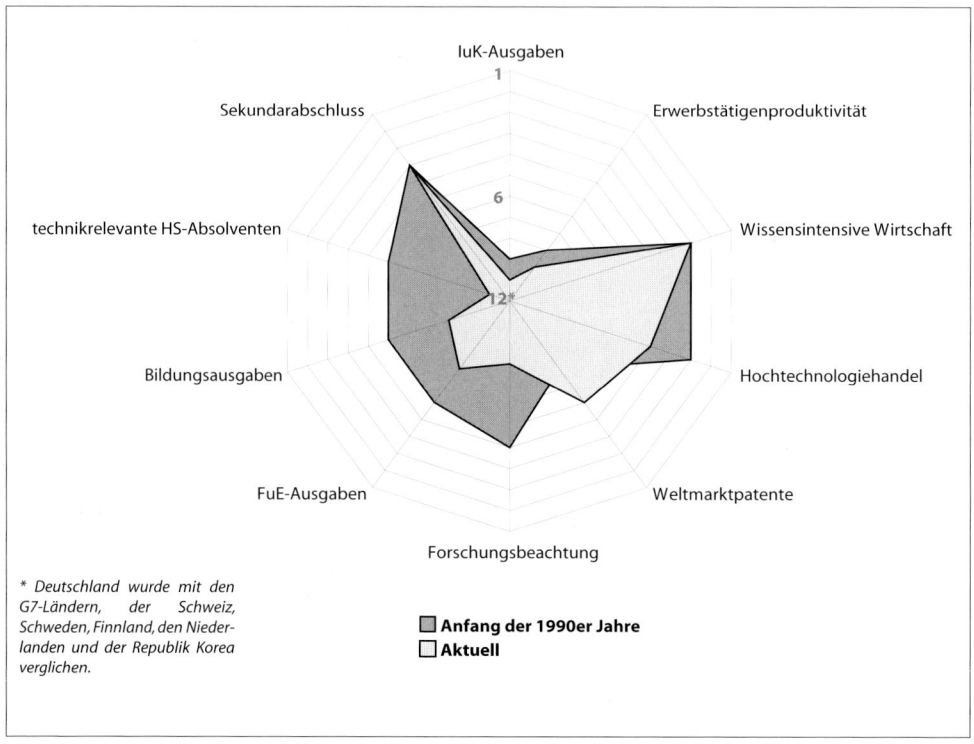

* Deutschland wurde mit den G7-Ländern, der Schweiz, Schweden, Finnland, den Niederlanden und der Republik Korea verglichen.

■ Anfang der 1990er Jahre
□ Aktuell

Quelle: BMBF 2004: 2

technologische Leistungsfähigkeit Deutschlands

Bei den strukturellen Indikatoren steht Deutschland nach wie vor relativ weit vorne. Vordere Rangplätze werden bei den Sekundarabschlüssen und der wissensintensiven Wirtschaft verteidigt. Bei investiven Anstrengungen, die den künftigen Strukturwandel und die Bereitschaft dazu kennzeichnen, fällt Deutschland jedoch um einige Rangplätze zurück (FuE-, Bildungs- und IuK-Ausgaben). Lediglich ein Indikator (Weltmarktpatente) deutet auf eine Positionsverbesserung Deutschlands hin, zeigt aber auch ein Teil des Dilemmas, in dem die deutsche Wirtschaft steckt: Angesichts der schwachen binnenwirtschaftlichen Dynamik kommen die Innovationsimpulse meist vom Weltmarkt. Leistungsfähigkeit und Effizienzreserven werden vor allem dazu genutzt, den Weltmarkt mit forschungs- und wissensintensiven Gütern und Leistungen zu bedienen. Vom Heimatmarkt hingegen kommen kaum Impulse.

Ein Hauptgrund für die wenig zufrieden stellende Entwicklung der technologischen Leistungsfähigkeit Deutschlands liegt in unzureichenden Zukunftsinvestitionen bei Forschung und Entwicklung, Bildung und Informationstechnik und unmittelbar damit verknüpft einem schrumpfenden Humankapitalvorsprung. In einer solchen Situation wiegen die Nachteile Deutschlands bei anderen Standortfaktoren – zu nennen sind neben der immer wieder genannten Armut an Rohstoffen und Primärenergie auch die hohen Arbeitskosten – doppelt schwer. Ein weiterer Grund muss in der vergleichsweisen zögerlichen Aufnahme von IuK-Technologien in Deutschland gesehen werden.

Defizite bei Forschung und Innovation

Abb. 81: Entwicklung der staatlichen FuE-Ausgaben in neun Ländern 1991 bis 2003 (in % BIP)

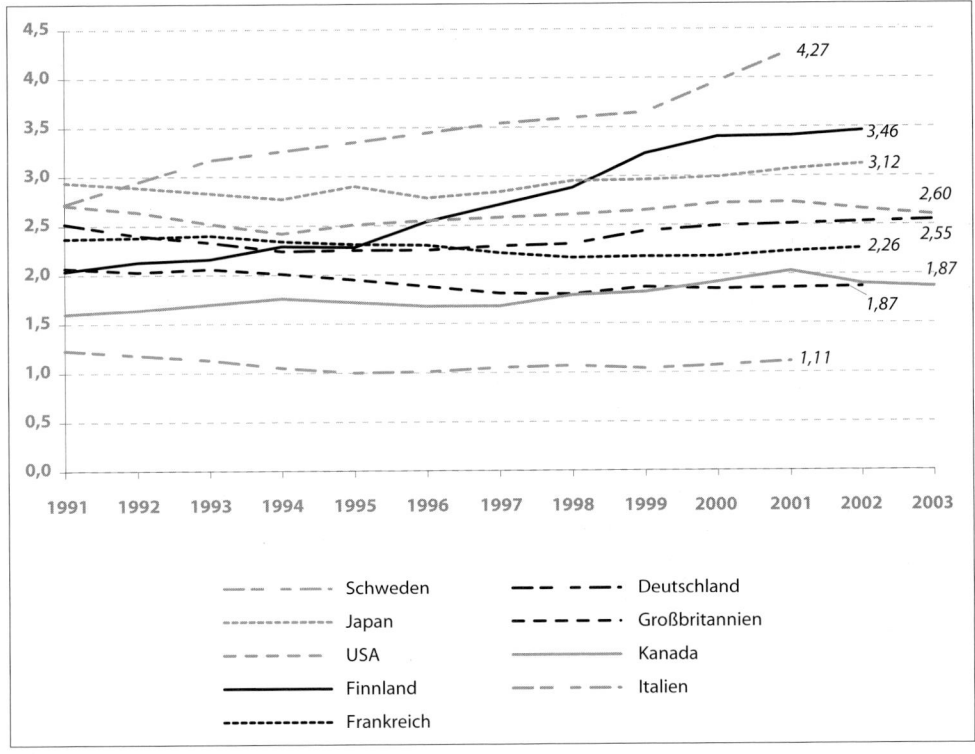

Quelle: nach BMBF 2005

Risiken für den
Wirtschaftsstandort
Deutschland

Das Zurückbleiben Deutschlands im öffentlichen Engagement bei Forschung und Innovation (im Vergleich zu anderen Ländern) birgt nicht zu unterschätzende Risiken:

- Erstens verringert sich die relative Attraktivität Deutschlands als Forschungs- und Innovationsstandort für Wissenschaftler und Unternehmen.
- Zweitens wird es angesichts der erforderlichen Ausweitung der Ausbildungstätigkeit der Hochschulen zu zunehmenden Nutzungskonflikten der knappen Personalressourcen zwischen Forschung und Lehre kommen.
- Drittens setzt Deutschland einen der bisher wirksamsten komparativen Vorteile seines Innovationssystems aufs Spiel, nämlich die etablierte, enge Zusammenarbeit zwischen Unternehmen und wissenschaftlichen Einrichtungen (insbesondere im Ingenieurbereich), weil die Unternehmen nicht in ausreichendem Maße Kooperationspartner in der Wissenschaft finden werden. Insbesondere Klein- und Mittelunternehmen erzielen meist signifikant höhere Umsatzanteile mit neuen Produkten oder Marktneuheiten und können mit neuen Verfahren ihre Kosten stärker senken, wenn sie bei Innovationsprojekten mit wissenschaftlichen Einrichtungen kooperieren. Damit tragen sie entscheidend zum Wirtschaftswachstum und zur Beschäftigung bei.

Innovations-
potentiale

Wie sind vor diesem Hintergrund die Innovationspotentiale des Wirtschaftsstandorts Deutschland zu bewerten? (vgl. im folgenden Bundesministerium für Bildung und Forschung 2005: 1ff.) Trotz unzureichender Zukunftsinvestitionen in der Forschungs- und Technologiepolitik haben Innovationen in kaum einem anderen Land eine so große Verbreitung wie in Deutschland. Dies resultiert insbesondere aus der überdurchschnittlich hohen Beteiligung von Klein- und Mittelunternehmen (KMU) an Innovationsprozessen. Die starke Verankerung von Innovationen in der Breite der Wirtschaft erleichtert zudem eine schnelle und gründliche Diffusion von neuem technischen Wissen und von Erfindungen. Dies ist grundsätzlich ein großer Vorteil Deutschlands, denn die KMU sind auch am ehesten in der Lage, Innovationen in Beschäftigung umzusetzen. Die hohe Innovationsorientierung in Deutschland korreliert mit einem überdurchschnittlich hohen Beitrag forschungs- und wissensintensiver Wirtschaftszweige zur Wertschöpfung. Deutschland ist besonders stark auf forschungsintensive Industrien ausgerichtet, wissensintensive und technologieorientierte Dienstleistungen sind gut vertreten. Im Rückstand sind hingegen arbeitsintensive konsum- und haushaltsorientierte Dienstleistungen. Der Anteil der Ausgaben für die

Forschungs- und Technologieförderung am Inlandsprodukt ist mit rund 2,5% hoch und stabil. Es gelingt jedoch seit 2000 nur mit Mühe, diesen Anteil zu steigern. In diesem Zusammenhang sei darauf verwiesen, dass die EU ihren Mitgliedstaaten bis 2010 eine Quote von rund 3% als quantitative Zielgröße vorgegeben hat.

Der Strukturwandel zur „Wissenswirtschaft" sowie der hohe Innovationsdruck verlangen gut qualifiziertes Personal. Der gute Bildungsstand in der Breite der deutschen Erwerbsbevölkerung ist als Pluspunkt für die technologische Leistungsfähigkeit Deutschland zu werten. Der Vorsprung ist jedoch im internationalen Vergleich vor allem bei jungen Leuten klar geschrumpft und beginnt, sich in das Gegenteil umzukehren (Stichwort: PISA-Studie). Es werden zukünftig insbesondere mehr Akademiker, darunter Naturwissenschaftler und Ingenieure, benötigt. Deutschland hat auch in dieser Hinsicht in Europa zwar noch Vorteile. Gegenüber den nord- und mitteleuropäischen Konkurrenzländern sind sie jedoch schon nicht mehr vorhanden. Ein Fachkräftemangel für Forschungs- und Entwicklungs- sowie Innovationsvorhaben ist daher absehbar. Drohender Nachwuchsmangel dürfte längerfristig auch zu einem Nachteil für das Bildungssystem werden – und für die wissenschaftliche Forschung in Deutschland generell.

Die Marktorientierung der forschenden Unternehmen ist hoch. Dies zeigt sich bei den technologischen Erfindungen: Unter den „großen" Volkswirtschaften meldet nur die japanische Wirtschaft intensiver weltmarktrelevante Patente an als die deutsche. Die vielen deutschen Auslandspatentanmeldungen sind daher auch das Spiegelbild der starken Ausrichtung des Innovationssystems auf den Export. Keines der wichtigen Konkurrenzländer ist beim Wachstum so stark vom Weltmarkt abhängig wie Deutschland. Die Exportwettbewerbsfähigkeit der deutschen Industrie ist allerdings uneingeschränkt hoch.

Die starken Weltmarkterfolge der deutschen Wirtschaft beruhen weitgehend auf Gütern der „Hochwertigen Technik". Insbesondere die Automobilindustrie hat in den letzten Jahren die gegenüber der gleichzeitig erstarkten Importkonkurrenz nachlassende Wettbewerbsposition des übrigen forschungsintensiven Sektors (Chemie, Maschinenbau, Elektroindustrie) überdeckt. Sie hat ihre Wachstumsmöglichkeiten ausgenutzt und ist zur zentralen Stütze des deutschen Innovationssystems geworden. Langfristig bestimmen aber insbesondere Dienstleistungen und Güter der Spitzentechnik das Wachstum der Weltwirtschaft, darunter vor allem Pharmazie sowie Elektronik/ IuK- und Medientechnik. Besonders wachstumsträchtige (Spitzen-) Technologien außerhalb des Automobilbaus zählen jedoch nicht zu Deutschlands Stärken.

Ambivalente Beurteilung der ökonomischen und technologischen Performanz Deutschlands

Eine abschließende Beurteilung der ökonomischen und technologischen Performanz Deutschlands fällt äußerst ambivalent aus (vgl. dazu auch Bundesministerium für Bildung und Forschung 2005: XVff.). Geprägt ist die deutsche Wirtschaft einerseits durch einen starken internationalen Sektor, der jedoch dem Inlandsmarkt kaum positive Impulse gibt, und einen stagnierenden binnenorientierten Sektor andererseits. Das Wirtschaftswachstum ist mit Raten von 1 bis 1,5% pro Jahr äußerst schwach geworden, die Produktivitätsentwicklung insgesamt in Deutschland bleibt im internationalen Vergleich zurück. Insbesondere durch die hohe Entwicklungsdynamik im asiatischen Raum – zu nennen ist hier an erster Stelle China – verliert die deutsche Volkswirtschaft zusätzlich an Attraktivität für in- und ausländische Investitionen in Sach- und Humankapital. So kommt es, dass der Strukturwandel in Richtung Dienstleistungsökonomie in Deutschland seit Ende der 1990er Jahre an Dynamik verloren hat. Dies ist die Kehrseite eines extrem auf den Export gestützten Wirtschaftswachstums. Die zum Teil ambivalente Beurteilung der aktuellen Entwicklung der ökonomischen und technologischen Leistungsfähigkeit Deutschlands hat vor allem mit dieser Spaltung zu tun. Dass der Wirtschaftsstandort Deutschland auch durchaus Stärken hat, haben die Ausführungen der letzten beiden Abschnitte dieses Kapitels gezeigt. Es geht darum, diese Stärken auszubauen: Eine Intensivierung von Forschung, Entwicklung und Innovation ist notwendig, um mittelfristig die Produktivitätsraten wieder ansteigen zu lassen. Denn Bildung und Wissenschaft, Forschung und Technologie sind neben einer guten materiellen Infrastruktur das Beste, was Deutschland im internationalen Standortwettbewerb zu bieten hat. Diese Entwicklung ist jedoch pfadabhängig. Die Strukturen ändern sich nur langsam, die intendierten positiven ökonomischen Auswirkungen treten verzögert ein, vor allem international.

Küss mich wach – Innovationspolitik in Deutschland
(...) In einer Zeit zunehmender Internationalisierung von Wissen, Technologien und Unternehmen hat sich auch die Innovationspolitik zu öffnen. Schritt für Schritt werden ausgetretene Pfade verlassen. Denn nationale Innovationspolitik, die sich traditionell vor allem auf die direkte Förderung und Protektion nationaler Großunternehmen konzentriert, ist nicht mehr zeitgemäß. Zum einen, weil die Grenzen zwischen heimischen und ausländischen Konzernen verschwimmen. Zum anderen, weil die Großunternehmen, anders etwa als junge Technologiefirmen, in der Regel gar nicht auf eine direkte staatliche Förderung angewiesen sind. Und schließlich, weil sich gerade in neuen technologischen Schlüsselsektoren die politische Förderung und Protektion nationaler Champions oft als innovationshemmend erwiesen haben. Die neue Richtung der Innovationspolitik löst die oben skizzierte traditionelle Form nicht gänzlich ab, sondern ergänzt sie – hoffentlich wirkungsvoll. So ist seit knapp zehn Jahren in vielen euro-

päischen Ländern ein Umsteuern zu beobachten. Der Staat bleibt dabei nicht nur die zentrale politische Instanz im technologie- und innovationspolitischen Geschehen. Er verfügt auch weiterhin über die Mittel für eine strukturbildende Politik. Aber: „Der Staat" besteht aus einer Vielzahl von Akteuren, die koordiniert werden müssen.

Pioniere fördern statt Platzhirsche zu füttern

(…) Vermisst wird eine breite gesellschaftliche „Kultur der Innovation". Stattdessen herrscht vielerorts Risikoscheu und Angst vor Fehlern. Fehltritte und deren Verursacher werden stigmatisiert, anstatt sie als wichtigen (auch gesellschaftlichen) Lernerfolg anzuerkennen. Das Resultat ist sichtbar: Es fehlen die Gründer. Es mangelt an einem positiv besetzten Gründerbild. Und vor allem an der Finanzierung. Besonders durch die neuen Kreditvorgaben (Basel II) sind Banken immer seltener bereit jungen Unternehmen eine angemessene Zahl an Krediten bereitzustellen. Erschwerend hinzu kommt ein unterentwickelter Wagniskapitalmarkt (Venture Capital), auch bedingt durch mangelnde Exit-Optionen (Börsen) der Geldgeber. (…) Gerade in Deutschland mangelt es nicht an Ideen, sondern an deren Diffusion. Salopp gesagt: Die Ingenieure und Entwickler haben tolle Ideen, nur die Gesellschaft kann häufig, aus Unwissenheit, nichts damit anfangen. So kommt es zu Innovationen, die in der Breite keine Anwender finden und damit schnell verpuffen. Hier sind Lösungen gefragt – und Politik.

Koordination statt Chaos

Der Staat kann einen erheblichen Beitrag zur Steigerung der Innovationskraft beitragen: als Regulator, Investor und Konsument. Ein gelungenes Beispiel für ein positives Miteinander dieser Funktionen ist der Innovationsbereich Solarenergie. Seine unterschiedlichen Rollen nimmt der Staat aber zu selten koordiniert wahr. Weder vertikal noch horizontal. Gefragt sind daher systemische Politikkonzepte, die wichtige politische Arenen (zum Beispiel die Gesundheits-, Agrar- und Verbraucherpolitik) miteinander verzahnen – beispielsweise durch Innovationsbeauftragte, welche diese wichtige Koordinierungsaufgabe – aber auch notwendige Entbürokratisierungsfunktionen – übernehmen könnten. (…)

Quelle: Buhr 2006 (in: F.A.Z., 09.03.2006)

6.5.5 Fazit: Steuerungs- und Koordinationsprobleme der Strukturpolitik

Angesichts der zunehmenden Interdependenz der globalen Ökonomie und dem sich durch die IuK-Technologien beschleunigten Strukturwandel wird Strukturpolitik zunehmend als Innovationspolitik bzw. Forschungs- und Technologiepolitik aufgefasst. Diese hat systemischen Charakter und vollzieht sich analog dem Konzept *„systemische Wettbewerbsfähigkeit"* in horizontalen und vertikalen Netzwerken, die alle relevanten gesellschaftlichen Teilsysteme, Akteure und Institutionen im europäischen Mehrebenensystem zusammenbinden. Innovationsnetzwerke sind in hohem Maße pfadabhängig, beruhen auf spezifischen Machtstrukturen und Kooperationsbeziehungen zwischen Einrichtungen der Wissenschaft und Technik, der Industrie sowie des politischen Systems.

Innovationspolitik im europäischen Mehrebenensystem

Koordinations-
probleme syste-
mischer Innovati-
onspolitik

Einer systemischen Innovationspolitik steht jedoch häufig eine perspektivisch verengte und institutionell fragmentierte politische Realität gegenüber. Zielvorgaben, Instrumente und knappe finanzielle Ressourcen der europäischen Strukturpolitik korrespondieren mit unterschiedlichen „Entwicklungspfaden", Problemlagen, Problemwahrnehmungen und Problemlösungskapazitäten der nationalen Politiken. *Koordinationsprobleme* zwischen den Ebenen ergeben sich aus der Tatsache, dass der Nationalstaat die Aufgabe hat, für die wirtschaftlichen Akteure innovationsfreundliche regulative Rahmenbedingungen zu schaffen. Und gleichzeitig die Mitgliedstaaten der EU miteinander konkurrieren, was die Chancen politischer Steuerung europäischer sektoraler Forschungs- und Technologieverbünde erschwert. Vor diesem Hintergrund ist die Innovationspolitik im europäischen Mehrebenensystem von strukturellen Schwächen gekennzeichnet (vgl. Bundesministerium für Bildung und Forschung 2004: 91f.):

- Eine horizontal angelegte Innovationspolitik findet kaum eine Plattform: Heterogene politische Arenen bleiben unverbunden, etwa die der Forschungspolitik, der Gesundheitspolitik oder der Agrarpolitik.
- Verschiedene Regulierungsansätze widersprechen sich und können durch horizontale Koordination oft nicht verträglich gemacht werden.
- Innovationspolitik wird insbesondere in einem engen Spektrum spezifischer Maßnahmen zur Förderung technologischer Innovation in und durch kleine und mittlere Unternehmen betrieben.
- Ein nationalstaatliches Innovationsmodell dominiert oft noch die etablierten innovationspolitischen Konzepte (in Ministerien, bei Unternehmen und Forschungseinrichtungen, bei Banken, bei Beratern).
- Politik würdigt oft die innovationshemmenden, aber auch fördernden Wirkungen regulativer Maßnahmen unzureichend und behindert damit die rasche Entwicklung neuer Märkte.
- Ein hohes Maß an institutioneller Fragmentierung der vielfältigen politischen Verwaltungen behindert Austausch, verbindliche Kooperation und gemeinsames Lernen.
- Die Herausforderungen und Chancen der entstehenden „Mehr-Ebenen-Governance" im Rahmen der europäischen Integration, insbesondere im Bereich von Forschung und Innovation, werden unvollständig wahrgenommen.

Auch der heutige Stand der von der Europäischen Kommission anvisierten Umsetzung der *Lissabon-Strategie* (2000) bis zum Jahre 2010 bestätigt die geschilderten Probleme einer systemischen Innovationspolitik im europäischen Mehrebenensystem. Die Koordinierung der Innovationspolitik auf höchster Ebene und insbesondere Initiativen zur Stärkung der Forschungskapazität, Förderung von Unternehmertum und Erleichterung der Einführung von Informationstechnologien in den Mitgliedstaaten wurden ins Auge gefasst. Nach Ablauf der Hälfte der vorgesehenen Umsetzungsdauer beklagen viele, dass bei der Erfüllung der ehrgeizigen Ziele (u.a. Steigerung der Investitionsausgaben für Forschung und Technologie auf 3% des BIP; Anhebung der Beschäftigungsquote auf mindestens 70%) kaum Fortschritte erzielt worden seien. Bei der anhaltenden Stagnation der europäischen Wirtschaft, scheinen die Mitgliedstaaten nur widerwillig schwierige und unbeliebte Wirtschaftsreformen durchgeführt und die Haushalte für Forschung und Innovation aufgestockt zu haben. Vielen Wirtschaftsexperten zufolge hat die EU aus diesem Grund gegenüber ihren Hauptkonkurrenten auf dem Weltmarkt, den USA und Japan, weiter an Boden verloren.

Literatur:

Brösse, Ulrich 1996: Industriepolitik, München.

Fendel, Ralf/Frenkel, Michael 2003: Deutschlands Abschneiden im „Global Competitiveness Report 2002-2003", in: Wirtschaftsdienst Nr. 1/2003, S. 30-37.

Grimmer, Klaus/Kuhlmann, Stefan/Meyer-Krahmer, Frieder (Hrsg.) 1999: Innovationspolitik in globalisierten Arenen, Opladen.

Martinsen, Renate/Saretzki, Thomas/Simonis, Georg (Hrsg.) 2000: Politik und Technik. PVS Sonderheft 31/2000, Wiesbaden.

Internetseiten:

Bertelsmann Stiftung – Für eine zukunftsfähige Gesellschaft: www.bertelsmann-stiftung.de/cps/rde/xchg/bst

Bundesministerium für Bildung und Forschung: www.bmbf.de

CORDIS – Europäisches Innovationsportal: www.cordis.lu/innovation/de/policy/home.html

7. Fazit: Wirtschaftspolitik im Zeitalter der Globalisierung und der Wissensgesellschaft – die Zukunftsdimension

7.1 „Modell Deutschland" im Wandel: Aussichten der Sozialen Marktwirtschaft

Folgt man den Überlegungen, die mit den Stichworten „Soziale Marktwirtschaft", politisch-ökonomischer „Institutionalismus" oder „rheinischer Kapitalismus" benannt werden können – also Ansätzen, die trotz verschiedener theoretischer Herkunft eine gewisse Konvergenz aufweisen –, dann weist die deutsche Wirtschaft einige wichtige historisch gewachsene Besonderheiten auf. Gemeint sind Aspekte wie die starke Einbettung wirtschaftlichen Handelns in verbandliche Verhandlungssysteme (Neokorporatismus), die betriebliche Mitbestimmung sowie der Sozialstaat. Dabei geht es nicht nur um die vielfach beklagte Restriktion von Marktaktivitäten, etwa im Bereich des Arbeitsrechtes. Denn das sozialstaatliche System bietet zugleich auch Unterstützungsleistungen für Unternehmen, wie das lange praktizierte Muster der sozialverträglichen Bewältigung des Strukturwandels durch Frühverrentung exemplarisch belegt. Es gilt also die Formel: Exporterfolge durch hohe Qualität der Produkte und hohe Produktivität bedürfen einer ebenso hohen Qualifikation und Entlohnung der Mitarbeiter und eines sozialen Friedens – freilich verursacht dies auch Kosten (für Löhne, Regulierungen und Transferleistungen). Kosten, die heute vielfach zu hoch erscheinen und daher Gegenstand kritischer Auseinandersetzungen geworden sind. Aus einer erfolgreichen „Politik des mittleren Weges" (so der Politologe M.G. Schmidt) ist inzwischen wirtschaftliches und politisches „Mittelmaß" (so der Schriftsteller H.M. Enzensberger) geworden. Nicht Wachstum sondern Reformstau gilt heute vielfach als Merkmal des deutschen Modells.

Was ist geschehen? Ganz einfach, die Rahmenbedingungen haben sich verändert. Die großen Veränderungsschübe resultieren aus der

Reformstau

sozioökonomische Veränderungen

deutschen Einheit, der Globalisierung der Waren- und Finanzmärkte sowie dem technischen Wandel. Die Transformation einer Planwirtschaft in eine Marktwirtschaft hat sich als erheblich langwieriger, schwieriger und teurer erwiesen, als zu Beginn der Wende angenommen worden ist. Schätzungen gehen für die Jahre 1990 und 2004 von einer Transfersumme von 1,5 Billionen Euro aus. Kritisch daran ist das Volumen, das den Staatshaushalt belastet und nicht unerheblich zur öffentlichen Verschuldung beigetragen hat. Kritisiert wird ferner, dass es ein Fehler war, den Sozialtransfers Vorrang vor Investitionen zu geben. Diese Ausrichtung hängt mit dem Transfer der sozialpolitischen Institutionen, Rechts- und Leistungssysteme nach Ostdeutschland zusammen. Zugleich hat dieser Weg die Sozialversicherungsbeiträge – und damit auch die Lohnebenkosten – erheblich ansteigen lassen. Dies alles reduziert heute die Handlungsmöglichkeiten des Staates erheblich.

Abb. 82: Staatsverschuldung im internationalen Vergleich

Staatsverschuldung in Prozent des BIP (nach OECD)		Veränderung der Staatsverschuldung 1994-2005 (in Prozentpunkten)	
Neuseeland	16,3	Irland	-59,6
Australien	17,4	Neuseeland	-46,4
Irland	29,9	Belgien	-41,5
Großbritannien	46,3	Dänemark	-34,7
Dänemark	47,7	Kanada	-29,9
Norwegen	51,3	Australien	-25,2
Spanien	52,5	Schweden	-22,1
Finnland	54,7	Niederlande	-21,6
Schweiz	56,9	Italien	-13,6
Schweden	61,4	Spanien	-12,9
Österreich	65,3	USA	-8,2
Niederlande	66,1	Finnland	-6,2
USA	66,4	Großbritannien	-1,5
Kanada	68,3	Österreich	0,3
Deutschland	71,6	Griechenland	0,4
Frankreich	74,2	Schweiz	13,1
Portugal	77,7	Norwegen	14,4
Belgien	99,7	Portugal	15,6
Griechenland	108,3	Frankreich	18,9
Italien	120,8	Deutschland	23,7
Japan	161,1	Japan	81,4

Quelle: Bertelsmann-Stiftung

Deutschland im internationalen Vergleich

Auffällig ist im internationalen Vergleich – wie es etwa im Standortcheck der Bertelmann-Stiftung (2/2005) zum Ausdruck kommt –

nicht nur der schlechte Ranglistenplatz Deutschlands, sondern auch der fehlende Kurswechsel in Richtung ausgeglichener Haushalt bzw. Abbau der Staatsverschuldung, wie ihn eine Reihe von Ländern mit Erfolg beschritten haben. Und das nicht nur in der Haushaltspolitik, sondern auch in den Bereichen Wachstum und Beschäftigung.

Doch im Vergleich zu Nachbarländern wie Dänemark oder den Niederlanden fehlt es hierzulande noch weitgehend an einer gemeinsamen Wahrnehmung der Krise und der entsprechenden Reformbereitschaft. Die Politik (Wähler, Parteien, Regierungen) bewegt sich im Blindflug – so die bildhafte Darstellung des Luhmannschen Konzepts eines autopoietischen politischen Systems. Wohl zu lange hat der Erfolg vergangener Tage die Sicht auf die Gegenwart vernebelt. Insgesamt gesehen sind weit reichende Reformen notwendig, um eine neue Passform zwischen dem politisch-ökonomischen Modell und seiner durch die Globalisierung und neue Technologien veränderten Umwelt herzustellen. Eine solche „Goodness of Fit" lässt sich auf verschiedenen Wegen etablieren und ist nicht mechanisch als simples (Flexibilitäts-) Stimulus und (Deregulierungs-) Response zu sehen.

Freilich existieren auch weiterhin Bereiche, in denen das alte Modell noch bemerkenswert gut funktioniert – man denke etwa an den immer noch prosperierenden Automobilbau. Gerade diese Heterogenität von Strukturen und Problemlagen ist aber für große Länder charakteristisch und eine vielfach unbeachtete Ursache dafür, dass sich hierzulande auswärtige Erfolge nicht einfach kopieren lassen. Noch wichtiger ist jedoch, dass sich aus der Tatsache, dass einzelne Segmente des alten Modells immer noch funktionieren, für manche Akteure die Illusion des weiteren Erfolgs und eine Bestätigung der Veränderungsunwilligkeit ergeben.

Hinzu kommt, dass gerade eine große Volkswirtschaft wie die deutsche sich nach den Strukturveränderungen der letzten Jahrzehnte nicht mehr als homogen beschreiben lässt. Vielmehr ist das Modell Deutschland ein Konglomerat aus

Modell Deutschland als Konglomerat

- traditionell erfolgreichen, exportorientierten Branchen (Automobil-, Maschinenbau und Chemie) nach dem alten rheinischen Regulationsmodell,
- der weitgehend un- und unterregulierten Informationsökonomie („New Economy"),
- dem Niedriglohn- und Niedrigqualifikationssektor in der Dienstleistungsökonomie als einem äußerst problematischen Bereich, in dem sich Beschäftigungschancen und Armutsrisiken gleichermaßen konzentrieren,
- dem öffentlichen Dienstes als „Schutzzone" mit Sonderbedingungen und

- einer Krisenzone in Ostdeutschland.

Diese Vielfalt erschwert das Finden von einheitlichen Lösungen (– und bedeutet zudem eine Herausforderung für obige theoretische Ansätze, weil diese von erheblich homogeneren Systemen ausgehen).

Manfred Schmidt (2001a) beantwortet die Frage, ob es für Deutschland auch nach 1990 auf dem mittleren Weg weiterging oder ob die Deutsche Einheit, der Fall des Eisernen Vorhangs und die europäische Integration den Kurs der deutschen Wirtschafts- und Sozialpolitik grundlegend verändert haben. Er findet sowohl Kontinuitäten wie Diskontinuitäten, die er zu vier Befunden verdichtet:

- Auch nach 1990 bleibt der transferintensive Interventionsstaat intakt,
- die Delegation gemeinschaftlicher Aufgaben an Verbände ist seit 1990 beträchtlich gewandelt, denn vor allem die für die Politik des mittleren Weges wichtige Steuerungskapazität der Sozialpartner ist durch einen abnehmenden Organisationsgrad im Gewerkschafts- und im Arbeitnehmerlager reduziert,
- die Geldpolitik zielte auch in den 90er Jahren durchweg auf hohe Preisstabilität und erbrachte weiterhin eine Inflationsrate auf niedrigem Niveau,
- der Sozialstaat ist weiter befestigt, ja ausgebaut worden.

Der Hauptbefund lautet dabei, dass sich Deutschlands Wirtschafts- und Sozialpolitik weiterhin auf dem mittleren Weg befindet. Ein Ergebnis des Strebens nach ökonomischer Effizienz und starkem Sozialstaat ist jedoch ebenfalls, dass sich die Zielkonflikte (niedrige Inflation vs. Arbeitslosigkeit) verschärft haben bzw. höhere Kosten für das Gesamtsystem verursachen und sich schließlich zu Lasten der Beschäftigungsdynamik auswirken.

Konsequenz: Weiterentwicklung der „Mixed Economy"

Was folgt daraus? Nachhaltige Sozialreformen und die Belebung der Arbeitsmärkte gehen Hand in Hand – freilich nicht durch ein einfaches Kopieren des liberalen angelsächsischen Kapitalismusmodells, sondern im Sinne einer Weiterentwicklung der „Mixed Economy". So wird der Weg in die beschäftigungswirksame Teilzeitarbeit in den Niederlanden durch großzügige Mindestrenten sozialpolitisch attraktiv gemacht; in Dänemark wird Deregulierung mit einer sehr aktiven Arbeitsmarktpolitik und hohen passiven Leistungen kombiniert. Es gibt auch keinen Anlass, die Fähigkeit des rheinischen Kapitalismus, sich den Bedingungen der Wissens- und Informationsgesellschaft anzupassen, grundsätzlich in Zweifel zu ziehen. Länder wie Finnland haben hier einen beachtlichen Transformationsprozess erfolgreich bewältigt – ohne auf sozialstaatlichen Ausgleich oder wirtschafts- und industriepolitische Koordination zu verzichten (Abelshauser 2003: 189).[7] Freilich sind erfolgreiche Reformen und politische Steuerung nicht einfach – ob sie überhaupt zu erreichen sind, ist Gegenstand einer für die Wirtschaftspolitik und das Verständnis von (Wohlfahrts-)Staat zentralen Kontroverse.

7.2 Fähigkeit zur politischen Steuerung und zur Reform des Wohlfahrtsstaats

Spätestens seit Beginn der neunziger Jahre sind die klassischen Vorstellungen eines hierarchischen, kausal orientierten Steuerungsverständnisses und damit verbundene Reformperspektiven ins Wanken geraten. Sowohl in der Theorie als auch in der Praxis ist auf Probleme staatlicher Steuerung hingewiesen worden:

Probleme politischer Steuerung

- die nationalstaatlich gebundenen Steuerungsinstrumente werden zunehmend unvereinbar mit den globalen Problemstrukturen und verlieren so an Wirkung;
- politische Steuerung findet in einem ständig komplexer werdenden institutionellen Mehrebenensystem statt, welches dazu tendiert, anarchische Aktivitäten zu entfalten, deren Wirkungen sich konterkarieren;
- es kommt zu kooperativen und partizipativen Formen – also „weicher" – politischer Steuerung, sowie zur Privatisierung und Dezentralisierung staatlicher Aufgabenerfüllung und damit einer höheren gesellschaftlichen Selbstregulierung und Koordination.[8]

Während Luhmann (1988) das Ende der politischen Steuerung (vor allem der Wirtschaft) konstatiert und in Reformversuchen allenfalls „Rauschen" im System sieht, ist für Scharpf (1991) zwar die Handlungsfähigkeit des politischen Systems begrenzt, aber nicht unmöglich. Erfolgreiche staatliche Steuerung findet nicht mehr über Hie-

---

[7] Im Übrigen ist es fraglich, ob nicht die hohen Rüstungsausgaben und ihre Wirkungen auf die gesamte Forschungs- und Entwicklungslandschaft der USA ein funktionales Äquivalent zu einer aktiven Wirtschaftspolitik darstellen.

[8] Auch der Markt ist im Sinne der System- und Steuerungstheorie eine Form der Koordination.

rarchie statt, sondern in Form von Netzwerken aus „transnationalen und innergesellschaftlichen Abhängigkeiten und Verhandlungsbeziehungen".

Je nach Fokussierung variiert die Bedeutung des Begriffs „Politischer Steuerung". Es können unterschieden werden:

1. die „etatistische Gesellschaftssteuerung" im staatstheoretischen Sinn, in dem der Staat eine Monopolstellung bei der politischen Steuerung einnimmt;
2. die „nicht-etatistische Gesellschaftssteuerung", bei der die generellen Zweck-Mittel-Orientierungen von staatlichen und privaten Akteuren sich einander polar gegenüberstehen;
3. die „kybernetische Steuerung", basierend auf einem Input-Output-Modell, wo soziale Steuerung mit Unterstützungsrelevanz politische Steuerung initiiert;
4. die „funktionalistische Steuerung", bei der die Steuerungsfähigkeit und Steuerbarkeit als Konditionierung der Selbststeuerung eines Systems in Rücksicht auf seine Möglichkeiten und seinen Beitrag zur gesellschaftlichen Integration begriffen wird;
5. „Steuerung im soziologischen Kontext", die sich auf Handlungs- und Wirkungsketten bezieht, in deren Rahmen Akteure versuchen, die Anwendung von Programmen durch den Einsatz von geeigneten Instrumenten und Maßnahmen sicherzustellen;
6. schließlich „Steuerung in einer akteurstheoretischen Perspektive", begriffen als erfolgreiche Handlungskoordination von Akteuren mit dem Ergebnis, dass das kollektive Handeln dem zugrunde liegenden Steuerungskonzept entspricht (Görlitz/Burth 1998: 79, s.a. Roth 2005).

Seit Beginn der achtziger Jahre werden neue – weiche – Formen politischer Steuerung diskutiert, die zum einen auf so genannte Selbstorganisationskonzepte sowie andererseits auf das Konzept der „Kontextsteuerung" (Willke) Bezug nehmen. Der Staat „verhandelt" mit den Organisationen der anderen Subsysteme und fungiert als Moderator und Supervisor sowie als Produzent geeigneter Rahmenbedingungen. Diese Steuerungsform lehnt sich an Formen korporatistischer Politik an und soll den Staat entlasten.

Die Gefahr solcher Arrangements liegt nun darin, dass sie nicht immer die erwünschten Problemlösungen hervorbringen, wie das Scheitern des Bündnisses für Arbeit zeigt. Und sie tendieren zu inkrementalen Reformen. Die Frage, ob damit überhaupt grundlegende Änderungen möglich sind, hat Helmut Wiesenthal (2003; am

Beispiel der Sozialpolitik) untersucht.[9] Er findet folgende Bedingungen für „nicht-inkrementale Reformen":

- Erstens geht allen großen Reformen ein signifikanter Wandel des normativen und kognitiven Orientierungsrahmens voraus. So liefert der Wechsel von der Neoklassik zum Keynesianismus einen neuen Interpretationsrahmen für Probleme und Lösungsinstrumente. Dies gilt auch bei den Hartz-Reformen in der deutschen Arbeitsmarktpolitik, wo weniger die mangelnde Nachfrage nach Arbeitskräften (wie bei den Makroökonomen), sondern Defizite der Vermittlung als Problem gelten.
- Zweitens fällt auf, dass zur Bearbeitung des begrifflich neu gefassten Problems auf einen weit gefassten, aber bekannten Instrumentenkatalog zurückgegriffen wird. Dieser Regel wird bei den Hartz-Reformen nicht entsprochen, was zu erheblichen Implementationsproblemen führt. Oder anders formuliert: Bei Reformen sollten nie die Ziele und Instrumente gleichzeitig gewechselt werden.
- Drittens zeichnen sich grundlegende Reformen durch die herausgehobene Rolle einzelner Protagonisten aus – es sind also politische Unternehmer (im Sinne der neuen Politischen Ökonomie) am Werk.

Aus der Sicht der Politikfeldanalyse können einige weitere Bedingungen für erfolgreiche Reformen benannt werden. Am Beginn des Politikzyklus, dem Agenda-Setting, geht es um das richtige „Wording" und die Konstruktion eines „politischen Imperativs" (Cox 1998). Es macht einen erheblichen Unterschied für die Erfolgsaussichten einer Reform, wenn Kindergärten als bloße Ergänzung der Familie – als notwendiges Übel eines Staatseingriffs – definiert werden, oder ob das Thema als wesentliche Vorraussetzung für Gender-Gerechtigkeit organisiert wird, oder ob Kindergärten als eine Infrastruktur zur Nutzung der qualifizierten weiblichen Arbeitskraft propagiert werden. Die jeweils angesprochene Klientel, aber auch die Prozeduren und Zuständigkeiten unterscheiden sich erheblich – und damit auch die Gegenkräfte bzw. Erfolgsaussichten. Noch deutlich in Erinnerung sind die Negativ-Assoziationen, die einige Instrumente aus den Hartz-Reformen hervorgerufen haben – vor allem die so genannten Ein-Euro-Jobs.

Relevant ist ebenfalls das Ende des Politikzyklus, d.h. die Implementation und die Evaluation einer Maßnahme. Gerade wenn sie

Reformanforderungen aus der Perspektive der Politikfeldanalyse

---

9   Mit Blick auf die Reformerfahrungen in Lateinamerika und Osteuropa vgl. Müller 2003.

auf ausländischen Vorbildern oder radikalen Innovationen (wie im Falle Hartz) beruhen, müssen sie sorgfältig organisatorisch und rechtlich integriert werden, um das angestrebte neue Ziel – und nicht die alte Routine in neuem Gewand – zu gewährleisten. Dies ist angemessen zu organisieren und danach zu evaluieren. Manchmal sind übrigens die politischen Rahmenbedingungen so anders und die Instrumente so neuartig, dass es allein mit dem Lernen von anderen kaum funktionieren kann.

Schließlich geht es ganz praktisch um die Frage des erfolgreichen Managements von politisch-ökonomischer Interdependenz, d.h. um die Schaffung von positiven Rückkoppelungseffekten zwischen Politikfeldern (wie Sozial- und Arbeitsmarktpolitik) oder zwischen Sach- und Wahlpolitik. Wiederwahl ist hier durchaus ein legitimes Interesse von Politikern; der viel gesuchte gemeinwohlorientierte „Staatsmann" (Kirsch/Mackscheidt 1985) muss ja auch irgendwie ins Amt gelangen und dort bleiben.

7.3 Perspektiven einer interdisziplinären Analyse von Wirtschaft und Politik

Theorienpluralismus als Voraussetzung für die Analyse wirtschaftlicher Zusammenhänge

Die Vorstellung, dass zur Beurteilung und Analyse der Wirtschaftspolitik nur eine Theorie richtig sei, ist schlicht nicht haltbar. Dazu ist der reale Theorienpluralismus zu groß und die Wirklichkeit zu komplex. Negativ daran ist freilich, dass vielfach Verwirrung entsteht, wenn unterschiedliche Begriffe – „Sprachspiele" – ähnliches meinen oder wenn die Prämissen von analytischen oder präskriptiven Aussagen nicht transparent gemacht worden sind. Positiv zu beurteilen ist, dass mit der Vielfalt an theoretischen Ansätzen auch ein breites Spektrum an Realität erfasst werden kann. Insofern steht hier die Ergänzung, die interdisziplinäre Kombination von Ansätzen im Vordergrund – und nicht Falsifikation oder Theoriemonismus.

Das kann man gut sehen, wenn man den Aspekt der verbandlichen Steuerung bzw. des Neokorporatismus, der für das Modell Deutschland bzw. den rheinischen Kapitalismus elementar ist, im Lichte verschiedener Ansätze beleuchtet. Solche Formen findet man in der Sozialpolitik, wo die großen Verbände in die Selbstverwaltung der Sozialversicherungen und der Steuerung des Gesundheitswesens integriert sind, bei der Implementation der Arbeitsmarktpolitik, aber auch beim Sozialen Dialog der Tarifparteien auf der Ebene der EU oder aber der wichtigen Rolle von NGOs bei der „Zähmung" der

Globalisierung bzw. einer „Einbettung" der Weltwirtschaft sowie der Förderung von Entwicklung in Ländern der Dritten Welt.

Dabei wird – wenn man sich auf die groben Linien der umfangreichen Forschung zum Themenkomplex verbandliche Steuerung konzentriert – erkennbar, dass der Theorienpluralismus durchaus eine beachtliche Schnittmenge sowie einige ergänzende Perspektiven erkennen lässt – also nicht ins Beliebige abgleitet.

Abb. 83: Verbandliche Steuerung aus unterschiedlicher theoretischer Sicht

Ansatz	erfolgreiche verbandliche Steuerung impliziert
Makroökonomische Theorien	Unterstützung der keynesianischen Stabilisierungspolitik zur Vermeidung von Lohn-Preis-Spiralen und zur Förderung von Wachstum und Beschäftigung.
Neue Politische Ökonomie	Große Verbände i.S. von „encompassing organizations" können keine Verteilungskoalitionen bilden, sondern tragen zur effizienten Allokation bei.
Institutionalismus	Informationsaustausch und Verhandlungen durch Verbände senken die Transaktionskosten der Mitglieder (etwa bei technischer Normung).
Comparative Capitalism	Korporatistische Einbindung und teilweise Selbststeuerung der Wirtschaft (Tarifpolitik) und der Sozialversicherungen (Selbstverwaltung, konzertierte Aktion im Gesundheitswesen); dies sind historisch gewachsene Institutionen, die Vertrauen und Verhandeln ermöglichen.
Kritische Theorien	Klassische Großverbände sind tendenziell Teil des herrschenden Machtkartells; die Hoffnung liegt auf alternativen Gruppierungen.
Systemtheorie	Neokorporatismus bedeutet Kontextsteuerung und strukturelle Koppelung des ökonomischen und politischen Systems, aber bei fortgeführter Autopoiesis.
Politikfeldanalyse	Verbände sind Teil eines Implementationsnetzwerks und ermöglichen eine stärkere Problemnähe, ferner werden ihre organisatorischen Ressourcen zur Staatsentlastung genutzt.

Damit nähert sich der Forscher in spiralförmigen Bewegungen den empirischen Phänomenen und gleicht seine Befunde mit dem Arsenal der verfügbaren Theorien ab. Das führt zu einem Plädoyer für eine interdisziplinär angelegte Politische Wirtschaftslehre, die

Plädoyer für eine interdisziplinäre Politische Wirtschaftslehre

- auf einem breiten Fundus an theoretischen Kenntnissen basiert,
- die nötigen begrifflichen und methodischen Grundlagen vermittelt,
- die Verbindung von Theorie und Empirie bzw. praktischer Anwendung sucht.

Gerade der Versuch, interdisziplinär zu arbeiten, braucht jedoch eine breite Basis an Theoriewissen, ebenso erfordert dies das Bemühen, Politik und Ökonomie als interdependent zu sehen. Wer sich umgekehrt zu sehr den formalisierten, sehr eleganten Theorien und ökonometrischen Verfahren hingibt, wer sich der „Adam-Smith-Ideologie" (Priddat) verschreibt, statt die reale mixed economy zu akzeptieren, verliert leicht an politischer Bedeutung. Dass dies im Falle der Wirtschaftswissenschaft ein Stück weit geschehen ist, beklagt und analysiert Birger Priddat – freilich könnte man manches davon ganz ähnlich ebenfalls für die Politikwissenschaft und für andere Sozialwissenschaften sagen.

„Die Ökonomie ist als Berater für die Politik nicht mehr gefragt! Ökonomen beschäftigen sich zu sehr mit formalen Fragen! Die Ökonomie wird zur Unterabteilung der angewandten Mathematik!

... Der ökonomische Grundgedanke, der Markt sei effizienter als die Politik, mag theoretisch richtig sein. In der politischen Praxis ist er aber unangemessen. Denn die theoretische Einsicht vergisst, dass die Politik ein Faktum ist, das sich nicht minimieren lässt. Sie ist qua demokratischer Verfassung, als Demokratie ein notwendiger Bestandteil zivilisierter Wirtschaftsgesellschaften.

In solchen Gesellschaften gibt es keine reinen Märkte: Sie sind durchsetzt mit Institutionen und Regularien, und zwar vielfältiger als es Ökonomen ahnen, die nur die reine Theorie lernen. [...]

Es kommt also darauf an, staatliche Eingriffe nicht per se zu verdammen, sondern darüber nachzudenken, welche staatlichen Eingriffe zweckmäßiger sind als andere. Ob möglicherweise sogar mehr Politik, mehr Staat sinnvoller ist als weniger. Diese unvoreingenommene Annäherung an politische Fragen hat natürlich Konsequenzen für die Grundüberzeugung der Ökonomen: Sie müssen das Ideal der maximalen Effizienz politikfreier Märkte aufgeben. [...]

Wir Ökonomen haben aber noch ein Problem: Wir müssen aufhören, auf die Fragen von Politikern rein ökonomisch zu antworten. Althergebracht hält man das für fachmännisch. Nur sind die Fragen der Politik nicht so sauber sortiert wie die Antworten der Ökonomen. Stattdessen stehen sie im Kontext vieler anderer Probleme, die parallel analysiert werden müssen: juristischer, rein politischer, soziologischer, kommunikativer und anderer Fragen.

Ökonomen denken diese Zusammenhänge nicht mit. Sie leben methodisch in einer Isolation, auf die sie sogar noch stolz sind. Das ist wissenschaftsstrategisch fatal, weil die Fragen der Politik komplexer sind als die – dann unterkomplexen – Antworten einer so betriebenen Ökonomie. Die Öffnung ökonomischen Denkens für andere Disziplinen ist ebenfalls entscheidend für die gesellschaftliche Relevanz der Ökonomie. Möglicherweise müssen Ökonomen in Teams mit anderen Wissenschaften zusammen antworten."

Quelle: Birger Priddat: Ideen statt Ideologie (in: Die Zeit, Nr. 3, vom 11.1.2001)

Literatur:

Braun, Dietmar 2001: Diskurse zur staatlichen Steuerung. Übersicht und Bilanz, in: Burth, Hans-Peter/Görlitz, Axel (Hrsg.): Politische Steuerung in Theorie und Praxis, Baden-Baden, S. 101-131.

Kittel, Bernhard 2003: Perspektiven und Potenziale der vergleichenden Politischen Ökonomie, in: Obinger, Herbert/Wagschal, Uwe/Kittel, Bernhard (Hrsg.): Politische Ökonomie, Opladen, S. 385-414.

Schmidt, Manfred G. 2001a: Still on the Middle Way? Germany's Political Economy in the Twenty-First Century, in „German Politics", Vol. 10, No. 3, S. 1-12.

Wiesenthal, Helmut 2003: Beyond Incrementalism. Sozialpolitische Basisinnovationen im Lichte sozialwissenschaftlicher Skepsis, in: Mayntz, Renate/Streeck, Wolfgang (Hrsg.): Die Reformierbarkeit der Demokratie, Frankfurt a.M., S. 31-70.

Glossar

Abschreibung. In einem Unternehmen nutzen sich die bei der betrieblichen Leistungserstellung eingesetzten Maschinen, Gebäude, Fahrzeuge etc. ab. Diese Wertverluste werden als Kosten erfasst, die bei der Berechnung des Verkaufspreises der produzierten Güter und bei der Ermittlung des Gewinns als „Abschreibungen" berücksichtigt werden müssen. Steuerrechtlich sind Abschreibungen Ausgaben und mindern daher den zu versteuernden Gewinn.

Angebot. In der Gesamtwirtschaft: die insgesamt auf den Inlandsmärkten zum Verkauf bestimmte Produktion aus inländischen, aber auch aus ausländischen Quellen (Import). Auf einzelnen Märkten: die Mengen an Gütern und Leistungen, die die Verkäufer auf diesen Märkten absetzen wollen.

Antizyklische Maßnahmen. Sie werden in der Wirtschaftspolitik ergriffen, um konjunkturelle Schwankungen zu dämpfen oder auszuschalten. Wenn der Staat seine Ausgaben erhöht oder die Steuern senkt, dann zielt dies auf eine Belebung der Wirtschaftsaktivität. Dämpfend hingegen wirken sich Ausgabensenkungen des Staates und Steuererhöhungen aus.

Arbeitslosenquote. Maß für die Arbeitslosigkeit in einer Volkswirtschaft. In Deutschland errechnet sie sich nach der Formel: Zahl der registrierten Arbeitslosen x 100 : Zahl aller Erwerbspersonen.

Arbeitslosigkeit. Zu unterscheiden ist zwischen vorübergehender und dauernder Arbeitslosigkeit, zwischen freiwilliger und unfreiwilliger. Als friktionelle Arbeitslosigkeit bezeichnet man die Zeit zwischen der Beendigung einer alten und Aufnahme einer neuen Tätigkeit. Erscheinungsformen sind u.a. die saisonale Arbeitslosigkeit: Sie entsteht im Zusammenhang mit vorwiegend witterungsbedingten, jahreszeitlichen Produktionsschwankungen. Die konjunkturelle Arbeitslosigkeit entsteht bei einer nicht ausreichenden gesamtwirtschaftlichen Aktivität, wenn nämlich Nachfrage und Produktion hinter den Produktionsmöglichkeiten zurückbleiben; die strukturelle Arbeitslosigkeit, die sich als Folge von Bedarfs- und Nachfrageverschiebungen einstellt. Sie ist dadurch gekennzeichnet, dass sich Arbeitskräfteangebot und Arbeitskräftenachfrage regional und sektoral unterscheiden.

Arbeitsmarkt. Auf dem Arbeitsmarkt gilt entlohnte Arbeitsleistung als handelbare Ware. Hier treffen Individuen, die ihre Arbeitskraft anbieten, auf die entsprechende Nachfrage der Arbeitgeber. Stellensuchende mit ihren Qualifikationen und Ansprüchen stehen einer Auswahl von Stellen mit unterschiedlichen Anforderungen und Gegenleistungen gegenüber. In modernen Gesellschaften ist die Sozialstruktur stark durch die Arbeitswelt geprägt. Der

Erfolg auf dem Arbeitsmarkt entscheidet weitgehend über die materiellen und immateriellen Lebenschancen des Individuums. Chancengleichheit heißt damit wesentlich: gleiche Startbedingungen auf dem Arbeitsmarkt (unabhängig etwa von sozialer Herkunft oder Geschlecht). Ökonomische Theorien betonen die Marktförmigkeit der Abstimmung von Angebot und Nachfrage. Entscheidend ist der Preis für den Produktionsfaktor Arbeit (Lohn). Den eigenen Marktwert beeinflusst das Individuum durch Investitionen in produktivitätsrelevante Qualifikationen (Humankapital). Sozialwissenschaftliche Ansätze erweitern diese individualisierende Sicht durch den Einbezug struktureller, institutioneller und kultureller Bedingungen. Hervorgehoben wird etwa die Bedeutung von kollektiven Aushandlungsprozessen, staatlichen Regulierungen und gruppenspezifischen Vorurteilen. Die Nachfrage auf dem Arbeitsmarkt ist starken konjunkturellen Schwankungen unterworfen. Langfristige Verschiebungen der Arbeitsmarktnachfrage sind die Folge des wirtschaftsstrukturellen, technologischen und organisationellen Wandels. Quantität und Qualität des Angebots an Arbeitskräften werden durch die demografische Entwicklung, die Erwerbsquote, das Bildungsniveau und die individuellen Ansprüche bestimmt.

Arbeitsmarktpolitik. Sie richtet sich auf den Ausgleich von Angebot und Nachfrage auf Teilarbeitsmärkten (z.B. für Regionen, Qualifikationen, Problemgruppen) und verfolgt auch soziale Ziele. Mittel dieser Politik sind u.a. Berufsberatung, Arbeitsvermittlung, Maßnahmen zur Steigerung der Arbeitskräftemobilität und zur Förderung beruflicher Bildung, Arbeitsbeschaffungsmaßnahmen, Lohnersatzzahlungen (bei Arbeitslosigkeit) Hauptträger der Arbeitsmarktpolitik ist die Bundesagentur für Arbeit.

Arbeitsteilung. Aufteilung der Arbeitsleistung in Teilprozesse. Man kann unterscheiden zwischen der Aufteilung auf verschiedene Wirtschaftseinheiten (berufliche Arbeitsteilung, Verteilung auf Produktionsstufen, territoriale Arbeitsteilung) und der Zerlegung des Arbeitsprozesses selbst (Zerlegung einer Arbeitsaufgabe in mehrere Teilaufgaben).

Außenhandel. Der Begriff bezieht sich auf den Handel mit Waren über die Grenzen eines Staates. Eine Gegenüberstellung dieser Warenströme wird in der Handelsbilanz vorgenommen.

Bedürfnis. Der Begriff beschreibt das Empfinden eines Mangels, verbunden mit dem Bestreben, ihn zu beseitigen. Gut zu wirtschaften bedeutet, die Bedürfnisse nach der Notwendigkeit ihrer Befriedigung einzuteilen. Unterschieden wird in Existenz-, Kultur- und Luxusbedürfnisse. Daneben gibt es Bedürfnisse, die nicht der Einzelne, sondern nur die Gesellschaft als Ganzes befriedigen kann. Sie werden als Kollektivbedürfnisse bezeichnet. Aus den Bedürfnissen wird erst dann ein Bedarf, wenn es zu einer tatsächlichen Nachfrage kommt.

Beitragsbemessungsgrenze. Die Beitragsbemessungsgrenze ist die Höchstgrenze, bis zu der aus einer Beschäftigung oder selbständigen Tätigkeit Rentenversicherungsbeiträge gezahlt werden müssen. Sie beträgt im Jahre 2005 in der Rentenversicherung der Arbeiter und Angestellten im Westen jährlich 62.400 Euro, monatlich 5.200 Euro, im Osten jährlich 52.800 Euro, monatlich 4.400 Euro; in der knappschaftlichen Rentenversicherung im Westen jährlich 76.800 Euro, monatlich 6.400 Euro, im Osten jährlich 64.800 Euro, monatlich 5.400 Euro.

Beschäftigung. Die tatsächliche Auslastung der gesamtwirtschaftlichen Produktionskapazität durch die Faktoren Arbeit und Kapital. Bezogen auf den Produktionsfaktor Arbeit ist Beschäftigung das Gegenteil von Arbeitslosigkeit. Beschäftigungserhöhungen führen somit zu einem Rückgang der Arbeitslosigkeit. Umgekehrt erhöhen Beschäftigungsrückgänge die Arbeitslosigkeit. Ein Ziel staatlicher Wirtschaftspolitik ist die Erreichung eines möglichst hohen Beschäftigungsstandes.

Beschäftigungspolitik. Der Einsatz solcher Maßnahmen der Wirtschaftspolitik, die das Ziel haben, Vollbeschäftigung zu erreichen und Arbeitslosigkeit abzubauen. Unterschieden wird zwischen angebotsorientierter Beschäftigungspolitik (z.B. durch Verbesserung der Investitionstätigkeit der Unternehmen) und nachfrageorientierter Beschäftigungspolitik, bei der zur Schaffung von Arbeitsplätzen z.B. auf höhere staatliche Investitionen oder Beschäftigungsprogramme mit Arbeitsbeschaffungsmaßnahmen sowie auf die Steigerung der Nachfrage (z.B. durch steuerliche Entlastungen von privaten Haushalten) gesetzt wird.

Bruttoinlandsprodukt (BIP). Wert aller Güter und Dienstleistungen, die in einem Jahr innerhalb der Landesgrenzen einer Volkswirtschaft erwirtschaftet werden. Das BIP Deutschlands enthält auch die Leistungen der Ausländer, die innerhalb unseres Landes arbeiten, während die Leistungen der Inländer, die im Ausland arbeiten, nicht berücksichtigt werden. Bei der Ermittlung des BIP wird zwischen Entstehungs-, Verteilungs- und Verwendungsrechnung unterschieden. Bei der Entstehungsrechnung wird das BIP in den Wirtschaftsbereichen seiner Entstehung (z.B. Land- und Forstwirtschaft, produzierendes Gewerbe, Handel, Gastgewerbe und Verkehr, öffentliche und private Dienstleister) gemessen. Ausgangspunkt dabei ist die Wertschöpfung der Wirtschaftsbereiche. Die Verwendungsrechnung ermittelt das BIP als Summe aus privatem und staatlichem Konsum (Konsumausgaben der privaten Haushalte und der privaten Organisationen ohne Erwerbszweck sowie Staatsverbrauch), Investitionen und Außenbeitrag. Bei der Verteilungsrechnung wird das BIP aus der Summe der Lohn- und Gehaltseinkommen der Arbeitnehmer, der Unternehmensgewinne und der Vermögenserträge in der Volkswirtschaft berechnet.

Deficit Spending. In der nachfrageorientierten Wirtschaftspolitik eine Haushaltsverschuldung zu Rezessionszeiten. Sie soll zu mehr Beschäftigung und damit zu mehr Nachfrage führen; nimmt das Wirtschaftswachstum wieder zu, soll die Verschuldung aus den Steuermehreinnahmen abbezahlt werden.

Deflation. Sinkendes Preisniveau in einer Volkswirtschaft. Es entsteht, wenn der Versorgung mit Gütern keine entsprechende Versorgung mit Geld gegenübersteht, also der Wert des Geldes steigt.

Deregulierung. Deregulierung bezeichnet den Abbau von Eingriffen des Staates in die Entscheidungen von privaten oder halbstaatlichen Unternehmungen. Der Begriff stammt aus den Vereinigten Staaten (deregulation) und bezeichnet dort die Korrektur der zu Beginn des 20. Jahrhunderts erfolgten staatlichen Kontrolle von public utilities (regulation von öffentlichen Versorgungsunternehmen der Netzinfrastrukturbereiche Schienenverkehr, Telekommunikation, Elektrizität, Entsorgung).

Dienstleistungen. Sammelbegriff für Leistungen, die nicht in der Herstellung von Sachgütern, sondern in persönlichen Leistungen bestehen (Handel, Banken, Versicherungen, Hotel- und Gaststättengewerbe, Öffentliche Dienste, freie Berufe etc.).

Direktinvestitionen. Kapitalanlagen eines Unternehmens im Ausland zur Gründung von oder zur Beteiligung mit unternehmerischer Verantwortung an Unternehmen, Produktionsstätten oder Niederlassungen. Der jährliche Fluss an Direktinvestitionen von Inländern ins Ausland sowie von Ausländern ins Inland wird aus der Kapitalbilanz, einer Unterbilanz der Zahlungsbilanz ersichtlich. Dabei ist der Zufluss an Direktinvestitionen aus dem Ausland auch ein Maß für die Attraktivität eines Landes als Unternehmensstandort.

Distribution. Der volkswirtschaftliche Prozess der Verteilung der Produktionsgüter auf die produzierenden und der Konsumgüter auf die konsumierenden Wirtschaftssubjekte; im engeren Sinn wird lediglich die Verteilung der Konsumgüter auf die privaten und öffentlichen Haushalte darunter verstanden, so dass die Distributionsphase zwischen der Produktions- und der Konsumtionsphase liegt; die Verteilung der Produktionsgüter nennt man zur Unterscheidung: Allokation.

Erwerbspersonen. Summe aus Erwerbstätigen und registrierten Arbeitslosen.

Erwerbsquote. Anteil der Erwerbspersonen an der Gesamtbevölkerung.

Externe Effekte. Wenn durch die Herstellung oder den Verbrauch von Waren oder Leistungen anderen Unternehmen, Haushalten oder der Gesellschaft Kosten (externe Kosten) oder Einsparungen (externe Ersparnisse, externe Nutzen) entstehen und vom Schadenverursacher kein Ausgleich vorgenommen wird bzw. vom Empfänger eines Vorteils kein Entgelt gezahlt wird, spricht man von externen Effekten. Im Fall externer Effekte versagt somit der Preismechanismus, was allgemein auch als Marktversagen bezeichnet wird und ein Eingreifen des Staates notwendig macht. Externe Effekte als externe Kosten entstehen z.B., wenn von Unternehmen nur die betriebswirtschaftlichen Kosten ihrer Produktion zu kalkulieren sind, die sozialen Kosten der Produktion aber auf die Gesellschaft abgewälzt (externalisiert) werden.

Finanzausgleich. Der Begriff umfasst den finanziellen Ausgleich der Leistungskraft, d.h. die Verteilung der öffentlichen Einnahmen, zwischen Bund und Ländern (bundesstaatlicher Finanzausgleich); zwischen leistungsstarken und leistungsschwachen Ländern (Länder- oder auch horizontaler Finanzausgleich); und zwischen einem Land und seinen Kommunen (kommunaler Finanzausgleich). Der bundesstaatliche und kommunale Finanzausgleich werden auch vertikaler Finanzausgleich genannt. Innerhalb der EU soll eine Art Finanzausgleich zwischen höher und schwächer entwickelten Regionen durch die Strukturfonds der EU herbeigeführt werden.

Finanzpolitik/Fiskalpolitik. Maßnahmen des Staates, mit denen über die Veränderung der Staatseinnahmen und Staatsausgaben die wirtschaftliche Entwicklung beeinflusst werden soll. Finanzpolitiker können mit ihren Instrumenten im Wesentlichen nur Verteilungs- und Strukturpolitik betreiben. Für die Konjunktur- und Wachstumspolitik können eingesetzt werden: die Finanzierung eines Teils des Ausgabenvolumens der öffentlichen Hand durch Schuldenaufnahme (das so genannte „deficit spending") zur Ankurbelung bzw. die Tilgung öffentlicher Schulden mit Mitteln aus dem Steueraufkommen zur Dämpfung der Konjunktur sowie die Konstruktion des Steuersystems. Im Steuersystem können Steuergesetze erlassen oder aufgehoben, Steuersätze herauf- oder herabgesetzt werden und schließlich so genannte „automatische Stabilisatoren" wirksam sein. Stabilisierend wirken z.B. der progressiv gestaltete Einkommensteuertarif (im Aufschwung wächst das Einkommensteueraufkommen schneller als das Einkommen, im Abschwung ist es umgekehrt) sowie die Finanzierung der Arbeitslosenversicherung (im Aufschwung steigen die Beitragseinnahmen und sinken die Auszahlungen, im Abschwung ist es umgekehrt).

Forschungs- und Technologiepolitik. Alle Maßnahmen des Staates, die darauf gerichtet sind, Erfindungen (Inventionen) und ihre Umsetzung in marktfähige Produkte zum gewerblichen Einsatz (Innovationen) in der Wirtschaft zu fördern. Maßnahmen der Forschungs- und Technologiepolitik betreffen z.B. die Schaffung günstiger, innovationsfördernder Rahmenbedingungen durch eine weitere Verbesserung der wirtschaftlichen und technischen Infrastruktur, etwa durch die Schaffung von Technologiezentren bzw. Technologieparks, oder durch Bereitstellung von Beteiligungskapital für junge, innovative Unternehmen. Der wirtschaftliche Anreiz für Unternehmen, in Forschung und Entwicklung zu investieren, soll durch die Vergabe von Patenten oder Gebrauchsmustern, die dem Erfinder für eine bestimmte Zeit das Recht zur wirtschaftlichen Verwertung seiner Erfindung geben, erhöht werden. Weitere Maßnahmen sind die Gewährung von Subventionen, Steuervergünstigungen und zinsgünstigen Krediten (ERP-Innovationsprogramm) an Unternehmen, die sich mit Forschung und Entwicklung in den neuen Technologiebereichen, wie Kommunikations-, Gen-, Laser- oder Biotechnologie befassen.

Freihandel. Im Gegensatz zum Protektionismus und staatlichen Außenhandelsmonopol ein freier, grenzüberschreitender Güterverkehr ohne staatliche Einflüsse.

Geld. Jedes wirtschaftliche Gut, das die Geldfunktionen erfüllt, insbesondere ein solches Nominalgut, das eigens zur Erfüllung dieser Funktionen geschaffen worden ist. Das Geld hat im Wesentlichen drei Funktionen: Die Geldeinheit dient als Recheneinheit, ferner als Tausch- und als Wertaufbewahrungsmittel. Das Geld macht die verschiedensten Güter vergleichbar; es erleichtert die Tauschbeziehungen, indem es den Ausgleich in einer Periode beschleunigt und den Ausgleich in verschiedenen Perioden ermöglicht.

Geldmarkt. Markt für kurzfristige Kredite; Teilnehmer sind die Geschäftsbanken, die untereinander Zentralbankguthaben mit Laufzeiten von einem Tag (Tagesgeld) bis zu einem Jahr handeln, und die EZB bzw. in deren Auftrag (als ausführendes Organ) die Deutsche Bundesbank, die Geldmarktpapiere mit Laufzeiten bis zu zwei Jahren an- und verkauft. Am Geldmarkt vollzieht sich der Liquiditätsausgleich des Geschäftsbankensektors (Interbankenhandel); für die EZB ist er das Handlungsfeld für die Geldpolitik (Offenmarktpolitik).

Geldpolitik. Alle Maßnahmen, mit denen vor allem die Zentralbank den Geldumlauf und die Geld- und Kreditversorgung der Wirtschaft steuert. Wichtigstes Ziel ist dabei die Sicherung der Währung, also die Erhaltung des Geldwertes innerhalb einer Volkswirtschaft (Geldwertstabilität) und die Stabilität der Kaufkraft nach außen. Das erfordert vor allem die Steuerung der umlaufenden Geldmenge über Maßnahmen zur Beeinflussung der Zinssätze durch die Zinspolitik und über die Beeinflussung der Bankenliquidität durch die Liquiditätspolitik. Träger der Geldpolitik ist die Europäische Zentralbank. Zur Erfüllung ihrer Aufgaben verfügt die EZB über verschiedene geldpolitische Mittel der Offenmarktpolitik, der Mindestreservepolitik sowie über ständige Fazilitäten.

Geldwertstabilität. Volle Geldwertstabilität besteht, wenn mit einem Geldbetrag stets gleichviel Güter gekauft werden können. Der Geldwert ist aber nie ganz stabil. Der Binnenwert des Geldes wird beeinflusst von Angebot und Nachfrage und von der umlaufenden Geldmenge; der Außenwert einer Währung ist abhängig von vielen Faktoren der Außenwirtschaft und der Staats- und Währungspolitik. Einen absolut sicheren Maßstab für die Entwicklung des Binnenwertes gibt es nicht, weil die am Markt angebotenen Güter und Leistungen einer ständigen Wandlung in Qualität und Ausführung unterliegen. Preiserhöhungen müssen deshalb nicht unbedingt Ausdruck einer Geldwertverschlechterung sein; sie können vielmehr mit einer kompensierenden Qualitätsverbesserung einhergehen. Sie können aber auch auf einer Verknappung natürlicher Ressourcen beruhen; die Preissteigerung ist dann Ausdruck der erhöhten Knappheit und nicht einer Geldwertverschlechterung. Die Geldwertstabilität stellt eines der vier gesamtwirtschaftlichen Ziele im Rahmen des Stabilitätsgesetzes dar.

Generationenvertrag. Zwischen Beitragszahlern und Rentenempfängern gilt das Prinzip, dass die arbeitenden Versicherten durch ihre Beiträge die Renten von heute finanzieren – in der Erwartung, dass die nachfolgenden Generationen bereit sind, für sie das Gleiche zu tun. Dieser „Generationenvertrag" wurde jedoch weder ausgesprochen noch schriftlich festgelegt.

Gesamtwirtschaftliches Gleichgewicht. Entsprechung von gesamtwirtschaftlichem Angebot und gesamtwirtschaftlicher Nachfrage (güterwirtschaftliches Gleichgewicht) sowie von Geldangebot und Geldnachfrage (monetäres Gleichgewicht).

Giffenparadoxon. Bei erhöhtem Preis wird mehr von dem Gut konsumiert. Wird z.B. Brot teurer, so kauft ein „armer Haushalt" unter Verzicht auf Fleisch verstärkt das trotzdem noch relativ billigere Grundnahrungsmittel Brot zur Sättigung, da es Hauptbestandteil des Verbrauchsplans ist.

Globalisierung. Der Begriff beschreibt grundsätzlich den Sachverhalt, dass die Kontinente und Nationen in ein immer engeres Netzwerk von Produktion, Handel, Information und Kommunikation eingebunden werden. Gezeichnet wird allgemein ein Bild, wonach auf den Weltmärkten die Länder wie Unternehmen stärker als bisher miteinander konkurrieren: Ebenso wie die Unternehmen generell unter weit höherem Wettbewerbs- und Kostendruck stehen, sind auch die Staaten mit einer verschärften Wettbewerbssituation konfrontiert. Nach dieser Lesart ist erst seit Anfang der 90er-Jahre der internationale Wettbewerb und Markt wirklich global geworden. Südostasien, China sowie die logistisch vorteilhaft gelegenen Niedriglohn-Länder in Mittel- und Osteuropa schaffen erst eine zusätzlich existenzielle Wettbewerbssituation, in deren Namen eine günstige Standortpolitik gefordert wird. Ein weiteres Merkmal der Globalisierung sind die Fortschritte der Computer- und Telekommunikationstechnologien, welche die Investoren heute in die Lage versetzen, auf den globalisierten Finanzmärkten auf kleine Renditedifferenzen oder auf die Erwartungen von Veränderungen im internationalen Wechselkurs- oder Renditegefüge in kürzester Zeit fast ohne Kosten mit der Verschiebung großer Geldsummen zu reagieren, womit sie erheblichen Einfluss auf die Wechselkurse, die Aktienkurse und die Zinsen in den betroffenen Ländern ausüben und durch spekulative und immer riskantere Finanzinvestitionen sowie massiven Geldzufluss und -abzug ganze Währungen zusammenbrechen lassen.

Governance. Governance bezeichnet generell das Steuerungs- und Regelungssystem einer politisch gesellschaftlichen Einheit wie Staat oder Gemeinde. Häufig wird es auch im Sinne von Steuerung oder Regelung einer jeglichen Institution (etwa einer Gesellschaft oder eines Betriebs) verwendet. Für den aus dem Englischen kommenden Begriff Governance gibt es keine deutsche Entsprechung. Der Ausdruck ist – im politischen Umfeld – alternativ zum Begriff Government (Regierung) entstanden und soll ausdrücken, dass innerhalb der jeweiligen politisch-gesellschaftlichen Einheit Steuerung und Regelung nicht nur vom Staat („Erster Sektor"), sondern auch von der Privatwirtschaft („Zweiter Sektor") und vom „Dritten Sektor" (Vereine, Verbände, Interessenvertretungen) wahrgenommen wird. (Unter Corporate Governance versteht man die Kontroll- und Steuerungsstruktur innerhalb, gelegentlich auch außerhalb – rechtliche Regelung – privatwirtschaftlicher Unternehmen.)

Güter. Das sind Produkte und Leistungen, mit denen Menschen ihre Bedürfnisse befriedigen können. Es können verschiedene Arten von Gütern unterschieden werden. Generell: freie Güter (z.B. Luft, Wasser) und wirtschaftliche Güter; letztere können weiter in Dienstleistungen und Sachgüter aufgeteilt werden; bei den Sachgütern schließlich kann zwischen Produktionsgütern, das sind Investitionsgüter (z.B. Maschinen, Werkzeuge) sowie Verbrauchsgüter (z.B. Öl, Kohle), und Konsumgüter, das sind Gebrauchsgüter (z.B. Möbel, Radio) sowie Verbrauchsgüter (z.B. Lebensmittel), differenziert werden. Weiter unterschieden werden können geringwertige und höherwertige Güter, komplementäre und substituierbare Güter, lebensnotwenige Güter und Luxusgüter, schließlich private und öffentliche Güter (z.B. Straßen, Schulen, Verwaltungen). Letztere werden vom Staat zur Verfügung gestellt und keiner kann vom Konsum des Gutes ausgeschlossen werden.

Handelshemmnisse. Die Behinderung des freien Handels mit Gütern und Dienstleistungen durch staatliche Eingriffe. Handelshemmnisse im engeren Sinne beziehen sich auf den Außenhandel. Grundsätzlich werden unterschieden tarifäre und nichttarifäre Handelshemmnisse. Tarifäre bedeuten die Erhebung (nur) eines Zolls bei der Einfuhr (seltener bei der Ausfuhr) eines Gutes. Wer diesen Zoll entrichtet, ist grundsätzlich zum Import des

Gutes in beliebiger Menge berechtigt. Nichttarifäre Handelshemmnisse sind vielfältig: Quoten setzen eine mengenmäßige Obergrenze für den Import fest, technische Standards mögen sich gegen Waren aus einem bestimmten Land richten, schikanöse Gesundheitsprüfungen oder Abfertigungsprozeduren den Handel beschränken, eine Bardepotpflicht für Importeure den Import unrentabel machen.

Haushalt. Aufstellung über die Einnahmen und Ausgaben einer öffentlichen Körperschaft (Budget). Der Bund, die Länder und die Gemeinden legen für das jeweils kommende Jahr einen Haushaltsplan vor, in dem die erwarteten Einnahmen und Ausgaben verzeichnet sind. In der Vergangenheit ist es meist so gewesen, dass mehr ausgegeben als eingenommen wurde. Es ergab sich also ein Haushaltsdefizit, das dann durch Kreditaufnahme gedeckt wurde.

Homo oeconomicus. Die Modellvorstellung eines Wirtschaftssubjektes, das stets rational, d.h. nach dem ökonomischen Prinzip handelt. In einfachen wirtschaftswissenschaftlichen Modellen wird vom Homo oeconomicus ausgegangen, um elementare wirtschaftliche Vorgänge in reiner Form, d.h. unverzerrt durch menschliche Unzulänglichkeiten, darstellen zu können. In komplizierteren Modellen der Ökonometrie wird auf ihn verzichtet.

Humankapital. Aus dem engl. Human Capital übernommener Begriff für das durch Arbeitsvermögen gegebene Leistungspotenzial (Summe von Erfahrungen, Kenntnissen und Fähigkeiten) einer Person, einer Gruppe oder der Erwerbsbevölkerung einer Volkswirtschaft.

Industriepolitik. Die Gesamtheit aller auf Erhaltung, Gestaltung, Anpassung und Förderung der Industrie gerichteten regional- und strukturpolitischen Maßnahmen des Staates (Bund, Länder, Kommunen) bzw. der Europäischen Union. Im neueren Sprachgebrauch auch Synonym für die gesamte sektorale Strukturpolitik. Wichtige Instrumente sind Subventionen und Steuervergünstigungen, aber auch die Schaffung günstiger Standortbedingungen im Rahmen der Infrastrukturpolitik oder der Technologiepolitik.

Inflation. Der anhaltende Kaufkraftverlust des Geldes bzw. – umgekehrt – die anhaltende Verteuerung eines Teils oder aller in einer Wirtschaft angebotenen Güter und Dienstleistungen. In der wirtschaftsstatistischen Praxis erfolgt die Messung durch die Berechnung von Preisindizes (z.B. der Lebenshaltungskostenindex). Die wichtigsten Ursachen für eine inflatorische Entwicklung sind: 1.) die Steigerung der Nachfrage über das kurzfristig verfügbare Angebot hinaus (Nachfragesoginflation, „demand-pull inflation"), 2.) die Abnahme des Angebots (z.B. durch Missernten) bzw. die Verteuerung der Produktion (Kostendruckinflation, „cost-push inflation"), 3.) die Durchsetzung von Gewinnen durch die Ausnutzung von

Marktmacht (Anspruchsinflation), 4.) die Zunahme der Geldmenge über die Zunahme der Gütermenge hinaus, 5.) die importierte Inflation. Letztere liegt dann vor, wenn aufgrund höherer Einkommen oder Preise im Ausland die Nachfrage dort nach deutschen Gütern und Leistungen zunimmt und die heimischen Unternehmen dann die Möglichkeit haben, aufgrund der günstigen Nachfragesituation die Preise zu erhöhen.

Infrastruktur. Die materiellen, institutionellen und personellen Einrichtungen, Verhaltensweisen und Fähigkeiten, die das Niveau des Wirtschaftens in einer Gesellschaft bestimmen. Die materielle Infrastruktur umfasst hauptsächlich die Einrichtungen des Güter-, des Personen- und des Nachrichtenverkehrs, der Energieversorgung sowie der Erhaltung und Verbesserung der Umweltbedingungen. Die institutionelle Infrastruktur umfasst insbesondere die staatliche Garantie der Rechtsordnung und andere immaterielle öffentliche Güter, die sittlichen Normen und die Erschließung und Erhaltung der Verbindungen zu ausländischen Infrastrukturen. Die personelle Infrastruktur schließlich umfasst das Wissen und das Können, die Leistungsfähigkeit und die Leistungsbereitschaft der wirtschaftenden Menschen, also das so genannte Arbeitsvermögen.

Innovationen. Das sind alle in einem Unternehmen entwickelten technisch neuen Produkte bzw. technische Verbesserungen von bereits auf dem Markt eingeführten Produkten (Produktinnovationen) oder technische Verbesserungen des firmeninternen Produktions- oder Distributionssystems (Prozessinnovation/Verfahrensinnovation).

Internationale Arbeitsteilung. Globalisierung der Produktionsstruktur von Ländern und Unternehmen. Dies betrifft nicht nur eine sektorale Differenzierung nach Ländern, sondern auch die Etablierung länderübergreifender Produktionsstrukturen in Unternehmen. Voraussetzung sind Preisunterschiede bei identischen Gütern, die wiederum z.B. durch Unterschiede in der quantitativen und qualitativen Ausstattung mit Boden, Arbeit und Kapital, im Stand des technischen Wissens und dessen Anwendung im Produktionsprozess sowie in den Verbrauchsgewohnheiten begründet sein können. Die internationale Arbeitsteilung führt zu positiven Wirkungen, wenn sich jedes Land auf die Produktion der Güter spezialisiert, bei denen es über Preis- bzw. Kostenvorteile verfügt. Das Ausmaß der internationalen Arbeitsteilung bzw. der Spezialisierung und damit die Höhe der realisierten Vorteile hängen von dem Grad der Verwirklichung des Freihandelsprinzips ab. Bei völligem Fehlen von Handelshemmnissen und bei Wechselkursen, die die Kaufkraftparität widerspiegeln, werden die Vorteile der internationalen Arbeitsteilung vollständig genutzt. Damit verbunden ist eine starke internationale Verflechtung und gegenseitige Abhängigkeit der Länder. Eine zu hohe Spezialisierung und große sozioökonomische Unterschiede steigern allerdings die Krisenanfälligkeit, weil die inländische Wirtschaft von Entwicklungen der globalen Ökonomie, so z.B. Nachfrageverschiebungen, Produktion von Ersatzgütern, wirtschaftspolitischen Veränderungen der Zielrangfolge, gegenläufigen Konjunkturbewegungen, abhängig wird, an die sie sich kurzfristig kaum anzupassen vermag. Es entsteht ein internationaler Wettbewerb um die besten und günstigsten Produktionsbedingungen (Standortwettbewerb).

Intervention. Allgemein: staatlicher Eingriff in den Wirtschaftsprozess; im Hinblick auf die EZB: An- und Verkauf von Devisen an den Devisenbörsen, um den Wechselkurs des Euro zu stützen.

Investition. Langfristige Anlage von Kapital zur Erhaltung und Vermehrung der Produktionsmittel in Form von Maschinen, Gebäuden etc. Staatliche Investitionen dienen der Herstellung öffentlicher Güter.

Investitionsgüter. Güter, die dazu bestimmt sind, andere Güter (Konsumgüter oder wiederum Investitionsgüter) herzustellen.

Kapitalismus. Bezeichnung für ein Wirtschafts- und Gesellschaftssystem, in dem die Produktionsmittel – im Gegensatz zum Sozialismus – privaten Eigentümern (Kapitaleigentümern) gehören und zu dem Zweck der Gewinnerzielung eingesetzt werden. Der Markt dient als Selektions- und Steuerungselement für Produktion (Art und Umfang), für Höhe und Verteilung der Einkommen und deren Verwendung (Verbrauch und Investition); der Wettbewerb soll der ständigen Verbesserung der wirtschaftlichen Leistung dienen.

Kapitalmarkt. Markt für mittel- bis langfristige Finanzmittel (über vier Jahre); Partner sind Banken, Unternehmen, öffentliche Stellen, private Haushalte, Ausländer und die Zentralbank; der Kapitalmarkt findet an Börsen oder freien Stellen statt (Aktienmarkt, Rentenmarkt, Hypothekenmarkt); er besorgt den Emittenten (Aussteller, Herausgeber) von Wertpapieren langfristige Finanzierungsmittel und ermöglicht den Kapitalgebern einen jederzeitigen Verkauf der Papiere.

Kapitalstock. Gesamtmenge des zu einem Zeitpunkt vorhandenen, für die Produktion nutzbaren Sachvermögens (Maschinen, Gebäude etc.).

Kaufkraft. Fähigkeit eines Einzelnen oder einer Gruppe von Personen, mit dem zur Verfügung stehenden Geld Güter zu kaufen. Die „Kaufkraft" des Geldes ist die Gütermenge, die man sich für eine Geldeinheit kaufen kann. Steigen die Preise, sinkt die Kaufkraft der Geldeinheit.

Keynesianismus. Sie stellt eine Form der Wirtschaftspolitik dar, die von dem englischen Nationalökonomen John Maynard Keynes (1883-1946) in ihren Grundzügen entwickelt und Mitte der 1930er Jahre vorgestellt worden ist. Im Keynesianismus wird dem Staat die Aufgabe zugewiesen, wirtschaftlichen Fehlentwicklungen (z.B. Arbeitslosigkeit) mit einer Steuerung der gesamtwirtschaftlichen Nachfrage zu begegnen. Der Staat hat also die Aufgabe, Schwankungen der privaten Nachfrage auszugleichen. Wenn z.B. von Unternehmen und Haushalten zu wenig an Gütern nachgefragt wird, dann soll der Staat mit eigener Nachfrage (z.B. Bau von Straßen) einspringen. Aufgrund seiner einseitigen Ausrichtung auf die gesamtwirtschaftliche Nachfrage und seiner begrenzten Erfolge in der praktischen Wirtschaftspolitik ist der Keynesianismus umstritten.

Klassische Theorie. Ein volkswirtschaftliches Gleichgewicht bildet sich auf der Grundlage von Privateigentum, Vertragsfreiheit und freiem Wettbewerb. Fiskalpolitik ist nicht erforderlich. Hauptvertreter: David Ricardo, Jean Baptiste Say, Adam Smith. Zeit: Ende 18. Jahrhundert.

Komparative Kostenvorteile. Für die Herstellung gleichartiger Waren relativ günstigere Bedingungen im einen als im anderen Land. Ursachen können Produktivitätsunterschiede oder unterschiedliche Ausstattung mit Produktionsfaktoren sein.

Konjunktur. Mit dem Begriff Konjunktur bezeichnet man den in der Vergangenheit fortwährend zu beobachtenden Sachverhalt, dass die wirtschaftliche Entwicklung, der Wirtschaftsprozess also, in Wellenbewegungen verläuft. Es sind drei Konjunkturphasen zu unterscheiden: 1.) Phase des Aufschwungs: Die Produktion nimmt erst langsam, dann immer schneller zu; die Verkäufe erhöhen sich ebenfalls immer stärker; die Gewinne der Unternehmen steigen; die Arbeitslosigkeit nimmt in aller Regel ab; die Investitionsbereitschaft der Unternehmen steigt. 2.) Phase der Hochkonjunktur/Boom: Erste Engpässe in den verschiedenen Industrien werden erkennbar; die Unternehmen tätigen in großem Umfang Investitionen; die Preise erhöhen sich zunehmend. 3.) Phase des Abschwungs/Rezession: Die wirtschaftliche Aktivität geht zurück; die Nachfrage, die Produktion, die Investitionen, die Gewinne und die Beschäftigung sinken. Die einzelnen Phasen des Konjunkturverlaufs spiegeln sich in einer Vielzahl ökonomischer Größen wider, z.B. in der Auftrags-, Produktions-, Umsatz-, Beschäftigungs-, Preis- und Zinsentwicklung. Diese Größen gelten deshalb auch als Konjunkturindikatoren.

Konsolidierung. Im Zusammenhang mit dem Problem der Staatsverschuldung bezeichnet der Begriff die Verringerung der Verschuldung bzw. des Anstiegs der Verschuldung.

Konsumption. Nach der Produktion und der Distribution die dritte und letzte Phase des Wirtschaftsprozesses, in welcher die wirtschaftlichen Güter ihrer Bestimmung, Bedürfnisse zu befriedigen, zugeführt werden.

Ein Gut wird konsumiert, indem es von einem privaten Haushalt erworben (privater Verbrauch) bzw. von einem öffentlichen Haushalt zu Konsumzwecken erworben (öffentlicher Verbrauch) wird. Die Konsumption kann im Gebrauch oder Verbrauch (dem Konsum) bestehen, je nachdem, ob das Konsumgut dauerhaft ist oder nicht. Ein konsumiertes Gebrauchsgut kann dem Markt wieder zugeführt werden, in welchem Fall also lediglich die Nutzung des Gutes konsumiert worden ist.

Konvergenz. Allmähliche Angleichung der wirtschaftlichen Lage in verschiedenen Ländern an Verhältnisse, die als wünschenswert angesehen werden.

Kosten. Die mit ihren Preisen bewerteten Güter, die zur Erstellung der betrieblichen Leistung notwendig sind.

Liberalisierung. Die Beseitigung von Regelungen, die den freien Austausch von Waren, Dienstleistungen und Kapital behindern. Im nationalen Bereich spricht man auch von Deregulierung.

Liberalismus. Weltanschauung und politische Bewegung seit dem 18. Jh., die eine Kontrolle der einzelnen Person durch den Staat oder andere Institutionen zu verringern und die freien Entfaltungsmöglichkeiten des Individuums zu fördern trachtet, sowohl im politischen wie im wirtschaftlichen Bereich. Der ökonomische Liberalismus setzt im Kern auf die Freiheit des Unternehmers, die sich auf privates Eigentum stützt, durch Innovationskraft und rationales Gewinnstreben die Produktivität steigert, den Wettbewerb fördert und zu einem freien Spiel der Kräfte im arbeitsteiligen Wirtschaftsleben beiträgt.

Liquidität. Die unmittelbare Zahlungsfähigkeit einer Person oder Institution. Liquide Mittel sind in erster Mittel Bargeld und Giroguthaben bei Banken (Liquidität 1. Grades). Aber auch Vermögen, das rasch und leicht zu Geld gemacht werden kann, zählt hierzu (Termin- und Sparguthaben, börsennotierte Wertpapiere; Liquidität 2. Grades).

Lohnnebenkosten. Arbeitgeberanteil an den Beiträgen zur gesetzlichen Sozialversicherung (Renten-, Kranken-, Arbeitslosen- und Pflegeversicherung) sowie betriebliche und tarifliche Nebenkosten (Urlaubsgeld, Vermögensbildung, Sonderzahlungen).

Makroökonomie. Nennt sich das Teilgebiet der Volkswirtschaftslehre, in dem das wirtschaftliche Verhalten ganzer Gruppen von Wirtschaftseinheiten (so z.B. das der Haushalte, des Staates, der Unternehmen) betrachtet, gesamtwirtschaftliche Größen (z.B. das Volkseinkommen, die allgemeine Preislage) erklärt und gesamtwirtschaftliche Vorgänge (z.B. das Wirtschaftswachstum, Konjunkturschwankungen, die Inflation) untersucht werden.

Marktversagen. Bezeichnung für den Sachverhalt, dass die Koordination und Preisbildung durch den Markt nicht immer zu einem für die Gesellschaft optimalen oder akzeptablen Ergebnis führt. In diesen Fällen muss der Staat eingreifen und ggf. entsprechende Aufgaben übernehmen, so z.B. bei der Bereitstellung öffentlicher Güter oder bei der Erzeugung „externer Effekte" in der Produktion.

Marktwirtschaft. Eine Wirtschaftsform, bei der sich Angebot und Nachfrage nach Gütern und Dienstleistungen auf den Märkten frei entfalten können. Für eine Marktwirtschaft ist u.a. typisch: Privateigentum ohne Beschränkungen, freie Konsumwahl, Wettbewerbsfreiheit. Die einzelnen Anbieter und Nachfrager können Entscheidungen zur Produktion, zur Verteilung und zum Konsum selbständig und unabhängig voneinander treffen und diese auf den Märkten durchzusetzen. Die Produktion und ihre Verteilung werden über Märkte und den Preismechanismus gesteuert. Der Staat greift in das freie Spiel der Kräfte nicht ein. Er beschränkt sich darauf die wirtschaftliche Freiheit des einzelnen zu garantieren und die Wirtschaftsordnung der Marktwirtschaft zu sichern (z.B. über das Gesetz gegen Wettbewerbsbeschränkungen).

Marktwirtschaft, soziale. Bezeichnet einen sozial ausgerichteten Ordnungsrahmen, bei dem im Gegensatz zur reinen Marktwirtschaft sich die Rolle des Staates nicht auf eine Nachtwächterfunktion bei der Gestaltung der Wirtschaftsverfassung beschränkt. Typisch für dieses System ist, dass die Wirtschaftssubjekte nur weitgehend, also nicht vollkommen selbständig in ihrer Entscheidung sind; nur vorwiegend Privateigentum an den Produktionsmitteln gegeben ist; der Staat und die Notenbank in den Wirtschaftskreislauf eingreifen (Setzung und Durchsetzung von wirtschafts- und sozialpolitischen Zielen); der Staat das System der reinen Marktwirtschaft um soziale Elemente ergänzt (z.B. durch die Sozialversicherung, den Kündigungs-, Mieter-, Verbraucherschutz). Der Staat will so insbesondere den sozial Schwächeren schützen, der sonst möglicherweise unter einem völlig freien Spiel der Marktkräfte zu leiden hätte.

Mikroökonomie. Bezeichnet das Teilgebiet der Volkswirtschaftslehre, in dem einzelwirtschaftliche Sachverhalte, das Verhalten der Einzelwirtschaften und ihre Entscheidungen näher untersucht werden. Einzelwirtschaften sind z.B. Haushalte und Unternehmen. Beispiele für mikroökonomische Fragestellungen: Wovon ist die Konsumnachfrage privater Haushalte abhängig? Wie reagiert die Nachfrage auf Änderungen von Einflussgrößen (z.B. der Preise)?

Monetarismus. Bezeichnet eine volkswirtschaftliche Denkweise, die sich als Reaktion auf den Keynesianismus herausbildete. Der Inhalt des Monetarismus, der durch den amerikanischen Nationalökonom Milton Friedman begründet wurde, lässt sich auf folgende Kernaussagen verdichten: Wirtschaftliche Fehlentwicklungen haben nichts mit dem Wirtschaftssystem der Marktwirtschaft an sich zu tun. Schuldig ist vielmehr der Staat, der massiv mit Ausgaben- und Steuerprogrammen sowie geldpolitischen Maßnahmen in den Wirtschaftsablauf eingreift. Hierdurch bewirkt er Funktionsstörungen. Der Staat soll sich daher aus der Steuerung des Wirtschaftsablaufs zurückziehen. Er soll sich damit bescheiden, die Entfaltung der Marktkräfte und einen ungestörten Ablauf des Wirtschaftsprozesses zu ermöglichen. Dem Monetarismus zufolge hat die Geldmengenentwicklung für das wirtschaftliche Geschehen, insbesondere für die Preisentwicklung, eine wesentliche Bedeutung. Er fordert: Die Geldmengenentwicklung muss möglichst schwankungsfrei gestaltet (verstetigt) werden.

Multinationales Unternehmen. Unternehmen, das abgesehen vom Land mit dem ursprünglichen Firmensitz in mindestens zwei Ländern über Tochtergesellschaften, Zweigniederlassungen oder Betriebsstätten verfügt und seine Geschäftstätigkeit an internationalen Maßstäben orientiert; wegen der im Vergleich zu nationalen Unternehmen beträchtlichen Unternehmensgröße hat ein multinationales Unternehmen meist die Möglichkeit der Marktbeeinflussung. Es entsteht in der Regel durch Direktinvestitionen. Entstehung und Ausweitung eines multinationalen Unternehmens werden u.a. begünstigt: a) durch internationale Unterschiede in den Lohnkosten, in der Verfügbarkeit von Arbeitskräften, Rohstoffen, Energie und Kapital, in der staatlichen Beeinflussung der nationalen Märkte z.B. durch Steuern, Investitionsanreize, Mitbestimmung, Wettbewerbsgesetzgebung; b) durch in vielen Ländern ungleiche Behandlung von Warenimporten und Kapitalimporten dergestalt, dass der Marktzugang für ausländische Waren stärker gehemmt wird als für ausländisches Kapital; c) durch Transportkostenersparnisse, Kostenersparnisse bei Übernahme neuer Technologien; d) durch breitere Risikostreuung vor allem in Bezug auf das Problem der Marktsättigung und der Abhängigkeit von konjunkturbedingten Nachfrageschwankungen.

Nachfrage. Die am Markt bekannte Absicht eines Wirtschaftssubjektes, eine bestimmte Menge eines bestimmten Gutes zu kaufen, wenn der geforderte Preis einen bestimmten Betrag nicht überschreitet (dessen Höhe von der Höhe des Nutzens bestimmt wird, den die Konsumption des Gutes zu stiften vermag). Fasst man alle individuellen Nachfragen nach einem Gut zusammen, so erhält man die Gesamtnachfrage nach diesem Gut. Die Zusammenfassung der Gesamtnachfragen nach allen Gütern in einer Wirtschaft in einer Periode ergibt die Endnachfrage. Die Nachfrage wird in Abhängigkeit vom Preis, d.h. als Nachfragefunktion dargestellt; der Graph dieser Funktion heißt Nachfragekurve. Die Preisbildung auf einem bestimmten Markt führt (graphisch gesehen: im Schnittpunkt der Nachfrage- und Angebotsfunktion) zum Marktgleichgewicht, in dem die zum Marktpreis nachgefragte Menge gleich der zum selben Preis angebotenen ist.

Die Stärke der Reaktionen der Nachfragemengen auf Preis- und Einkommensänderungen wird gemessen als Preiselastizität der Nachfrage und als Einkommenselastizität der Nachfrage.

Nachhaltigkeit. Der Begriff Nachhaltigkeit bzw. nachhaltige Entwicklung (Sustainable Development) bezeichnet ein Wirtschaftswachstum und eine Art des Wirtschaftens, bei der die natürlichen Lebensgrundlagen nicht nur für die heutige Menschheit, sondern auch für zukünftige Generationen auf hohem Niveau gesichert werden. Im Mittelpunkt steht dabei der Erhalt der natürlichen Umwelt, z.B. durch die Vermeidung von Umweltschäden bei Produktion und Konsum mittels Prüfung der Umweltverträglichkeit von Produkten und Herstellungsverfahren.

Neoklassik. Bezeichnung für die das Grundkonzept der Klassiker weiterentwickelnde und den neuen Verhältnissen und Erkenntnissen anpassende Wirtschaftstheorie; Kernstück der älteren neoklassischen Theorie ist das Marktmodell der vollständigen Konkurrenz (die Abgrenzung zwischen „klassisch" und „neoklassisch" ist hier nicht immer klar); die jüngere Neoklassik setzt sich mit der Keynes'schen Theorie auseinander und bemüht sich um eine sinnvolle Kombination beider Theorieansätze.

Neokorporatismus. Neokorporatismus kann nach Schmitter definiert werden als ein System der Interessenvermittlung, dessen wesentliche Bestandteile organisiert sind in einer begrenzten Anzahl singulärer Zwangsverbände, die nicht miteinander in Wettbewerb stehen, über eine hierarchische Struktur verfügen und nach funktionalen Aspekten voneinander abgegrenzt sind. Sie verfügen über staatliche Anerkennung oder Lizenz, wenn sie nicht sogar auf Betreiben des Staates hin gebildet worden sind. Innerhalb der von ihnen vertretenen Bereiche wird ihnen ausdrücklich ein Repräsentationsmonopol zugestanden, wofür sie als Gegenleistung bestimmte Auflagen bei der Auswahl des Führungspersonals und bei der Artikulation von Ansprüchen oder Unterstützung zu beachten haben.

Neoliberalismus. Der Begriff Neoliberalismus tauchte in der heutigen Bedeutung erstmals 1925 auf und wurde 1938 am Colloque Walter Lippmann kollektiv erarbeitet. Beim Neoliberalismus handelt es sich um eine Selbstbezeichnung. Es finden sich darin unterschiedliche Schulen (z.B. Chicago School, Ordoliberalismus und Österreichische Schule der Nationalökonomie) und Theorieansätze (z.B. Humankapitaltheorie, Monetarismus, Neue Institutionenökonomie und Public-choice-Ansatz). Die gemeinsamen Prinzipien der Neoliberalen umfassen individuelle Freiheit, freies Unternehmertum, freier Markt, eine effektive Konkurrenzordnung, eine entsprechende gesetzliche und institutionelle Ordnung sowie eine Redefinition der Funktionen des Staates. Es war vor allem die Zielformulierung in Bezug auf den Staat, die entscheidend für die relative Breite an Positionen innerhalb des

Neoliberalismus war. Die neoliberalen Positionen reichen in dieser entscheidenden Frage von staatsfeindlichen Haltungen (in diesem Fall sind die Funktionen des Staates derart redefiniert, dass sie sich erübrigen) bis zu weitreichenden Staatsinterventionen (immer im Sinne der Absicherung des Marktes und dessen „optimalen" Funktionierens). Damit wird deutlich, dass sich die genannten Neoliberalen auf gemeinsame Prinzipen geeinigt haben, die die Grundlage einer pluralen Bewegung bilden, in der unterschiedliche Strömungen und Positionen ihren Platz haben. Der Neoliberalismus ist als eine ideologische Weltanschauung zu verstehen, die stark auf ökonomischen Theorien beruht, sich aber nicht auf diese beschränkt.

Ökonomisches Prinzip. Der Grundsatz des vernünftigen wirtschaftlichen Handelns; er ist abgeleitet aus dem allgemeinen Rationalprinzip; ihm genügen zwei Arten von Ziel-Mittel-Relationen: 1.) der Einsatz kleinstmöglicher Gütermengen zur Erreichung eines bestimmten Zieles (Minimalprinzip oder Sparprinzip); 2.) die Verwirklichung des höchsterreichbaren Zieles durch den Einsatz bestimmter Gütermengen (Maximalprinzip). Als ökonomisches Prinzip wird der zweckmäßige Umgang mit den knappen wirtschaftlichen Gütern beschrieben; Abweichungen vom Minimal- oder Maximalprinzip bedeuten einen weniger zweckmäßigen Umgang mit diesen Gütern. Die Rationalität des Handelns nach dem ökonomischen Prinzip ist allerdings reine Zweckrationalität; die so verfolgten Ziele können durchaus unvernünftig sein. Sogar die Frage, ob eine bestimmte Ziel-Mittel-Relation zu minimieren oder maximieren sei, ist ohne eine zusätzliche Zielvorgabe nicht entscheidbar.

Ökonomisierung. Der Begriff der Ökonomisierung bezeichnet die organisatorische Neuordnung staatlicher Verwaltungen, bei der durch interne Rationalisierung und die Übernahme marktpreissimulierter Kosten-Ertrags-Kalküle angestrebt wird, die Qualität öffentlicher Dienstleistungen zu verbessern und gleichzeitig deren Produktionskosten zu senken. Ökonomisierungsstrategien wie New Public Management u.Ä. lehnen sich am Modell des privatwirtschaftlichen Konzerns an und kommen vor allem in den öffentlichen Diensten im engeren Sinne (Bildungs- und Gesundheitswesen, Sozialwesen usw.) sowie in den klassischen „hoheitlichen" Bereichen staatlicher Tätigkeit (Polizei, Steuerwesen, Militär usw.) zur Anwendung. Grundsätzlich gilt dabei das Prinzip der Kostenwahrheit: Gebühren und Entgelte werden grundsätzlich gegenüber allgemeinen Steuern bevorzugt, um den Nutznießerinnen und Nutznießern kostengerechte Preise zu verrechnen, welche ihnen den volkswirtschaftlichen Ressourcenverzehr anzeigen und sie zu einer sparsameren Nutzung anregen sollen.

Opportunitätskosten. Die Kosten für den entgangenen Nutzen oder Ertrag, der sich bei einem anderen Einsatz eines Gutes oder eines Produktionsfaktors als der tatsächlich gewählten Verwendung ergeben hätte. Ein Unternehmer steht z.B. grundsätzlich vor der Wahl, private Geldbeträge für neue Maschinen und Ausstattung in seinem Betrieb zu investieren oder diese Beträge am Kapitalmarkt anzulegen und dafür Zinsen zu erhalten. Entscheidet er sich für die betriebliche Investition und nicht für die Anlage am Kapitalmarkt, entstehen ihm Opportunitätskosten in Höhe der Zinserträge für die nicht gewählte, alternative Anlage des Geldes am Kapitalmarkt.

Ordnungspolitik. Teil der Wirtschaftspolitik, der auf die Gestaltung der Wirtschaftsordnung ausgerichtet ist. In der Marktwirtschaft zählen zur Ordnungspolitik z.B. die Wettbewerbspolitik, die Gestaltung der Unternehmensverfassung, die Verstaatlichung oder Reprivatisierung von Produktionsmitteleigentum.

Pfadabhängigkeit. Pfadabhängigkeit bezeichnet die weitgehende Prägung von politischer Steuerung und Policy zum Zeitpunkt T durch die Strukturen, Vorgänge und Maßnahmen der Politik zu zeitlich vorgelagerten Zeitpunkten und durch den dort gebahnten „Pfad". Problemadäquate Lösungen geraten dabei gegenüber eingefahrenen Standardprozeduren ins Hintertreffen. „Pfade" schränken somit zukünftige Handlungsmöglichkeiten ein bzw. schreiben zukünftige Problemlösungen fest.

Phillipskurve. Die Phillipskurve beschreibt die Wachstumsrate der Nominallöhne. Dabei wird ein konstantes Preisniveau vorausgesetzt. Die Funktion hat einen asymmetrischen Verlauf bezüglich Überschussnachfrage und Überschussangebot. Bei relativer Überschussnachfrage steigen die Löhne stärker, als sie bei relativem Überschussangebot fallen.

Planwirtschaft. Dem marktwirtschaftlichen System gegenüberstehendes System, das meist kein Privateigentum an Produktionsmitteln erlaubt und bei dem der Staat die Weisung gibt, was, wann, wo, wie viel und zu welchem Preis produziert werden soll und wie eine Zuteilung zu erfolgen hat. Die Steuerung des Wirtschaftsablaufs erfolgt im Modell zentral über eine staatliche Planungsbehörde (Zentralverwaltungswirtschaft), die den Betrieben Produktionsanweisungen gibt, die Zuteilung von Rohstoffen regelt etc.

Popitzsches Gesetz. Benannt nach Johannes Popitz, dt. Politiker 1884-1945. Es postuliert eine Anziehungskraft des zentralen Etats bzw. stellt einen Zusammenhang zwischen der Zunahme der Staatsquote im Zeitverlauf und der Zunahme des Anteils des Zentralstaats an den gesamten Staatsausgaben her. Eine in der Hierarchie (Bund, Länder, Gemeinden, etc.) weiter unten bereitgestellte Leistung verlagert sich demnach mit der Zeit weiter nach oben.

Preis. Ist einmal der in Geld bezeichnete Tauschwert eines Gutes oder einer Leistung. Zum anderen drückt der Preis das Austauschverhältnis zwischen verschiedenen Wirtschaftsgütern oder Leistungen aus. Preise zeigen die Knappheit eines Gutes an. Sie steuern die Märkte (Preis-/Marktmechanismus) und bringen Angebot und Nachfrage zum Ausgleich.

Primäreinkommen. Einkommen, die unmittelbar durch den Marktprozess verteilt werden. Jedem der Produktionsfaktoren fällt je nach seinem Beitrag Einkommen zu (Arbeit: Lohneinkommen; Boden: Pachteinkommen; Kapital: Zinseinkommen). Diese („funktionelle") Verteilung kann durch staatliche Maßnahmen korrigiert werden.

Privatisierung. Unter Privatisierung im engeren Sinne wird die Verlagerung von bestimmten bisher staatlichen Aktivitäten in den privaten Sektor der Volkswirtschaft verstanden, um die Allokation der Ressourcen durch den (als effizienter eingestuften) Markt erfolgen zu lassen. Im weiteren Sinne bedeutet Privatisierung die gesellschaftliche Tendenz der „Vermarktwirtschaftlichung" sämtlicher Produktionsbedingungen des Akkumulationsprozesses: der allgemeinen (staatliche Infrastruktur, öffentliche Dienstleistungen), der persönlichen (soziale Reproduktion) und der externen (natürliche Umwelt). Diese Bedingungen werden sukzessive den Verwertungsinteressen des privaten Kapitals unterworfen.

Produktion. Die Erzeugung von wirtschaftlichen Gütern durch Umwandlung von Gütern. Die Gesamtheit der umgewandelten Güter nennt man den Input (oder Einsatz), die Gesamtheit der erzeugten Güter den Output (oder Ausstoß). Der Input besteht aus Faktorleistungen und Vorprodukten, der Output aus Gütern, die entweder in der nächsten Produktionsstufe Input werden – sei es als Zwischenprodukte, die weiterverarbeitet werden, sei es als Endprodukte, die als Investitionsgüter eingesetzt werden (z.B. Lastkraftwagen) – oder konsumiert werden. Die gesamtwirtschaftlich mögliche Normalproduktionsleistung wird Produktionspotential genannt.

Produktionsfaktoren. Zur Produktion von Gütern und Dienstleistungen notwendige Einsatzfaktoren. Im Einzelnen: Arbeit, Boden, Kapital. Unter dem Begriff Arbeit (oder Arbeitsleistung) wird jede Art von geistiger oder handwerklicher Tätigkeit verstanden. Der Produktionsfaktor Boden ist volkswirtschaftlich in dreierlei Hinsicht wichtig: Boden dient als Standort für Unternehmen, zum anderen können auf ihm landwirtschaftliche Produkte angebaut wie auch natürliche Ressourcen (z.B. Kohle) und Energie (z.B. Wasserkraft) aus ihm gewonnen werden. Der Produktionsfaktor Kapital umfasst alle Güter, die in die Produktion Eingang finden, also Maschinen, Werkzeuge, Anlagen. All diese Güter setzt der Mensch ein, um seine Arbeit zu unterstützen und zu fördern. Da sich der Begriff in diesem Kontext nicht auf Geld bzw. Geldkapital bezieht, wird dieser Faktor präzise besser Sach- oder Realkapital genannt. Arbeit und Kapital werden auch originäre (ursprüngliche) Faktoren genannt. Im Unterschied dazu ist Kapital ein abgeleiteter Produktionsfaktor. Es gibt Wissenschaftler, die zu diesen drei volkswirtschaftlichen Produktionsfaktoren noch weitere hinzuzählen: den technischen Fortschritt und die Information/Kommunikation.

Produktivität. Verhältnis von Produktionsergebnis zu den eingesetzten Produktionsfaktoren. Die Arbeitsproduktivität wird gemessen als Produktion je Beschäftigtem oder als Produktion je Beschäftigtenstunde; sie stellt die wichtigste Kennzahl zur Messung der betrieblichen und volkswirtschaftlichen Leistungsfähigkeit dar. Ihre Steigerung kann bedingt sein durch eine wachsende Leistungsintensität des Produktionsfaktors Arbeit, durch zweckmäßigeren Arbeitseinsatz und durch Rationalisierung. Die Kapitalproduktivität misst das Verhältnis zwischen Produktionsergebnis und Kapitaleinsatz.

Protektionismus. Maßnahmen des Staates zum Schutz einzelner Branchen bzw. der heimischen Wirtschaft insgesamt vor ausländischer Konkurrenz. Protektionistische Maßnahmen werden üblicherweise ergriffen, weil eine Regierung die unmittelbaren Wirkungen der ausländischen Konkurrenz (z.B. Verlust an Arbeitsplätzen) fürchtet. Zu den Maßnahmen gehören u.a. Einfuhrverbote für bestimmte Waren, Einfuhrzölle, mengenmäßige Beschränkungen für die Einfuhr einzelner Produkte (Kontingente) oder Verwaltungsvorschriften, die die Abwicklung der Importe erheblich erschweren.

Prozyklisch. Effekt einer Wirtschaftspolitik, die durch ihre Maßnahmen (z.B. Nachfrageförderung im Boom) konjunkturelle Ausschläge verstärkt.

Rationalisierung. Sammelbegriff für alle technischen und organisatorischen Maßnahmen in Produktion und Verwaltung mit dem Ziel, Kosten zu sparen und die Produktivität und Rentabilität zu erhöhen.

Say'sches Theorem. Der berühmt gewordene Lehrsatz von Jean Baptiste Say (1767-1832) besagt, dass Angebot und Nachfrage in einer Volkswirtschaft stets gleich groß sein müssen, da jede Produktion sich selbst eine wertmäßig entsprechende kaufkräftige Nachfrage schafft. Dieser Aussage zufolge werden in einer Tauschwirtschaft (Tausch von Waren gegen Waren) nur Güter und Leistungen angeboten, um andere Güter und Leistungen nachzufragen. Jedes im Produktionsprozess erzeugte Angebot schafft damit im gleichen Umfang kaufkräftige Nachfrage, denn die im Produktionsprozess erzielten Einkommen entsprechen dem Wert des erzeugten Güterangebots. Eine Über- oder Unterproduktion ist damit nur auf einzelnen Märkten möglich, nicht aber über die gesamte Wirtschaft gesehen. Denn Überproduktion auf dem einen Markt bedingt zwangsläufig eine Unterproduktion gleichen Umfangs auf einem anderen Markt.

Schattenwirtschaft. Bezeichnung für alle wirtschaftlichen Tätigkeiten, die nicht amtlich erfasst werden (Nachbarschaftshilfen, Eigenleistungen, Schwarzarbeit).

Sektoren. Eine Volkswirtschaft lässt sich in drei Sektoren unterteilen: den primären Sektor (Landwirtschaft), den sekundären Sektor (Industrie) und den tertiären Sektor (Dienstleistungsbereich). Gemessen an den beiden anderen Sektoren, gewinnt der tertiäre Sektor immer größere Bedeutung. Dies kann man an dem Anteil der Erwerbstätigen im Dienstleistungssektor, verglichen mit der Gesamtzahl der Erwerbstätigen, ebenso ablesen wie am Beitrag des Dienstleistungssektors zum Sozialprodukt.

Shareholder Value. Ausrichtung einer Aktiengesellschaft an den Interessen von Aktionären und möglichen Investoren, im Gegensatz zur Ausrichtung der Geschäftspolitik an den Interessen des Unternehmens selbst („Stakeholder Value"). Kern des Shareholder Value sind die angemessene Verzinsung des eingesetzten Kapitals und der Verzicht auf alle Geschäftsfelder, deren Rendite unterdurchschnittlich ist.

Sozialbeiträge. Beiträge von Arbeitnehmern und Arbeitgebern, hauptsächlich für die gesetzlichen Zwangsversicherungen (Renten-, Kranken-, Arbeitslosen- und Pflegeversicherung). Die Höhe richtet sich nach dem Bruttolohn. Arbeitnehmer und Arbeitgeber entrichten die Beiträge jeweils zur Hälfte.

Soziale Ungleichheit/Armut. Als soziale Ungleichheiten bezeichnet man die Tatsache, dass wichtige soziale Güter nicht für alle Mitglieder einer Gruppe oder Gesellschaft gleich zugänglich sind. Was in diesem Sinne ein „soziales Gut" ist, kann zwischen Gesellschaften und Kulturen ebenso variieren wie zwischen Untereinheiten ein und derselben Gesellschaft. Diese Unterschiede hängen weitgehend von den vorherrschenden Werten und der Organisation des betrachteten Sozialsystems ab. In industrialisierten und postindustriellen Gesellschaften sind Produktion und Konsum weitgehend warenförmig organisiert; zu den wichtigsten Gütern gehören hier Einkommen, Vermögen, Berufsposition und Bildung. Obwohl die sozialen Ungleichheiten ein Grundproblem der heutigen Gesellschaften darstellen, rufen sie nicht ohne weiteres Protest oder gar Verteilungskonflikte hervor. Sie werden dann in Frage gestellt, wenn sie als illegitim betrachtet werden. Deshalb sind die Privilegierten daran interessiert, ihre Vorteile weniger sichtbar zu machen bzw. sie zu rechtfertigen. Wirtschaftliche Ungleichheiten stehen grundsätzlich im Widerspruch zu Werten der Gleichheit aller Menschen und können die politische Demokratie untergraben, wenn ihre Legitimität längerfristig nicht gegeben ist. Armut ist nichts anderes als eine besonders benachteiligte Situation im Rahmen der sozialen Ungleichheiten. Ungleichheiten schließen nicht automatisch Armut in sich ein. Diese resultiert vielmehr aus einer Situation, in der die

Kräfte, die auf die Aufrechterhaltung oder gar Verschärfung der Ungleichheiten ausgerichtet sind, gegenüber jenen überwiegen, die auf Umverteilung und Abbau der Ungleichheiten tendieren.

Sozialismus. Im frühen 19. Jahrhundert entstandene Lehre und politische Bewegung, die dem Prinzip der Gleichheit den Vorrang vor dem der Freiheit gibt und die Verfügung über die Produktionsmittel in die Hand der Gesellschaft bzw. des Staates legt. Sozialistische Wirtschaftssysteme sind durch zentrale staatliche Lenkung des Wirtschaftsprozesses gekennzeichnet (Planwirtschaft).

Soziallastquote. Verhältnis aller Sozialleistungen zum Bruttosozialprodukt.

Sozialleistungen. Bezeichnung für die sozialen Leistungen des Staates bzw. spezieller öffentlich-rechtlicher Institutionen (Sozialversicherung, Sozialhilfe, Fürsorgeerziehung und Jugendhilfe).

Sozialpolitik. Sozialpolitik sind die institutionellen, prozessualen und inhaltlichen Aspekte sozialen Handelns, das darauf gerichtet ist, Konflikte über die Verteilung begehrter Güter und Werte in den Bereichen Arbeit und soziale Sicherung auf staatlicher, verbandlicher, betrieblicher oder privater Basis mit Anspruch auf gesamtgesellschaftliche Verbindlichkeit zu regeln.

Sozialprodukt in allen seinen Varianten. Die Summe der Wertschöpfungen, die durch die volkswirtschaftliche Gesamtrechnung für eine Volkswirtschaft und eine Periode errechnet wird. Der Wert aller wirtschaftlichen Güter, die in einer Volkswirtschaft in einer Periode produziert worden sind, ist der Bruttoproduktionswert. Wenn man von dem Bruttoproduktionswert die in die Produktion eingegangenen Vorleistungen abzieht, so erhält man – als Summe der Wertschöpfungen – den Nettoproduktionswert oder das Bruttoinlandsprodukt zu Marktpreisen. Zum Bruttosozialprodukt zu Marktpreisen gelangt man, indem man zum Bruttoinlandsprodukt zu Marktpreisen die Auslandseinkünfte der Inländer hinzurechnet und von dieser Summe die Inlandseinkünfte der Ausländer abzieht. Das Bruttosozialprodukt zu Marktpreisen umfasst also den privaten und den staatlichen Verbrauch, den Außenbeitrag und die Bruttoinvestitionen. Wenn man die Bruttoinvestitionen um die Abschreibungen kürzt, so erhält man die Nettoinvestitionen. Das Nettosozialprodukt zu Marktpreisen ist im Vergleich zum Bruttosozialprodukt zu Marktpreisen also um den Aufwand gekürzt, der dem Ersatz für die Abnutzung des Produktionsapparats dient. In den Marktpreisen sind zum Teil indirekte Steuern enthalten (die den Marktpreis im Allgemeinen erhöhen), zum Teil sind aber auch preisstützende (bzw. einkommenssteigernde) Leistungen des Staates, die Subventionen, zu berücksichtigen. Wenn man nun das Nettosozialprodukt zu Marktpreisen vermindert um den Saldo der indirekten Steuern abzüglich der Subventionen, so gelangt man zum Nettosozialprodukt zu Faktorkosten (Faktorkosten entstehen für die Nutzungen der Produktionsfaktoren). Das Nettosozialprodukt zu Faktorkosten ist im Betrag identisch mit dem Volkseinkommen. Würde man diesen Saldo vom Bruttosozialprodukt zu Marktpreisen abziehen, so gelänge man zum Bruttosozialprodukt zu Faktorkosten. Das Brutto- und das Nettosozialprodukt zu Faktorkosten unterscheiden sich folglich durch die Abschreibungen.

Abb. 84: Sozialprodukt in all seinen Varianten

		Bruttosozial-produkt zu Marktpreisen	Nettosozial-produkt zu Marktpreisen	Bruttosozial-produkt zu Faktorkosten	Nettosozial-produkt zu Faktorpreisen	Volkseinkom-men
Verbrauch	Brutto-investitionen				indirekte Steuer/ Subventionen	
	staatlicher Verbrauch					
Exporte/ Importe	Außen-beitrag					
Brutto-investitionen	Netto-investitionen					
	Abschrei-bungen		Abschrei-bungen		Abschrei-bungen	

Quelle: Flemming (1983)

Sozialstaat. Sozialstaat im weiteren Sinne bezeichnet einen Staatstypus der, um des sozialen Friedens willen, auf den Schutz gegen die Risiken des Einkommensausfalls durch Alter, Invalidität, Krankheit, Arbeitslosigkeit oder Mutterschaft, Wohlfahrtssteigerung und die Unterstützung der Selbsthilfe- und Selbstregulierungsfähigkeit der Wirtschaftssubjekte ausgerichtet ist. Im eigentlichen Sinne bezeichnet der Sozialstaat v.a. die Institutionen und Inhalte der Staatstätigkeit in den Arbeitsbeziehungen und der sozialen Sicherung.

Sozialversicherung. Gesetzliche Versicherung (Zwangsversicherung) für alle Arbeiter und Angestellten zur Sicherung im Krankheitsfall, bei Arbeitslosigkeit und im Alter (Kranken-, Pflege-, Unfall-, Arbeitslosen-, Rentenversicherung); finanziert durch Sozialbeiträge und staatliche Zuschüsse.

Staatsdefizit. „Fehlbetrag" in den öffentlichen Haushalten, bedingt durch das Zurückbleiben der Einnahmen hinter den Ausgaben.

Staatsquote. Das Verhältnis aller staatlichen Ausgaben (für Investitionen, Verbrauch, Renten etc.) zum Sozialprodukt.

Stabilitätspolitik. Der auf die Erhaltung der Preiswertstabilität bzw. auf die Begrenzung der Inflationsrate gerichtete Teil der Wirtschaftspolitik. Die Veränderungen im Preisniveau einer Wirtschaft im Zeitablauf werden errechnet und dargestellt als Veränderungen von Preisindizes. Die Zunahme eines Preisindexes zeigt an, dass ein inflatorischer Prozess stattgefunden hat; die Abnahme ist selten zu beobachten. Völlige Stabilität, d.h. eine Inflationsrate von Null Prozent, ist kaum zu verwirklichen, und eine Deflationsrate ist kaum zu erwarten. In der praktischen Wirtschaftspolitik, die ja außer der Preisstabilität noch andere gesamtwirtschaftliche Ziele zu verwirklichen hat, wird deshalb dieses Ziel begrenzt, auf das Bestreben, eine Inflationsrate von höchstens 3% zu erreichen (Maastrichter Konvergenzkriterien). Träger der Stabilitätspolitik ist insbesondere die Bundesregierung und die Europäische Zentralbank.

Stagflation. Gleichzeitiges Auftreten von Stagnation (zu geringes oder fehlendes Wirtschaftswachstum, zumeist verbunden mit Arbeitslosigkeit) und Inflation.

Standort Deutschland. Der Begriff bezieht sich auf die Attraktivität der deutschen Volkswirtschaft als Wirtschaftsstandort im internationalen Vergleich. Zur Beurteilung der Wettbewerbsfähigkeit unterschiedlicher Staaten als Standort für Unternehmen werden verschiedene Indikatoren herangezogen. Dazu gehören z.B. die Infrastruktur und der technologische Stand in der Wirtschaft, das Steuersystem des Landes, die Kreditwürdigkeit des Staates sowie der Umfang staatlicher Eingriffe und Regulierung, die Subventionspraxis und staatliche Förderungen für Forschung und Entwicklung oder Existenzgründungen, aber auch Merkmale wie das Qualifikationsniveau der Erwerbspersonen, die Lohnpolitik oder arbeitsrechtliche Bestimmungen wie Kündigungsschutz und Mitbestimmungsrechte der Arbeitnehmer spielen eine Rolle. In der Vergangenheit wurde Deutschland als Wirtschaftsstandort im internationalen Vergleich mit anderen Industrienationen im Mittelfeld eingeordnet. Faktoren wie die Infrastruktur oder der Ausbildungsstand der Arbeitnehmer wurden dabei häufig als positiv eingestuft, während vor allem Regulierungsmaßnahmen und Subventionen negativ beurteilt wurden.

Steuern. Grundsätzlich sind Steuern Zahlungen an den Staat, die keinerlei Anspruch auf eine bestimmte Gegenleistung begründen. Sie dienen in erster Linie der Befriedigung des öffentlichen Finanzbedarfs, das heißt dazu, dem Gemeinwesen die zur Erfüllung seiner Aufgaben und zur Deckung der notwendigen Ausgaben erforderlichen Geldmittel zuzuführen. Die geschaffene Steuerordnung dient nicht nur fiskalischen, sondern auch außerfiskalischen Zwecken. Als wichtigste gesellschaftliche Zwecke, in deren Dienst die Besteuerung gestellt wird, gelten etwa: das Volkseinkommen gerecht zu verteilen bzw. umzuverteilen; die Familie finanziell gesund

und stark zu erhalten (Berücksichtigung der unterschiedlichen Soziallasten); eine breite (Wohn-)Eigentumsstreuung zu begünstigen; umweltgerechtes Verhalten zu fördern.

Strukturpolitik. Staatliche Maßnahmen zur Beeinflussung der Entwicklung der Wirtschaftsstruktur, wie z.B. Jahresinvestitionshilfen für schwache Regionen (regionale Strukturpolitik) und Förderungsmaßnahmen für bestimmte Wirtschaftsbereiche (sektorale Strukturpolitik).

Strukturwandel. Im Gegensatz zu Saison- und Konjunkturbewegungen langfristige und grundsätzliche Änderungen, denen die Struktur der Wirtschaft und der darin eingebettete aktuelle Wirtschaftsprozess unterliegen. Die Wirtschaftsstruktur eines Landes ist u.a. gekennzeichnet durch den Aufbau der Bevölkerung (nach Alter, Geschlecht, Beruf), durch die natürliche Beschaffenheit des Wirtschaftsraumes (Bodenschätze, Flüsse, Wälder etc.), durch das Verhältnis der drei Sektoren (landwirtschaftlicher, industrieller und Dienstleistungssektor) und durch den wirtschaftlichen Entwicklungsstand (Technik, Verkehrswegenetz, Nachrichtenverkehr etc.).

Subventionen. Zuschüsse der „öffentlichen Hand" (des Staates) an förderungsbedürftige Wirtschaftszweige (z.B. Landwirtschaft, Wohnungsbau, Schifffahrt) oder an Personengruppen mit geringem Einkommen (Sparförderung, Vermögensbildung). Subventionen werden als direkte Finanzhilfen oder indirekt in Form von Steuervergünstigungen gezahlt und können mit bestimmten Auflagen verbunden sein.

Tausch. Eine wirtschaftliche Transaktion, bei der wirtschaftliche Güter von zwei oder mehreren Wirtschaftssubjekten in der Weise abgegeben und empfangen werden, dass der Gesamtwert der Güter, die jedes beteiligte Wirtschaftssubjekt empfängt, etwa gleich dem Gesamtwert der von ihm abgegebenen Güter ist. Werden in einem Tausch ausschließlich Realgüter abgegeben und empfangen, so spricht man von direktem Tausch oder Naturaltausch; werden dagegen Realgüter gegen Nominalgüter (z.B. Geld) oder Nominalgüter gegen Nominalgüter getauscht, so spricht man von indirektem Tausch. Eine Wirtschaft in der der direkte Tausch vorherrscht, wird Naturaltauschwirtschaft genannt; herrscht der indirekte Tausch vor, spricht man von einer Tauschwirtschaft im engeren Sinn.

Terms of Trade. Austauschbedingungen, Austauschverhältnisse, Austauschrelationen eines Landes im internationalen Handel. Das geläufigste Konzept der Terms of Trade bezeichnet das Verhältnis zwischen Exportpreisen und Importpreisen (genauer: zwischen Exportpreisindex und Importpreisindex).

Tertiarisierung. Wirtschaftliche Entwicklung in Richtung eines größeren Anteils des Dienstleistungssektors (tertiären Sektors) an der wirtschaftlichen Wertschöpfung.

Transferleistungen. Als Transferleistungen werden alle Zahlungen staatlicher Organe bezeichnet, die auf eine Verminderung der Belastung der Haushalte und Privatpersonen abzielen, welche durch das Eintreten bestimmter Bedürfnisse (etwa jener, die mit der Mutterschaft oder dem Alter einhergehen) oder Risiken (etwa Invalidität, Arbeitslosigkeit) entsteht, sofern diese Bedürfnisse und Risiken in den Bereich der „Sozialpolitik" fallen. Zahlungen von privaten Institutionen oder Nichtregierungsorganisation werden einer anderen Kategorie zugerechnet, jener der Hilfe und der wohltätigen Unterstützung. Um als Transferleistungen betrachtet zu werden, müssen die Leistungen in erster Linie auf dem Grundsatz der Solidarität basieren, was einen Umverteilungsmechanismus voraussetzt. Es besteht zumindest teilweise ein Bruch zwischen der Beteiligung an der Finanzierung der Leistungen und dem Anspruch auf Leistungen. Außerdem muss es sich um finanzielle Leistungen in Form von Zulagen oder monetären Entschädigungen handeln.

Umverteilung. Staatliche Maßnahmen zur Veränderung der Einkommens- und/oder Vermögensverteilung (z.B. durch staatliche Transferleistungen und Steuern). Zu einer Umverteilung kann es auch durch wirtschaftliche Entwicklungen (z.B. Strukturveränderungen, Inflation, Staatsverschuldung) kommen.

Verteilungskonflikt. Konflikt um die Verteilung des Volkseinkommens (Einkommensverteilung) zwischen den abhängig Beschäftigten und den Arbeitgebern.

Volkswirtschaft. Ist die Bezeichnung für sämtliche wirtschaftlichen Prozesse, die sich in einem ganz bestimmten Land zwischen und in den Unternehmen, privaten Haushalten und staatlichen Einrichtungen sowie zwischen diesen und dem Ausland vollziehen. Eine Volkswirtschaft ist immer in eine ganz bestimmte Wirtschaftsordnung, ein bestimmtes Rechtssystem, eine bestimmte Geldordnung etc. eingebettet.

Volkswirtschaftliche Gesamtrechnung (VGR). In ihr werden die Güter-, Einkommens- und Finanzierungsströme, die in einer Zeitperiode zwischen den einzelnen Sektoren einer Volkswirtschaft (private Haushalte, Unternehmen, Staat) sowie zwischen ihnen und dem Ausland fließen, in Konten erfasst und dargestellt. Die VGR kann man durchaus als eine Art Buchführung der Volkswirtschaft verstehen. Ihr Ziel ist ein möglichst umfassendes, übersichtliches und in Zahlen ausgedrücktes Gesamtbild des wirtschaftlichen Geschehens in einer Volkswirtschaft für eine Zeitperiode.

Volkswirtschaftslehre. Ist der Bereich der Wirtschaftswissenschaften, der sich vorrangig mit gesamtwirtschaftlichen Fragestellungen beschäftigt. Dabei steht in der Wirtschaftskunde die Beschreibung, in der Volkswirtschaftstheorie die Erklärung und in der Volkswirtschaftspolitik, die Gestal-

tung gesamtwirtschaftlicher Abläufe und Ergebnisse im Vordergrund. So werden z.B. in der volkswirtschaftlichen Gesamtrechnung das wirtschaftliche Geschehen in einer Volkswirtschaft beschrieben, in der Inflationstheorie die Ursachen und Wirkungen von Preissteigerungen untersucht und in der Beschäftigungspolitik die Erfolgsaussichten von Maßnahmen zur Beseitigung der Arbeitslosigkeit erforscht.

Vorleistungen. Im Rahmen der Entstehungsrechnung des Sozialprodukts bzw. Inlandsprodukts der Wert der bezogenen Produktionsgüter wie Roh-, Hilfs- und Betriebsstoffe, Fertigteile, Halbfabrikate, Handelswaren oder Dienstleistungen, die Unternehmen von anderen Unternehmen kaufen und in der eigenen Produktion verwenden.

Wachstum/Wirtschaftswachstum. Ist in einem Land dann gegeben, wenn die gesamtwirtschaftliche Produktion (Sozialprodukt) real in einer bestimmten Zeitspanne (meist ein Kalenderjahr) zunimmt. Wachstum kann durch vermehrten Einsatz von Arbeit und Kapital sowie durch Innovationen erreicht werden. Insbesondere der technische Fortschritt bestimmt in der heutigen Zeit maßgeblich das Wirtschaftswachstum. Im Stabilitätsgesetz wird „stetiges und angemessenes" Wachstum als eines der vier wirtschaftspolitischen Ziele genannt. Wachstum wird nicht als Selbstzweck angestrebt, sondern um bestimmte gesellschaftspolitische Ziele zu erreichen. Vorrangig soll der Wohlstand der einzelnen Bürger erhöht werden.

Wagnersches Gesetz. Benannt nach Adolph Wagner, dt. Ökonom, 1835-1917. Es stellt einen Erklärungsversuch für das international beobachtbare nachhaltige Staatswachstum dar, was sich gut an den steigenden Staatsausgabenquoten beobachten lässt. Wagner erklärt dies durch die immer bessere Erfüllung der Tätigkeiten der öffentlichen Hand sowie durch neu hinzu kommende Aufgaben.

Wertschöpfung. Aus Unternehmenssicht: der Beitrag, den ein einzelnes Unternehmen im Inland zum Volkseinkommen leistet. Dies ist der in einer Zeitperiode erbrachte Wert der Produktion abzüglich der von anderen Unternehmen empfangenen Vorleistungen (Entstehungsrechnung). Die Wertschöpfung eines einzelnen Unternehmens kann verwandt werden (Verwendungsrechnung) für Leistungen an die Mitarbeiter (Löhne, Gehälter, Sozialleistungen); an die Eigentümer (Gewinnentnahmen, Dividenden); an die Kreditgeber (Zinsen für Fremdkapital); an den Staat (Steuern und sonstige Abgaben); an das Unternehmen selbst (Rücklagen). Aus volkswirtschaftlicher Sicht entspricht die Wertschöpfung der Zusammenfassung der Wertschöpfungen in den einzelnen Wirtschaftsbereichen unserer Volkswirtschaft. Sie ist identisch mit dem Nettoinlandsprodukt zu Faktorpreisen (siehe auch Sozialprodukt).

Wettbewerb. In einer Marktwirtschaft das Verhältnis von Marktteilnehmern zueinander, die entweder gleichartige Güter anbieten oder solche nachfragen. Der Wettbewerb ist frei, wenn kein Marktteilnehmer über mehr wirtschaftliche Macht verfügt als die anderen, wenn also ausschließlich die Qualität seiner Leistung über den Erfolg am Markt entscheidet. Ist dies nicht der Fall so ist der Wettbewerb beschränkt, im äußersten Fall sogar ausgeschlossen, oder er ist verfälscht (unlauterer Wettbewerb). Die Hauptfunktion des Wettbewerbs besteht darin, dass er eine freie Preisbildung ermöglicht.

Wettbewerbspolitik. Staatliche Maßnahmen zur Förderung des wirtschaftlichen Wettbewerbs als eines für die Marktwirtschaft wesentlichen Elementes. Wettbewerbspolitik betreibt der Staat vor allem durch Gesetze und Verordnungen (z.B. Gesetz gegen Wettbewerbsbeschränkungen, auch „Kartellgesetz" genannt), durch die Wettbewerbsbeschränkungen verhindert werden sollen, wie sie sich besonders aus dem wirtschaftlichen Konzentrationsprozess ergeben.

Wirtschaft. Die Gesamtheit der wirtschaftlichen Beziehungen zwischen den Wirtschaftssubjekten, die durch Arbeitsteilung und Tausch miteinander verbunden sind.

Wirtschaften. Das wirtschaftliche Handeln als derjenige Teil des menschlichen Handelns, der im Produzieren und im Konsumieren von wirtschaftlichen Gütern besteht. Die Träger der wirtschaftlichen Handlungen werden Wirtschaftssubjekte genannt. Sie können private Hausalte, Unternehmen, öffentliche Haushalte und andere Körperschaften sein. Die Gegenstände der wirtschaftlichen Handlungen werden wirtschaftliche Güter genannt. Sie können materieller (Waren) oder immaterieller Art (z.B. Dienstleistungen) sein. Motiv des Handelns ist der Wunsch nach der Befriedigung von Bedürfnissen; das sind Mangelempfindungen von solcher Art und Stärke, dass sie wirtschaftliche Handlungen auslösen, durch welche die Empfindungen schwächer werden oder schließlich (für eine Weile) ganz verschwinden. Die einzelnen wirtschaftlichen Handlungen nennt man wirtschaftliche Transaktionen, wenn dabei ein wirtschaftliches Gut von einem Wirtschaftssubjekt auf ein anderes übergeht, bzw. wirtschaftliche Aktionen, wenn das nicht geschieht. Eine andere Unterscheidung der wirtschaftlichen Handlungen wird nach der Nähe zum letztlich gewollten Erfolg vorgenommen: das Handeln, das unmittelbar der Bedürfnisbefriedigung dient, wird Konsumieren genannt, dasjenige, welches diesem Ziel nur mittelbar dient, dagegen Produzieren. Das Wirtschaften in einer Gesellschaft macht einen Bereich sozialen Handelns aus, der Wirtschaft genannt wird und die Einrichtungen zur Erleichterung dieses Handelns begrifflich mit umfasst.

Wirtschaftspolitik. Ist das Bündel sämtlicher Maßnahmen eines Staates, mit denen er das wirtschaftliche Geschehen im Lande gestaltet und beeinflusst.

Träger der Wirtschaftspolitik sind Regierung und Notenbank. In der Wirtschaftspolitik werden unterschieden: die Ordnungspolitik, die Prozesspolitik, die Strukturpolitik und die Fiskalpolitik. Objekt der Ordnungspolitik ist die Gestaltung und Veränderung des rechtlichen Rahmens, welcher der Freiheit der Entscheidungen der einzelnen Wirtschaftssubjekte Grenzen setzt. Gegenstand der Prozesspolitik sind die Möglichkeiten, in den Wirtschaftsprozess einzugreifen. Gegenstand der Strukturpolitik ist die Korrektur von Zuständen oder Entwicklungen der Wirtschaftsstruktur. Gegenstand der Fiskalpolitik schließlich ist die Erzielung öffentlicher Einnahmen und die Unterstützung der übrigen wirtschaftspolitischen Maßnahmen.

Wirtschaftspolitische Ziele. Die vor allem durch das Stabilitätsgesetz vorgegebenen Ziele: Stabilität des Preisniveaus, hoher Beschäftigungsstand, außenwirtschaftliches Gleichgewicht sowie stetiges und angemessenes Wirtschaftswachstum. Diese Ziele werden auch als Magisches Viereck bezeichnet. Das Beschäftigungsziel wird auch als Vollbeschäftigung bezeichnet und mit einer möglichst geringen Arbeitslosenquote verbunden, das Ziel Preisstabilität mit einer möglichst niedrigen Inflationsrate. Wirtschaftswachstum wird gemessen an der prozentualen Zunahme einer Sozialproduktgröße (z.B. Bruttoinlandsprodukt) oder des Pro-Kopf-Einkommens. Das Wachstumsziel wird heute stärker unter dem Gesichtspunkt der Nachhaltigkeit betrachtet und als solches erweitert und angestrebt. Weitere verteilungspolitische Ziele der Wirtschaftspolitik sind eine gerechte Einkommens- und Vermögensverteilung sowie die soziale Sicherung der Bevölkerung.

Wirtschaftsprozess. Die Gesamtheit der wirtschaftlichen Abläufe in einem bestimmten Wirtschaftsgebiet und in einer bestimmten Periode. Der Wirtschaftsprozess umfasst den Produktionsprozess, die Prozesse der Güterverteilung und der Einkommensverteilung und schließlich die Konsumption. Er läuft ab in dem Rahmen, den die Wirtschaftsordnung setzt; die Wirtschaftsordnung bestimmt insbesondere die Lenkung des Wirtschaftsprozesses, d.h. die Art, wie die Wirtschaftspläne koordiniert werden. Die Beeinflussung des Wirtschaftsprozesses ist Ziel und Aufgabe der Prozesspolitik.

Wirtschaftssubjekte. Bei abstrakter Betrachtung die Träger der wirtschaftlichen Handlungen, d.h. diejenigen, die das Produzieren und Konsumieren von wirtschaftlichen Gütern planen, vorbereiten, durchführen, überwachen, kontrollieren, oder auf andere Weise nach Art und Umfang, räumlicher, zeitlicher und personeller Verteilung beeinflussen. Das Verhalten von Wirtschaftssubjekten kann in der Wirklichkeit beobachtet werden als reales wirtschaftliches Verhalten; es kann aber auch modellhaft postuliert werden. Ein als völlig rational handelnd angenommenes Wirtschaftssubjekt wird Homo oeconomicus genannt.

Wirtschaftssysteme. Sie sind Modelle, in denen die Tauschbeziehungen in arbeitsteiligen Wirtschaften theoretisch organisierbar sind. Die beiden wichtigsten Wirtschaftssysteme sind die Marktwirtschaft und die Planwirtschaft. Die gesamtwirtschaftlichen Organisationsformen in der wirtschaftlichen Wirklichkeit heißen Wirtschaftsordnungen; z.B. ist die soziale Marktwirtschaft in Deutschland eine solche Wirtschaftsordnung. Hiervon zu unterscheiden sind ferner die Wirtschafts- und Gesellschaftsordnungen wie der Kapitalismus und der Sozialismus.

Wohlfahrtsstaat. Wohlfahrtsstaat bezeichnet im Allgemeinen einen Staat, dessen Tätigkeit dem Anspruch nach in großem Umfang auf die Förderung der ökonomischen, sozialen und gesundheitlichen Wohlfahrt seiner Bürger gerichtet ist. Während Wohlfahrtsstaat im konservativen und liberalen politischen Sprachgebrauch v.a. abwertend verwendet wird, dient er in der Politikwissenschaft als neutrale Alternative zum Sozialstaat.

Zahlungsbilanz. In der Zahlungsbilanz eines Landes werden sämtliche (in Geld auszudrückenden) Transaktionen zwischen dem Inland und dem Ausland in einer Zeitperiode (meist das Kalenderjahr) festgehalten. Aus einer Zahlungsbilanz kann man insofern leicht Informationen über die wirtschaftliche Verflechtung eines Landes mit dem Ausland gewinnen. Bedingt durch den unterschiedlichen wirtschaftlichen Charakter der einzelnen Geschäfte einer Volkswirtschaft mit dem Ausland, gliedert sich eine Zahlungsbilanz in mehrere Teilbilanzen, vornehmlich in die Leistungsbilanz, die Kapitalbilanz und die Devisenbilanz. Wenn die Zahlungsbilanz ausgeglichen ist, herrscht außenwirtschaftliches Gleichgewicht. Die Politik, die auf die Erhaltung und Sicherung des außenwirtschaftlichen Gleichgewichts gerichtet ist, heißt außenwirtschaftliche Absicherung; sie ist Teil der Stabilitätspolitik.

Quellen:

Bundeszentrale für Politische Bildung (Hrsg.) 2004: Das Lexikon der Wirtschaft. Grundlegendes Wissen von A bis Z, 2. Auflage, Bonn.

Flemming, Günther 1983: Fachbegriffe der Volkswirtschaft, 5. durchgesehene Auflage, Stuttgart.

Floren, Franz Josef 2001: Wirtschaftspolitik im Zeichen der Globalisierung, Paderborn.

Haas, Manfred 1982: Fachbegriffe der Geldwirtschaft, 11. neu bearbeitete Auflage, Stuttgart.

Heiduk, Günter 1983: Fachbegriffe der Außenwirtschaft, 3. überarbeitete und ergänzte Auflage, Stuttgart.

Mühlbradt, Frank W. 1998: Wirtschaftslexikon. Daten, Fakten, Zusammenhänge, 5. aktualisierte Auflage, Berlin.

Abbildungsverzeichnis

Literaturverzeichnis

a) Publikationen

Abelshauser, Werner 2003: Kulturkampf. Der deutsche Weg in die Neue Wirtschaft und die amerikanische Herausforderung, Berlin.

Abelshauser, Werner 2004: Deutsche Wirtschaftsgeschichte seit 1945, München.

Adam, Hermann 1995: Wirtschaftspolitik und Regierungssystem der Bundesrepublik Deutschland. Eine Einführung, 3. Auflage, Bonn.

Albert, Mathias/Brock, Lothar/Hessler, Stephan/Menzel, Ulrich/Neyer, Jürgen 1999: Die Neue Weltwirtschaft. Entstofflichung und Entgrenzung der Ökonomie, Frankfurt a.M.

Albert, Michel 2001: Kapitalismus contra Kapitalismus – zehn Jahre danach, in: Blätter für deutsche und internationale Politik, Heft 12, S. 1451-1462.

Bäcker, Gerhard/Bispinck, Reinhard/Hofemann, Klaus/Naegele, Gerhard 2000: Der Sozialstaat – kein Auslaufmodell, in: Soziale Sicherheit 49 (6), S. 193-196.

Baecker, Dirk 1994: Postheroisches Management: e. Vademecum, Berlin.

Bajohr, Stefan 2003: Grundriss Staatliche Finanzpolitik: eine praktische Einführung, Opladen.

Baratta, Mario von (Hrsg.) 2001: Fischer Weltalmanach 2002, Frankfurt.

Barrios, Harald 2005: Brave New Deal? Die systemische Wettbewerbsfähigkeit der USA, Hamburg.

Baßeler, Ulrich/Heinrich, Jürgen 2001: Grundlagen und Probleme der Volkswirtschaft, 16. Auflage, Stuttgart.

Baßeler, Ulrich/Heinrich, Jürgen/Koch, Walter 1998: Grundlagen und Probleme der Volkswirtschaft, 14. Auflage, Köln.

Baßeler, Ulrich/Heinrich, Jürgen/Utecht, Burkhard 2002: Grundlagen und Probleme der Volkswirtschaft, 17. Auflage, Stuttgart.

Bayerisches Staatsministerium der Finanzen 2005: http://www.stmf.bayern.de.

Beck, Ulrich (Hrsg.) 1998: Politik der Globalisierung, Frankfurt a.M.

Beck, Ulrich 1997: Was ist Globalisierung?, Frankfurt a.M.

Becker, Gary S. 1982: Der ökonomische Ansatz zur Erklärung menschlichen Verhaltens, Tübingen.

Beckert, Jens 1997: Grenzen des Marktes: die sozialen Grundlagen wirtschaftlicher Effizienz, Frankfurt a.M.

Behrens, Christian-Uwe 2000: Makroökonomie. Wirtschaftspolitik, München/Wien.

Behrens, Maria 2005: Global Governance – eine Einführung, in: dies. (Hrsg.): Globalisierung als politische Herausforderung – global governance zwischen Utopie und Realität, Wiesbaden.

Beike, Rolf/Schlütz, Johannes 2001: Finanznachrichten lesen – verstehen – nutzen. Ein Wegweiser durch Kursnotierungen und Marktberichte, 3. überarbeitete Auflage, Stuttgart.

Berger, Johannes 1998: Wirtschaftssystem, in: Schäfers, Bernhard/Zapf, Wolfgang (Hrsg.): Handwörterbuch zur Gesellschaft Deutschland, Opladen.

Berger, Peter L./Luckmann, Thomas 2001: Die gesellschaftliche Konstruktion der Wirklichkeit: eine Theorie der Wissenssoziologie, Frankfurt a.M.

Bertelsmann Stiftung (Hrsg.)/Suntum, Ulrich van/Schlotböller, Dirk et al 2002: Internationales Beschäftigungsranking 2002, Gütersloh.

Bertelsmann-Stiftung 2005: Standortcheck 2/2005

Beyme, Klaus von/Schmidt, Manfred G. (Hrsg.) 1990: Politik in der Bundesrepublik Deutschland, PVS-Sonderheft, Opladen.

Blancke, Susanne 2006: Vergleichende Politische Ökonomie, in: Barrios, Harald/Stefes, Christoph (Hrsg.): Comparative Politics, München (im Erscheinen).

Blancke, Susanne/Roth, Christian/Schmid, Josef 2000: Employability („Beschäftigungsfähigkeit") als Herausforderung für den Arbeitsmarkt – Auf dem Weg zur flexiblen Erwerbsgesellschaft, Arbeitsbericht Nr. 157 der Akademie für Technikfolgenabschätzung Baden-Württemberg, Stuttgart.

Blancke, Susanne/Roth, Christian/Schmid, Josef 2001: „Employability" – Sicherung der eigenen Beschäftigungschancen? Skizze einer neuen Strategie der beruflichen Qualifizierung, in: SOWI 4/2001, S. 78-81.

Blancke, Susanne/Schmid, Josef/Roth, Christian 2000: Aktiv und koordiniert? Arbeitsmarktpolitik auf verschiedenen Ebenen, in: SOWI – Sozialwissenschaftliche Informationen, Jg. 29, Nr. 1, S. 6-17.

Blauberger, Michael/Mergler, Jan/Wagschal, Uwe 2005: Internationale Politische Ökonomie, in: GWP (Gesellschaft-Wirtschaft-Politik), H. 2, S. 165-178.

Blüm, Norbert/Zacher, Hans F. (Hrsg.) 1989: 40 Jahre Sozialstaat Bundesrepublik Deutschland, Baden-Baden.

Bode, Otto F. 1999: Systemtheoretische Überlegungen zum Verhältnis von Wirtschaft und Politik: Luhmanns Autopoiesekonzept und seine exemplarische Anwendung auf Fragen wirtschaftspolitischer Steuerungsmöglichkeiten, Marburg.

Boeckh, Andreas 1995: Entwicklungstheorien, in: Nohlen, Dieter/Schultze, Rainer-Olaf (Hrsg.): Politische Theorien, Lexikon der Politik, Bd. 1, München, S. 69-80.

Boeckh, Andreas/Pawelka, Peter/Beck, Martin (Hrsg.) 1997: Staat, Markt und Rente in der internationalen Politik, Opladen.

Bogumil, Jörg/Schmid, Josef 2001: Politik in Organisationen. Organisationstheoretische Ansätze und praxisbezogene Anwendungsbeispiele, Opladen.

Böhlich, Susanne 2002: Geldpolitik, 5. erweiterte Auflage, Köln.

Böhm, Stephan 1993: Die Verfassung der Freiheit, in: ZEIT Punkte 03/1993, S. 45-47.

Boyer, Robert 2005: How and Why Capitalism Differ. MPIfG discussion paper 05/4, Köln.

Braun, Anneliese 2003: Auf der Suche nach einer feministischen Theorie des Wirtschaftens, in: UTOPIE kreativ, H. 152, S. 543-554.

Braun, Dietmar 1999: Theorien rationalen Handelns in der Politikwissenschaft. Eine kritische Einführung, Opladen.

Braun, Dietmar 2001: Diskurse zur staatlichen Steuerung. Übersicht und Bilanz, in: Burth, Hans-Peter/Görlitz, Axel (Hrsg.): Politische Steuerung in Theorie und Praxis, Baden-Baden, S. 101-131.

Brösse, Ulrich 1996: Industriepolitik, München.

Buchheim, Christoph 2001: Die Unabhängigkeit der Bundesbank: Folge eines amerikanischen Oktrois?, H. 1, S. 1-30.

Buhr, Daniel 2003: Das „Hartz-Konzept": Reformen des Arbeitsmarktes zwischen Flexibilisierung und sozialer Absicherung, in: Aktualitätendienst 2002/2003, Stuttgart/München/Düsseldorf/Leipzig, S. 22-26.

Buhr, Daniel 2006: Küss mich – Innovationspolitik in Deutschland, in: Frankfurter Allgemeine Zeitung (F.A.Z.) vom 08.03.2006.

Bundesagentur für Arbeit (Hrsg.) 2004: Arbeitsmarkt 2003 – Arbeitsmarktanalyse für das Bundesgebiet insgesamt, West- und Ostdeutschland, Sondernummer der Amtlichen Nachrichten der Bundesagentur für Arbeit, 52. Jahrgang, Nürnberg.

Bundesministerium der Finanzen 2004: Monatsbericht des BMF Mai 2004, Berlin.

Bundesministerium für Bildung und Forschung 2004: Technologie und Qualifikation für neue Märkte. Ergänzender Bericht zur technologischen Leistungsfähigkeit Deutschlands 2003-2004, Bonn/Berlin.

Bundesministerium für Bildung und Forschung 2005: Zur technologischen Leistungsfähigkeit Deutschlands 2005, Bonn/Berlin.

Bundesministerium für Bildung und Forschung 2006: Bericht zur technologischen Leistungsfähigkeit Deutschlands 2006, Bonn/Berlin.

Bundeszentrale für Politische Bildung (Hrsg.) 2004: Das Lexikon der Wirtschaft. Grundlegendes Wissen von A bis Z, 2. Auflage, Bonn.

Busch, Andreas 2000: „Economic Governance" in angelsächsischen Demokratien, in: Kaiser, André: Regieren in Westminster-Demokratien, Baden-Baden, S. 59-73.

Busch, Andreas/Plümper, Thomas (Hrsg.) 1999: Nationaler Staat und internationale Wirtschaft: Anmerkungen zum Thema Globalisierung, Baden-Baden.

Bußmann, Ludwig 2000: Vom „Rheinischen Kapitalismus" zur „Berliner Neuen Mitte". Zum wirtschaftspolitischen Leitbildwechsel der SPD, in: Jens, Uwe/Romahn, Hajo (Hrsg.): Sozialpolitik und Sozialökonomik. Soziale Ökonomie im Zeichen der Globalisierung, Marburg.

Campbell, John L. 2003: States, Politics and Globalization: Why Institutions Still Matter, in: Paul, T.V./Ikenberry, G. John/Hall, John A. (Hrsg.): The Nation-State in Question, Princeton, S. 234-259.

Cansier, Dieter/Bayer, Stefan 2002: Einführung in die Finanzwirtschaft. Grundfunktionen des Fiskus, München.

Cox, Robert Henry 1998: From Safety Net to Trampoline. Labour Market Activation in the Netherlands and Denmark, WIP-Occasional Paper Nr. 2/1998, Tübingen.

Czada, Roland 1994: Die Treuhandanstalt im politischen System der Bundesrepublik, in: Aus Politik und Zeitgeschichte, B 43-44, S. 31-42.

Czada, Roland 1995: Der Kampf um die Finanzierung der deutschen Einigung, in: Lehmbruch, Gerhard (Hrsg.): Einigung und Zerfall. Deutschland und Europa nach dem Ende des Ost-West Konflikts, Opladen, S. 73-102.

Czada, Roland 1998: Vereinigungskrise und Standortdebatte. Der Beitrag der Wiedervereinigung zur Krise des westdeutschen Modells, in: Leviathan: Zeitschrift für Sozialwissenschaft 26/1, S. 24-59.

Czada, Roland 2002: Zwischen Stagnation und Umbruch, in: Süß, Werner: Deutschland in den Neunziger Jahren, Opladen, S. 203-225.

Czada, Roland/Lütz, Susanne 2000: Die politische Konstitution von Märkten, Wiesbaden.

Czada, Roland/Zintl, Reinhard (Hrsg.) 2004: Politik und Markt. PVS-Sonderheft 34, Wiesbaden.

David, Paul A. 1985: Clio and the Economics of QWERTY. American Economic Review. Papers and Proceedings, H. 2, S. 332-337.

Deutsche Bundesbank 2003: Geschäftsbericht 2003, Downloadmöglichkeit unter: http://www.bundesbank.de/download/volkswirtschaft/jahresberichte/2003gb_bbk.pdf.

Deutschmann, Christoph 2003: Ende und Wiederkehr des Keynesianismus – Rätsel der aktuellen Wirtschaftspolitik, in: Leviathan, Jg. 31, Nr. 3/2003, S. 291-302.

Donges, Juergen B./Freytag, Andreas 2001: Allgemeine Wirtschaftspolitik, Stuttgart.

Downs, Anthony 1968: Ökonomische Theorie der Demokratie, Tübingen.

Ebers, Mark/Gotsch, Wilfried 1993: Institutionenökonomische Theorien der Organisation, in: Kieser, Albrecht (Hrsg.): Organisationstheorien, Stuttgart, S. 193-242.

Eggert, Katrin/Frintrop-Bechthold, Dorothea/Koch, Michael/Kaminski, Hans (Hrsg.) 2005: oec. Ökonomie. Grundlagen wirtschaftlichen Handelns, Braunschweig.

Elsenhans, Hartmut 1996: State, Class and Development, New Delhi.

Esping-Andersen, Gösta 1990: The Three Worlds of Welfare Capitalism, Oxford.

Esser, Josef 1982: Gewerkschaften in der Krise, Frankfurt a.M.

Esser, Josef 1999: Der kooperative Nationalstaat im Zeitalter der Globalisierung, in: Döring, Dieter (Hrsg.): Sozialstaat in der Globalisierung, Frankfurt a.M., S. 117-144.

Esser, Josef/Schroeder, Wolfgang 1999: Neues Leben für den Rheinischen Kapitalismus. Vom Bündnis für Arbeit zum Dritten Weg, in: Blätter für deutsche und internationale Politik 1/1999, S. 51-61.

Eßer, Klaus/Hillebrand, Wolfgang/Messner, Dirk/Meyer-Stamer, Jörg 2001: Systemische Wettbewerbsfähigkeit und Entwicklung, in: Thiel, Reinhold E. (Hrsg.): Neue Ansätze zur Entwicklungstheorie, 2. Auflage, Bonn.

Europäische Kommission 2001: Europäischer Innovationsanzeiger 2001, SEC (2001), Brüssel.

Europäische Kommission 2002: Empfehlungen für die Grundzüge der Wirtschaftspolitik der Mitgliedsländer und der Gemeinschaft im Jahre 2002 (ECFIN/210-02-DE), Brüssel.

FAZ (Hrsg.) 2005: Standortdebatte. Muskelprotz Deutschland, in: FAZ vom 20.08.2005.

Fendel, Ralf/Frenkel, Michael 2003: Deutschlands Abschneiden im „Global Competitiveness Report 2002-2003", in: Wirtschaftsdienst Nr. 1/2003, S. 30-37.

Fenske, Hans/Mertens, Dieter/Reinhard, Wolfgang/Rosen, Klaus 2003: Geschichte der politischen Ideen: Von der Antike bis zur Gegenwart, aktualisierte Neuausgabe, Frankfurt a.M.

Floren, Franz Josef 2001: Wirtschaftspolitik im Zeichen der Globalisierung, Paderborn.

Flemming, Günther 1983: Fachbegriffe der Volkswirtschaft, 5. durchgesehene Auflage, Stuttgart.

Freeman, Garry P. 1985: National Styles and Policy Sectors: Explaining Structures Variation, in: Journal of Public Policy 5, S. 467-490.

Frenkel, Michael/John, Klaus D. 1999: Volkswirtschaftliche Gesamtrechnung, 4. überarbeitete Auflage, München.

Frevel, Bernhard/Dietz, Berthold 2004: Sozialpolitik kompakt, Opladen.

Frey, Bruno S. 1976: Theorie und Empirie politischer Konjunkturzyklen, in: Zeitschrift für Nationalökonomie, H. 2, S. 95-120.

Friedl, Sven 2003: Die europäische Wirtschafts- und Währungsunion. Die Gewährleistung der Stabilität des Euro durch das Recht, Duisburg.

Friedman, Milton 1971: Kapitalismus und Freiheit, Stuttgart-Degerloch.

Friedman, Thomas L. 2000: Globalisierung verstehen – Zwischen Marktplatz und Weltmarkt, Berlin.

Friedrich, Horst/Wiedemeyer, Michael 1998: Arbeitslosigkeit – ein Dauerproblem. Dimensionen. Ursachen. Strategien, 3. Auflage, Opladen.

Gesetz über die Bildung eines Sachverständigenrates zur Begutachtung der gesamtwirtschaftlichen Entwicklung, vom 14. August 1963, Downloadmöglichkeit unter: http://bundesrecht.juris.de/bundesrecht/sachvratg/gesamt.pdf.

Gesetz zur Förderung der Stabilität und des Wachstums der Wirtschaft, vom 8. Juni 1967, Downloadmöglichkeit unter: http://www.gesetze-im-internet. de/bundesrecht/stabg/gesamt.pdf.

Göhler, Gerhard/Kühn, Rainer 1999: Institutionenökonomik, Neo-Institutionalismus und Theorie der politischen Institutionen, in: Edeling, Thomas/ Jann, Werner u.a. (Hrsg.): Institutionenökonomie und neuer Institutionalismus: Überlegungen zur Organisationstheorie, Opladen, S.17-42.

Goldschmidt, Nils 2004: Alfred Müller Armack and Ludwig Ehrhard: Social Market Liberalism, Freiburger Diskussionspapiere zur Ordnungsökonomik 12/04, Freiburg, Downloadmöglichkeit unter: http://www.eucken.de/publikationen/04_12bw.pdf.

Görlitz, Axel/Burth, Hans Peter 1998: Politische Steuerung. Ein Studienbuch, 2. Auflage, Opladen.

Granovetter, Mark 2000: Ökonomisches Handeln und soziale Struktur, in: Müller, Hans-Hermann/Siegmund, Steffen (Hrsg.): Zeitgenössische amerikanische Soziologie, Opladen.

Greß, Stefan/Walendzik, Anke/Wasem, Jürgen 2005: Nichtversicherte Personen im Krankenversicherungssystem der Bundesrepublik Deutschland – Bestandaufnahme und Lösungsmöglichkeiten, Diskussionsbeitrag aus dem Fachbereich Wirtschaftswissenschaften, Universität Duisburg-Essen, Nr. 147.

Greve, Rolf 2000: Globalisierung der Wirtschaft. Auswirkungen auf lokale Unternehmen, Münsteraner Diskussionspapiere zum Nonprofit-Sektor Nr. 4, Münster.

Grill, Wolfgang/Perczynski, Hans 1999: Wirtschaftslehre des Kreditwesens, 33. Auflage, Bad Homburg.

Grimmer, Klaus/Kuhlmann, Stefan/Meyer-Krahmer, Frieder (Hrsg.) 1999: Innovationspolitik in globalisierten Arenen, Opladen.

Grosser, Dieter/Lange, Thomas/Müller-Armack, Andreas/Neuss, Beate 1998: Soziale Marktwirtschaft. Geschichte – Konzepte – Leistung, Stuttgart/Berlin/Köln/Mainz.

Haas, Manfred 1982: Fachbegriffe der Geldwirtschaft, 11. neu bearbeitete Auflage, Stuttgart.

Hall, Peter A./Soskice, David 2001: Varieties of Capitalism. The Institutional Foundations of Comparative Advantage, Oxford/New York.

Hanesch, Walter 1999: Der Sozialstaat in der Globalisierung, in: Aus Politik und Zeitgeschichte, B 49/99, vom 3.12.1999.

Hartmann, Jürgen/Meyer, Bernd/Oldopp, Birgit 2002: Geschichte der politischen Ideen, Wiesbaden.

Hartwich, Hans-Hermann 1998: Die Europäisierung des deutschen Wirtschaftssystems, Opladen.

Hasse, Raimund/Krücken, Georg 1999: Neo-Insitutionalismus, Bielefeld.

Hasse, Rolf H./Schneider, Hermann/Weigelt, Klaus (Hrsg.) 2006: Lexikon Soziale Marktwirtschaft, Paderborn.

Häußermann, Helmut/Siebel, Walter 1995: Dienstleistungsgesellschaft, Frankfurt a.M.

Hayek, Friedrich A. von 1986: The Road to Serfdom, London.

Heiduk, Günter 1983: Fachbegriffe der Außenwirtschaft, 3. überarbeitete und ergänzte Auflage, Stuttgart.

Heinelt, Hubert/Weck, Michael 1998: Arbeitsmarktpolitik. Vom Vereinigungskonsens zur Standortdebatte, Opladen.

Heinemann, Friedrich 2001: Euro – eine neue Ära, in: Bundeszentrale für Politische Bildung (Hrsg.): Informationen zur politischen Bildung aktuell, Bonn.

Héritier, Adrienne (Hrsg.) 1993: Policy-Analyse. Kritik und Neuorientierung, PVS-Sonderheft Nr. 24, Opladen.

Hermes, Thorsten 2006: Geld- und Fiskalpolitik in einem asymmetrischen Mischwechselkursmodell der Neuen Makroökonomik offener Volkswirtschaften, Aachen.

Herrmann, Johannes/Schmidt, Peter 2004: Theorienvergleich. Politikon-Lerneinheit, http://www.politikon.org/ilias2/course.php? co_id=23&co_inst=935, Version 1.

Heuser, Jens U. 1993: Geld, Freiheit, Ideologie, in: ZEIT Punkte 03/1993, S. 100-103.

Hickel, Rudolf 1999a: Abschied vom Rheinischen Kapitalismus? Zum rot-grünen Kurswechsel in der Wirtschafts- und Finanzpolitik, in: Blätter für deutsche und internationale Politik 44/8.

Hickel, Rudolf 1999b: Makroökonomische Sehkraft stärken: Anforderungen an eine keynesianische Wirtschaftspolitik, in: Gewerkschaftliche Monatshefte, Jg. 50, Nr. 2/99, S. 83-94.

Hickel, Rudolf 2005: Die Gralshüter der Freihandelstheorie dominieren, in: Das Parlament, Nr. 47 vom 21.11.2005, Berlin.

Hill, Paul B. 2002: Rational-Choice-Theorie, Bielefeld.

Himmelmann, Gerhard 1985: Politische Wirtschaftslehre, in: Nohlen, Dieter/Schultze, Rainer-Olaf (Hrsg.): Politikwissenschaft. Theorien – Methoden – Begriffe, Pipers Wörterbuch zur Politik, München.

Hirschman, Albert O. 1974: Abwanderung und Widerspruch, Tübingen.

Hirschman, Albert O. 1980: Leidenschaften und Interessen. Politische Begründungen des Kapitalismus vor seinem Sieg, Frankfurt a.M.

Hoffmann, Jürgen 2003: Der kleine Unterschied: Varieties of Capitalism, in: WSI Mitteilungen 2/2003, Düsseldorf, S. 124-130.

Holzinger, Katharina 1995: Ökonomische Theorien der Politik, in: Nohlen, Dieter/Schultze, Rainer-Olaf (Hrsg.): Lexikon der Politik, Bd. 1 – Politische Theorien, München, S. 383-391.

Horn, Gustav A. 2005: Die deutsche Krankheit – Sparwut und Sozialabbau. Thesen gegen eine verfehlte Wirtschaftspolitik, München.

Höpner, Martin/Krempel, Lothar 2003: The Politics of the German Company Network, MPIFG Working Paper 03/9.

Hübner, Kurt 1989: Theorie der Regulation. Eine kritische Rekonstruktion eines neuen Ansatzes der politischen Ökonomie, Berlin.

Huffschmid, Jörg 1999: Politische Ökonomie der Finanzmärkte, Hamburg

Human Development Report 2005, Downloadmöglichkeit unter: http://hdr. undp.org/reports/global/2005/pdf/HDR05_complete.pdf.

Immerfall, Stefan/Franz, Peter 1998: Standort Deutschland. Stärken und Schwächen im weltweiten Strukturwandel, Opladen.

Jäger, Uli 2003: Globalisierung – Ängste und Kritik, in: Bundeszentrale für Politische Bildung (Hrsg.): Themenblätter im Unterricht Nr. 28, Bonn.

Jansen, Dorothea/Schubert, Klaus 1995: Netzwerke und Politikproduktion: Konzepte, Methoden, Perspektiven, Marburg.

Jessop, Bob 2002: The Future of the Capitalist State, Cambridge.

Jochem, Sven/Siegel, Nico A. 2002: Konzertierung, Verhandlungsdemokratie und Reformpolitik im Wohlfahrtsstaat, Wiesbaden.

John, Klaus Dieter, (o.J.): Geldpolitik (Vorlesungsmanuskript), Downloadmöglichkeit unter: http://www.tu-chemnitz.de/wirtschaft/vwl1/shared/ vorlesungen/wipol1/09_Geld.pdf.

John, Klaus Dieter, (o.J.):Fiskalpolitik (Vorlesungsmanuskript), Downloadmöglichkeit unter: http://www.tu-chemnitz.de/wirtschaft/vwl1/shared/ vorlesungen/wipol1/10_Fiskal.pdf.

Jungblut, Michael 1974: Bleibt uns nur noch die Resignation? Die Preissteigerungen drohen unsere Wirtschaftsordnung zu zerstören, in: Die Zeit, Nr. 11/1974.

Kaminski, Hans/Eggert, Katrin/Koch, Michael 2005: Unterrichtseinheit „Globalisierung". Erschienen in der Reihe „Handelsblatt macht Schule", http:// www.handelsblattmachtschule.de.

Kengelbach, Jens/Roos, Alexander 2006: Entflechtung der Deutschland AG: Empirische Untersuchung der Reduktion von Kapital- und Personalverflechtungen zwischen deutschen börsennotierten Gesellschaften, Sonderdruck aus M&A Review, Heft 1/2006.

Kirchgäßner, Gebhard 2001: Homo oeconomicus: Das ökonomische Modell individuellen Verhaltens und seine Anwendung in den Wirtschafts- und Sozialwissenschaften, 2. Auflage, Tübingen.

Kirsch, Guy 2004: Neue Politische Ökonomie, 5. überarbeitete und erweiterte Auflage, Stuttgart.

Kirsch, Guy/Mackscheidt, Klaus 1985: Staatsmann, Demagoge, Amtsinhaber, Göttingen.

Kittel, Bernhard 2003: Perspektiven und Potenziale der vergleichenden Politischen Ökonomie, in: Obinger, Herbert/Wagschal, Uwe/Kittel, Bernhard (Hrsg.): Politische Ökonomie, Opladen, S. 385-414.

Kleinknecht, Alfred/Naastepad, C.W.M. 2002: Schattenseiten des niederländischen Beschäftigungswunders, in: WSI Mitteilungen, Jg. 50, Nr. 6/2002, S. 319-325.

Konow, Christian 2002: Der Stabilitäts- und Wachstumspakt. Ein Rechtsrahmen für Stabilität in der Wirtschafts- und Währungsunion, Baden-Baden.

Kosta, Jiri 1987: Politische Ökonomie, in: Nohlen, Dieter/Schultze, Rainer-Olaf (Hrsg.): Politikwissenschaft. Theorien – Methoden – Begriffe, Pipers Wörterbuch zur Politik, München.

Kramm, Lothar 1979: Politische Ökonomie, München.

Krippendorff, Ekkehart 1993: Polit-ökonomische Schule, in: Boeckh, Andreas (Hrsg.): Internationale Beziehungen, Lexikon der Politik Bd. 6, München, S. 416-422.

Kruber, Klaus-Peter 2002: Theoriegeschichte der Marktwirtschaft, Münster.

Kurz, Heinz D. 1993a: Eigenliebe tut gut, in: ZEIT Punkte, Nr. 3/1993: Zeit der Ökonomen, S. 11-13.

Kurz, Heinz D. 1993b: Geiz der Natur, in: ZEIT Punkte, Nr. 3/1993: Zeit der Ökonomen, S. 13-16.

Kurz, Heinz D. 1998: Ökonomisches Denken in klassischer Tradition. Aufsätze zur Wirtschaftstheorie und Theoriegeschichte, Marburg.

Lampert, Heinz/Althammer, Jörg 2001: Lehrbuch der Sozialpolitik, Heidelberg.

Lampert, Heinz/Bossert, Albrecht 2004: Die Wirtschafts- und Sozialordnung der Bundesrepublik Deutschland im Rahmen der Europäischen Union, 15. völlig überarbeitete Auflage, München.

Lang, Werner 2000: Wirtschaftstheoretische Positionen und Kontroversen zum Thema Beschäftigungs- und Arbeitsmarktpolitik, in: SOWI – Sozialwissenschaftliche Informationen, Jg. 29, Nr. 1, S. 39-49.

Läufer, Thomas (Hrsg.) 1997: Europäische Union – Europäische Gemeinschaft. Die Vertragstexte von Maastricht mit den deutschen Begleitgesetzen, Bonn.

Lehmbruch, Gerhard 2000: The institutional framework: Federalism and decentralisation in Germany, in: Wollmann, Hellmut/Schröter, Eckhard (Hrsg.): Comparing public sector reform in Britain and Germany: Key traditions and trends of modernisation, Aldershot, S. 85-106.

Lehmbruch, Gerhard 2005: Verhandlungsdemokratie und eingebettete Marktwirtschaften. Beiträge zur Vergleichenden Politischen Ökonomie, Wiesbaden.

Lehner, Franz 1981: Einführung in die Neue Politische Ökonomie, Königstein/Ts.

Lenin, Wladimir Ilitsch 1917: Der Imperialismus als höchstes Stadium des Kapitalismus, Petrograd.

List, Friedrich 1841: Das nationale System der politischen Ökonomie, Stuttgart/Tübingen/Düsseldorf.

Luhmann, Niklas 1981: Organisation im Wirtschaftssystem, in: ders.: Soziologische Aufklärung 3, Opladen, S. 390-414.

Luhmann, Niklas 1984: Die Wirtschaft der Gesellschaft als autopoietisches System, in: Zeitschrift für Soziologie, H. 4 , S. 308-327.

Luhmann, Niklas 1988: Die Wirtschaft der Gesellschaft, Frankfurt a.M.

Lütz, Susanne 2004: Governance in der politischen Ökonomie. In: Benz, Arthur (Hrsg.): Governance – Regieren in komplexen Regelsystemen, Wiesbaden.

Mahnkopf, Birgit (Hrsg.) 1988: Der gewendete Kapitalismus. Kritische Beiträge zur Theorie der Regulation, Münster.

Malik, Fredmund 2005: Seid liberal, nicht neoliberal. In Cicero – Magazin für politische Kultur, Ausgabe 6, Berlin, S. 105-109, http://www.cicero.de/page_print.php?ress_id=6&item=660

Mankiw, Nicholas G. 1999: Grundzüge der Volkswirtschaftslehre, Stuttgart.

Mankiw, Nicholas G. 2001: Grundzüge der Volkswirtschaftslehre, 2. überarbeitete Auflage, Stuttgart.

Martinsen, Renate/Saretzki, Thomas/Simonis, Georg (Hrsg.) 2000: Politik und Technik. PVS Sonderheft 31/2000, Wiesbaden.

Mayntz, Renate 1997: Politische Steuerung: Aufstieg, Niedergang und Transformation einer Theorie. In: Mayntz, Renate: Soziale Dynamik und politische Steuerung. Theoretische und methodologische Überlegungen, Frankfurt a. M., S. 263-292.

Mayntz, Renate/Scharpf, Fritz W. 1995: Der Ansatz des akteurszentrierten Institutionalismus, in: dies. (Hrsg.): Gesellschaftliche Selbstregelung und politische Steuerung, Frankfurt a. M., S. 39-71.

Menez, Raphael/Steffen, Christian 2005: Gewerkschaften und soziale Innovation – Die Zukunftsdebatte der IG Metall unter der Perspektive Organisationalen Lernens, Konstanz.

Messner, Dirk 1998: Die Transformation von Staat und Politik im Globalisierungsprozess; in: ders. (Hrsg.): Die Zukunft des Staates und der Politik: Möglichkeiten und Grenzen politischer Steuerung in der Weltgesellschaft, Bonn, S. 14-43.

Meyer, Dieter 2005: Die Schuldenfalle. Eine Untersuchung der Staatsverschuldung ab 1965-2025, Hannover.

Meyer, John W./Rowan, Brian 1970: Institutional organizations: formal structure as myth and ceremony, in: American Journal of Sociology, 83/1977, S. 340-363.

Meyer, Marshall W./Zucker, Lynn G. 1989: Permanently Failing Organizations, Newbury Park.

Meyer-Krahmer, Frieder 1989: Der Einfluss staatlicher Technologiepolitik auf industrielle Innovationen, Baden-Baden.

Mildner, Stormy 2004: Internationaler Kapitalverkehr, http://www.weltpolitik.net/Sachgebiete/Weltwirtschaft%20und%20Globalisierung/Grundlagen/Internationaler%20Kapitalverkehr.html.

Mühlbradt, Frank W. 1998: Wirtschaftslexikon. Daten, Fakten, Zusammenhänge, 5. aktualisierte Auflage, Berlin.

Müller, Katharina 2003: Zur Politischen Ökonomie von Reformen. Erfahrungen aus Osteuropa und Lateinamerika, in: Aus Politik und Zeitgeschichte B 51/2003, S. 11-16.

Müller, Klaus/Bonnacker, Thorsten/Lohmann, Hans Martin (Hrsg.) 2002: Globalisierung, Bonn.

Müller, Markus M. 2002: The New Regulatory State in Germany, Birmingham.

Müller, Stefan/Kornmaier, Martin 2001: Streitfall Globalisierung, München.

Müller-Plantenberg, Urs 1999: Keynes und die Schuldenspirale, in: Gewerkschaftliche Monatshefte, Jg. 50, Nr. 2/99, S. 105-112.

Naschold, Frieder 1997: Ökonomische Leistungsfähigkeit und institutionelle Innovation. Das deutsche Produktions- und Politikregime im globalen Wettbewerb, in: Naschold, Frieder/Soskice, David/Hanké, Bob/Jürgens, Ulrich (Hrsg.): Ökonomische Leistungsfähigkeit und institutionelle Innovation, WZB Jahrbuch 1997, Berlin, S. 19-62.

Nefiodow, Leo A. 2001: Der sechste Kondratieff: Wege zur Produktivität und Vollbeschäftigung im Zeitalter der Information, 3. Auflage, St. Augustin.

Nelson, Richard R. (Hrsg.) 1993: National Innovation Systems. A Comparative Analysis, New York/Oxford.

Neumann, Manfred J. M. 1999: Keine Neuauflage der keynesianischen Botschaft, in: Gewerkschaftliche Monatshefte, Jg. 50, Nr. 2/99, S. 77-82.

Niechoj, Torsten 2004: Fünf Jahre Makroökonomischer Dialog. Was wurde aus den ursprünglichen Intentionen? WSI Diskussionspapier 123, Düsseldorf.

Niskanen, William A. 1971: Bureaucracy and Representative Government, Chicago.

Novy, Andreas/Jäger, Johannes (o.J.): Internetplattform: Internationale Politische Ökonomie, Wien, http://www.lateinamerika-studien.at/content/wirtschaft/ipo/ipo-titel.html.

O`Neil, Patrick 2004: Essentials of Comparative Politics, New York/London.

Obinger, Herbert/Wagschal, Uwe/Kittel, Bernhard (Hrsg.) 2003: Politische Ökonomie, Opladen.

Ochel, Wolfgang 1998: Mehr Beschäftigung und weniger Arbeitslosigkeit – Amerika, hast Du es besser?, in: Mitteilungen aus der Arbeitsmarkt- und Berufsforschung, Jg. 31, Nr. 2, S. 263-276.

Offe, Claus 1990: Akzeptanz und Legitimation strategischer Optionen in der Sozialpolitik, in: Sachße, Christoph/Engelhart, H. Tristam (Hrsg.): Sicherheit und Freiheit. Zur Ethik des Wohlfahrtsstaates, Frankfurt a.M., S. 179-202.

Olson, Mancur 1968: Die Logik des kollektiven Handelns, Tübingen.

Olson, Mancur 1985: Aufstieg und Niedergang von Nationen, Tübingen.

Olson, Mancur 1991: Aufstieg und Niedergang von Nationen. Ökonomisches Wachstum, Stagflation und soziale Starrheit, 2. durchgesehene Auflage, Tübingen.

Osterhammel, Jürgen/Peterson, Niels P. 2003: Geschichte der Globalisierung. Dimensionen, Prozesse, Epochen, München.

Pätzold, Jürgen 2000: Soziale Marktwirtschaft. Konzeption – Entwicklung – Zukunftsaufgaben, Stuttgart, http://www.juergen-paetzold.de/einfuerung_mawi/2_MAWI.html.

Peters, Hans-Rudolf 1980: Politische Ökonomie des Marxismus. Anspruch und Wirklichkeit, Paderborn.

Peters, Hans-Rudolf 1995: Wirtschaftspolitik, München.

Peters, Hans-Rudolf 1996: Sektorale Strukturpolitik, 2. Auflage, München/ Wien.

Peters, Hans-Rudolf 2000: Wirtschaftspolitik, München.

Pollert, Achim/Kirchner, Bernd/Polzin, Morato Javier/Bundeszentrale für Politische Bildung (Hrsg.) 2004: Das Lexikon der Wirtschaft. Grundlegendes Wissen von A bis Z, 2. Auflage, Mannheim.

Priddat, Birger 2001: Ideen statt Ideologie, in: Die Zeit, Nr. 3, vom 11.1.2001.

Priddat, Birger P. 1989: Die politische Struktur der Aristotelischen Ökonomie, in: Politische Vierteljahresschrift (PVS), H. 3, S. 395-419.

Priddat, Birger P. 2004: Theoriegeschichte der Ökonomie. Eine knappe Skizze von Aristoteles bis heute, in: WiSt (Wirtschaftwissenschaftliches Studium), H. 5, S. 278-282.

Puschmann, Norbert O. 1999: Systemtheorie, Hagen, http://t-online.de/ home/nopuma/systemth.htm.

Raabe, Birgitta/Schmid, Günther 1999: Eine Frage der Balance: Reform der Arbeitsmarktpolitik, in: APuZ, B37, S. 21-30.

Rehm, Philipp 1999: Unabhängigkeit von Notenbanken. Empirische Befunde und öffentliche Meinungen, WIP Occasional Paper Nr. 10, Tübingen.

Rehm, Philipp/Schmid, Josef 2000: Die vier Welten der Beschäftigung. Eine explorative Analyse der arbeitsmarktpolitischen Performanz und politisch-ökonomischen Korrelaten in 10 Industrieländern 1980-2000, WiP Occasional Paper Nr. 13, Tübingen.

Remsberger, Hermann 2004: Die Europäische Währungsunion als Stabilitätsgemeinschaft. Rede am Institut für Sozial- und Wirtschaftspolitische Ausbildung Berlin, Deutsche Bundesbank, Frankfurt a.M. (unveröffentlichtes Manuskript).

Ritter, Ulrich Peter 1997: Vergleichende Volkswirtschaftslehre, München.

Rosenau, James N./Czempiel, Ernst-Otto (Hrsg.) 1992: Governance without Government. Order and Change in World Politics, Cambridge u.a.

Roth, Christian 1998: Beschäftigung, in: Bergmann, Jan/Lenz, Christofer (Hrsg.): Kommentar zum Vertrag von Amsterdam vom 2. Oktober 1997. Eine Besprechung der Amsterdamer Änderungen des Vertrags über die Europäische Union sowie des Vertrags zur Gründung der Europäischen Gemeinschaft, Köln, S. 73-91.

Roth, Christian 1999: Die Zukunft der Altersversorgung: Prognosen, Modelle, Streitpunkte, in: Aktualitätendienst 1999. Gesellschaft – Politik – Wirtschaft, Stuttgart/München/Düsseldorf/Leipzig, S. 15-19.

Roth, Christian 2002: Arbeitslosigkeit in der Europäischen Union – Bestandsaufnahme und Lösungsansätze, in: Aktualitätendienst 2001/02. Gesellschaft – Politik – Wirtschaft, Stuttgart, S. 15-19.

Roth, Christian 2005: Politische Steuerung, in: Althaus, Marco/Geffken, Michael/Karp, Markus/Rawe, Sven (Hrsg.): Handlexikon Public Affairs. Public Affairs und Politikmanagement Band 1, Münster, S. 86-88.

Rürup, Bert/Sesselmeier, Werner/Enke, Margit 2002: Wirtschaftslexikon, Frankfurt a.M.

Schaper, Klaus 2001: Makroökonomie. Ein Lehrbuch für Sozialwissenschaftler, Frankfurt a.M.

Scharpf, Fritz W. 1991: Die Handlungsfähigkeit des Staates am Ende des zwanzigsten Jahrhunderts, in: Politische Vierteljahresschrift 32, S. 621-634.

Scharpf, Fritz W. 2000: Sozialstaaten in der Globalisierungsfalle? Lehren aus dem internationalen Vergleich. Vortrag auf der 51. Ordentlichen Hauptversammlung der Max-Planck-Gesellschaft, Köln (auch in DIE ZEIT vom 8.7.2000).

Scharpf, Fritz W. 2002: Regieren im europäischen Mehrebenensystem – Ansätze zu einer Theorie, in: Leviathan 30/1, S. 65-91.

Schelsky, Helmut 1955: Wandlungen der deutschen Familie in der Gegenwart: Darstellung und Deutung einer empirisch-soziologischen Tatbestandsaufnahme, 3. durch einen Anhang erweiterte Auflage, Stuttgart.

Scherhorn, Gerhard 1999: Ökonomie und Ökologie – Synthese mit Keynes?, in: Gewerkschaftliche Monatshefte, Jg. 50, Nr. 2/99, S. 95-104.

Schimank, Uwe/Glagow, Manfred 1984: Formen politischer Steuerung: Etatismus, Subsidiarität, Delegation und Neokorporatismus, in: Glagow, Manfred (Hrsg.): Gesellschaftssteuerung zwischen Korporatismus und Subsidiarität, Bielefeld, S. 4-25.

Schirm, Stefan A. 2004: Internationale Politische Ökonomie, Baden-Baden.

Schmid, Günther 1994: Übergänge in die Vollbeschäftigung. Perspektiven einer zukunftgerechten Arbeitsmarktpolitik, in: APuZ, B 12-13, S. 9-23.

Schmid, Günther 1998: Arbeitsmarkt und Beschäftigung, in: Schäfers, Bernhard/Zapf, Wolfgang (Hrsg.): Handwörterbuch zur Gesellschaft Deutschlands, Opladen, S. 22-34.

Schmid, Josef 1992: Parteien in der Interessenvermittlung. Widerlager oder Verstärker von Verteilungskoalitionen?, in: Schubert, Klaus (Hrsg.): Leistungen und Grenzen politisch-ökonomischer Theorie. Eine kritische Bestandsaufnahme zu Mancur Olson, Darmstadt.

Schmid, Josef 1998a: Stichworte Korporatismus, Politikfeldanalyse, Policy Cycle, Politikberatung, Politische Führung, in: Lexikon Public Affairs, Münster.

Schmid, Josef 1998b: Verbände. Interessenvermittlung und Interessenorganisationen. Ein Lehr- und Arbeitsbuch, München.

Schmid, Josef 1998c: Arbeitsmarktpolitik im Vergleich, in: Schmid, Josef/Niketta, Reiner (Hrsg.), Wohlfahrtsstaat – Krise und Reform, Marburg.

Schmid, Josef 2002a: Wohlfahrtsstaaten im Vergleich, 2. Auflage, Opladen.

Schmid, Josef 2002b: Große Probleme und kleine Lösungen? Aktuelle Entwicklungen in der deutschen Arbeitsmarktpolitik, in: Deutschland Archiv 1/2002.

Schmid, Josef 2003a: Modell Deutschland: aus der Mode gekommen oder unpassend?, in: Börsenzeitung Nr. 111, vom 12.6.2003.

Schmid, Josef 2003b: Wirtschafts- und Sozialpolitik: Lernen und Nicht-Lernen von den Nachbarn, in: APuZ, B 18-19.

Schmid, Josef 2004: Stichworte Alfred Müller-Armack, Oswald Nell-Breuning, Milton Friedman, in: Riescher, Gisela (Hrsg.): Politische Theorie der Gegenwart in Einzeldarstellungen, Stuttgart.

Schmid, Josef 2005a: Politische Ökonomie des Wohlfahrtsstaates. Deutschland, Schweden, Großbritannien und die Niederlande im Vergleich, Hagen.

Schmid, Josef 2005b: Aktivierung in der Arbeitsmarktpolitik: Lehren für Deutschland aus einem internationalen Trend, in: Behrens, Fritz/Heinze, Rolf G./Hilbert, Josef/Stöbe-Blossey, Sybille (Hrsg.): Ausblicke auf den aktivierenden Staat. Von der Idee zur Strategie, Berlin.

Schmid, Josef/Blancke, Susanne/Roth, Christian/Steiert, Rudolf (Hrsg.) 2000: Politik und Arbeitsmarkt, Themenschwerpunktheft SOWI Nr. 1/2000.

Schmid, Josef/Hörrmann, Ute 2006: Industriepolitik; in: Voigt, Rüdiger (Hrsg.): Handwörterbuch zur Verwaltungsreform, Wiesbaden.

Schmid, Josef/Hörrmann, Ute/Maier, Dirk/Steffen, Christian 2004: Wer macht was in der Arbeitsmarktpolitik? Maßnahmen und Mitteleinsatz in den westdeutschen Bundesländern. Eine integrierte und vergleichende Analyse, Münster/Hamburg/London.

Schmid, Josef/Rehm, Philipp 2003: Globalisierung und Wohlfahrtsstaat – Chance, Bedrohung oder Mythos?, in: Rittberger, Volker (Hrsg.): Demokratie – Entwicklung – Frieden, Baden-Baden, S. 165-188.

Schmid, Josef/Roth, Christian 2001: Steuerungsprobleme in der europäischen Arbeitsmarkt- und Beschäftigungspolitik. Zur Dialektik von Mehrebenenpolitik, in: Burth, Hans-Peter/Görlitz, Axel (Hrsg.): Politische Steuerung in Theorie und Praxis, Baden-Baden, S. 395-416.

Schmidt, Manfred G. (Hrsg.) 1988: Staatstätigkeit. PVS-Sonderheft 19, Opladen.

Schmidt, Manfred G. 1983: Politische Konjunkturzyklen und Wahlen. Ein internationaler Vergleich, in: Kaase, Max/Klingemann, Hans-Dieter (Hrsg.): Wahlen und politisches System, Opladen, S. 174-197.

Schmidt, Manfred G. 1998: Sozialpolitik in Deutschland. Historische Entwicklung und internationaler Vergleich, 2. vollständig überarbeitete und erweiterte Auflage, Opladen.

Schmidt, Manfred G. 1999: Immer noch auf dem „mittleren Weg?" Deutschlands Politische Ökonomie am Ende des 20. Jahrhunderts, ZeS-Arbeitspapier 7/1999, Zentrum für Sozialpolitik, Bremen.

Schmidt, Manfred G. 2001a: Still on the Middle Way? Germany's Political Economy in the Twenty-First Century, in "German Politics", Vol. 10, No. 3, S. 1-12.

Schmidt, Manfred G. 2001b: Wohlfahrtsstaatliche Politik: Institutionen, politischer Prozess und Leistungsprofil, Opladen.

Schmidt, Manfred G. 2004: Vetospielertheorem und Politik des mittleren Weges, in: Schmid, Josef/Frech, Siegfried (Hrsg.): Der Sozialstaat. Reform, Umbau, Abbau?, Schwalbach/Ts., S. 99-133.

Schmidt, Manfred G. 2005: Sozialpolitik in Deutschland. Historische Entwicklung und internationaler Vergleich, 3. überarbeitete und erweiterte Auflage, Opladen.

Schmidt, Manfred G./Ostheim, Tobias 2003: Politisch-institutionalistische Theorien, in: Schmidt, Manfred G./Siegel, Nico A./Ostheim, Tobias (Hrsg.): Wohlfahrtsstaatliche Politik: Theorien und Methoden, www.politikon.org/ilias2/course.php?co_id=137&co_inst=935&st_id=7107&st_inst=935.

Schmidt, Vivien A. 2002: The Futures of European capitalism, Oxford.

Schroeder, Klaus 2004: Die Explosion des Wohlstands und der Hass der Ostdeutschen, in: Frankfurter Allgemeine Sonntagszeitung vom 19.9.2004, S. 6.

Schroeder, Wolfgang/Esser, Josef 1999: Modell Deutschland: Von der Konzertierten Aktion zum Bündnis für Arbeit, in: Aus Politik und Zeitgeschichte, Nr. 37/99, S. 3-12.

Schroeder, Wolfgang/Wessels, Bernhard (Hrsg.) 2003: Gewerkschaften in Politik und Gesellschaft der Bundesrepublik Deutschland, Wiesbaden.

Schubert, Klaus (Hrsg.) 2005: Handwörterbuch des ökonomischen Systems der Bundesrepublik Deutschland, Wiesbaden.

Schubert, Klaus/Bandelow, Nils (Hrsg.) 2003: Lehrbuch der Politikfeldanalyse, München.

Schulte, Dieter (Hrsg.) 1995: Industriepolitik im Spagat. Beiträge zur Reformdiskussion im Deutschen Gewerkschaftsbund und seinen Gewerkschaften, Köln.

Schwarzer, Rainer/Richter, Claus 2005: Kleines Europa-Kompendium. Seminarbegleitendes Arbeits- und Informationsheft, Hans-Seidel-Stiftung (Hrsg.), München.

Senf, Bernd 2004: Die blinden Flecken der Ökonomie. Wirtschaftstheorien in der Krise, 3. Auflage, München.

Senf, Bernd 2006: Wachsende Schulden – wachsende Geldvermögen – wachsende Spannungen, http://www.ngo-online.de/ganze_nachricht.php?Nr=11630, vom 03.01.2006.

Siegel, Nico/Jochem, Sven 2003: Staat und Markt im internationalen Vergleich, in: Czada, Roland/Zintl, Reinhard (Hrsg.): Politik und Markt, PVS-Sonderheft 34, Wiesbaden, S. 351-388.

Simonis, Georg (Hrsg.) 1998: Das Modell Deutschland auf dem Prüfstand, Opladen.

Simons, Jürgen 1997: Industriepolitik, Theorie, Praxis, politische Kommunikation, Stuttgart.

Sinn, Hans-Werner 2005: Deutsche Befindlichkeiten interessieren die Chinesen nicht, in: Das Parlament, Nr. 47 vom 21.11.2005, Berlin.

Smith, Adam/Recktenwald, Horst Claus (Hrsg.) 1974: Der Wohlstand der Nationen: Eine Untersuchung seiner Natur und seiner Ursachen, München.

Söllner, Fritz 2001: Die Geschichte des ökonomischen Denkens, 2. Auflage, Berlin/Heidelberg/New York.

Sommer, Theo (Hrsg.) 1993: Zeit der Ökonomen. Eine kritische Bilanz volkswirtschaftlichen Denkens, ZEIT-Punkte, Nr. 3/1993, Hamburg.

Starbatty, Joachim 1993: Weltgeschichte mit Heilsplan, in: Sommer, Theo (Hrsg.) 1993: Zeit der Ökonomen. Eine kritische Bilanz volkswirtschaftlichen Denkens, ZEIT-Punkte, Nr. 3/1993, Hamburg.

Starbatty, Joachim 2005: Skript zur Vorlesung Geschichte volkswirtschaftlicher Konzeptionen (SS 2005), Tübingen www.uni-tuebingen.de/uni/wwa/download/GeschWipo/Geschichtewirtss2005.pdf.

Statistisches Bundesamt (Hrsg.) 2004a: Datenreport 2004. Zahlen und Fakten über die Bundesrepublik Deutschland, Bonn.

Statistisches Bundesamt (Hrsg.) 2004b: Umweltnutzung und Wirtschaft. Umweltökonomische Gesamtrechnungen (UGR), Downloadmöglichkeit unter: http://www.statistik-bund.de/basis/d/umw/ugrtxt.htm.

Statistisches Bundesamt (Hrsg.) 2006: Volkswirtschaftliche Gesamtrechnungen. Wichtige Zusammenhänge im Überblick, Downloadmöglichkeit unter: http://www.destatis.de/download/d/vgr/wichtige_zusammenhaenge.pdf

Statistisches Bundesamt 2005: Wahrgenommene Inflation mehr als viermal so hoch wie amtliche Inflationsrate, Pressemitteilung vom 27.09.2005.

Statistisches Bundesamt, 2002/2006: Volkswirtschaftliche Gesamtrechnungen. Wichtige Zusammenhänge im Überblick. http://www.destatis.de/allg/d/veroe/inoutputueb.htm bzw. http://www.destatis.de/download/d/vgr/wichtige_zusammenhaenge.pdf

Steinmeier, Franz-Walter/Machnig, Matthias (Hrsg.) 2004: Made in Germany 21. Innovationen für eine gerechte Zukunft, Hamburg.

Stiglitz, Joseph 2004: Die Schatten der Globalisierung, 2. Auflage, München.

Straubhaar, Thomas/Heiniger, Yvonne 2004: Ökonomik der Reform. Wege zu mehr Wachstum in Deutschland, Zürich.

Streeck, Wolfgang 1999: Verbände als soziales Kapital: Von Nutzen und Nutzung des Korporatismus in einer Gesellschaft im Wandel, MPIfG Working Paper 99/2, Köln, http://www.mpi-fg-koeln.mpg.de/pu/workpap/wp99-2/wp99-2.html.

Sturm, Roland 1986: Budgetary Policy-Making under Institutional Restrictions: The Experience of Britain, France, West Germany and the United States, in: Government and Opposition 21(4), S. 437-455.

Sturm, Roland 1989: The Role of the Bundesbank in German Politics, in: West European Politics 12(2), S. 1-11.

Sturm, Roland 1991: Die Industriepolitik der Bundesländer und die europäische Integration. Unternehmen und Verwaltungen im erweiterten Binnenmarkt, Baden-Baden.

Sturm, Roland 1995: Kooperative Steuerung auf dem Gebiet der Technologiepolitik, in: Voigt, Rüdiger (Hrsg.): Der kooperative Staat: Krisenbewältigung durch Verhandlung?, Baden-Baden, S. 257-271.

Sturm, Roland 1997: Die Banken als Steuerer der Wirtschaft?, in: Der Bürger im Staat 47(1), S. 53-57 (wiederabgedruckt in: Banken in Deutschland, Wirtschaftspolitische Grundinformationen, Opladen, S. 153-167).

Sturm, Roland 2001: Steuerungsansätze in der Wirtschaftspolitik. Von der Ordnungspolitik zum regulatorischen Staat, in: Burth, H.-P./Görlitz, A. (Hrsg.): Politische Steuerung in Theorie und Praxis, Baden-Baden, S. 417-431.

Sturm, Roland 2005: Wirtschaftpolitik, in: Schubert, Klaus (Hrsg.): Handwörterbuch des ökonomischen Systems der Bundesrepublik Deutschland, Wiesbaden.

Sturm, Roland 2006: Stichworte Finanzplanung, öffentlicher Haushalt, Staatsverschuldung (mit M. Münter), in: Voigt, Rüdiger/Walkenhaus, Ralf (Hrsg.): Handwörterbuch zur Verwaltungsreform, Wiesbaden, S. 117-119, 170-175, 325-330.

Suntum, Ulrich van 2006: Masterplan Deutschland. Mit dem Prinzip Einfachheit zurück zum Erfolg, München.

Thurow, Lester C. 1999: Die Reichtums-Pyramide, Regensburg.

Thurow, Lester C. 2004: Die Zukunft der Weltwirtschaft, Frankfurt a.M.

Tsebelis, George 1990: Nested Games. Rationale Choice in Comparative Politics, Berkeley.

Tsebelis, George 2002: Veto Players. How Political Institutions Work, New York.

Vitols, Sigurt 2003: Varieties of Capitalism und Pensionsreform, in: ÖNB Berichte und Studien 2/2003, S. 174-181.

Wagner, Helmut 1999: Einführung in die Weltwirtschaft, München.

Wagner, Helmut 2004: Stabilitätspolitik. Theoretische Grundlagen und institutionelle Alternativen, 7. Auflage, München/Wien.

Weber, Axel A. 2006: Unabhängige Geldpolitik in Europa. Festvortrag anlässlich des 80. Geburtstags von Norbert Kloden in Tübingen, Deutsche Bundesbank, Frankfurt a.M. (unveröffentlichtes Manuskript).

Weber, Reinhold 2003: Weltweites Regieren: Institutionen und Akteure, in: Landeszentrale für Politische Bildung Baden-Württemberg (Hrsg.): Globalisierung, in: Zeitschrift für die Praxis der Politischen Bildung Nr. 3/2003, S. 26-31.

Whitley, Richard 2000: Divergent capitalisms: the social structuring and change of business systems, Oxford.

Wienert, Helmut 2001: Grundzüge der Volkswirtschaftslehre, Band 1: Einführung und Mikroökonomie, Stuttgart/Berlin/Köln.

Wienert, Helmut 2001: Grundzüge der Volkswirtschaftslehre, Band 2: Makroökonomie, Stuttgart/Berlin/Köln.

Wiesenthal, Helmut 2003: Beyond Incrementalism. Sozialpolitische Basisinnovationen im Lichte sozialwissenschaftlicher Skepsis, in: Mayntz, Renate/ Streeck, Wolfgang (Hrsg.): Die Reformierbarkeit der Demokratie, Frankfurt a.M., S. 31-70.

Wilke, Gerhard (Hrsg.) 2003: Kursthemen Sozialwissenschaften, Wirtschaftspolitik, Berlin.

Willke, Gerhard 2002: John Meynard Keynes, Frankfurt a.M./New York.

Willke, Gerhard 2003: Neoliberalismus, Frankfurt a.M./New York.

Willke, Gerhard 2004: Staatsverschuldung, Bundeszentrale für Politische Bildung (Hrsg.): Themenblätter im Unterricht Nr. 35, Bonn.

Willke, Helmut 1993: Systemtheorie: eine Einführung in die Grundprobleme der Theorie sozialer Systeme, 4. überarbeitete Auflage, Stuttgart.

Windhoff-Héritier, Adrienne 1997: Policy-Analyse. Eine Einführung, Frankfurt a.M./New York.

Winterstein, Claudia 2006: Zahlen und Fakten zum Bundeshaushalt. Die Haushaltslage ist katastrophal, http://www.claudia-winterstein.de/meldung.php?id=17942&p=0&printversion=1&PH (09.05.06).

Zank, Wolfgang 1993: Lob der Enthaltsamkeit, in: ZEIT Punkte, Nr. 3/1993: Zeit der Ökonomen, S. 17-19.

Zinn, Karl Georg 1999: Keynes und kein Ende? Zur Geschichte und zur Zukunft einer ökonomischen Doktrin, in: Gewerkschaftliche Monatshefte, Jg. 50, Nr. 2/99, S. 65-76.

Zohlnhöfer, Reimut 1998: Politikwechsel nach Machtwechsel: Das Beispiel der christlich-liberalen Wirtschaftspolitik in den achtziger Jahren, Bremen.

Zohlnhöfer, Reimut 2001: Die Wirtschaftspolitik der Ära Kohl. Eine Analyse der Schlüsselentscheidungen in den Politikfeldern Finanzen, Arbeit und Entstaatlichung, 1982-1998, Opladen.

Zohlnhöfer, Reimut 2003: Der Einfluss von Parteien und Institutionen auf die Wirtschafts- und Sozialpolitik, in: Obinger, Herbert/Wagschal, Uwe/Kittel, Bernhard (Hrsg.): Politische Ökonomie: Demokratie und wirtschaftliche Leistungsfähigkeit, Opladen, S. 47-76.

Zohlnhöfer, Werner 1999: Die wirtschaftspolitische Willensbildung in der Demokratie, Marburg.

Zürn, Michael 1998: Regieren jenseits des Nationalstaates, Frankfurt a.M.

b) Internetseiten

Bertelsmann Stiftung – Für eine zukunftsfähige Gesellschaft: www.bertelsmann-stiftung.de/cps/rde/xchg/bst

Bundesagentur für Arbeit: Daten zum Arbeitsmarkt in Deutschland: www.pub.arbeitsamt.de/hst/services/statistik/000000/html/start/index.shtml

Bundesministerium für Bildung und Forschung: www.bmbf.de

Bundesministerium für Finanzen: www.bundesfinanzministerium.de

Bundesministerium für Wirtschaft und Technologie: www.bmwi.de

CORDIS – Europäisches Innovationsportal: www.cordis.lu/innovation/de/policy/home.html

Deutsches Institut für Wirtschaftsforschung: www.diw.de

Europa – das Portal der Europäischen Union: http://europa.eu/index_de.htm

Europäische Zentralbank: www.ecb.int/home/html/index.en.html

Forschungsinstitut zur Zukunft der Arbeit (IZA): www.iza.org

GERM – Studien- und Forschungsgruppe Mondialisierung: www.mondialisierung.org (mehrsprachige Seite mit zahlreichen wissenschaftlichen Texten zum Thema Globalisierung)

Gesellschaft Sozialwissenschaftlicher Infrastruktureinrichtungen e.V.: www.gesis.org

Hamburgisches Welt-Wirtschafts-Archiv: www.hwwa.de

Handbuch der Globalisierung: www.handbuchderglobalisierung.de

Hans Böckler Stiftung: www.boeckler.de

Homepage Dr. Hermann Adam: www.adam-poloek.de

Homepage Prof. Dr. Jürgen Pätzold: www.juergen-paetzold.de

Initiative Neue Soziale Marktwirtschaft: www.insm.de

Institut für Arbeitsmarkt- und Berufsforschung (IAB): http://iab.de/iab/default.htm

Institut für Weltwirtschaft an der Universität Kiel: www.uni-kiel.de/IfW

Institut für Wirtschaftsforschung an der Universität München: www.ifo.de

Institut für Wirtschaftsforschung Halle: www.iwh-halle.de

KOF – Konjunkturforschungsstelle der ETH Zürich: www.kof.ch/globalization (Daten zum Ausmaß der Globalisierung in einzelnen Ländern; wird laufend aktualisiert)

Leitfaden zur Strategiebildung im Schwerpunkt Wirtschaftsreform und Aufbau der Marktwirtschaft: www.wiram.de/sourcebook/themen/wettbewerb/wettbewerb.htm

Lerneinheit Sozialpolitik in Deutschland (PolitikON): www.politikon.org/ilias2/course.php?co_id=60&co_inst=935&acct_name=&acct_pass=

PolitikOn: www.politikon.org

Rheinisch-Westfälisches Institut für Wirtschaftsforschung: www.rwi-essen.de

Sozialpolitik aktuell: www.sozialpolitik-aktuell.de

Statistisches Bundesamt: Daten zum Arbeitsmarkt: www.destatis.de/indicators/d/arbueb.htm

Statistisches Bundesamt: www.destatis.de

UEAPME-Plattform der Wirtschaftskammer Österreich: http://wko.at

Weltpolitik-net: Wirtschaft: www.weltpolitik.net/Sachgebiete/Weltwirtschaft%20und%20Globalisierung/

Wirtschaft und Politik Online: Homepage der Professur Politische Wirtschaftslehre/ Politikfeldanalyse (Prof. Dr. Josef Schmid), Institut für Politikwissenschaft der Universität Tübingen: http://www.wip-online.org/

WISO-net: deutschsprachige Literatur für Wirtschafts- und Sozialwissenschaften: www.wiso-net.de

WiWiTReFF – die Online-Zeitung für Wirtschaftswissenschaften: www.wiwitreff.de

Zentrum für Sozialpolitik: www.zes.uni-bremen.de

Register